Romaniote Penitential Poetry

Leon J. Weinberger

AMERICAN ACADEMY FOR JEWISH RESEARCH
New York, New York

Published with the assistance of the
LOUIS AND MINNA EPSTEIN FUND
of the
AMERICAN ACADEMY FOR JEWISH RESEARCH
and sponsored by the
AMERICAN ACADEMY FOR JEWISH RESEARCH

Cover Design: Bernard Honan
Typist: Margaret Vines

Copyright 1980 by
LEON J. WEINBERGER
All rights reserved
Manufactured in the United States
Distributed by the University of Alabama Press
P.O. Box 2877, University, Alabama 35486

SOME BELIEFS AND OPINIONS IN THE ROMANIOTE LITURGY*

With the ever-widening scale of immigration into the Ottoman Empire of Spanish and Portugese Jews fleeing Christian persecution in the 16th century, significant changes occured within the native Romaniote Jewish population. Although the Romaniotes (Jewish settlers in the region from the Palaeologue and pre-Palaeologue Byzantine period) extended themselves in hospitality to their exiled brethren at first, with Rabbi Moses Capsali of Constantinople, the recognized Jewish leader in the Ottoman Empire, himself "making the rounds of the Congregations...urging each man to give sums in keeping with his means,"[1] tensions early began to develop. Since the enterprising new immigrants soon increased in size and influence, rumblings among the Romaniotes were heard in condemnation of their secularism and apparent disregard for Jewish tradition. A Romaniote contemporary, Rabbi David ha-Kohen laments that some of them "never frequent the synagogue preferring to immerse themselves in secular studies (sefarim ha-ḥiṣonim) and forsaking thereby eternal life,"[2] and Rabbi Elia Mizraḥi (successor to R. Moses Capsali) speaks out against the moral laxity of the new immigrants who "by legal subterfuge allow themselves to keep their places of business open on the Sabbaths and Festivals."[3]

These developments undoubtedly served to alert Romaniote leaders to the need to preserve their own native traditions against the threat of erosion by the new force in their midst. It is probably with this in mind that Rabbi Elia b. Benjamin ha-Levi an associate of Rabbi Elia Mizraḥi (and ultimately his successor in Constantinople) resolved to publish, for the first time, in 1510, the Order of Prayers for the Entire Year (<u>Seder Tefillot ha-Shanah</u>)[4] according to the usage in the Romaniote congregations.

This task was accomplished on the Hebrew printing press introduced into Constantinople in 1504 by members of those same enterprising Spanish exiles, the family Naḥmias.[5] In the 16th century the Mahzor Roumania was published on two other occasions, in Venice in 1522-3 and again in Constantinople in 1574, and is preserved in two manuscript versions dating from that century (Bodleian, Oxford, 1168 and University of Bologna Library, 3574A).[6]

As is the case with most of the numerous synagogue rituals in the Middle Ages as well as in modern times, the Mahzor Roumania in its several printed and manuscript versions preserves the liturgical variants of the region which in turn reflect some of the unique beliefs and opinions of its users. A recent case in point is the set of liturgical variants found in European and American Liberal and Reform Judaism. These reflect the special concerns of some post-Enlightenment Jewish communities in an age of intellectual ferment and growing hope.[7] It is of interest to note that one of their concerns focused on whether Jews are permitted to pray in their mother tongue instead of in Hebrew, which they frequently do not understand. It would seem that the Romaniotes likewise agonized over this question and that some concessions were made, as may be seen in the several prayers in Judeo-Greek preserved in manuscripts of the Mahzor Roumania as well as the readings in the vernacular of the Books of Jonah, Ruth and Lamentations on the Day of Atonement, Pentecost and the Ninth Day of Ab, respectively.[8]

A valuable indicator of Romaniote beliefs and opinions is the liturgy in the Mahzor Roumania for the Days of Awe,--and in particular the choice of seliḥot (penitential prayers) for the pre-dawn service during the month of ʾElul and the Ten Days of Repentance. Due to the unusual length of these

services a larger than usual number of selihot were required, allowing regional poets to be frequently represented. For example, of the 90 selihot for the Ten Days of Repentance in the first printed edition of the Mahzor Roumania (Constantinople, 1510) more than 50 were composed by authors from Greece, Anatolia and the Balkans.

Aside from the traditional themes, the selihot of the Mahzor Roumania for the Days of Awe preserve some of the unique values and perspectives of Romaniote Jewry. The basic themes in the liturgy for the Days of Awe are familiar enough and will be reviewed but briefly. These include: repentance and confession of sins in the present propitious time (ʿēt rasọn) when God moves from his seat of judgement to his seat of mercy and the gates of heaven are open to receive prayer and supplication; the value of prayer as an atoning force in lieu of the sacrificial cult which has been abandoned since the destruction of the Temple; the vanity of man's life and the futility of his pretentions to self-sufficiency while God alone is all-powerful and from his view nothing is hidden; the trust of the Jew in the promises of the covenant which God made with Israel, in the 13 attributes of God's merciful nature, in the merit of the Patriarchs etc. Other and later themes deal with the plight and powerlessness of Israel dispersed among the nations and the longing for redemption and restoration as in the former days.

Unique in the Romaniote liturgy are the frequent references to Jewish mysticism as preserved in such works as the Sefer Yesịrah (Book of Creation), the Hekhalot tracts, and the Kabbalistic writings of the 13th century Gerona school.[9] Under the influence of the Hekhalot tracts the act of penitence is achieved when the soul, armed with the requisite esoteric knowledge, ascends

to the "throne of Glory."[10] This reinterpretation of repentance was given initial impetus by the Rabbinic statement (in B. Yoma 86a): "great is repentance for it leads to the throne of Glory" and later reinforced by the 8th century Babylonian Gaon Yehudai for whom, in the words of G. Scholem "the act of penitence becomes one with the ecstatic progress through the seven heavens."[11] Prof. Scholem refers to a Hekhalot tract that describes the passage of Rabbi Aqiba through the seven palaces (hekhalot) making moral progress at each stage until he is able to stand before God and praise Him as "the Sublime in the chambers of grandeur."[12]

A similar equation of the act of repentance with an ascent of the individual to the heavens is suggested by the poet Abrekh b. Isaac in his seliḥa "Hallelu ʾEt ʾAdonai ʾEmunai" recited during the pre-dawn Ten Days of Repentance services in Romaniote congregations.[13] The poet begins by urging Israel to repent in this propitious time by seeking God with the aid of the sefirot. He then refers to God as Creator and Emanator (himṣih veheʾeṣil)...of "concealed beings" (havayot nistarot) and of... "the first glory (kabod rishon) which is divided into several radiances of light...each according to his requirements." The poet then lists the sefirot and their separate functions and tells of their division into the three stages (similar to the division suggested by Azriel of Gerona)[14] of "the intellectual" (ha-muskal), "the psychic" (ha-murgash) and "the natural" (ha-mutbah). Reference is made to the divine name YHWH and its power and then the poet concludes with the revealing lines: "the soul who desires to praise Him (God) as did (King) David the man who ascended (to the heavens) (ʾish ʿaliyah)... give praise eternally to (God) who dwells

eternal...understand this (i.e. the esoterica referred to above) and succeed." At times the poets in the Romaniote ritual hint at their having actually achieved the goal of "the ascent." Following are three such examples: One is from an ᵓofan for Passover by the 11th century Byzantine poet Benjamin b. Samuel who writes: "My Beloved (God), hidden and concealed from the eys of all humans, I shall sing of His wonders with thanksgiving like the angels (ᵓofanim) on high."[15] Another is from a seliha recited in the pre-dawn Ten Days of Repentance service in the Mahzor Roumania by the renowned 11th century Spanish poet Solomon Ibn Gabirol: "Concealed is the Master of the Universe (God), --but before me He appears. Your praises I shall sing and make my supplication before You at all times."[16] A third is from the same pre-dawn selihot service and comes from the pen of the 12th century Greek poet Moses b. Ḥiyyah: "He (God) who abides with unobserved might...and is concealed from view...in holiness I have beheld Him, and though He is hidden, He sits before me."[17]

Common to all of the above conceits is the figure of contrast between the poet who is privy to observe the Godhead which is hidden from others. A similar figure appears in one of the Hekhalot tracts: "God..who is hidden from all creatures and is concealed from the ministering angels has revealed Himself to Rabbi Aqiba in the "Work of the Chariot" (maʿaseh merkabah).[18] While, because of the esoteric nature of the achievement, the poets in the Romaniote liturgy contented themselves with barely hinting at the rewards of the righteous who were privileged to "succeed" in repentance, they were far less reticent in portraying the horrors that awaited the sinful.

Already in the Rabbinic literature there are several references to the

function of suffering as atonement for the sinful following their death. The Rabbis assume that the corpse is conscious enough to feel the harsh pressure of the grave and the pain of the worms eating away at its flesh.[19] Even after the flesh is eaten away the sinner's soul continues to be punished, in the Rabbinic view, as it is violently hurled about from place to place in a sort of purgatory of the air, until, by its suffering in this way, it is sufficiently purified to be enabled to enter into heaven.[20]

In the Gaonic period several tracts appear dealing with the subject of judgement and punishment in the grave (hibbut ha-qeber).[21] These elaborate on the Rabbinic references cited above and are undoubtedly a major source for the even more extended elaboration on the subject written for the pre-dawn Ten Days of Repentance selihot service by four Romaniote poets. These include the aforementioned Moses b. Ḥiyyah in his "ʾEt Penai Mebin," (D. ʾAlef 8585);[22] Moses Ha-Memuneh b. Abraham in his "ʾEnosh Binah" (D. ʾAlef 6422);[23] Mordecai b. Isaac in his "ʾAni Ha-Geber" (D. ʾAlef, 6642)[24] and Shabtai b. Joseph in his "ʾEnosh Rimmah" (D. ʾAlef, 6513).[25]

The above four works preserve what is probably a lost midrash on judgement and punishment in the grave, based in part on the known Rabbinic and Gaonic sources but containing also much that is new. Taken collectively the four selihot present the following composite account of the fate that awaits the sinner:

"Man gapes in fear as the Angel of Death approaches with sword in hand and dies from fright as the Angel's shrill voice summons him to leave the world,--smiting him with his sword as he speaks. The Angel then places man upon his wings and bears him heaven-

ward. There man is privileged to behold the face of the Divine Presence (Shekhinah) before he descends into the grave.[26]

Following man's burial the Angel sits on the edge of his grave and reads from a book of records. This is the book wherein all of man's deeds are listed. (Just prior to his death, man is believed to have set his seal in this book in witness to his works.)[27] When the angel completes his reading and finds that man's sins are more numerous than his virtues, the punishment immediately begins. His soul is hurled about from place to place and his body is beaten by the Angel until after three days of this, his belly bursts.[28] The Angel continues beating the sinner on every part of his body until it turns to dust. At this point the worms take over and begin to feast on what is left. Finally after the worms have sufficiently gorged themselves, the sinner's remains are thrust into the fires of Hell there to be consumed."

The latter four seliḥot for the Days of Awe liturgy in the Maḥzor Roumania preserve not only the Romaniote beliefs and opinions on judgement and punishment in the grave but also reveal the methodology employed to instill the fear of God into the hearts of the congregation. It is noteworthy that one of the four above mentioned poets Moses b. Abraham held the title of memuneh (syndic). His responsibilities were to oversee the conduct of the congregation and to preserve its good moral order.[29]

1. Cf. R. Elijah Capsali, Seder Elijah, M. Lattes ed., (Padua, 1896), p. 12.

2. Cf. S. Rosanes, History of the Jews in Turkey, (in Hebrew, I, 2nd ed. (Tel-Aviv, 1930), p. 78.

3. Ibid. p. 79, and 206.

4. Cf. L.J. Weinberger, Anthology of Hebrew Poetry in Greece, Anatolia and the Balkans, (Cincinnati, 1975) English section, p. 1 and D. Goldschmidt, "Al Mahzor Roumania U-Minhago," Sefunot, Vol. 8, p.207.

5. Cf. A. Yaary, Hebrew Printing in Constantinople, (in Hebrew), (Jerusalem, 1967), pp. 17ff.

6. Cf. Anthology, pp. 1-2.

7. Cf. J.J. Petuchowski, Prayer Book Reform in Europe, (New York, 1968), Introduction, pp. xiii-xiv.

8. Cf. Anthology, pp. 9 and 20 n. 57 and Encyclopedia Judaica (EJ): "Romaniots."

9. Among the ninety selihot in the pre-dawn Ten Days of Repentance service, references to Jewish mysticism appear in selihot number 3,5, 32, 33, 34, 52, 62, 63, 73, 74, 75, 83 and 85.

10. Cf. G.G. Scholem, Major Trends in Jewish Mysticism, (New York, 1961), pp. 78-79.

11. Ibid.

12. Ibid.

13. Seliha no. 34.

14. Cf. Responsa of R. Azriel in Liqqutim MeRav Hai Gaon, G.G. Scholem in EJ: "Kabbalah," p. 571.

15. Cf. Anthology, (Hebrew section), p. 10, and I. Davidson, Thesaurus of Mediaeval Hebrew Poetry, (New York, 1923-33) (D), Mem 311.

16. Seliḥa no. 25 and ef. The Liturgical Poetry of R. Solomon Ibn Gabirol, D. Yarden ed. (in Hebrew), vol. 2, p. 277 and D. Shin, 1961.

17. Seliḥa no. 33 and cf. D. Yod, 2318.

18. Cf. Anthology, ibid., and G.G. Scholem, Major Trends, p. 364, n. 80.

19. Cf. S. Lieberman, "Some Aspects of After-Life in Early Rabbinic Literature," in H.A. Wolfson Jubilee Volume, (Jerusalem, 1965), pp. 506-7.

20. Ibid., pp. 500-1.

21. Cf. ʾOṣar Midrashim, J.D. Eisenstein ed. (New York, 1915), vol. 1, pp. 91-5 and L. Ginzberg, On Jewish Law and Lore, p. 195.

22. Seliḥa no. 9.

23. Seliḥa no. 29.

24. Seliḥa no. 59.

25. Seliḥa no. 67.

26. Cf. Ḥibbut Ha-Qeber in ʾOṣar Midrashim, p. 93.

27. Cf. Sifre on Deuteronomy. L. Finkelstein ed. (New York, 1967), no. 307.

28. Cf. Y. Moʾed Qatan, 3.2.

29. Cf. C. Roth, Venice, (Philadelphia, 1930), p. 315.

* This paper was published in Hebrew Studies, XIX, 1978, pp. 77ff.

I should like to gratefully acknowledge the kind assistance of teachers, colleagues and friends in the preparation of this volume. Professor A.M. Haberman, Jerusalem, was most gracious in advising me on the vocalization of the poems and Professor Yonah David, Jerusalem, made numerous helpful suggestions with regard to the introduction to the volume, the introduction to the poems and the explanatory notes. I am grateful to Dr. Menahem Schmelzer, librarian, Jewish Theological Seminary for his prompt and unfailing help in securing the manuscripts and printed works that I required,

even as I take this opportunity to say thank you to the librarians at the Bodleian, Oxford, the British Museum, the Bibliotheque Nationale, Paris, and the Vatican for their aid.

I am obliged to the American Academy for Jewish Research for funding and sponsoring this work.

This volume is a companion to my earlier <u>Anthology of Hebrew Poetry in Greece, Anatolia and the Balkans</u>, (Hebrew Union College Press, 1975); in the planning stages is a third related work entitled <u>The Synagogue Poets of Kastoria</u>. Some of the poems in this volume have been published in <u>Bitzaron</u> and <u>Hadoar</u> and are here revised and more extensively annotated due to my subsequent research findings.

This volume is dedicated to the memory of my wife, Estelle, who died on February 24, 1978, at the age of 45.

The University of Alabama
Tuscaloosa, Alabama
16 Shevat, 5740; February 3, 1980.

Leon J. Weinberger

סדר הסליחות

כמנהג קהילות הרומניוטים

ערוך ומוגה על פי כתבי-יד
ודפוסים עם השלמות, שנויי-
נוסחאות, ביאורים ומבוא

בידי

יהודה ליב וינברגר

הוצאת האקדמיה האמריקנית למדעי היהדות

תש"ם

כרך זה נדפס בסיוע:

קרן הרב יהודה לייב ואשתו מנוחה אפשטיין
ע"י האקדמיה האמריקנית למדעי היהדות

כל הזכויות שמורות

הממכר הראשי:
ביהד"פ על שם אוניברסיטת אלבמה
ת.ד. 2877
אוניברסיטה, אלבמה 35486
ארצות הברית

תוכן העניינים

מבוא 3

א. מסגרת הסליחות במנהג הרומניוטים(מנהג יוון) 3

ב. הסליחות במנהג יוון לעשרת ימי תשובה 18

1. מנהגים על דרך אמירת הסליחות ועל הצום בימי הסליחות 18

2. תוכן הסליחות לעשרת ימי תשובה 18

א. נושאים מתחום חכמת האיסוטרית ותורת המסתורין 18

ב. נושאים בספרות דין וחבוט הקבר 20

ג. על מצבו של ישראל תחת עול אדום וישמעאל 22

ד. גלות וגאולה 22

ג. עניני לשון 23

ד. הפייטנים 24

ה. מפתח הסליחות לעשי"ת 25

ו. ביבליוגראפיה 26

הערות למבוא 29

סליחות עשרת ימי תשובה 186-30

הוספות ותיקונים 187

הוספות למסגרת הסליחות במנהג הרומניוטים 187

הוספות לביבליוגראפיה 187

הוספות להערות המבוא 187

הוספות לסליחות עשרת ימי תשובה 188-9

תמצית באנגלית 1-10

סדר הסליחות

כמנהג קהילות הרומניוטים

מבוא

אחרי כבוש קושטא מידי הנוצרים בשנת 1463 חדרו גולי ספרד ופורטוגאל לטורקיה ולערי הבלקן בסוף המאה החמש-עשרה ומכאן ואילך נפתחה תקופה חדשה בחיי היהודים באירופה הדרום-מזרחית ובאסיה הקטנה. בין הפליטים נמצאו: רופאים ומדינאים וסתם בעלי השכלה ותרבות גבוהה. הצטיין במיוחד יוסף נשיא,"דוכס נכסוס" ומנהל יחסי-החוץ של הקיסרות העותומנית וכן הצטיינו האחים דוד ושמואל נחמיאש, מיסדי הדפוס העברי בקושטא(שנת 1504)והדפוס הראשון במזרח התיכון כולו.[1] במרבית המקרים קבלו הרומניוטים(היהודים הביזאנטיים,תושבי הארץ מימי קדם)את מגורשי ספרד ופורטוגאל בסבר פנים יפות[2] אבל לא שכחו גם לשמור על עצמיאותם ועצמאותם כעדה בת מסורת עתיקת יומין. וייתכן מאד שדאגה זו לעצמיאותם העדתית היא היא שהביאה להופעתו של מחזור רומניה(באותה מאה)בשני כתבי-יד ובשלוש מהדורות דפוס.[3]

הסליחות לעשרת ימי תשובה,כמנהג הרומניוטים(=מנהג יוון),המתפרסמות להלן זו הפעם הראשונה ובמהדורה מדעית,נשתמרו במחזור רומניה(=מ"ר),דפוס קושטא(שנוסד ע"י האחים נחמיאש הנ"ל),בשנת 1510(=א),בעריכת ר' אליה ב"ר בנימין הלוי,שהיה תלמידו המובהק של ר' משה קפסאלי וכן חבר בית-דינו של ר' אליה מזרחי וממלא מקום רב הקהילה הרומניוטים שבקושטא.[4]

מקורותיו של מחזור רומניה שעמדו לנגד עיני הם אלה:

1 כה"י אוכספורד,בודליינה,1035,מאה הי"ג(=ר)

2 כה"י אוכספורד,בודליינה,1082,מאה הי"ד(=כ)

3 כה"י אוכספורד,בודליינה,1168,מאה הט"ו(=ב)

4 כה"י רומא,הותיקן,320,מאה הי"ד(=ו)

5 דפוס ויניציה,שנת 1522(=ג)

6 דפוס קושטא,שנת 1574(=ד)

וכן מקורות אחרים שצויינו מעל לכל סליחה וסליחה.

מ"ר א,הוא המקור העיקרי ששימש אותי במהדורה זאת,והוא כולל תשעים סליחות לעשרת ימי תשובה[5] שהבאתיו להלן. מ"ר א,שיקר המציאות הוא,לא עמד לנגד עיניהם של ל.צונץ וי.דוידזון[6] ולכן שלושים וששה פיוטים דששה פייטנים שבמהדורה הזאת לא נרשמו אצלם. ואשר לחילופי הנוסח בחרתי בשיטה האקלקטית והבאתים בראש כל שיר ושיר.

א. מסגרת הסליחות במנהג הרומניוטים(=מנהג יוון).

פיוטי הסליחות לעשי"ת במנהג יוון משולבים בתוך מסגרת קבועה של סדר הסליחות לכל ימות חודש אלול. לפי הנאמר במ"ר א,ג,ד נהגו הקהילות "לקום(כמובן בחצות הלילה)אחרי ראש חודש אלול" ואמרו "פסוקי דרחמי"[1] וסליחות ותחנונים" של סדר

לילי אשמורות(המובא להלן)עד ד' ימים לפני ראש השנה. בין הרומניוטים נמצאו גם קהילות שהמשיכו לקום בד' ימים הנ"ל ואמרו מזמורי תהלים מ"תפלה לעני כי יעטוף"(תהל' ק"ב:א')ועד ל"תהלה לדוד"(שם קמ"ה:א'). המסגרת הקבועה הנ"ל הובאה להלן ככתבה וכלשונה במ"ר א' וחלופי הנוסח שבמ"ר ג,ד,ו. לפי הנאמר ב-א:יתעטף ש"ץ בטליתו ויאמר 'קדיש' ו'עלינו לשבח' לפני אמירת 'פסוקי דרחמי'(ולפי ג,ד, אומרים: 'עלינו לשבח' ואחר כך מתעטף הש"ץ בטליתו ואומר 'קדיש').

המסגרת הקבועה היא בעיקר לפי סדר אשמורות ש<u>בסדר רב עמרם גאון</u>,(ע' מהד' ד.גולד-שמידט,תשל"ב,עמ' קמ"ה ואילך(<u>סרע"ג</u>)ובדומה לו בחלקת אף היא לט"ו סעיפים.

א. פסוקי דרחמי: (השווה <u>סרע"ג</u>, עמ' קמ"ה-ו, כה"י א).

בואו נשתחוה ונכרעה נברכה לפני יי אלהינו, בואו וכו' לפני יי בוראנו בואו וכו' לפני יי יוצרנו (מ"ו גד, בואו...יוצרנו: חסר), בואו וכו' לפני יי עושנו.

אתאנו לפתחך אל תסגור דלתך בעדנו פתח לנו דלתות שערי תפלה, אתאנו וכו' שערי תשובה (גד תשובה: תחינה, בחודש אלול. תשובה בעשי"ת), אתאנו וכו' שערי רחמים. אתאנו על שמך, יי עשה למען שמך, בעבור כבוד שמך, כי אל חנון ורחום שמך.

לא בחסד ולא במעשים באנו לפניך כדלים וכרשים דפקנו דלתך, דלתך דפקנו רחום וחנון אל תשיבנו ריקם מלפניך, מלפניך מלכנו ריקם אל תשיבנו כי אתה שומע תפלה.

מה נאמר לפניך יושב מרום, מה נזכיר לפניך שוכן שחקים. מה נאמר לפניך יי אלהינו, מה נדבר ומה נצטדק. מה נאמר לפניך מלכנו כי בשנו במעשנו, מה נספר לפניך יי אלהינו כי נכלמנו בעונותינו.

אלהינו בשנו במעשנו ונכלמנו בעונותינו, אלהינו בשנו ונכלמנו להרים, אלהינו פנינו אליך.

כי עונותינו רבו למעלה ראש ואשמתינו גדלה עד לשמים, כי עונותינו רבו מלמנות וחטאתינו עצמו מספר, כי עונותינו עברו ראשנו כמשא כבד יכבדו ממנו. אם עוננו ענו בנו יי עשה למען שמך כי רבו משובותינו לך חטאנו.

מקוה ישראל מושיעו בעת צרה. למה תהיה כגר בארץ וכאורח נטה ללון? למה תהיה כאיש נדהם כגבור לא יוכל להושיע? ואתה בקרבנו יי ושמך עלינו נקרא אל תניחנו. אין כמוך באלהים יי ואין כמעשיך. אל תבוא במשפט אתנו כי לא יצדק לפניך כל חי. לך יי הצדקה ולנו בשת הפנים ביום הזה. מי אל כמוך נושא עון ועובר על פשע לשארית נחלתו, לא החזיק לעד אפו כי חפץ חסד הוא. תתן אמת ליעקב חסד לאברהם אשר נשבעת לאבותינו מימי קדם. כי לא על צדקותינו וכו' (כ"ל ע"ק: דני' ט':י"ח-י"ט).

פתיחה. סימן א'-ב'. חרוז מבריח. (ד. א' 682 והשורה ספר ערוגת הבושם,ח"ג, עמ' 312,ומחזור לימים הנוראים,יוה"כ, עמ' 17). 4 מלים בטור.

יי/ אלהי הצבאות יושב הכרובים/ בטית(לעמך ישראל:)[2] שובו בנים שובבים
גשו-נא אלי בדברים ערבים/ דרשוני וחיו ימים רבים
הלא לעולם דבריך נצבים/ ובם אנו נשענים ונקרבים
זכרנו..לחיים טובים/חננו למען זכות הנדיבים
טוב אתה לרעים ולטובים/ ידך פשוטה לקבל שבים
כי לא-תחפוץ במות החייבים/ לכן אנו משכימים ומעריבים
מלך מהולל במחנות כרובים/ נקנו מחטא...ומחיובים
סלח-לנו כי פשעינו מרובים/ עננו למען צורים(אשר מהם אנו)חצובים[3]
פתחו תשובה אל-יהו נשלבים/ צעקותינו לפניך אנו מקריבים
קרבנו אליך חוצב להבים/ רצנו כעולות פרים וכשבים
שבנו עדיך נערים ושבים/ תמוכים בטוחים על-רחמיך הרבים

חלופי נוסחאות, שו' 10-11 רצנו...ושבים, גד: חסר.

הקדמה ראשונה לאמירת י"ג מדות. (ד. כ' 219 והשווה מחזור לימים הנוראים, שם, עמ' 18).

כי על רחמיך הרבים אנו בטוחים/ ועל צדקותיך אנו נשענים
ולסליחותיך אנו מחכים/ ולישועתך אנו מקוים

אתה-הוא יי מלך/ אוהב צדקות מקדם
מעביר עונות עמך/ ומסיר חטאת יריאיך
כורת ברית לראשונים/ ומקים שבועה לאחרונים

אתה-הוא שירדת בענן כבודך על-הר-סיני
והראית דרכי טובך למשה עבדך
אורחות חסדיך גלית לו והודעתו
כי אתה יי אל רחום וחנון
ארך אפים ורב-חסד ומרבה להטיב
ומנהיג את-העולם כלו במדת הרחמים
וכן כתוב (שמות ל"ג:י"ט): ויאמר אני אעביר וכו'

שו' 3 הוא, גד: חסר. 6 הוא, גד: חסר. 10 ורב-חסד, א הוס': ואמת.

הקדמה שניה לאמירת י"ג מדות. הצורה: שנייה (חריזת שתי שורות. ד. א' 3466, והשווה מחזור לימים הנוראים,שם, עמ' 19 והשווה סרע"ג, עמ' קמ"ז, כה"י ז).

אל ארך אפים אתה ובעל הרחמים נקראת/ ודרך תשובה הורית
גדולת רחמיך וחסדיך/ תזכור היום ובכל יום לזרע ידידיך
תפן אלינו ברחמים/ כי אתה-הוא בעל הרחמים
בתחנון ובתפלה פניך נקדם/ כמו שהודעת לענו מקדם
מחרון אפך שוב/ כמו בתורתך כתוב

בצל כנפיך נחסה ונתלונן/ כיום וירד יי בענן
תעבור על כל פשע ותמחה אשם/ כמו ויתיצב עמו שם
תאזין שועה ותקשיב מאמר/ כיום ויקרא בשם יי, ושם נאמר:

ויעבור יי על פניו ויקרא: יי יי אל רחום וחנון ארך אפים ורב חסד ואמת, נוצר חסד לאלפים נושא עון ופשע וחטאה ונקה. וסלחת לעוננו ולחטאתינו ונחלתנו. אבינו מלכנו חננו ועננו כי אין בנו מעשים, עשה עמנו צדקה למען שמך. רחם נא לקהל עדת ישורון, סלח ומחל לעונם והושיענו אלהי ישענו. הושיענו מושיענו צור ישענו בעבור כבוד שמך עננו והושיענו.

שו' 4 בתחנון, ר: בצום. 5 קשוב (פי' כמו שבשמע משם), גד: כתוב. 8 ותקשיב מאמר (פי' י"ג מדות), ר: ותקשיב מנו ברצון מאמר.

סליחה. (השווה <u>סרע"ג</u>, עמ' קמ"ח, כה"י א).

סלח לנו אבינו כי חטאנו מחל לנו מלכנו כי פשענו
כי אתה יי טוב וסלח ורב חסד לכל קוראיך
למען שמך יי וסלחת לעוננו כי רב הוא
וסלחת לעוננו ולחטאתינו ונחלתנו
וסלחת לעמך אשר חטאו לך ולכל פשעיהם אשר פשעו בך
כי עמך הסליחה למען תורא
כי עמך מקור חיים באורך נראה אור
יחל ישראל אל יי כי עם יי החסד והרבה עמו פדות
יי אלהים סלח נא, מי יקום יעקב כי קטן הוא
יי אלהים חדל נא, מי יקום יעקב כי קטן הוא
סלח נא לעון העם הזה כגודל חסדך וכאשר נשאת לעם הזה ממצרים ועד הנה.

ב. פסוקי דרחמי: (השווה <u>סרע"ג</u>, שם, שם).

שוב מחרון אפך והנחם על הרעה לעמך. שוב למען עבדיך שבטי נחלתך. שובה יי עד מתי והנחם על עבדיך. שובה יי את שביתנו כאפיקים בנגב. שובה יי חלצה נפשנו הושיענו למען חסדך. שובה יי רבבות אלפי ישראל. שובה ישראל עד יי אלהיך כי כשלת בעונך. קחו עמכם דברים ושובו אל יי, אמרו אליו: כל תשא עון וקח טוב ונשלמה פרים שפתינו. וקרעו לבבכם ואל בגדיכם ושובו אל יי אלהיכם כי חנון ורחום הוא ארך אפים ורב חסד ונחם על הרעה. דרשו יי בהמצאו קראוהו בהיותו קרוב. יעזוב רשע דרכו ואיש עון מחשבותיו וישוב אל יי וירחמהו ואל אלהינו כי ירבה לסלוח. ויחל משה את פני יי אלהיו ויאמר: למה יי יחרה אפך בעמך אשר הוצאת מארץ מצרים בכח גדול וביד חזקה. תשוב תרחמנו תכבוש עונותינו ותשליך במצולות ים כל חטאתם. השיבנו יי אליך ונשובה חדש ימינו כקדם. זכור לאברהם ליצחק ולישראל עבדיך אשר נשבעת להם בך ותדבר אליהם: ארבה את זרעכם ככוכבי השמים וכל הארץ הזאת אשר אמרתי אתן לזרעכם

ונחלו לעולם. וינחם יי על הרעה אשר דבר לעמו. זכור לעבדיך לאברהם ליצחק וליעקב אל תפן אל קשינו אל רשענו ואל חטאתינו. זכור עדתך קנית קדם גאלת שבט נחלתך הר ציון זה שכנת בו.

ג. סליחה. (השווה סרע"ג, עמ' קמ"ט, כה"י זא וסידור רב סעדיה גאון, סרס"ג, עמ' שמ"ח).

זכור רחמיך יי וחסדיך כי מעולם המה
זכור יי חרפת עבדך שאתי בחקי כל רבים עמים
זכור יי לבני אדום את יום ירושלים האומרים ערו ערו עד היסוד בה
זכור יי מה היה לנו הביטה וראה את חרפתנו.
למענך תסלח עונות עמך חוס ורחם על קהל עדתך.

(סימן א'-ב', השווה סרע"ג, שם; צונץ, ל.ג., עמ' 17; ד. א' 505)

אדון הביטה והאר את אפילתנו
וראה את בשתנו
וקבץ את גליותינו
ומחה את דמעתנו
והרוג את הורגנו
ושמע את ודויינו
וראה את זלזולנו
ורפא את חולאינו
חוס ורחם למענך תסלח

אדון הביטה וטהר את טומאותינו
והעלה את ירידתנו
והסר את כלימתנו
ולחם את לוחמינו
ומלא את משאלותינו
ונקום את נקמתינו
והרבה את סליחתנו
חוס ורחם למענך תסלח

אדון הביטה וראה את עניינו
וקבץ את פזורנו
וראה את צרותינו
ושמע את קולנו
ורדוף את רודפינו
וראה את שוממותינו
ושמע את שועתינו
וקבל את תפלתנו

והאזן את תחנתנו

חוס ורחם למענך תסלח

שו' 6 אפילתנו, גד: אבחותינו. 14 חוס ורחם, גד: חסר. 31 והאזן, גד: הקשיבה והאזן.

(השווה סרע"ג, שם ועמ' ק"ב, כה"י אז וסרס"ג, עמ' שמ"ט).

היינו חרפה לשכינינו לעג וקלס לסביבותינו
היינו משל בגוים מנוד ראש בלאומים
היינו שחוק לכל עמים נגינתם כל היום
היינו כיתומים אשר אין להם אב וכאלמנות אשר אין להם מפרנס
היינו כתורן על ראש ההר וכנס על הגבעה
היינו ככלי אין חפץ בו וכאניה חשבה להשבר
היינו כצאן אשר אין להם רועה וכאניה אשר אין לה מנהל

פסוקי דרחמי. (השווה סרע"ג,שם, כה"י א).

אל תזכור לנו עונות ראשונים מהר יקדמונו רחמיך כי דלונו מאד. אל תקצוף יי עד מאד ואל לעד תזכור עון הן הבט נא עמך כלנו. חטאת נעורינו ופשענו אל תזכור, בחסדך זכור לנו אתה למען טובך יי.

זכור נא לנו ברית אבות כאשר אמרת: וזכרתי את בריתי יעקב ואף את בריתי יצחק ואף את בריתי אברהם אזכור והארץ אזכור. זכור לנו ברית ראשונים כאשר אמרת: וזכרתי להם ברית ראשונים אשר הוצאתי אותם מארץ מצרים לעיני הגוים להיות להם לאלהים אני יי. עשה עמנו כמה שהבטחתנו: ואף גם זאת בארץ אויביהם לא מאסתים ולא געלתים לכלותם להפר בריתי אתם כי אני יי אלהיהם. רחם עלינו יי אלהינו כמה שכתוב: כי אל רחום יי אלהיך לא ירפך ולא ישחיתך ולא ישכח את ברית אבותיך אשר נשבע להם. שמע נאקתנו כמה שכתוב: וישמע אלהים את נאקתם ויזכור אלהים את בריתו את אברהם את יצחק ואת יעקב. ראה בענייננו כמה שכתוב: וירא אלהים את בני ישראל וידע אלהים.

קומה עזרתה לנו ופדנו למען חסדך. אל תרחק ממנו כי צרה קרובה כי אין עוזר. עזרנו אלהי ישענו על דבר כבוד שמך והצילנו וכפר על חטאתינו למען שמך. (גד מוסיפים ע"פ סרע"ג,שם: נשא לבבנו אל כפים אל אֵל בשמים. נשא עינינו אל ההרים מאין יבוא עזרנו. עזרנו מעם יי עושה שמים וארץ. למען שמך יי תחיינו בצדקתך תוציא מצרה נפשנו. ראה עונינו ועמלינו ושא לכל חטאתינו. ראה אויבינו כי רבו ושנאת חמס שנאונו.) שמרה נפשנו והצילנו לא (גד: אל) נבוש כי חסינו בך. תם ויושר יסרונו כי קוינוך. פדה אלהים את ישראל מכל צרותיו. והוא יפדה את ישראל מכל עונותיו. פודה יי נפש עבדיו ולא יאשמו כל החוסים בו. יי חננו לך קוינו היה זרועם לבקרים אף ישועתנו בעת צרה.

כ"ל ע"ז

ד. (סעיף ד' נשתמר בסרע"ג, רק בכה"י ז בכתב איטלקי-רבני, ע' שם, עמ' 13 ועמ' קנ"א וחסר בכה"י א בכתב יווני-רבני, ע' שם, עמ' 12, וחסר גם במ"ר).

ה. פסוקי דרחמי. (השווה סרע"ג, עמ' קנ"ב, כה"י א, שו' 6 ואילך).

הנה כעיני עבדים אל יד אדוניהם כעיני שפחה אל יד גבירתה כן עינינו אל יי אלהינו עד שיחננו. חננו יי חננו כי רב שבענו בוז. רבת שבעה לה נפשנו הלעג השאננים הבוז לגאיונים. קרוב יי לנשברי לב ואת דכאי רוח יושיע. קרוב יי לכל קוראיו לכל אשר יקראוהו באמת וכו' (תהל' קמ"ה:י"ח-כ"א). ואנחנו עמך וצאן מרעיתך נודה לך לעולם לדור ודור נספר תהלתך. חננו אלהים כחסדך כרוב רחמיך מחה פשעינו.

מחה פשענו למענך כאשר אמרת: אנכי אנכי הוא מוחה פשעיך למעני וחטאתיך לא אזכור. מחה פשענו כעב וכענן כאשר אמרת: מחיתי כעב פשעיך וכענן חטא-תיך שובה אלי כי גאלתיך. הלבן חטאינו כמו שכתוב: לכו נא ונוכחה יאמר יי אם יהיו חטאיכם כשנים כשלג ילבינו ואם יאדימו כתולע כצמר יהיו. עשה למענך כאשר אמרת: למעני למעני אעשה כי איך יחל שמי וכבודי לאחר לא אתן. עשה למען ציון וירושלים כאשר אמרת: למען ציון לא אחשה ולמען ירושלים לא אשקוט עד יצא כנוגה צדקה וישועתה כלפיד יבער.

4

רצית יי ארצך שבת שבית (סרע"ג: שבות) יעקב. נשאת עון עמך כסית כל חטאתם סלה. אספת כל אברתך השיבות מחרון אפך. שובנו אלהי ישענו והפר כעסך עמנו. הלעולם תאנף בנו תמשוך אפך לדור ודור. הלא אתה תשוב תחיינו ועמך ישמחו בך. הראנו יי חסדך וישעך תתן לנו. בך בטחו אבותינו ותפלטמו. אליך זעקו ונמלטו לך, זעקנו: מלטנו. אל תבישנו בתפלתנו ואל תכלימנו במשאלותינו. (גד מוסיפ-ים: אל תהי למפח תקותינו). עשה עמנו אות לטובה ויראו שונאינו ויבושו כי אתה יי עזרתנו ונחמתנו. ויבטחו בך יודעי שמך כי לא עזבת דורשיך יי. בטחו ביי עדי עד כי ביה יי צור עולמים. אלה ברכב ואלה בסוסים ואנחנו בשם יי אלהינו נזכיר. המה כרעו ונפלו ואנחנו קמנו ונתעודד. יי הושיעה המלך יעננו ביום קראנו.

ו. פסוקי דרחמי. (השווה סרע"ג, שם,שם, מס' 6, שו' 1).

הושיעה את עמך וברך את נחלתך ורעם ונשאם עד העולם. הושיענו יי אלהינו וקבצנו מן הגוים להודות לשם קדשך להשתבח בתהלתך. צדקתך כהררי אל משפטיך תהום רבה אדם ובהמה תושיע יי. ישראל נושע ביי תשועת עולמים לא תבושו ולא תכלמו עד עולמי עד. פנה אל תפלת הערער ולא בזה את תפלתם. כי שומע אל אב-יונים יי ואת אסיריו לא בזה. כי לא בזה ולא שקץ ענות עני ולא הסתיר פניו ממנו ובשועו אליו שומע. שומע תפלה עדיך כל בשר יבואו. שמעה תפלתנו יי ושועתנו האזינה אל דמעתנו אל תחרש. שומע קול תחנונינו בשוענו אליך בנוש-אנו ידינו אל דביר קדשך. שמע יי קולנו נקרא וחננו ועננו. קולנו אל יי נקרא ויעננו מהר קדשו סלה. קרבת ביום אקראך אמרת אל תירא. קולנו שמעה אל תעלם אזנך לרוחתנו לשועתנו. כ"ל ע"ז ואומר סליחה, אל מלך יושב עד "עננו

והושיענו" (לעיל א. עמ' 6).

ז. פסוקי דרחמי. (השווה סרע"ג, עמ' קנ"ג, כה"י אז, מס. 7, שו' 1 ואילך).

וכשחטאו אבותינו במדבר עמד משה בתפלה לפניך ובקש רחמים בעד עמך בית ישר-אל וכבש חרון אפך מעמך ומנחלתך וכן אמר משה בתפלתו: מלכי ואלהי סלח נא לעון העם הזה כגודל חסדך וכאשר נשאת לעם הזה ממצרים ועד הנה. ואף אתה השיבות לו בדרכי טובך ובשרת ואמרת לו:סלחת כדבריך. וכן כתוב בתורתך: ויא-מר יי סלחתי כדבריך. ולירושלים עירך אמרת לה: הנני נשפט אותך על אמרך 'לא חטאתי.' ואנו בושנו במעשינו ונכלמנו בעונותינו ונכפפה קומתנו מפני (גד: מרוב) אשמתנו וקדרו פנינו מרוב עבירות שבידינו. ואין לנו פה להשיב ולא מצח להרים ראש. והיאך נעיז פנינו ונקשה ערפנו בדבר הזה שנאמר לפניך מלכ-נו צורנו: צדיקים אנחנו ולא חטאנו. ואומר הודוי שבסדר סליחות ותחנונים.

ודוי. (בשתמר רק במ"ר,ע' ד.מ'536 והשווה מחזור לימים הנוראים,שם,עמ' 501).

מה נדבר ומה נצטדק פני כל חי לפניך לא יצדק. ומה נענה לממנו מענה כי אין בפינו מענה. גמלנו טובות ושלמנו רעות. ומה יש לנו עוד צדקה ולזעוק עוד אל המלך. ובכן נתן בעפר פינו (גד מוס': אולי יש תקוה בתן למכבו לחי) נשבע בחרפה נשכבה בבושתנו ותכסנו כלימתנו כי ליי אלהינו חטאנו אנחנו ואבותינו מנעורנו ועד היום הזה ולא שמענו בקול יי אלהינו ותתך עלינו האָלה והשבועה אשר כתובה בתורת משה איש (גד: עבד) האלהים כי חטאנו לו. ועתה יי אלהינו ואלהי אבותינו חטאנו: סלח לנו, פשענו: מחול לנו, רשענו: כפר לנו, (גד חט-אנו...כפר לנו: חסר) ואל תדיננו כחטאתינו ואל תשלם לנו כגמולנו ותבוא לפ-ניך תפלתנו ואל תתעלם מתחנתנו כי רבו משובותינו מלמנות וחטאתינו עצמו מספר ואין אנו עזי פנים וקשי עורף בדבר הזה שנאמר לפניך מלכנו צורנו: צדיקים אנחנו ולא חטאנו.

ודוי. (השווה סרע"ג, שם, כה"י אז, שו' 8 ואילך).

אבל חטאנו אשמנו בגדנו גזלנו דברנו דופי העוינו והרשענו זדנו חמסנו טפל-נו שקר יעצנו רע כזבנו לצנו מרדנו נאצנו סררנו עוינו פשענו צררנו קשינו ערף. רשענו שחתנו תעבנו תעינו ותעתענו (גד: תעינו תיעבנו תעתענו) וסרנו ממצותיך וממשפטיך הטובים והישרים ולא שוה לנו. ואתה צדיק על כל הבא עלינו כי אמת עשית ואנחנו הרשענו. גד באמר: יש נוהגים לומר שלשה וידויים ואומרים ככה: אשמנו מכל עם וכו' (ד.א' 8115 והשווה גולדשמידט, סליחות לימא, גס"ל, עמ' י' והוא, סליחות פולין, גס"פ, עמ' י"ב) לעינינו עשקו וכו' (גס"ל, עמ' י"א, גס"פ, עמ' י"ג) הרשענו ומרדנו וכו' ודניאל איש חמו-דות וכו' ועזרא הסופר וכו' אל תעזבנו אבינו וכו' (השווה שם, עמ' י"א-י"ב, ושם, עמ' י"ג-י"ד).

ח. פסוקי דרחמי. (השווה סרע"ג, שם, כה"י א, מס. 8, שו' 1 ואילך).

ויחן יי אותם וירחמם ויפן אליהם למען בריתו את אברהם את יצחק ויעקב (גד:

ואת יעקב) ולא אבה השחיתם ולא השליכם מעל פניו עד עתה. כי אין במות זכרך בשאול מי יודה לך. כי לא שאול תודך מות יהללך לא ישברו כל יורדי בור אל אמיתך. לא המתים יהללו יה ולא כל יורדי דומה. ואנחנו נברך יה מעתה ועד עולם הללויה. היסופר בקבר חסדך אמונתך באבדון. הירדע בחשך פל-אך וצדקתך בארץ נשיה. מה בצע בדמנו ברדתנו אל שחת היודך עפר היגיד אמי-תך. חי חי הוא יודך כמוני היום אב לבנים יודיע אל אמיתך. חוסה יי על עמך ואל תתן נחלתך לחרפה למשל בם גוים (יודיע...בם גוים, גד: חסר) למה יאמרו בעמים: איה אלהיהם. יוָדע בגוים לעינינו נקמת דם עבדיך השפוך.

ט. ליטאניה. (השווה <u>סרע"ג</u>, עמ' קנ"ד, כה"י אז, מס. 9 ו<u>מב"ר</u>,שד"ל,ב',עמ' ז', ד. א' 4856).

לא לנו יי לא לנו כי לשמך תן כבוד על חסדך על אמתך.

למה יאמרו הגוים: איה נא אלהיהם--ואלהינו בשמים[כל אשר חפץ עשה]

אלהינו שבשמים חננו
א"ש חוס ורחם עלינו
א"ש חוס וחמול על שאריתנו
א"ש יכמרו רחמיך על פליטתנו
א"ש בטל ממנו גזירות קשות
א"ש חדש עלינו בשורות טובות
א"ש בטל ממנו מחשבות שונאינו
א"ש הפר עצת אויבינו
א"ש שלח רפואה שלימה לחולי עמך
א"ש עצור מגפה מנחלתך
א"ש כלה דבר חרב רעב ומשחית ומגפה מעמך ישראל
א"ש זכור כי עפר אנחנו
א"ש עשה למענך ולא למעננו
א"ש קרע רוע גזר דננו
א"ש מחוק שטרי חובותינו
א"ש סלח ומחל לעונותינו
א"ש מחה והעבר פשעינו וחטא-תינו מנגד עיניך
א"ש גער בשטן ואל ישטין בנו ויעמד לפניך זכות אבותינו
א"ש אל תדיננו כחטאתינו ואל תשפטנו כרוע מעללינו
א"ש אל באפך תוכיחנו ואל בחמתך תיסרנו
א"ש אל תתן מאויי רשעים עלינו ואל תפק זממם בנו
א"ש אל תכלה פלישה הנותרת ואל תכבה גחלת הנשארת
א"ש אל תזכור לנו עונות ראשונים ופדענו מרדת שחת
א"ש השיבנו בתשובה שלימה לפניך
א"ש כתבנו בספר החיים
א"ש כתבנו בספר הרחמים
א"ש כתבנו בספר זכיות
א"ש כתבנו בספר זכרון טוב
א"ש כתבנו בספר פרנסה וכלכלה טובה
א"ש הצמח לנו ישועה בקרוב
א"ש שמע קולנו חוס ורחם עלינו
א"ש קבל ברחמים וברצון את תפלתנו
א"ש עשה למען שמך הגדול
א"ש עשה למען רחמיך הרבים
א"ש הראנו מהרה ישע תוחלתנו
א"ש ברך השנה הזאת ופירותיה
א"ש שלח ברכה במעשה ידינו
א"ש חון עוללנו וטפינו
א"ש זכרנו בזכרון טוב מלפניך
א"ש פקדנו בפקודת ישועה ורחמים

י. פסוקי דרחמי. (השווה סרע"ג, עמ' קנ"ה, כה"י א, מס. 10).

זכרנו יי ברצון עמך פקדנו בישועתך. חטאנו עם אבותינו העוינו והרשענו. יי אלהים אל תשב פני משיחך לחסדי דוד עבדך. יי אלהים אל תשחת עמך ונחל- תך אשר פדית בגדלך אשר הוצאת ממצרים ביד חזקה. אתה תקום תרחם ציון כי עת לחננה כי בא מועד. אתה יי אל תרחק אילותנו לעזדתנו חושה. חושה לעזרתנו יי תשועתנו. אתה יי לעולם תשב כסאך לדור ודור. אתה יי לא תכלה רחמיך ממנו חסדך ואמתך תמיד יצרוני. ואתה יי אבינו אתה אנחנו החומר ואתה יוצרנו ומע- שה ידך כלנו. כי אתה אבינו כי אברהם לא ידענו וישראל לא יכירנו. אתה יי אבינו גואלנו מעולם שמך. הגואל משחת חיינו המעטרנו חסד ורחמים. הסולח לכל עוננו הרופא לכל תחלואינו. הטיבה ברצונך את ציון תבנה חומות ירושלים. בונה ירושלים יי נדחי ישראל יכנס. והוא רחום יכפר עון ולא ישחית והרבה להשיב אפו ולא יעיר כל חמתו. עשה למענך ואל תשחיתנו כאשר אמרת: לא אעשה חרון אפי לא אשוב לשחת אפרים כי אל אנכי ולא איש בקרבך קדוש ולא אבוא בעיר. רפאנו יי ונרפא הושיענו ונושעה כי תהלתנו אתה. והעלה רפואה שלימה לכל מכותינו ותחלואינו לחיים ולשלום כי אל (גד מוס': מלך) רחמן (גד מוס': ובאמן) אתה. בורא עולם במדת רחמים ובוחר בעמו להודיע גדלו. הדרת כבודך שומע תפלה,--שמע נא תפלת עם נחלתך והפר כעס ובטל כל גזירות קשות מעלינו ומעמך בית ישראל והושע ברחמיך הרבים.

י"א. סליחה, סימן א'-ב'. (השווה <u>סרע"ג</u>, שם מס. 11, <u>מב"ר</u>, שם, עמ' ס"ג, וע' ד. ר' 802).

רחום וחנון חטאנו לפניך רחם עלינו
אב הרחמן מלא רחמים רבים חטאנו לפניך רחם עלינו

אדון הסליחות/ בורא עולם במדת רחמים
גדול העצה ורב העליליה/ דובר צדקות
הדור בלבוש/ ובוחן כליות ולב
זך וישר/ חנון ורחום נקראת חונן דלים
חטאנו לפניך רחם עלינו

טוב ומטיב לכל/ יושב בסתר ורואה כל סתר
כובש ערנות/ לובש צדקות
מלך ממליך מלכים ומסיר מלכים ממלוך ולך המלוכה/ נוצר לאלפים חסד
חטאנו וכו'

סומך נופלים/ עונה עשוקים
פודה ומציל/ צדיק וישר
קרוב לכל קוראיך באמת/ רחוק יושב וקרוב שומע
שומר שבועות שומע שועות, שדי תמים/ תמים בפעלו תקיף על כל, תפארתך מכל

שו' 15, תקיף...מכל, גד: תקיף על כל, תמים אל דעות.

י"ב. ליטאניה. (השווה סרע"ג, עמ' קב"ו, מס. 12, גס"ל, עמ' י"ב, גס"פ, עמ' י"ד, מב"ר, שם, עמ' ט'. ד. א' 4019).

מ"ר א

אל רחום שמך
אל חנון שמך
בנו נקרא שמך
יי עשה למען שמך
עשה למען ימינך
ע"ל כסא כבודך
ע"ל תפארתך
ע"ל בריתך
ע"ל גדלך
ע"ל תורתך שלא תתהלל בעונותינו
בנו נקרא שמך וכו'

ע"ל אוהביך שוכני עפר
ע"ל אברהם יצחק ויעקב
ע"ל משה ואהרן
ע"ל דוד ושלמה
ע"ל שממות ירושלים
ע"ל הריסות מזבחך
ע"ל שריפת היכלך
ע"ל יתומים ואלמנות
ע"ל עניים ואביונים
ע"ל תינוקות של בית רבן
ע"ל הבל פיהם שאין בו חטא
בנו נקרא שמך וכו'

ע"ל יונקי שדיים שלא חטאו
ע"ל גמולי חלב שלא פשעו
ע"ל שמך הגדול והנורא
ע"ל רחמיך הרבים ורחם עלינו
והושיענו
בנו נקרא שמך וכו'

מ"ר גד (סימן א'-ב')

אל רחום שמך/אל חנון שמך
אל ארך אפים שמך/מלא רחמים רבים שמך
בנו נקרא שמך/ יי עשה למען שמך

עשה למען ימינך/ עשה למען אמיתך
ע"ל בריתך/ ע"ל גדלך/ע"ל דתך
ע"ל הודך/ ע"ל ויעודך/ע"ל זכרך
ע"ל חסדך/ ע"ל טובך/ ע"ל יחודך
ע"ל כבודך/ ע"ל למודך/ע"ל מלכותך
ע"ל נצחך/ ע"ל סודך/ ע"ל עוזך
ע"ל פארך/ ע"ל צדקתך/ע"ל קדושתך
ע"ל רחמיך/ע"ל שבחך/ ע"ל תפארתך

ע"ל אוהבך שוכני עפר
ע"ל אברהם יצחק ויעקב
ע"ל משה ואהרן
ע"ל דוד ושלמה
ע"ל שממות ירושלים
ע"ל הריסות מזבחך
ע"ל שרפת היכלך
ע"ל תורתך שלא תתחלל בחטאתינו
ע"ל תינוקות של בית רבן
ע"ל הבל פיהם שאין בו חטא
ע"ל עניים ואביונים
ע"ל יתומים ואלמנות
ע"ל שמך הגדול והנורא שנקרא
שמך עלינו ועננו

(הערה: שו' 21, והשווה א שו' 22, ע"פ שבת פ"ח,ב': אין העולם מתקיים אלא בשביל הבל תינוקות של בית רבן... אינו דומה הבל שיש בו חטא להבל שאין בו חטא.)

י"ג. ליטאניה. (השווה סרע"ג, עמ' קב"ז, מס. 13, גס"ל, עמ' י"ג, גס"פ, עמ' ט"ו, מב"ר, שם, שם. ד. ע' 826, 830).

עננו אבינו עננו. ע' בוראנו ע'. ע' גואלנו ע'. ע' דודינו (גד: דורשנו) ע'. ע' הודנו ע'. ע' אלהי אבותינו ע'. ע' אלהי אברהם ע'.

ע' פחד יצחק ע'. ע' אביר יעקב ע'. (גד באמר: יש מוסיפין:) ע' מגן אברהם ע'. ע' מחיה המתים ע'. ע' חונן הדעת ע'. ע' הרוצה בתשובה ע'. ע' המרבה לסלוח ע'. ע' גואל ישראל ע'. ע' רופא חולי עמו ישראל ע'. ע' מברך השנים ע'. ע' מקבץ נדחי עמו ישראל ע'. ע' המלך המשפט ע'. ע' מכניע זדים ע'. ע' מבטח לצדיקים ע'. ע' בונה ירושלים ע'. ע' מצמיח קרן ישועה ע'. ע' שומע תפלה ע'. ע' שאותך לבדך ביראה נעבוד ע'. ע' הטוב לך להודות ע'. ע' עושה השלום ע'. ע' הזן את הכל ע'. ע' על הארץ ועל המזון ע'. ע' הטוב והמטיב ע'. ע' מהולל בתשבחות ע'. (גד באמר: עד כאן תוספת לקצת קהלות. גד מוס': ע' משגבנו ע'. ע' משגב אמהות ע'. ע' עזרתנו ע'. ע' עזרתנו הישנה ע'. ע' עזרת השבטים ע'.) ע' העונה בעת צרה (גד: רצון) ע'. ע' אבינו ע' (ע', גד: חסר) והושיענו.

י"ד. ליטאניה. (השווה <u>סרע"ג</u>, שם, כה"י ז, מס. 14, <u>גס"ל</u>, עמ' י"ד, <u>גס"פ</u>, עמ' ט"ז, <u>מב"ר</u>, שם, שם. ד. כ' 551).

כשענית לאברהם בהר המוריה עננו. כש' ליצחק על גבי המזבח ע'. כש' ליעקב בעת צרתו ע'. כש' ליוסף בבית האסורים ע'. כש' לאבותינו על ים סוף ע'. כש' למשה בחורב ע'. כש' לאהרן בבאו אל הקדש ע'. כש' ליהושע בגלגל ע'. כש' לשמואל במצפה ע'. כש' לגדעון בגזה ע'. כש' לדוד במערה ע'. כש' לשלמה בנו בירושלים ע'. כש' לאליהו בהר הכרמל ע'. כש' לאלישע ביריחו ע'. כש' ליונה ממעי הדגה ע'. כש' לחזקיה בחלותו ויחי מחוליו ע'. כש' לדניאל בבור אריות ע'. כש' לעזרה בגולה ע'. כש' לחנניה מישאל ועזריה בתוך כבשן אש ע'. כש' למרדכי ואסתר המלכה בשושן הבירה ע'. כש' לכל הצדיקים והישרים והתמימים שקראוך בעת צרתם ותושיעם כן עננו והושיענו.

ליטאניה. (השווה <u>סרע"ג</u>,שם, כה"י מ, ועמ' קב"ט, כה"י א. ד. ד' 327,326).

דעני לעניי ענינו. ד' לאביוני ע'. ד' למסכני ע'. ד' לחשובי ע'. ד' לבזיזי ולמטולטלי ע'. ד' לאסירי פרזלא ע'. ד' לקצירי על ערסיהון ע'. ד' לנחתי ימא ע'. ד' למהלכי במדברא ע'. ד' לבני עורבא ע'. ד' לחורתא בטוריהון ע'. ד' לאילתא בעידן מולדיהן ע'. ד' לחיותא על מתבריהון ע'. ד' למכיכי רוחא ע'. ד' לתבירי לבא ע'. ד' לכל מאן לעקא ליה ע'. ד' לכל למרירא ליביה ע'.

ליטאניה. (השווה <u>סרע"ג</u>, עמ' קב"ח, כה"י זמ, <u>גס"ל</u>, עמ' ט"ו, <u>גס"פ</u>, עמ' י"ז, <u>מב"ר</u>, עמ' ט'-י'. ד. ד' 853).

רחמנא ענינן. רח' רחים עלן. רח' חוס עלן. רח' תוב עלן. רח' שזבינן. רח' פרוקינן. רח' חסינן. רח' ארשענן. רח' אסכלנן. רח' מחול. רח' סלח.

סליחה. (על גזירות תתנ"ו לר' קלונימוס בר יהודה, השווה <u>מב"ר</u>, שם, עמ' ז'. ד. ה' 1009).

15

הקול קול יעקב

קול יעקב קורא מתהום
קול יעקב מעומק ינהום
קול יעקב קורא מבין קוצים
קיק"מ נצים
קיק"מ מנאצים
קיק"מ שוסים
קיק"מ מכעיסים

קיק"מ מחרפים
קיק"מ מגדפים
קול יעקב סובב מכאוב
קול יעקב ממושכן בבעל חוב
ראה כי דלל כבוד יעקב
הביטה וראה כי נפלה עטרת ישראל
גאול יעקב טרם שיאבד
הושע ישראל טרם שיכלה

בגד אומרים "מכניסי רחמים וכו'", השווה <u>סרע"ג</u>, עמ' קנ"ט. ד. מ' 1419. בא אין אומרים "מכניסי רחמים", פנייה אל המלאכים הממונים על התפלות (שמ"ר, כ"א.ג')שישתדלו לטובת המתפללים, וממשיכים ב"מחי ומסי".

ט"ו. תחנון. (השווה <u>סרע"ג</u>, שם, כה"י מזא, וע' ד. מ' 927).

מחי ומסי ממית ומחיה/ מסיק מן שאול לחיי עלמא
ברא כד חטי אבוה לקייה/אבוה דחייס אסי לכיביה
עבדא דמריד נפיל בקולר/ מאריה תייב תבר קולריה
ברך בוכרך אנן וחטינן קמך/ הרוי נפשין בגידין ומררין
עבדך אנן ומרדנן קמך/ הא בזתא ושביתא והא מלקיותא
במטו מינך דרחמך נפישין/ אסי לכיבין דתקוף עלן/עד דלא נהוי גמירא בשביא.

תחנון. חרוז מבריח. (השווה <u>מב"ר</u>, שם, עמ' י'. ד. מ' 581).

מה נפתח וניפמא/ קדמיה דמרנא/ באידין מילולנא
נרצה ברידנא/ סגיאו חובנא/ עברו רישנא
זכר לית בנא/ לאגנא עלנא/ חרוב בית חיינא
וצדא מקדשנא/ גלן מארענא/ ומפתור דאבדנא
תקפת עלנא/ יד בעלי דבבנא/ למבלע יתנא
כד חזין בנא/ ומשפשרת לבנא/ לא אמריננא
דמסגי חובינא/ הרת דא עלנא/ ומשתא לשתא חובין מוספין בנא
וכדו מטת זימנא/ דאתקין מרנא/ למפתח ספרנא
כתב חושבננא/ רתתא קומתנא/ ותבר לבנא
ומהודעיננא/ דלית משמא בנא/ בכן כחדא כלנא
נשמע קלנא/ וממרר לבנא/ נצורח למרנא
וניממר קדמוהי במטו פורקננא/חטינן ומרדנן ולתרעך הדרנא מלאכי מרומי
סמוכי יתנא/ ואילו צלותנא
קדם ברינא/אפשר דמתרצי לנא/ושמע קלנא/וקרע לנא/שטרי חובנא

חילופי נוסחאות, שו' 12, מלאכי מרומי, <u>מב"ר</u>: אלהי מרומי. 13 קדם בריינא, <u>מב"ר</u>: את אלהא בריינא. (באגד בריינא, פי' מלאך שומר הסף בשערי תפלה ובשערי דמעה בשמים, מקביל ל"מלאכי מרומי" בשו' 12 והשווה מדרש שה"ש לפסוק "השבעתי אתכם" ב':ז': "אומרת כנסת ישראל למלאכים העומדים על שערי תפלה ועל שערי

דמעה: הוליכו תפלתי ודמעתי לפני הקב"ה ותהיו מליצי יושר לפניו שימחול לי על הזדונות ועל השגגות." על הפנייה אל המלאכים הממונים על התפלות שישתדלו לטובת המתפללים ע' שמ"ר כ"א.ג' ו"מכניסי רחמים" הנ"ל. ייתכן שכוונת השיבו-יים במב"ר היתה להפנות כל פנייה רק להקב"ה בלבד. השווה רמב"ם, פירוש המשנה, סנהדרין, פרק י', יסוד ה': "שהוא יתברך הוא הראוי לעבדו...ושלא יעשה כזה למי שהוא תחתיו במציאות מן המלאכים והכוכבים...אלא אליו בלבד יכוון המחשבות ויב-יחו כל מה שזולתו," והשווה גס"פ, מבוא, עמ' 11-12.)

תחנון. (השווה מב"ר, שם, עמ' י"א. ד. ה' 624).

הלא אמרית ליך כנישתא דישראל דאי מנשיינא ליך אנשייה לימיני,
דלא עיילנא לי להיכלאי דאית בשמיא עד דבנינא ליך להכלאי דאית בארעה,
אי בעית דתנדעי דאית לי מעושקיך אציתי ושמעי קל בכוי דבי מקדשאי:
בעידן דתשמעי קל ירוני דמנהמי לא ירוני נינהו, אנא הוא דנהימנא:
נהימנא על היכלאי, צורחנא על מקדשאי, בכינא על בני דאבדו מפתוראי.

תחינה בעלת חרוז מבריח. שם המחבר: נחמיה.(ד.ה' 669, אחד העבייבים האופייב-יים למ"ר ולסדורי הקראים,). צונץ תרגמה לגרמנית, ע' ס.פ., עמ' 284.

הלא על כי אין אלהי בקרבי/ מצאוני רעות וצרות סביבי
מי יתן ידעתי מצוא מחמד תאיבי/ אקומה ואסובבה בכל רחובות מסיבי
בערים ובכפרים ובכל מושבי/ אבוא עד תכונתו אספרה לו כאיבי
אערכה לפניו משפטי וריבי/ איכה ברית נאר וכבה שביבי
שבר רשפי קשתי וגדע חרבי/ עורף ולא פנים השיבני מני אויבי
וכמים שפך דם כהן ונביא/ לחיות נתן נבלת סבי ורבי
בתולותי ובחורי הוליך בשבי/ לאשפות השיב מקום יישובי
ובבריח ודלתים גדר נתיבי/ ובכל זאת לא שב מחרון אפו להשיבי
האריך מענית וחרש על גבי/ הדיק אחרי חרב בגיא מלעיבי
לחיי נתן למורטים ולמכים גוי גוי/ משמר לעומת משמר מעמיד ומביא
רעה אחר רעה לקראתי להחריבי/ מדבר לשבי ומחרב להרעיבי
מנמר למכרסם ולדוב מפני לביא/ לו ישקל במאזנים כעסי וחובי
כי מחול ימים יכבד לכן גבר עצבי/ מה כחי ליחל ומה להאריך קצבי
מה חפץ בחיים לו מות תשיבי/ כל כלי מחמדי למס עובד לאורבי
ואני בכל עבודה עד תומי בחובי/ אם כחי באבנים ואם נחשת תחשבי
ועוד נועצו יחדו מתורתי להתעיבי/ בעד החיים אל המתים לקרבי
ואזעק חמס ואין לרפאת מכאובי/ הלעולם תאנף כי אלהי אבי
תמשוך אפך בעד עורקי לעזבי/ מתי תבוא אלי לדבר על לבי
מריח אמרי פיך להצמיח תנובי/ לחבוש לנשברי לב במשלחת תשבי
לאמר לצפון תני ולתימן הבי/ ולהשמיע לשובבה: האריכי הרחיבי

תחנון. (השווה מב"ר, שם, שם, וד. ת' 203: "חלק מן התחנון 'מחי ומסי.'")
תורתא דמרביא בשולי וברגגי בשרבי שמשא מרה לא אפקה
אזל ואשלמה בידוי דבקרא אכזראה
כל יומי ולילי בשרשי רדי לה

תורתא תחות טרנא בכתה וכן קאמרה ליה: במטותך מרי אקיל מטונאי.
ענה לה מרה וכן קאמר לה: מה אעביד ליך, רישא דקנייני,
חוביך גרמו ליך, ניריך תקוף עליך עד דמטי זמניך.

סליחה. (השוה סרע"ג, עמ' ק"ס, סרס"ג, עמ' שנ"ז, גס"ל, עמ' י"ז.ד.מ' 2425).

מארן דבשמיא לך מתחנינן/כבר שביא דמתחנן למאריה
כולהון בני שביא בכספא מתפרקין/ ועמך בני ישראל ברחמי ובתחנוני
הב לן שאלתין ובעותין/ ולא נהדר ריקם מקמך

מארן דבשמיא לך מתחשינן/ כעבדא דמתחשי למאריה
עשיקי אנן ובחשוכא שרינן/מרירין נפישין מעקתין דנפישין
חילא לית לן לרצוייך מארן/ עבד בדיל קיימא
דגזרת עם אבהתן/ ולא נהדר ריקם מן קמך

מארן דבשמיא לך מתחשינן/ כברא דמתחשי לאבוה
הב לן לבא לתיובתא/ ולא נהדר ריקם מן קמך.

תחנון. (השוה סרע"ג,שם, מב"ר,שם,עמ' י"א, וד. מ' 2792).

מתרצה ברחמים ומתפייס בתחנונים/התרצה והתפייס בדור עני כי אין עוזר
מתרצה בתפלה ומתפייס בתחנה/התרצה והתפייס בדור עני כי אין עוזר
מתרצה בצדקה ומתפייס בצעקה/התרצה והתפייס בדור עני כי אין עוזר.

טו' 2-3, גד: חסרים.

תחנון. (השוה מב"ר,שם,עמ' י"א-י"ב;גס"ל,שם;ד.ש'673 וראה הערותיו,שם).

שומר ישראל/ שמור שארית ישראל/ואל יאבד ישראל/המשמיעים בכל יום:שמע ישראל
שומר גוי אחד/שמור שארית עם אחד/ואל יאבד גוי אחד/האומרים בכל יום:
יי אלהינו יי אחד
שומר גוי קדוש/שמור שארית עם קדוש/ואל יאבד גוי קדוש/המשלשים בכל יום:
שלוש קדוש
שומר גוי רבה/שמור שארית עם רבה/ואל יאבד גוי רבה/האומרים בכל יום:
אמן יהא שמיה רבה
שומר גוי מבורך/ שמור שארית עם מבורך/ ואל יאבד גוי מבורך/האומרים בכל
יום: ברוך יי המבורך.

מהר עננו ופדנו מכל גזירות קשות והושע ברחמיך הרבים משיח צדקך לעמך (גד: ועמך). יי הושיעה המלך יעננו ביום קראנו.(ע"כ המסגרת הקבועה של סדר הסליחות לכל ימות חודש אלול בא. גד מוס': אבינו מלכנו חננו ועננו כי אין בנו מעשים עשה עמנו צדקה למען שמך. ואנחנו לא נדע מה נעשה כי אליך עינינו. זכור רחמיך יי וחסדיך כי מעולם המה. אל תזכור לנו עונות ראשונים מהר יקדמונו רחמיך כי דלונו מאד. חננו יי חננו כי רב שבענו בוז

ברוגז רחם תזכור. כי הוא ידע יצרנו זכור כי עפר אנחנו. עזרנו אלהי ישענו על דבר כבוד שמך והצילנו וכפר על חטאתינו למען שמך).

גד אומרים: "יענך ה' וכו'"(תהל' כ':ב' ואילך), "אלהינו עמנו"(מ"א,ח': נ"ז), "יהי רצון" (ד.י' 1346) וקדיש.

ב. הסליחות במנהג יוון לעשרת ימי תשובה

1. מנהגים על דרך אמירת הסליחות ועל הצום שבימי הסליחות

שליח הצבור בקהילות יוון אומר בקול רם את הפיוטים והקהל עונה באמירת י"ג המדות בלבד. (כך נהגו גם בקהילות איטליה וספרד). זכר לאותו מנהג נשתמר בסליחה לר' שלמה שרביט הזהב מאיפישו: "שפל וגוע אבי דל ואביון/ נבזה חדל אישים כדי בזיון/ ויעמידוני בשיאי ציון/ כי טוב לזמר לך להודות עליון/ יהיו לרצון אמרי פי הגיון/וכו'" (סי' ע"ב) ובסליחה לר' ישעיה ב"ר אליה: "תהיינה אזניך קשובות לקול עמי ותחנוניו/ דאג מרב חטאתיו ופחד מרב יגוניו/ יבוש ויכלם להגיד חטאיו ברבניו/ ולא יכלו לענות אותו כי נבהלו מפניו" (סי' פ"ד).[1]

בקהילות הרומניוטים נהגו לצום בימי אלול ובעשי"ת. די להצביע על הטורים הבא-ים משל הפייטנים ר' יוסף ב"ר משה קילטי, מגלילת המודיאה (בירון) ור' מנחם ב"ר אליה מקשטוריה: "בנפשי עניתי בצום לשבור ערפי ומריי" (ס"ו), "כחנו כשל ובכרע/ תחתנו וערפנו נגרע" (כ"ח), "ירועו ינועו יגועו (מצום) בל ישמעו (מפני חולשה וחוסר כח)" (ע"ד).[2]

2. תוכן הסליחות לעשרת ימי תשובה

הנושאים המרכזיים בסליחות הם: התשובה והוידוי על החטא. הפייטן הסַלָח פורש את עוונותיו ("שמתי זהב כסלי,/מבטחי/ מדהבה/בהם דבק לבי באהבה/וירדפם עד חובה",פ"ד) ואת עוונות קהלו ("דגולי וקציני נהפכו בחשבו/אנשי העיר אנשי סדום נסבו",שם) ושם במחו בהקב"ה,היושב על כסא רחמים בעת רצון בין כסה לעשור. הסלח מדגיש את אפסות האדם,שימיו כצל עובר ושעתיד ליתן דין וחשבון לפני קונו. כן קובן הוא על שעבוד ישראל בגלות אדום וישמעאל ומצפה לגאולה הכמוהה. לעתים בדירות,הסליחה משקפת את האמונות והדעות שרווחו התקופה מסויימת, כגון הפולמוס על לימוד ה"חכמות" במאה הי"ג. כמו למשל מתוך הסליחה לר' יוסף ב"ר משה קילטי הנ"ל: "יצרה הרע הטעה לדבר מרמה/ומספקת בכל תבונה וחכמה...בה/בנפש/רדפו רוד-פים ובתבונה לשמה/בערו ובכסלו והפילוה עד אדמה/ישלח ממרום דברו וירפאני כי המה/לשואה יבקשו נפשי,"(ס"ו).

א. נושאים מתחום חכמת האיסוטרית ותורת המסתורין

פעמים רבות רומזים פייטני מנהג יוון לתורת הסוד בהסתמכם על ספר יצירה ועל ספירות ההיכלות, על ספר הבהיר ועל ספירות בעלי הקבלה מחוג גירונה[2א] (במאה הי"ג)וכן על הקבלה הנבואית לר' אברהם אבולעאפיה(ע' סי' ג',ה',ל"ב,ל"ג,ל"ד, נ"ב,ס"ב,ס"ג,ע"ג,ע"ד,ע"ה,פ"ג,פ"ה).כוונתם היתה כנראה לעזור לבעלי-תשובה להת-

קרב אל בוראם דרך תורת הסוד. הלא אמרו חז"ל (יומא פ"ו, א'): "גדולה תשובה שמגעת עד כסא הכבוד," ובתקופה מאוחרת דרש ר' יהודאי גאון (מאה השמינית) שבעל תשובה הבהו עולה אל קונו דרך שבעת הרקיעים.[3] הד-קולה של אותה דרשה נשמעת במאמר ר' עקיבא לר' ישמעאל (בספרות ההיכלות): "כשעליתי בהיכל ראשון חסיד הייתי, בהיכל ב' טהור הייתי, בהיכל ג' ישר הייתי, בהיכל ד' תמים הייתי, בהיכל ה' הגעתי קדושה לפני מלכי המלכים ב"ה, בהיכל ו' אמרתי קדושה לפני מי שאמר ויצר וכו', בהיכל ז' עמדתי...ואמרתי: אל חי וקיים...זולתך אין צור לעד וכו'."[4]

השפעת בעלי הקבלה מחוג גירונה ניכרת בסליחה לר' אברך בן יצחק (סי' ל"ד). הפייטן מזכיר את עשר הספירות (שו' 4-22) החל ב"מחשבה", הספירה הראשונה ודוגמת סדר הספי-רות שבספר הבהיר ובכתבי ר' יצחק סגינהור (1160-1235), "אבי הקבלה". בעל הסליחה מכנה את הספירות בשם "מדות" (שו' 21,6,1) כדרך בעל הבהיר, (שכידוע ספר זה הוא שהשפיע במדה מכרעת על ר' יצחק סגינהור) וכן השתמש גם בשם "ספירות" (שו' 8). הוא מחלק את הספירות לשלושה "עולמות": של השכל ("המושכל", שו' 25), של הנפש ("המורגש", שם) ושל הגוף ("המוטבע", שם) עפ"י פירושם של ר' עזריאל, ראש חוג המקובלים בגירונה, יחד עם חברו ר' עזרא, ותלמידו של ר' יצחק סגינהור.

השפעת ספר הבהיר ובעלי הקבלה בגירונה ניכרת גם בלשונו של ר' אברך הנ"ל: כך למשל "הללו בורא הוירת בסתמות," (שו' 5), --בטוי זה הוא שגור בכתבי ר' יצחק סגינהור ור' עזריאל מגירונה, ו"הללו לעד לשוכן עד בתהלה משכרי[פי' מלב] שכו-יה (שו' 25)--הרמז לל"ב נתיבות חכמה (שבספר יצירה) אך בכיוון רעיוני חדש, וזאת עפ"י הדרשה בספר הבהיר (ע' בפירושו של השיר ל"ד, להלן). הנושא העיקרי בסליחתו של ר' אברך הוא עליית בעל הסוד לשמים בכוח כוונתו בעשר ספירות ובשלוש "עולמות" הנ"ל ובמיוחד בכוח השם "המפורש המורה הויה" (שו' 23). כך מתחיל הפייטן (בשו' 1): "ספרו מדותיו" של הקב"ה (במשמעות כפולה של י"ג מדות ע"פ שמות ל"ד: ו' ועשר ספירות [קרי: מדות, כב"ל] ושלושה "עולמות") כי "משם תוצאות חיים" (שו' 2), ומסיים "ולכן כל מתאוה יהודהו כבאם איש עליה: כל הנשמה תהלל יה" (שו' 24).

ורוצה לומר כי כל המתאוה לעלות לשמים ולהיכנס בפנים כמו שעלה הצדיק דויד המלך (בעל הפסוק "כל הנשמה תהלל יה", תהלי' ק"נ:ו') הנקרא "איש עליה", אפשרות זאת ניתנת לו רק בכוח תורת הסוד הנ"ל. ולכן "כל בן זאת --תושיה," (שו' 26), פי' כל המבין את החכמה הנעלמת הזאת יזכה לעלות ולשוב אל קונו, (תושיה, ל' "תעשינה ידיהם תושיה," ע"פ איוב ה':י"ב).[5]

השפעת בעל הקבלה הנבואית ר' אברהם אבולעאפיה (מאה הי"ג) ניכרת בסליחה לר' מנחם ב"ר אליה מקסטוריה שהיה בן דורו וזמנו. בשיר (סי' ע"ד) מתאר הפייטן את כבודו של הקב"ה המהולל בפיות מלאכי מעלה והמאזין לתפלת המתחנן אליו. הטור ה:38 שבשירו הנ"ל: "...אם רעיונו מכינו וכאינו בעינו נחשב ובא כמת"

מזכיר פירושו של ר' אברהם אבולעאפיה לפסוק "הכון לקראת אלהיך ישראל" (עמוס ד':י"ב):"הכון עצמך לייחד לבבך וטהר גופך...הב מחשבותיך האמיתיות לצייר את השם ית'...ואחר ציורו זה כלו הב שכלך ולבך להבין...ודע כי כל מה שיחזק אצלך השפעת שכלי הנכבד, יחלשו איבריך החיצוניים והפנימיים ויתחיל כל גופך לעשתער שערה/להסתער סערה/ חזקה עד מאד עד שתחשוב עצמך שעל כל פנים תמות בעת ההיא, כי תפריד נפשך מגופך מרוב שמחתה בהשגתה."[6]

ר' אברהם אבולעאפיה הנ"ל ביקר בקהילות יוון ובמסעיו מסתבר שבא במגע עם חכמי קסטוריה. כדאי לציין בהקשר זה את הסליחה "אמרתי ליי אלי" (להלן סי' כ"ח) למנחם ב"ר אליה הנ"ל המשקפת את התסיסה המשיחית שאחזה קהילות יוון במאה הי"ג: "ררכב על החמור הבר בא/ חליפות עמר רצבא/ אדום דגול מרבבה/...חשבון הקץ מבואר/ מעט שבים בשאר/ עתה אדום יֻואר/ מטה יי להתפאר/...קץ הגלות עבר/ ומטה רשע נשבר/ כי יהודה גבר/ מיי יצא הדבר." דומה כי סליחה זאת הולמת את מאמרו של ר' אברהם אבולעאפיה בספר האות שלו: "וקץ התשועה ויום הגאולה בא ואין איש אשר ישים לבו היום לדעת זאת."[7]

לפעמים רומזים הפייטנים כי אמנם זכו להיכנס בפנים ההיכל ולראות את פני השכינה. כך למשל ר' משה בר חייה מידון(סי' ל"ג, שו' 19-22): "יושב יתלובן בעוז חבירון/ ולבקרים מחדש לגיון/ ומסתתר בלי חזיון/יושב בסתר עליון. יושב המוביל ודורך על במתי תלי/ ומודד מים מבלי דלי/ בקדש חזיתיו והוא פלאי/ יושב ממולי." כדאי להשורות לשורות הבאות של ר' בנימין בר שמואל מקוסטנטי באופן שלו "מה דודך":"דודי/הקב"ה/ טמון וחבוי מעין כל נפוחי נשמות/ אני בוראותיו אשרש בברוך כאופני מרומות."[8] רבירוכח לדעתי, כי הצד השווה שבהם הוא הרעיון שהקב"ה, הנסתר מעיני כל בריה, ניגלה אמנם לבעלי הסוד. כן מסתבר שהפייטנים הללו שאבו ממקורות ספרות ההיכלות, בהם מצאו קרבה ללשונם הם בפיוטים הנ"ל. /השווה המאמר בהיכלות זוטרתי, כה"י אוכספורד,1531 עמ' 45ב: "האל...שהוא נעלם מעיני כל הברידות ונסתר ממלאכי השרת ונגלה לו לר' עקיבא במעשי המרכבה."[9]

ב. נושאים בספרות דין וחבוט הקבר

כשם שהפייטנים מתארים שכרו של בעל תשובה הזוכה להיכתב בספר החיים עם הצדיקים כך מפרטים הם ענשו של החוטא,שעוונותיו מרובים על זכיותיו ושמת ברשעו(ע' סי' ט',כ"ט,נ"ט,ס"ז). כך הוא סדר המאורעות בפרשת האדם החוטא והמת ברשעו, כפי שנשתמרו בסליחותיהם של: ר' משה בר חייה(סי' ט'),ר' משה הממונה בר אברהם(סי' כ"ט),ר' מרדכי בר יצחק(סי' נ"ט) ור' שבתי בר יוסף(סי' ס"ז). הללו הושפעו מן המקורות הקרובים בסגנון ובלשון לספרות דין וחבוט הקבר מתקופת הגאונים:[10]

1. כשבא זמנו של אדם למות קופץ פיו מבהלה בראותו את מלאך המות העומד לנגדו ומקלו בידו.

זמנו בבא ועתו/ יגוע ויאסוף בתתו/ את הפקדון אשר הפקד אתו
קופץ פיו בראות שרביט...(ט').

2. הוא מת מגערת מלאך המות,

הקול אליו קורא ברגזות/רב לך השמש לחזות/קום צא מן הארץ הזאת (כ"ט),

קול קורא חרב סובל/ ומגערתו אדם מתחבל/ כי נפש הוא חובל (ב"ט).

3. וממקלו בו יכהו.

והנה עצמיו יחביט (ט'),והמלאך כאכזר יך עדי את נפשך ישבה (ס"ז).

4. מלאך המות מעלה אותו השמימה לראות את פני השכינה לפני מתתו.

יפרוש כנפיו יקחהו ישאהו על אברתו (ב"ט), ותמונת יו יביט (ט').

5. אחרי שבא לקבורה, מלה"מ יושב על קברו וקורא מפינקסו בו חתם החוטא בעצמו על מעשיו בשעת פטירתו מן העולם.

בעת ישאר לבדו/ומלאך השלוח עומד לנגדו/וחרבו שלופה בידו/
יחבטהו בקרקע ויקרא עניניו (ב"ט),

בעת יבוא לחקור עון/יקרא אל סכל ואל נבון/למצוא חשבון (כ"ט).

6. אם עוונותיו מרובים על זכיותיו נענש מיד בקבר ע"י מלה"מ.

ואם יורשע בדיניו/ והפילו השופט והכהו לפניו (ב"ט),

לעת ירד לבית מועדו/יראה המלאך החובט בצדו/ומטה אלהים בידו...
אם הפרו ברית לעשות תאוה/השופט יכם על עזבם את המצוה/וירדפם
עד חובה (כ"ט).

7. הוא סובל עוד עינויים קשים כאשר נשמתו נזרקה בכף הקלע.

צנוף נצנף באימים... (ט' וע' בהערות שם).

8. אחרי שלושה ימים בקבר נבקעת כרסו ממכות מלה"מ.

וכרסו נבקעת במהלומים/בעוד שלשת ימים (ט'),וכרסו נבקעת ונשפך פרשו/
על נתחיו ועל ראשו (כ"ט), יום שלשת ימים למותהו/תבקע כרסו ויאכי-
לוהו/כל עמל האדם לפהו (ב"ט).

9. מלה"מ ממשיך להכותו על עצמיו ואיבריו עד שנעשה עפר,

מכהו ואיבריו נפרשים/ וכאבק דק עצמיו דושים (כ"ט).

10. ומה שנשאר ממנו היה מאכל לתולעים:

ועל גביו תולעים יעלו/ועליו גורלית יפילו/חלק כחלק יאכלו
בפיהם לכרה נמסר/וגויו כלו נחסר/ולא ילין מן הבשר (ט'),

סובבים תולעים על גבו/עולים ויורדים בו/על כרעיו ועל קרבו
על גבו כפרשים ירוצון/ולאכול בשרו יאיצון/וגם את המת יחצון
פורה דורכים בכריסו בחלקם/בשרו כאילו בגורל יקחו חלקם/ואכלו את חקם(כ"ט),

צבאי צבאות תולעים על גבו/סובבים על נתחיו ועל קרבו/עולים ויורדים בו
חלק כחלק יאכלו חלקיהם/בחלקם איבריו כפי מעלליהם/בדבר אשר זדו עליהם(ב"ט).

11. <u>ומה שנשאר מן התולעים שולח בתוך כבשן אש של גיהנום.</u>

צדקותיו סופר ואם רב מעלו/לתוך כבשן אש יפילו/כמשפט הזה יעשה לו
קב רקב בלוי ומירשן/יהיה גופכם המדושן/מלא חפניכם פיח כבשן (כ"ט).

כוונתם של הפייטנים היתה,כנראה,תאור מפורט של העונשים הבאים על האדם החוטא כדי לעוררו לתשובה ולהצילו מן הפורענות הנ"ל.

ג. על מצבו של ישראל תחת עול אדום וישמעאל

בסליחות מנהג ירון,רבים הם התאורים על שעבוד ישראל בגלות אדום וישמעאל. הפייטנים השתערו על הנוצרים הרודים ביהודים("וזה האדומי הוא הציד/ אוכל לחמי בי יצטיד",ט"ו,7) והגוזרים גזירות שמד עליהם ("ועוד נועצו יחדו מתורתי להתעי-בי/ בעד החיים אל המתים לקרבי",מבוא,"הלא על",עמ' 16,שו' 16), ומאשימים אותם כ"זונים אחרי המולך" (כ"ח,8),העובדים את ה"אליל" (מ"ו,13) ואת הפסל (כ"ח,8), ואף מסלפים את דברי התורה("לחוקי בוזים ולועגים לשכלי",ט"ו,14).כן השתערו הפיי-טנים גם על בני ישמעאל,הנותנים את ישראל ל"שמצה"(ז',5)ולמכה(י"א,22) ומתחננים לפני הקב"ה להציל את ה"גברת"(=שרה ובניה)מידי ה"שפחה"(=הגר והישמעאלים,נ"ה,11) ואף להשמיד כליל את בני אדום ("פצה תפצה אהלי עוץ מנזר וטפסר",מ"ג,17).

ד. גלות וגאולה

שוב ושוב פונה הפייטן לצור ישראל "להוציא ממסגר(=מגלות) באסר(=ישראל),--רמוס בכף רגל זיד וטפסר,"(י"ד,13 וע' י"ח,17,כ"ח,32,ס"ה,1-2,פ"ב,15) ולהעניש את אויבי עמו ("הרוג זדים ואכזרים ישכימו להרגני/ ועוילים פתלתולים וכלבים סבב-וני/...וגם תדוף וגם תהדוף בבור חפרו בעדני",ס"ה,7-10 וע' כ"ב,7). הוא מתאונן על ההגבלות והגזירות שבאו על קהלות ישראל בגולה("בפשינו זוחלה,הנחלה/ מדיבי בני עולה/ אשר חמתם בתמלא/ תחת שפתימו סלה",ע"ט,27-28, וע' פ"ד,48-50) ועל המסים הכבדים שחייבו היהודים לשלמם לאוצר המלכות תמורת ה"חסות" הניתנת להם בארצות מגוריהם ("צועקים אליך חמס/ צורחים מכובד המס", פ"ט,19).

הפייטן,העומד בבוך בפני בעית צדיק ורע לו,רשע וטוב לו("ובכה אבכה בחזות ורעודיך [ישראל]למשסה ובזות--ורשע יעצה עזות--ואחשבה לדעת זאת",פ"ט,11-12),--ממשיך לחזק את לב קהלו להתגבר על האויב הבא להסיתם בדברים להמיר את דתם,("טלאי כבשיו קרואי עמוסיו[ישראל]יאמרו לעשו: ישראל לעושיו יחכה לבסיו", ע"ד,17) ולעודדו בבשורה שהגאולה הנה קרובה לבוא ("רוכב על חמור [משיח הגואל] הנו בא...חשבון הקץ מבואר, מעט שנים בשאר...קץ הגלות עבר ומטה רשע בשבר כי יהודה גבר--מיי יצא הדבר!" כ"ח, 39-58).

ג. ענייני לשון (כולל ביטויים מתפלות עתיקות ומטבעות לשון שחידשום הפייטנים מחברי הסליחות במחזור רומניה).

1. חידושי שמות. על משקל הסגוליים: חתת(י"ב,19), חרץ(כ"ט,1), יקר(ע"ד,5), ערץ(כ"ט,2.פ',58.ל"ג,23), בשם(ל"ג,5), ארך(פ"ט,15). על משקל -רן: ברגשון(נ"ח,1), ולחשון(נ"ח,2), שגיון(י"ב,11). על משקל פְּעוּל: מלולם מ"ד,7). על משקל מְפעול: מכלום(פ"ז,15). קיצורים: בקיבכם (קין במקום קיבה,מ"ח,28). יצירת שמות מתוך פעלים: בחפזי הנפש(שה"פ חֶפֶז מן חָפַז, י"ט,67).

2. חידושי בנייבים בפועל ושיבושיים במלים. חידושים בבניין נפעל: בלהגות(ל"ב, 4), בזממה(מ"ד,13), בהבלתי(פ"ד,7). חידושי בנייני פעול: רחומיך(כ"ו, 15), אזוקי[ם](מ"ג,18). יצירת פעלים משמות: סברו(מסבר, ל"ד,15). קיום הנו"ן בפעלי ל"נ אפי' כשאינו פוגע בנו"ן הכבדי(השווה מ.זולאי, האסכולה, עמ' י"ז): חבון(במקום חרן, מ"ו,15). בטול ה' סופית: מען(ב',5), לען (ב',6), ים(ס"ח,12), גל(ע"ו,21), עטת(מ"ה,2). רבוי שלא לפי המקובל: בגרהים(י"ט,27), שעשועות(מ"א,13). סיומת -י(במקום -בי): והשיבי(ט"ז, 10), להביחי(ע"ט,4), מכלי(ע"ט,21). מאידך גיסא: בעדבי(במקום בעדי,מ"ט, 19). בדרך דומה: נפלי(במקום נפילתי, ט"ז,13), במהתליה(במקום במהתלותיה, י"ט,13), מצבר(במקום מצבתך, י"ט,55).

3. שיבוביים בתחביר. היפוך סדר התיבות ביחסים של קניין: פעולת יסודם (כ"ט,4), סתורי מסמובים(מ"ד,15), ספובי מכמובים(מ"ד,15), חיץ ערכי(ס"א, 29), קצי סודיה(ס"ט,21). שיבויים במין ומספר: מאורבו כהו(כ"ב,9), אום האמולה(ה',23), צדק באמבה(י"ד,17), עת צרמת(ע"ד,41), תחתבו וערפבו בגרע (כ"ח,21), תלארת גם אלות יסרככום(מ"ד,22), וששון וגיל מנו חדל(מ"ו,5), ושוד ושאון בגבולו גדל(מ"ו,6), עיביו יזיל לפניך(נ"ז,11), בואי עמוד (ע"ב,13). השמטת אותיות בכל"מ או על,אל: תשים מקום אפר פאר(ל"ה,29), מקום גבוהים בפלו(נ"ד,54), צבור ארן(ס"ג,19). הוספת ל'(על דרך הארמית): לבבו לערלה(ל"ה,9), להוגי שעשועות(מ"א,13). מלים בארמית: לקבולי אסיר (מ"ג,7), למיחש ליה בעי(מ"ג,8), וידיתי(ט',11).

4. שיבוביים לצורך החריזה. הוספת ה': לשכלה(כ"ו,10), על שכמה(כ"ט,71),והמלטה

(ל"ו,37), סורה(מ"ו,10), ריצהירה(ב"ח,5).

ד. הפייטנים

הפייטנים שפיוטיהם בתקבלו בסדר הסליחות לעשרת ימי תשובה כמנהג הרומניוטים לרוב היו ילידי יוון,אנאטוליה והבלקנים והשאר הוא מספרד,מאיטליה, מצרפת ומצפון אפריקה.

1. אברהם אבן עזרא, נולד בטודילה(בספרד),1092-1167, סי' ד',י"ז,ע"ח.
2. אברהם בר יצחק (בר משה), מיוון,מאה הי"ג, סי' ס"ט,פ'.
3. אברך בן יצחק (אברהם חזן בן יצחק מגירונה?), מאה הי"ג, סי' ל"ד.
4. אהרן (בר אביי מקושטא? מאה הט"ו? השווה מיכל,מס' 273),סי' מ',מ"ה,ס'. (אין בד.).[1]
5. אליעזר בר יהודה, אחיו של ר' טוביה בן אליעזר בעל "מדרש לקח טוב",(השווה דיבור,ב',3,עמ' 388),מסלוניקי,מאה השתים-עשרה, סי' ע"ט.
6. אלנתן הכהן(בר משה), מארטה(ביוון),מאה הי"ג-י"ד, סי' ע'.
7. אנטולי בן דויד קזאבי, מקנדיה,מאה השתים-עשרה, סי' ט"ו.
8. דויד אבן בקודה, מספרד,מאה הי"א-י"ב, סי' ס"ד.
9. חלבו, מאיפישו,מחציתה הראשונה של המאה הט"ו(השווה כהנה,עמ' 4), סי' כ"ד. (אין בד.).
10. חנניה בן שלהיה, מיוון,מאה החמש-עשרה, סי' מ"ח.
11. ידידיה שלמה(בן יוסף רך), מרודוס,מחציתה הראשונה של המאה הט"ו (השווה קסוטו, עמ' 157-158), סי' ע"א. (אין בד.).
12. יהודה הכהן קילטי, מיוון, מחציתה השנייה של המאה הט"ו, סי' כ'.
13. יהודה הלוי (בן שמואל), מספרד,1075-1141, סי' ו',י',י"ג,ל"א?,ב"ו,ס"ה?, פ"ו,פ"ח.
14. יהודה חזן בן יעקב, מיוון,מאה הי"ג, סי' פ"ג.
15. יהודה שמואל אבן עבאס, יליד מארוקו,היגר לחלב שבסוריה,נפטר בשנת 1167, סי' ב',כ"א.
16. יהושע בר יצחק, מיוון,מאה הי"ג, סי' י"ד. (אין בד.).
17. יוסף בר יצחק, מיוון,מאה הי"א-י"ב, סי' מ"א?,מ"ג,מ"ד.
18. יוסף בר משה קילטי, מגלילת המוריאה(ביוון),מאה הט"ו, סי' ס"ו.[2]
19. יוסף בר שלמה, מיוון,מאה הי"ג, סי' ל"ה.
20. יוסף חזק בן יעקב קלעי, חי בקלעא בקרים,מאה הי"ב-י"ג, סי' נ"ח.
21. יוסף סופר מגולי ארבן (אופן, בודאפשט בהונגריה, השווה דיבור, ב',1, עמ' 235), חי במחציתה השנייה של המאה הי"ג, סי' כ"ז.
22. יעקב בר מאיר(רבינו תם), מצרפת,1100-1171, סי' פ"ט.
23. יצחק כנזי, מאיטליה?, מאה הי"ד, סי' ל"ז.
24. ישעיה בר אליה מטראני,באיטליה,נולד בשנת 1220 לערך, סי' פ"ד.

25

25. ישעיהו(בן יוסף מיסיבי), ממסיבה במוריאה (בירון),מאה הט"ו, סי' נ', נ"א,ס"א.[3]

26. כלב בר אליקים, מירון, מאה הי"ג-י"ד, סי' ל"ו,ל"ח.

27. מנחם בולגרי, מזאגורה בבולגריה,מאה הט"ו לערך, סי' י"א.

28. מנחם בר אליה מקשטוריה (בירון), מאה הי"ג (ולא במאה הט"ו, ע' <u>אבתולוגיה</u>, עמ' 24), סי' י"ב,כ"ח,ל"ב,ע"ד.

29. מנחם תמר בר משה, מסלוניקי,מאה הט"ו, סי' כ"ג.[4]

30. מרדכי בן ידבתן, מירון,מאה החמש-עשרה, סי' ז'.

31. מרדכי בן יברן, מירון, מאה הי"ג-י"ד, סי' צ'. (אין בד.).

32. מרדכי בן יצחק, מירון, מאה הי"ב, סי' נ"ט.

33. מרדכי בן שבתי הארוך, מקשטוריה (בירון),מאה הי"ג-י"ד, סי' י"ח.

34. משה אבן עזרא, מספרד,1055--1135/40,סי' ה',ח',מ"ז,נ"ד,נ"ז,ס"ח.

35. משה בר חייה,מירון, מאה הי"ב, סי' ט',ל"ג,נ"ב,ע"ז,פ"ז?.

36. משה בן נחמן (רמב"ן), מגירונה,1194-1270, סי' פ"ה.

37. משה הממונה בר אברהם, מירון,מאה הי"ג-י"ד, סי' כ"ט.

38. משה חזן בר אברהם, מירון,מאה הי"ג, סי' י"ט.

39. עלום-שם, סי' כ"ב,כ"ו,מ"ב,מ"ו,ס"ג,ע"ו.

40. שבתי בן דוד בונה, מספרד? מאה הי"ד? סי' ס"ב. (אין בד.).

41. שבתי בר יוסף, מירון, מאה הי"א, סי' א',ט"ז,ס"ז.[5]

42. שלמה אבן גבירול, מספרד, 1021/1022---1053/1058, סי' ג',כ"ה,ל"ט, מ"ט,נ"ג,נ"ה.

43. שלמה שרביט הזהב בן אליהו, מאיפשר, מחציתה השנייה של המאה הי"ד, סי' ל',ע"ב,פ"א,פ"ב.

ה. מפתח הסליחות לעשי"ת.

	עמוד		עמוד
אבכה היום, מ"ד, (אין בד.).	105	אל יום המהומה,פ',(אין בד.).	168
אדיר בוטה שחקים, ס"ד.	140	אלצבי ביום זה,מ"ג.	103
ארן זרעבר, נ"ו.	125	אם יאמר לי קרבי,ע'.	150
אזכיר קצות בוראות, ד'.	33	אם לבבי יעץ,מ',(אין בד.).	100
אחלי פני אלהי, פ"ד.	174	אמרתי ליי אלי,כ"ח,(אין בד.).	72
אחת שאלתי, כ"ד, (אין בד.).	67	אבא אלהים,כ"ו,(אין בד.)	69
איחדך במורא, ע"ד, (אין בד.).	155	אבא עת,ס"א,(אין בד.).	134
איך אזלה ידי, ל"ח.	94	אבוש אל,י"ט.	59
אכין קרב וסרעפים, ס"ט.	148	אבוש ביבה,כ"ט.	76
אל בית המלך, ע"ח.	165	אבוש יצירך,ס'.	133
אלהי יום גשת בדודה, מ"ה,(אין בד.).	107	אבוש בדכה,נ'(אין בד.).	115
אלהים אלי אתה, נ"ג.	120	אבוש רמה,ס"ז.	145
אלהי מה אבי, כ"ז.	70	אני הגבר, נ"ט.	131
אלהי קדם מעונה, י"ז.	55	אשא אישון,נ"ח.	129

אשרבה עדיך,ע"ט. 165
אשמרה אליך,פ"ט. 183
אשר לו ים,ע"ו. 161
אתה סתר,ט"ז,(אין בד.). 54
אתודה לך,צ',(אין בד.). 186
אתפלל אחלה,כ"ג. 66
את פני מבין,ט'. 40
את שערי,ט"ו,(אין בד.). 52

בלבי ורעיוני,י'. 44
ברכי אצולה,י"ג. 48
הללו את,ל"ד,(אין בד.). 86
העת אפגעה,י"א. 45
ראתה מלכי,ע"ה. 159
חטאי כנפקד,מ"ח,(אין בד.). 111
חסדך אלהים,ז'. 38

יברך אדיר,פ"ז,(אין בד.). 181
ידידי רבבוני,מ"א,(אין בד.). 100
ידידיך בדודיך,ס"ה,(אין בד.). 142
יה חון,כ'. 63
יום אחשבה,נ"א. 116
יום אפתחה,ל"א. 81
יום באתם,ל"ז. 93
יום זה,ל"ה,(אין בד.). 89
יום להטיב,פ"ח. 182
יושבי בצלך,ע"א,(אין בד.). 151
יושב מערבה,ל"ג. 83
יי אדוננו,כ"ב,(אין בד.). 64
יי אזכיר,נ"ב,(אין בד.). 117
יי אלהים,פ"ג,(אין בד.). 171
יי אל,ע"ג(אין בד.). 153
יי ארץ אשתחוה,מ"ב 101

יי יוצר,י"ד,(אין בד.). 51
יי מאין,י"ב,(אין בד.). 46
יי מלך,ל"ב,(אין בד.). 81
יי שם איום,ג'. 31
יי שמים,ס"ב,(אין בד.). 135
יצו האל,ו'. 36
יצרי ראשית,פ"ו. 179
ישראל איומה,מ"ו,(אין בד.). 108

להודות באתי,מ"ז. 111

מאין כמוך,ע"ז,(אין בד.). 163
מושכי עול,ח'. 39
מחטאתי אדאג,ס"ח. 147
מי כמוך מושל,כ"ד. 123
מלאו מתני,י"ח 57
מלך אליך,ל"ו. 92
מציון אל,נ"ז. 127
מראש מקדמי,פ"ה. 177

נפשי אשפכה,ס"ו. 143
נשמת אסירי עוברת,ה'. 34

עת שערי רחמים,ב'. 30
עת תתעטף,כ"א,(אין בד.). 63

קדוש ידו,ס"ג,(אין בד.). 137

שבת משושי,נ"ה. 125
שדי זכרנוך,פ"ב,(אין בד.). 170
שואף חטא,ל',(אין בד.). 80
שוממתי ברוב יגוני,מ"ט. 114
שטוף ביצר,א',(אין בד.). 30
שטר עלי,ל"ט. 98
שמך אלהי,פ"א,(אין בד.). 170
שני חיי,כ"ה. 68
שפל וגוע,ע"ב. 151

ו. ביבליוגראפיה

(הרשימה מכילה חיבורים שפרטיהם הביבליוגראפיים לא הובאו במלואם בגוף הספר).

אברהם אבולעאפיה,<u>חיי עולם הבא</u>, ע' ילינבק,א.

______, <u>ספר האות</u>, בתפרסם ע"י א. ילינבק ב"עטרת צבי" ספר היובל

לגרץ,(ברסלאר,תרמ"ח).

אברהם אבן עזרא, יסוד מורא,(ויניציה,שכ"ר).

______, כלי נחשת,(קאניגסבערג,1845).

אגרות שד"ל, מהד' ש.א.גראבער,(פרזעמישל,תרמ"ב--קראקא,תרנ"ד).

אוצר מדרשים, מהד' י.ד.אייזענשטיין,(ניו-יורק,תרע"ה),ב' כרכים.

איטליה--שירמן,ח. השירה העברית באיטליה,(ברלין,תרצ"ד).

אלבוגן,י.מ., התפלה בישראל,(תל-אביב,תשל"ב).

אנתולוגיה--ויינברגר,י.ל.,אנתולוגיה של פיוטי ירון,אנאטוליה והבלקנים, (סינסינטי,תשל"ו).

בחיי אבן בקודה, חובות הלבבות,(לייפציג,1846).

ברייתא דשמואל הקטן, (פראנקפורט,1863).

ברנשטיין,ש., פיוטים ופייטנים מהתקופה הביזאנטינית,(ירושלים,תש"א).

גינזברג,ל.,(סתם)-- L.Ginzberg, Jewish Law and Lore,(Philadelphia,1955).

______, אגדות-- ______, The Legends of the Jews,(Philadelphia,1909-1938), 7 volumes.

גס"ל--סדר הסליחות כמנהג ליטא, מהד' ד.גולדשמידט,(ירושלים,תשכ"ה).

גס"פ--סדר הסליחות כמנהג פולין, מהד' ד. גולדשמידט,(ירושלים,תשכ"ה).

ד.--דווידזון,י.,אוצר השירה והפיוט,(ניו-יורק,1923-1933),ד' כרכים ותוספת חדשה בשנתון להיברו יוניון קולג', 12-13,(1938),עמ' 715-823.

דינור,ב., ישראל בגולה,(תל-אביב,תשי"ח-תשל"ג),ב' כרכים (כרך א' 4 ספרים, כרך ב' 6 ספרים).

השירה--שירמן,ח.,השירה העברית בספרד ובפרובאנס,(ירושלים-תל-אביב,1955-1956), ב' כרכים, ומהדורה שנייה,1961.

זולאי,האסכולה,--זולאי,מ.,האסכולה הפייטנית של ר'סעדיה גאון, (ירושלים, תשכ"ד).

טודרוס הלוי אבולעפיה, אוצר הכבוד,(וארשה,תרל"ט).

ידיעות--ידיעות המכון לחקר השירה העברית, א'-ז',(ברלין-ירושלים,תרצ"ג-תשי"ח).

יהודה אלחריזי, תחכמוני, מהד' א.קאמינקא,(וארשה,תרנ"ט).

יונה אבן ג'נאח, ספר השרשים, מהד' ב.ז.באכער, (ברלין,תרנ"ו).

יוסף ג'יקאטיליה, שערי אורה, (ריוא די טריינטו,שכ"א).

ילינק,א.,-- A.Jellinek,Philosophie und Kabbala,(Leipzig,1854).

ילקוט שמעוני, (פולנאה,תקס"ה-תקס"ו). מהדורה שניה מצולמת,ירושלים,תש"ך.

יצחק ישראלי, ספר היסודות,(דראהאביטש,תר"ס).

כהנא,ד., קובץ שירי ר' שלמה שרביט הזהב,(וארשה,תרנ"ד)

כתבי רמב"ן, מהד' ח.ד.שעוועל,(ירושלים,1963),ב' כרכים

לנדסהוטא,א.ל., עמודי העבודה,(ברלין,תרי"ז-תרכ"ב).

לוין,י., ראב"ע,חייו ושירתו, (תל-אביב,תש"ל).

לוצאטו,מ.ח., חוקר ומקובל,(זיטומיר,תרט"ז)

לקוטים מרב האי גאון, מהד' גבריאל בר יששכר בערוש,(וארשה,1798).

מב"ר--מחזור כל השנה כמנהג איטאלייאני,מהד' ש.ד.לוצאטו (שד"ל),(ליוורנו, 1856).

מגילת אחימעץ, מהד' ב.קלאר,(ירושלים,תש"ד). מהדורה שניה מורחבת,תשל"ד.

מדרש הנעלם, לבראשית, ע' ספר זהר חדש.

מדרש לקח טוב, לר' טוביה בר אליעזר,(ווילנא,תר"ם).

מדרש שוחר טוב--מדרש תהלים הנקרא שוחר טוב, עם פי' ר' יצחק כ"ץ,(וארשה, תרל"ג).

מחזור אריגנון, יוה"כ,(אמשטרדם,1766).

מחזור ארם צובה,(ויניציה,1527).

מחזור חזונים,(קושטא,1580,1585?).

מחזור לימים נוראים,מנהג אשכנז, מהד' ד.גולדשמידט,(ירושלים,תש"ל)ב' כרכים.

מיכל ח., אור החיים,(פראנקפורט,1891).

מכילתא דרבי ישמעאל,מהד' הורביץ-רבין,(ברלין,תר"ץ).

משה אבן עזרא,שירי הקדש, מהד' ש.ברנשטיין,(תל-אביב,תשי"ז).

משה די ליאון, שקל הקדש,(לונדון,תרע"א).

סדור התפלות כמנהג הקראים,(גוזלוו,1836). הנ"ל, (ווילנא,1890).

סדר אליהו רבה וסדר אליהו זוטא, מהד' מאיר איש שלום,(וינא,1900).

סדר רבה דבראשית,--נדפס באוצר מדרשים, ע' שם.

ספר הבהיר, הוצ' ר.מרגלית,(ירושלים,תשי"א).

ספר זהר חדש, הוצ' ר.מרגלית,(ירושלים,תשי"ג).

ספר יצירה, הוצ' א. גרינולד,(תל-אביב,1971).

ספר ערוגת הבושם, לר' אברהם בן עזריאל, הוצ' א.אורבך,(ירושלים,תרצ"ט-תשכ"ג),ד' כרכים.

סרס"ג--סידור רב סעדיה גאון, הוצ' י.דודזון,ש.אסף וי.יואל,(ירושלים,תש"א).

סר"ע--סדר רב עמרם גאון, הוצ' נ.קורונל,(וארשה,תרכ"ה).

סרע"ג--סדר רב עמרם גאון, הוצ' ד.גולדשמידט,(ירושלים,תשל"ב).

פיוטי ינאי, הוצ' מ.זולאי,(ברלין,תרצ"ח).

פסיקתא דרב כהנא, הוצ' ש.באכער,(ליק,1868).

פסיקתא רבתי, הוצ' מ.איש שלום,(וינא,תר"ם).

פרקי דר' אליעזר,(וארשה,תרנ"ג).

פרקים, א.ש.רוזנטל,עורך,(ירושלים,תשכ"ז-כ"ח) כרך א'.

צונץ, ל.ג.-- L. Zunz, Literaturgeschichte der synagogalen Poesie, (Berlin,1865); 1966^2

____, ס.פ.-- ______, Die synagogale Poesie des Mittelalters, (Frankfurt a.M.,1920);1967^2

קסוטו-- H.Cassuto, Codices Vaticani Hebraici,(Vatican,1956).
רוזאניס,ש., דברי ימי ישראל בתוגרמה, (תל-אביב,תר"ץ),כרך א'.
ריה"ל--רבי יהודה הלוי, הכוזרי,הוצ' י.אבן-שמואל,(תל-אביב,תשל"ג).
רמב"ם--רבי משה בן מימון,מורה נבוכים, הוצ' י.אבן-שמואל,(ירושלים,תש"ז).
_____, משנה תורה,(ירושלים,תשט"ו-תשל"ב),כ' כרכים.
רס"ג--רב סעדיה גאון, האמונות והדעות,(ניו-יורק,תש"ז).
שאלות ותשובות הרשב"א,(בני ברק,תשי"ח-תשי"ט),ג' חלקים.
שירי הקדש לרשב"ג, הוצ' ד.ירדן,(ירושלים,תשל"א-תשל"ג),ב' כרכים.
שירי הקדש של ראב"ע, הוצ' י.לוין,(ירושלים,תשל"ו),כרך א'.
שלום ג.,(סתם)-- G.Scholem, Major Trends in Jewish Mysticism, (New York,1961).
_____, ראשית הקבלה וספר הבהיר, ערכה רבקה ש"ץ,(ירושלים,תשכ"ט).
שלמה אבן גבירול (רשב"ג), מקור חיים, (ירושלים,תרפ"ו).

הערות למבוא

1 השווה א.יערי, הדפוס העברי בקושטא,(ירושלים,תשכ"ז),עמ' 11-17.
2 השווה רוזאניס,ש., עמ' 60-79. 3 ע' אבתדלוגיה, תמצית באנגלית, עמ' 1-2.
4 ע' יערי,שם, עמ' 68 ומיכל,ח., מס. 368. 5 סדר הסליחות בא מתחיל בעמ' 186 והסליחות לעשי"ת בעמ' 192. 6 השווה ד. כרך א', מפתח המקורות, עמ' 56 ושם כרך ד',תשלום מפתח המקורות, עמ' 17.

א. מסגרת הסליחות וכו'

1 "פסוקי דרחמי",--זהו השם העתיק לסליחות, השווה גס"פ, עמ' 5, הע' 8.

ב. הסליחות במנהג יוון וכו'

1 השווה גס"פ, עמ' 9-10. 2 השווה שם, עמ' 10. 3 ע' במאמרו של א. אפטוביצר בשבתון להיברו יוניון קולג', כרכים 8-9,(1931-1932), עמ' 397, והשווה ג.שלום, עמ' 78. 4 ע' ג.שלום, עמ' 78-79. 5 ע' בהערות לסי' ל"ד. 6 ע' אברהם אבולעאפיה,חיי עולם הבא, עמ' 44-45. 7 ע' שלו ספר האות, עמ' 79. 8 ע' אבתדלוגיה, עמ' 10. 9 השווה ג.שלום, עמ' 364, הע' 80. 10 השווה "מסכת חבוט הקבר",ילינק,בית המדרש,א', 150-152, והשווה ל.גינזברג, עמ' 194-195.

ד. הפייטנים

1 השווה רוזאניס, עמ' 25. 2 ע' שם, עמ' 52. 3 שם, עמ' 33.
4 שם. 5 הוא חי לכל המאוחר במאה הי"א (ולא במאה הי"ד, ע' באבתדלוגיה, עמ' 22-23) כיון שפיוטו "שולחה ממערבה" נשתמר בכה"י מ"ר פריס,606,משנת 1250 לערך, (ע' אבתדלוגיה, עמ' 143),והואיל והחתים את שמו:שבתי בירבי יוסף (להלן סי' ט"ז)בדומה לבנימין בירבי שמואל(הש' צונץ,ל.ג.,עמ' 115)מידון (השווה מאמרי "On the Provenance of Benjamin b. Samuel Qushtani," J.Q.R.,vol.68,pp.46ff.

סליחות עשרת ימי תשובה

א. ליל ראשון, פתיחה לר' שבתי (בר יוסף).

מסתג'אב בעל חמישה בתים בני ג' טורים לכל בית. בראשם הפסוק "במה יזכה וכו'"(תהל' קי"ט:ט') הקובע את נושא העיקרי של כל השיר והבא בשבר פסוק בכל סוגר להוציא את הבית האחרון המסתיים ב"בטוחים ברחמיך הרבים"(ע"פ דני' ט':י"ח). החריזה היא סטרופית משתנית: אאא/בבב/וכו'. החתימה: שבתי. המקור: א. (אין בד.).

בַּמֶּה יְזַכֶּה-נַּעַר אֶת אָרְחוֹ לִשְׁמוֹר כִּדְבָרֶךָ?
שָׁטוּף בְּיֵצֶר וּבְמֵי/חַטָּאת מְגוֹאָל וְטָמֵא/יְזַכֶּה בַּמֶּה?
בְּצִדְקָתְךָ אִם לֹא תְנַקֶּה/עָוֹן נֶאֱלַח מֻכֶּה/בַּמֶּה יְזַכֶּה?
תָּמִיד בְּלִבּוֹ הַוּוֹת יְשַׁעֵר/וּפִיו לִבְלִי חֹק יִפְעַר/יְזַכֶּה נַעַר.
יוֹם מְרַחֵם הֲגִיחוֹ/מְסַלֵּף בְּקוּמוֹ וּבְנוּחוֹ/נַעַר אֶת אָרְחוֹ.
חַנּוּן מְקַבֵּל שָׁבִים/חוֹן דַּלִּים שׁוֹבָבִים/בְּטוּחִים בְּרַחֲמֶיךָ הָרַבִּים.

1 הנושא: האיש(נער). 2 ביצר,--הרע. ובמי חטאת,--(במד' ח':ז': מי חטאת, פי' מי פרה אדומה הבאים לטהר)והפייטן הוציא את המליצה הנ"ל ממשמעה ור"ל: מי חֵטא. 3 נאלח מוכה,--מוסב על האיש המשועבד ליצרו הרע(מוכה)ובתלכלך בעוונו(נאלח). 4 הוות ישער,--(תהל' ל"ח:י"ג)יהרוש מזימות רעות. 5 הגיחו,--צאתו, הפעיל כפעל עומד,ע' שופ' כ':ל"ג. מסלף,--דרכו. 6 דלים,--במעשים טובים.

ב. פתיחה לר' יהודה שמואל אבן עבאס.

הצורה: שיר-איזור בעל מדריך בן ארבעה טורים וחמש מחרוזות בנות שלושה טורים וטור איזור. החריזה: אאאא//בבב/א//גגג/א//וכו'. המשקל: השלם:--ס-/--ס-/---, (מתפעלים,מתפעלים,נפעלים). החתימה: עבאסיה. המקורות במ"ר: א. ב, עמ' 152. ג, עמ' רס"ח. ד,א' 38. (ד.ע' 1050: מחזור ארם צובא, שם).

עֵת שַׁעֲרֵי רַחֲמִים לְךָ נִפְתָּחוּ
עֵת אַפְּךָ מוּל הַדְּבִיר יִשְׁתָּחוּ
וּבְקָרְאָךְ: בַּעֲבוּר, נִמְלָחוּ
כָּעָב פְּשָׁעֶיךָ וְגַם נִסְלָחוּ.

בָּאתִי בְּבֵיתְךָ נַעֲנֶה, אֵין מַעַן
נִמְצָא בְּפִי, כִּי כָל חֲטָאַי לַעַן
אָנָּא לְמַעַנְךָ מְחֵה וּלְמַעַן
אָבוֹת שְׁלֹשָׁה עַל שִׁמְךָ בָּטָחוּ.

אַתָּה אֲשֶׁר חַקֹּתָ בְּחוּג שָׁמַיִם
אַתָּה הֲבִינוֹתָ מְאוֹר עֵינַיִם
אַתָּה תְּסִיבֵמוֹ כְּמוֹ אֲבָנִים
אַתָּה וִידֶיךָ זְבוּל מָתָחוּ.

סַלָּח וְטוֹב אַתָּה לְכָל קוֹרְאֶיךָ
נִדְרָשׁ וְנִמְצָא אַתְּ לְכָל בָּאֶיךָ
יַמְצִיא אֱנוֹשׁ נַפְשׁוֹ וְיִמְצָאֲךָ
כִּי לֵב וְעֵינַיִם לְךָ נִפְקָחוּ.

יֵבוֹשׁ מְכַחֵשׁ כִּי לְעוֹלָם סוֹבֵל
אֵיךְ הָאֲנִי תְּהַלּוֹךְ בְּלִי רַב חוֹבֵל
כָּל יֹאמְרוּ עֵת הָרְוָחָה הֶבֶל
וּבְעֵת מְצוּקָתָם לְךָ יִצְרָחוּ.

הַיּוֹם בְּנֵי יַעֲקֹב לְךָ נִסְפָּחוּ   אִם הֶעֱווּ דַּרְכָּם רְחַק שָׁכָחוּ
וּלְבֵיתְךָ בָּאוּ וְכַף שָׁטָחוּ   אָנָּא סְלַח לָהֶם וְהֵם יִסְלָחוּ
וּבְמַר לְבָבָם הֵם לְךָ יִצְרָחוּ

3 ובקראך,גד: ובקוראך. במלחו,גד: בימחו. 5 בביתך,גד: לביתך. 10 מאור עינים, גד: לאור עינים. 18 איך...תהלוך,גד: איך יְהָלוך אָני. 19 עת הרוחה,גד: כי עת רוחה. 23 הם וכו,א: לָךְ הלא יצרחו. שורה זו מיותרת לפי מבנה הפיוט וחסרה במחזור ארם צובא.

שיר זה משקלו ומבנהו כעקידה שלו "עת שערי רצון להפתח" (השווה ד. ע' 1053).

1 נפתחו,--ע"פ מאמר חז"ל(בברכות ל"ב,ב): משחרב בית המקדש...שערי דמעה לא ננעלו. 2 בני ישראל משתחוים אפים ארצה מול הארון. 3-4 ובזמן שאומרים י"ג מדות(ויעבור,שמ' ל"ד:ו')במחלו עוונותיהם(במחה כעב פשעיך,ע"פ יש' מ"ד:כ"ב)וע"פ דרשת חז"ל(בר"ה,י"ז,ב): כל זמן שישראל חוטאין יעשו לפני כסדר הזה ואני מוחל להם...ברית כרותה לי"ג מדות שאינן חוזרות ריקם. 5 נענה,--יש' נ"ג:ז'. 5-6 אין...בפי,--(איוב ל"ב:ה')מען במקום מענה לצורך החרוז והמשקל. לען,--במקום לענה. 8 שמך,--לשון נקבה לצורך המשקל. 9 משלי ח':כ"ז. 10 מאור עינים,--שמש וירח,ע"פ תהל' ע"ד:ט"ז ופי' ראב"ע,שם. 11 השווה "יעירוני סעיפי לחזותך" לר"מ אבן-עזרא(ד.י' 3154): מתהלך עֲלֵי קַו חוּג שָׁמַיִם/וּמְסַבֵּב מְסִבָּתוֹ כַּאֲבָנִים. 12 מתחו,--יש' מ':כ"ב. 13 תהל' פ"ו:ה'. 14 את,--ל' נקבה לצורך המשקל. 15 ימציא,--ימסור ביד ה'. 16 נפקחו,--צפינו לישועתך. 17 מכחש,--ל' "פָּשֹׁעַ וְכַחֵשׁ בה'"(יש' נ"ט:י"ג),ור"ל: כופר בהשגחה העליונה. לעולם סובל,--הקב"ה נושא את העולם על זרועו, השווה ס.יצירה,ר'.א' וצרבך,ס.פ.,עמ' 509 ואילך. 18 הגלגלים המקיפים את כדור הארץ "כמו אֲבָנִים"(ע"פ השיטה הגיאוצנטרית השולטת בימי הביניים) מתנועעים מעצמם בלי כח מניע אחר זולתם,ע' רמב"ם,משנה תורה,יסודי התורה,א'.ה'. 19 כל המתיאשים מן הגאולה(עֵת הרְוָחה)אותה הבטיח הקב"ה לישראל ע"פ הנביא,גם אלה יבושו בדומה ל"מכחש" הנ"ל. 20 לך יצרחו,--להצילם. 21 נספחו,--יש' י"ד:א'. 24 העוו דרכם,--יר' ג':כ"א.

ג. רהיט לר' שלמה אבן גבירול(רשב"ג).

רהיט סטרופי בן שמונה בתים. לכל בית ד' טורים המתחילים ומסתיימים במלת "יי". כל טור רביעי הוא קטע פסוק מן המקרא.החתימה:שלמה הקטן(כפול).המקורות במ"ר:א. ב,עמ' 158.ג,עמ' רל"ט.ד,א' 10.(ד.א' 1025).פורסם: שירי הקדש לרשב"ג,מהד' ד. ירדן,א',עמ' 230 ואילך.

מִי יְמַלֵּל גְּבוּרוֹת יְיָ

יְיָ שֵׁם אָיוֹם וְנוֹרָא/ שֶׁבּוֹ עוֹלָם נִבְרָא
שֶׁכֵּן בִּהְיוֹתוֹ נִקְרָא/הַשָּׁמַיִם שָׁמַיִם לַיְיָ.

יְיָ לְשִׁבְעָה שֵׁמוֹת מְפוֹרָשׁ/לְמִדַּת רַחֲמִים נִדְרָשׁ
לָכֵן בַּעֲבוּר כְּבוֹדוֹ אָרַשׁ/ וַיִּקְרָא יְיָ.

יְיָ מְחַלֵּק לְשִׁשָּׁה פָּנִים/מוֹסְדֵי שִׁשָּׁה דְּפָנִים

מוּל אֶל מוּל מְכֻוָּנִים/ מַה רַבּוּ מַעֲשֶׂיךָ יָהּ.

יָהּ הֻפְרַד לַחֲמִשָּׁה חֲצָיִים/ הֵם בִּכְתָב וְלָשׁוֹן מְנוּיִים
הוֹדוֹ יְהַלְלוּ דָּרֵי נְשׂוּיִים/ וְיוֹדוּ שָׁמַיִם פִּלְאֲךָ יָהּ.

יָהּ הוּחַק בְּאַרְבָּעָה אוֹתוֹת/ הֵן לְאַרְבָּעָה שֵׁמוֹת חֲרוּתוֹת
הִנָּם בְּרוּתוֹת וַעֲמוּתוֹת/ רַבּוֹת עָשִׂיתָ אַתָּה יָהּ.

יָהּ קֻבַּץ אוֹתוֹת שְׁלֹשָׁה/ קָצַב שֵׁשׁ בְּאַחַת פְּרוּשָׁה
קְדֻשָּׁתוֹ בִּשְׁלֹשָׁה אֲרוּשָׁה/ קָדוֹשׁ קָדוֹשׁ קָדוֹשׁ יָהּ.

יָהּ טֻבַּס שֵׁם רִאשׁוֹן לִשְׁנַיִם/ טָעַם יָהּ לְהָאִיר עֵינָיִם
שְׁפוּחִים בּוֹ שֶׁקֶל בְּמֹאזְנַיִם/ כִּי בְּיָהּ יָהּ.

יָהּ נִשְׂגָּב בְּאֶחָד וּמִי יְשִׂיגֶנּוּ/ נִמְצָא בַכֹּל וְהוּא יְסֻבֶּנּוּ
נִקְשָׁר בַּלֵּב וְלֹא יַעַזְבֶנּוּ/ כָּל עַצְמוֹתַי תֹּאמַרְנָה יָהּ.

3 רחמים,אב: הרחמים. 6 מכונים,א: מתקנים. 8א, א: הודו ימללו קנויים. ב: הודו יהללו קנויים. 9 בארבעה,א: בארבע. ב: לארבעה. 13 טעם יה,א: טעם זה. 14ב, א: עדי עד כי ביה יי. 15 יסבנו, אב: יסובבנו. 16 ולא יעזבנו, א:והוא לא יעזבנו.

1 שבו עולם נברא,--ע"פ יש' כ"ו:ד': כי ביה יי צור עולמים, שדרשוהו חז"ל (במנחות כ"ט,ב): אלו שני עולמות שברא הקב"ה, אחד (העולם הזה) בה"י ואחד (העולם הבא) ביו"ד. 2 שכן בהיותו נקרא,--כשנברא העולם(בהיותו)על שמו של הקב"ה נקרא כמו שנאמר: השמים שמים ליי,--תהל' קט"ו:ט"ז. 3 לשבעה שמות,--ע"פ שמות ל"ד:ו'-ז': רחום,וחנון,ארך אפים,ורב חסד...נוצר חסד...נושא עוון ...ונקה. מפורש,--מחולק. 3 נדרש,--רומז לדרשת ר' יוחנן (בר"ה,י"ז,ב): כל זמן שישראל חוטאין יעשו לפני כסדר הזה,ואני מוחל להם על עוונותיהם. 4 ארש ,--(תהל' כ"א:ג') דבר. 5 לששה,--כלו' לששה צרופים: יהו,יוה,היו,הוי,ויה,והי, והשווה ס.יצירה, א'.י"ג. מוסדי ששה דפנים,--על ששה צרופים הנ"ל נוסדו ששה קצות העולם(דפנים). 6 מול וכו',--ע' ס.יצירה ד'.ד'. 7 לחמשה,--שם,א'.ג'. בכתב ולשון,--השווה שם: במלת הלשון. 8 דרי נשוים,--דרי שמים(ע"פ יש' מ"ד: כ"ד: נוטה שמים לבדי). 9 יו...אותות,--רומז לארבע אותיות שבשם המפורש.לארבעה שמות,--השווה ס.יצירה,ו'.א': יה(קמץ תחת היו"ד ודגש בה"י)וה(קמץ תחת הו"ו)--ארבעה שמות. 10 ברותות ועמותות,--נפרדות וגם מחוברות. 11 אותות שלשה ,--רומז לשמו של הקב"ה יו"ד,ה"י,ו"ו בו חתם שש קצוות של העולם, השווה ס.יצירה, א'.י"ג. קצב שש,--רומז לששה צרופים משמו יו"ד,ה"י,ו"ו בהם חתם קצוות תבל, ע' שם. באחת פרושה,--הצרופים הנ"ל מתפרשים ורומזים לאל אחד. 12 בשלשה ארושה,--שלוש פעמים באמרות(ארושה,תהל' כ"א:ג'). 13 טבס,--חלק. שם ראשון לשנים,--השם יה חלק לשתי אותיות יו"ד ה"י. טעם,--צוה. להאיר עינים,--(תהל' י"ט:ט') באותיות יו"ד,ה"י נברא העולם, ע' מנחות כ"ט,ב. 14 שפוחים,--(יש' מ"ח:י"ג) שמים. במאזנים,--שם מ':י"ב. ביה,--שם כ"ו:ד' כי בשם יה ברא את

שבי עולמות, ע' לעיל הערה לשר' 1. 15 ישיבנו,--איוב כ"ג:י"ג. יסבנו,--מקיף את כל הנמצאים. 16 נקשר בלב,--אע"פ שהוא מקיף את הכל ממרחקים הוא גם קרוב ללב כל אדם. כל עצמותי וכו',--תהל' ל"ה:י'.

ד. מסתג'אב לר' אברהם אבן עזרא(ראב"ע).

מסתג'אב סטרופי בן אחד עשר בתים בני ד' טורים כל אחד. כל טור רביעי פסוק מן המקרא המסתיים במלת "יי". החריזה: א,א,א,ב; ב,ב,ב,ב; וכו'. החתימה: אברהם בן עזרה. המקורדת במ"ר: א. (ד.א' 2254).

אַזְכִּירָה קְצָת נוֹרָאוֹת/ בְּמֶחְקְרֵי הַלֵּב נִרְאוֹת
וְיוֹתֵר מֵהֵמָּה נִפְלָאוֹת/ מִי יְמַלֵּל גְּבוּרוֹת יְיָ.

בִּינוֹתִי בְּבִנְיַן תַּבְנִיתִי/ לִרְאוֹת מַה אַחֲרִיתִי
וְהִנֵּה חוֹמֶר רֵאשִׁיתִי/ וְנָחָה עָלָיו רוּחַ יְיָ.

רוּחִי מִכֹּל נִכְבֶּדֶת/ וִיסוֹדוֹ בַּלֵּב עוֹמֶדֶת
וְאִשּׁוֹ תָּמִיד יוֹקֶדֶת/ כִּי בָאֵשׁ יְיָ.

הִנֵּה יוֹדֵעַ אָנִי/ כִּי בְּצֶלֶם אֱלֹהִים בְּרָאָנִי
וְעַל אַרְבָּעָה רָאשִׁים נְשָׂאָנִי/ נוֹשְׂאֵי כְּלֵי יְיָ.

מִלֵּא קְרָבַי גְּדוּדִים/ בְּהִפָּקֵד עֲלֵיהֶם פְּקִידִים
מֵהֶם נְגִידִים וּמֵהֶם עֲבָדִים/ עוֹשֵׂה כֻלָּם יְיָ.

בְּקִרְבִּי עֵדַי נֶאֱמָנַי/ וּמֵחוּץ יַעֲנוּ בְּפָנַי
וְאֵיךְ אֶמְאַס וְעֵינַי/ הֵמָּה רָאוּ מַעֲשֵׂי יְיָ.

נָטַע לִי אֹזֶן וְהֶאֱזַנְתִּי/ וּמִלִּין בָּהּ בְּחַנְתִּי
עָדֶיהָ עֵת הִתְבּוֹנַנְתִּי/ שָׁמַעְתִּי בְּקוֹל יְיָ.

עַל כָּל מַרְאֶה אֲהוֹדֶנּוּ/ וּבְכָל שֵׁמַע אֲכַבְּדֶנּוּ
וְנִשְׁמַת שַׁדַּי תַּעַבְדֶנּוּ/ בַּהֲרִיחוֹ בְּיִרְאַת יְיָ.

זֶה אֵלִי וַאֲרוֹמְמֵהוּ/ וּבְכָל טַעַם חֵכִּי אֶטְעָמֵהוּ
וְאֵין בַּמֶּה אֲקַדְּמֵהוּ/ עַל כָּל הַטּוֹבָה אֲשֶׁר עָשָׂה יְיָ.

רַבּוּ חֲסָדָיו עִמָּדִי/ וְתִכּוֹן לְהָמִישׁ יָדִי
וְלָכֵן אֲנִי בְּעוֹדִי/ אֶפְרוֹשׂ כַּפַּי אֶל יְיָ.

הֲתֵל בְּחָכְמָה בִּיבַלֶּה/ וְצוֹרֶךְ הַכֹּל מִלֵּא
מִי חָכָם וְיִשְׁמָר אֵלֶּה/ וְיִתְבּוֹנְנוּ חַסְדֵי יְיָ.

שנויים בנוסח א: 1 אזכירה: אזכיר. 2 נפלאות: הנפלאות. 5 רוחי: רוחו. ויסודו: יסודה. 9 קרבי: בקרבי. עליהם: עלי. 12 אמאס: אכחש. 13 ומלה: ומלים. 16 שדי: אפי. 17 וארוממהו: וארוממנהו. אטעמהו: יטעמהו. 18 ואין: ואבכי. 19 רבו חסדיו: רב חסדו. 20 ולכן: על כן. אני: אבכי.

1 נוראות,--מעשי נוראות של הקב"ה. במחקרי הלב,--ע"פ שופ' ה':ט"ז: חקרי-לב, וכתרגומו: מחשבות לבא. 2 מי ימלל וכו',--תהל' ק"ו:ב'. בבנין תבניתי,--בבשרי

ורוח. אחריתי,--דברי ל"ב:כ'. 4 חומר,--איוב י':ט'. ונחה וכו',--יש' י"א:ב'. 5 בלב,--מושב הרוח בלב, השווה פי' ראב"ע לשמות כ"ג:כ"ה. 6 אשר וכו',--השווה "כתר מלכות" לרשב"ג(ד.כ'581)כ"ט: והיא(הנשמה)כאש בתוכו ולא תשרפהו. כי באש וכו',--יש' ס"ו:ט"ז: כי באש יי נשפט. 7 בצלם,--בר' א':כ"ז. 8 ארבעה ראשים ,--שם ב':י' ורומז לארבעה כוחות הראשיים בגוף האדם: הכוח המושך והמחזיק והמעכל והדוחה, השווה רמב"ם, מורה נבוכים, א',ע"ב. נושאי כלי וי,--יש' נ"ב: י"א, כלי' נושאי האדם. גדודים,--אברים וגידים. ויפקד וכו',--(אסתר ב':ג') רומז לאברים הראשיים והשווה ירוש' תרומות ח': כל האברים תלויים בלב, וע' רמב"ם,שם. 10 נגידים...עבדים,--מתכוון לאברים הראשיים ואברים שהם תחת יד הראשיים, ע' רמב"ם,שם. עושה וכו',--משלי כ"ב:ב'. 11 עדי וכו',--לבוראם. 12 אמאס,--(יחז' ה':ו') במשפטי יי. המה וכו',--תהל' ק"ז:כ"ד. 13 ומלין,-- (איוב י"ב:י"א) ורומז לתורה והשווה ברכת התורה: אשר נתן לנו תורת אמת וחיי עולם נטע בתוכנו. בה,--דרך האוזן, וע"פ איוב שם: הלא אוזן מלין תבחן. 14 עדיה,--האזנים הן עידי התורה ששמעו במעמד הר סיני. שמעתי וכו',--דברי כ"ו: י"ד. 15 על כל מראה,--כל פעם שאני רואה. 16 ונשמת שדי,--השווה איוב ל"ג:ד' וראב"ע (ד.נ' 811): "נשמת שדי הבינתני" ומכוון לנשמה העליונה ור"ל בהתבוננו בנשמה לימדתני על מקורי העליון. תעבדנו,--נשמתי תעבוד אותו. והריחו וכו',-- יש' י"א:ג' וכתרגומו: ויקרביניה לדחלתיה יי. 17 טעם וכו',--הניבו מלשון דיבור, אני משבח אותו בדברי. 18 אקדמהו,--מיכה ו':ו'. על כל וכו',--שמות י"ח:ט'. 19 ותכון להמיש ידו,--תכון ידי להמיש מן החטא. 20 אפרוש וכו',--שמות ט': כ"ט. 21 בחכמה,--משלי ג':י"ט. ויכלה,--בר' ב':ב'. 22 מי חכם וכו',--תהל' ק"ז:מ"ג.

ה. נשמת ליוה"כ לר' משה אבן עזרא(רמב"ע).

נשמת ליוה"כ במתכונתו הקלאסית של הסוג והוא בן ט"ז בתים. לכל בית שלושה טורים. החריזה: אאא; בבב; וכו'. החתימה: אני משה הקטן בר יעקב. המקורות במ"ר: א. מקורות בכה"י: פארמה 0501(פ); שוקן 27; לונדון 703; לונדון 704; אוכספורד 2711; מקורות בדפוס: חזונים(ח); מחזור אויגניון,שנת 1766(או).פורסם: רמב"ע,שירי הקדש, מהד' ש.ברנשטיין,עמ' קנ"ז ואילך. (ד.נ' 673).

נִשְׁמַת אֲסִירֵי עֲוֹנוֹת שֹׁבְרֵי אֲשָׁמִים
אֶל אֵל יְקַוּוּ לְהָעִיר עֲלֵיהֶם מִמְּרוֹמִים
אֶת הַחֶסֶד וְאֶת הָרַחֲמִים.

נִשְׁמַת נוֹשֵׂא עַל זְדוֹנָיו וּמוֹטוֹת אֲשָׁמָיו
נֶגְדּוֹ יִתְחַנֵּן אוּלַי יִכָּמְרוּ נִחוּמָיו
נִפְּלָה-נָּא בְּיַד אֲדֹנָי כִּי רַבִּים רַחֲמָיו.

נִשְׁמַת יוֹקְשִׁים בְּשַׁחַת חַטֹּאתֵינוּ
יַחַד יֹאמְרוּ אָנָּא לְמַעַן בְּרִית אֲבוֹתֵינוּ
יָשׁוּב יְרַחֲמֵנוּ יִכְבֹּשׁ עֲוֹנֹתֵינוּ.

נִשְׁמַת מְיַחֲלִים לְקוֹל יֶשַׁע יַצִּילֵם
מְקַוִּים הַיּוֹם כִּסֵּא כָבוֹד לְהַנְחִילֵם
מְרַחֲמָם יְנַהֲגֵם וְעַל מַבּוּעַ מַיִם יְנַהֲלֵם.

נִשְׁמַת שָׁב מִדַּרְכּוֹ הָרָעָה וּמִתְנַחֵם
שׁוֹפֵךְ שִׂיחוֹ לְהָשִׁיב בְּרִיתִי קֶדֶם וּלְהַצְלִיחֵם
שְׁבוּת אָהֳלֵי יַעֲקֹב וּמִשְׁכְּנֹתָיו יְרַחֵם.

נִשְׁמַת הוֹמֶה לְךָ לִבּוֹ אוּלַי תִּדְרְשֶׁנּוּ
הָאֵל, תְּבַשֵּׂר כִּי מִדֵּי דַבְּרִי בּוֹ זָכֹר אֶזְכְּרֶנּוּ
הָמוּ מֵעַי לוֹ רַחֵם אֲרַחֲמֶנּוּ.

נִשְׁמַת הָעוֹמֵד לְפָנֶיךָ דָּר מְרוֹמִים
הַיּוֹם תַּקְשִׁיב בְּצַעֲקוֹ אֵלֶיךָ בְּלֵב תָּמִים
הַצְלִיחָה נָּא לְעַבְדְּךָ הַיּוֹם וּתְנֵהוּ לְרַחֲמִים.

נִשְׁמַת קוֹרֵא מִמֵּצַר וּמְסַלֵּד בְּחִילָה
קָדוֹשׁ הֲשָׁבַח חַנּוֹת וְאִם עַל אוֹם הָאֲמֻלָה
קַפֵּץ בְּאַף רַחֲמָיו סֶלָה.

נִשְׁמַת טְהוֹרִים יְרִימוּן דִּגְלֵי שִׁיר וְנִסָּיו
טַרְפָּם תְּכוֹנֵן, מֵכִין צֵיד חַיְתוֹ אֶרֶץ וּרְמָשָׂיו
טוֹב אֲדֹנָי לַכֹּל וְרַחֲמָיו עַל כָּל מַעֲשָׂיו.

נִשְׁמַת נוֹהִים פֶּן יַד פִּשְׁעָם תִּקָּחֵם
נַפְשָׁם יִשְׂאוּ לִשְׁמוֹעַ מְבַשֵּׂר יְשַׂמְּחֵם
נִחַם אֲדֹנָי עַמּוֹ וַעֲנִיָּו יְרַחֵם.

נִשְׁמַת בּוֹכֶה מִבּוֹר הַשְּׁבִי יְרִיצֵךְ
בְּיָדֵךְ יַחֲזִיק וּמִשְּׁנַת גָּלוּתֵךְ יִקְרָא לַהֲקִיצֵךְ
בְּרֶגַע קָטוֹן עֲזַבְתִּיךְ וּבְרַחֲמִים גְּדוֹלִים אֲקַבְּצֵךְ.

נִשְׁמַת רוֹעֵד מִכּוֹבֶד מַשְּׂאוֹת חֲטָאָיו
רֹאשׁוֹ תָּרִים כִּי כְּרַחֵם אָב עַל צֶאֱצָאָיו
רִחַם אֲדֹנָי עַל יְרֵאָיו.

נִשְׁמַת יֹשֶׁבֶת בְּמַסְגֵּר אֱדוֹם וְיִשְׁמָעֵאל
יֹצֶקֶת דִּמְעָה אוּלַי בָּהּ לַעֲשׂוֹת יוֹאֵל
יְרַחֵם אֲדֹנָי אֶת יַעֲקֹב וּבָחַר עוֹד בְּיִשְׂרָאֵל.

נִשְׁמַת עוֹרֶכֶת שַׁוְעָה בְּמַעַל יָדַיִם
עוּרָה לָמָּה תִישַׁן הָקִיצָה וּשְׁמַע מִשָּׁמַיִם
עַד מָתַי אַתָּה לֹא תְרַחֵם אֶת יְרוּשָׁלַיִם.

נִשְׁמַת קְדוֹשִׁים מֵעֲוֹנוֹתֵיהֶם יִכָּלְמוּ
קָמֵיהֶם יַפְשִׁיטוּ עוֹרָם וְעַצְמֹתֵיהֶם יְגָרֵמוּ

קוֹלָם כַּיָּם יֶהֱמֶה אַכְזָרִי הֵמָּה וְלֹא יְרַחֵמוּ.

נִשְׁמַת בּוֹטַחַת בְּצוּר עוֹלָמִים
בְּחֶזְיוֹנָיו תַּאֲמִין כִּי אוֹתָהּ יְאָרֵשׂ לְעֵינֵי הָעַמִּים
בְּצֶדֶק וּבְמִשְׁפָּט וּבְחֶסֶד וּבְרַחֲמִים.

שו' 11: להבחילם,ח: יבחילם. 14 להשיב,א: להשיבו. 23 ואם,א:חסר. 26 תכונן, א: יכונן. 32 ומשבת, א: ומבום. 35 ואשר תרים, פ: רגשו הרים. 41 משמים, או: השמים. 47 בחזיוניו,או: בחזיוני, א:בחזיונו. לעיני, או,א: לעין

3 את וכו',--יר' ט"ז:ה'. 4 ומורטות,--ויק' כ"ו:י"ג. 5 יכמרו וכו',--הושע י"א:ח'. 6 נפלה וכו',--ש"ב,כ"ד:י"ד. 7 יוקשים בשחת וכו',-- עורבותיבו (יוקשים)אותבו ללכוד בקבר (בשחת, ע'תהל' ל':י'). 9 ישוב וכו',--מיכה ז': י"ט. 12 מרחמם וכו',--יש' מ"ט:י'. 13 ומתנחם,--(במד' כ"ג:י"ט) ומתחרט. 14 כירחי קדם,--איוב כ"ט:ב'. 15 שבות וכו',--יר' ל':י"ח. 17-18 כי מדי וכו',--שם ל"א:י"ט. 21 הצליחה וכו',--נחמ' א':י"א. 22 ומסלד בחילה,--איוב ו':י', ופי' רש"י,ואסלדה: ואבקש ממנו סליחה. 23 השכח חנות,--תהל' ע"ז:י' ופי' רש"י: השכח...להיות חונן. האמולה,--(יחזקאל ט"ז:ל') החלשה, והשגוי לצורך החריזה. 24 קפץ וכו',--תהל' ע"ז:י'. 26 טרפם תכונן,--תהל' קי"א:ה': טרף נתן ליראיו. מכין ציד,--איוב ל"ח:מ"א. 27 טוב וכו',--תהל' קמ"ה:ט'. 29 מבשר,--יש' נ"ב: ז'. 30 נחם וכו',--שם מ"ט:י"ג. 31 מבור השבי,--בר' מ"א:י"ד, ר"ל מגלות. 32 ומשנת גלותך וכו',--השורה שהש"ר ה'.ב': 'אני ישנה ולבי ער': אני ישנה מן הגאולה ולבו של הקב"ה ער לגאלני. 33 ברגע וכו',--יש' נ"ד:ז'. 36 רחם וכו',--תהל' ק"ג:י"ג. 37 במסגר,--(יש' מ"ב:ז') מגלות. אדום וישמעאל,--הנוצרים והמוסלמים, השורה צונץ,ס.פ.,עמ' 462. 39 ירחם וכו',--יש' י"ד:א'. 40 במועל ידים,--(נחמ' ח':ו') בנשיאת כפים בתחנונים. 41 עורה וכו',--תהל' מ"ד:כ"ד. 42 עד מתי וכו',--זכר' א':י"ב. 44 קמיהם וכו',--ע"פ מיכה ג':ג' ובמד' כ"ד:ח'. 45 קולם וכו',--יר' ו':כ"ג. 47 בחזיוניו,--בדברי נביאיו שנתנבאו על הגאולה.אותה,--כנסת ישראל. יארש,--הושע ב':כ"א: וארשתיך לי לעולם. 48 בצדק וכו',--שם.

ד. תחנון לר' יהודה הלוי (רי"ה).

תחנון בצורת שיר-איזור בעל מדריך וארבע מחרוזות בנות ששה טורים כל אחת. המשקל: י"ב תנועות בכל טור [ההברות הקצרות אינן במנין]. החתימה: יהודה. המקורות במ"ר: א. ג, עמ' רס"ו; ד,א' 36. פורסם: שירי יהודה הלוי, מהד' ש. ברנשטיין,(ניו-יורק,1944), עמ' 45 ואילך. (ד. י' 3497).

יִצַּר הָאֵל/ לְדַל שׁוֹאֵל/ וְיִהְיוּ דְלָתָיו פְּתוּחוֹת,
הֲמוֹן שִׂיחוֹ/ בְּמַר רוּחוֹ/ לָאֵל אֱלֹהֵי הָרוּחוֹת,
אֲשֶׁר יִקְרָא/ בְּעֵת יִירָא/ מִשְׁפָּטִים וְתוֹכֵחוֹת,
לַיְיָ אֱלֹהֵינוּ/ הָרַחֲמִים וְהַסְּלִיחוֹת.

הֲיִמָּצֵא חֵן/ בְּעֵין בֹּחֵן/כְּלָיוֹת, אִישׁ מָלֵא מִרְמָה,
אֲשֶׁר חוֹלַל/ וְהִתְגּוֹלַל/ בְּדַם עָוֹן וּמֵי אַשְׁמָה,
וְסוֹף שִׁבְרוֹ/ בְּבֵית קִבְרוֹ/ יְצוּעַ גּוּשׁ וְסוּת רִמָּה,
וְיִתְגַּבֵּר/ לְלֹא-דָבָר/ וְיִשְׂמַח וּבַל-יֵדַע מָה,
וְכִי יִכְסוֹף/ יְקָר לֶאֱסֹף/ וְלֹא יֵדַע לְמִי וּלְמָה,
וְיִשְׁבַּח יוֹם/ בְּלִי פִדְיוֹם/ יְהִי קוֹדֵר בְּלֹא חַמָּה,
יוֹם מְגִלּוֹת נִפְתָּחוֹת/ וְיִזָּכְרוּ נִשְׁכָּחוֹת.

וְאֵיךְ יִגְבַּר/ אֲשֶׁר חֻבַּר/ בְּמֵי טִפָּה וְדַם נִדָּה,
אֲשֶׁר נֶחְשָׁב/ כְּגֵר תּוֹשָׁב/ וְיֵלֵךְ לוֹ בְּלֹא חֶמְדָּה,
וּמִתְעַשִּׁיר/ וְגַם מֵימִיר/ וְקֵץ יָמִיר כְּמוֹ מִדָּה,
וְאֵין רֶגַע/ בְּלִי נֶגַע/ וְלֹא פֶגַע בְּלֹא חֲרָדָה,
וְאֵין תָּמִים/ בְּלִי דָמִים/ וְאֵין אִישׁ מִשְּׁאוֹל נִפְדָּה,
אֲבָל נִרְצָה/ וְחֵן מָצָא/ אֲשֶׁר חָטָא וְהִתְוַדָּה,
וְקִדֵּם שִׁיר וְתִשְׁבָּחוֹת/ מְקוֹם קָרְבָּן וּמִזְבָּחוֹת.

דְּרָךְ עֹז/ אֲשֶׁר יָעֹז/ בְּמַעֲלָתוֹ וּמֶרְכָּבוֹ,
וְשָׂם כִּסְלוֹ/ יְמֵי הֶבְלוֹ/ בְּרֹב חֵילוֹ וּבִזְהָבוֹ,
הֲלֹא יִזְכּוֹר/ זְמַן יַעְכּוֹר/ הֲדַר גָּבְהוֹ וּמַצָּבוֹ,
וְאֵיךְ יִשְׁבַּח/ אֲשֶׁר יוּכַח/ בְּמַכְאוֹב עַל-מִשְׁכָּבוֹ,
בְּעֵת יִדְאַב/ וְגַם יִכְאַב/ וְאֵין מַרְפֵּא לְמַכְאוֹבוֹ,
וְעֵת יָמֵשׁ/ מְאוֹר שֶׁמֶשׁ/ וְאֵין הָדָר לְכוֹכָבוֹ,
וְסָבְבוּ בַשּׁוּק אֲנָחוֹת/ מִשְׁפָּחוֹת מִשְׁפָּחוֹת.

הֲדַר תֵּבֵל/ כְּצִיץ נֹבֵל/ וְאַחֲרִיתָהּ בְּאֵר שַׁחַת,
לְבַד לֵב תָּם/ לְאֵל נֶחְתָּם/ וְהוּא מִפְּנֵי שְׁמוֹ נִחָת,
ועל יִסְבֹּל/ וְלֹא יִבֹּל/ וְלֹא-יָקוּץ בְּתוֹכָחַת,
וּמִמּוֹקְשׁוֹ/ תְּהִי נַפְשׁוֹ/ כְּמוֹ שִׁפְחָה בּוֹרַחַת,
וְתִתְנַשֵּׂא/ עֲדֵי כִסֵּא/ וְסָתוּר מִשְּׁאוֹל תַּחַת,
וְגוּף נֶעֱזָב/ כְּמוֹ אַכְזָב/ וְכָאֵזוֹר אֲשֶׁר נִשְׁחָת,
תְּמוּנוֹת תָּאֳרוֹ נִמְחוֹת/ וְהֵם עַל-כֵּס מְפֻתָּחוֹת.

שנויים בנוסח א. שו' 12, במי:בריר. 18 קרבן: ארון. 19 דרך:דברך. 21 הדר: מקום. 22 יוכח: הוכח.

1 לדל,-- במצורת, ורמז לישראל, השורה דרשת רבא (בפסחים,קי"ח,ב): אמרה כנסת ישראל לפני הקב"ה...'אע"פ שדלה אני במצורת, לך אני ולי נאה להושיע'. דלתיר ,--דלתי תשובה, השורה ברכות ל"ב,ב. 3 בעת יירא,--ביום הדין. 4 ליו וכו',-- דני' ט':ט'. 5 בעין בוחן וכו',--(יר' י"ז:י')כנוי להקב"ה. 6 חולל,--נברא בעוון, ע"פ תהל' נ"א:ז'. 7 יצוע וכו',--איוב ז':ה'. סות,--(בר' מ"ט:י"א) כסות. 9 יקר,--הון ע' יר' כ':ה'. 10 יום בלי פדיום,--יום המיתה. 11 יום וכו',--השורה

ספרי דברי ש"ז: כשאדם נפטר מן העולם באים כל מעשיו ונפרטים לפניו. 12 טפה ,--ע' אבות ג'.א': מאין באת? מטפה סרוחה. ודם נדה,--השווה מאמר ר' יצחק (נדה ל"א,ב): אין אשה מתעברת אלא סמוך לוסתה שנא'(תהל' נ"א:ז'): 'הן בעוון חוללתי'. 14 ומטעמיו וגם מימיו,--לחם ומשקה. וקץ וכו',--(תהל' ל"ט:ה'). 15 פגע,--(קהלת ט':י"א) במשמע' מקרה וגודל.16 אין תמים וכו',--שם ז':כ': כי אדם אין צדיק בארץ אשר יעשה טוב ולא יחטא. 18 וקדם וכו',--הושע י"ד:ג': ונשלמה פרים שפתינו. 19 דורך עוז וכו',--המתפאר בעוזו, ע' משלי כ"א:כ"ט: הֵעֵז איש רשע בפניו. 20 כסלו,--תהל' ע"ח:ז'. ימי הבלו,-- קהלת ו':י"ב: מספר ימי חיי הבלו. 21 זמן יעבור,--ביום המיתה. 22 אשר ירוכה וכו',--ע"פ מאמר חז"ל (בע"ז,כ'ב): מלאך המות...בשעת פטירתו של חולה עומד מראשותיו וחרבו שלופה בידו וכו'. 23 ידאב,--מאימת מלאך המות. 25 וסבבו וכו',--ע"פ צירוף הפסוקים בקהלת י"ב:ה' ובזכרי' י"ב:י"ב. 26 באר שחת,--(תהל' נ"ה:כ"ד) הקבר. 27 נחתם ,--ל' "ושמתיך כחותם כי בך בחרתי"(חגי ב':כ"ג). נחת,--(מלאכי ב':ה') ירא. 28 ועול יסבול,--עול מלכות שמים. 28 יקוץ,--יכרת. 29 וממוקשו,--ומיצרו הרע. כמו שפחה בורחת,--כמו שפחה המעונה ע"י גבירתה בורחת ממנה. 30 ותתנשא עדי כסא,--תשובתו מגעת עד כסא הכבוד, השווה יומא פ"ו,א. 31 וגוף,--ותענוגי הגוף. אכזב,--ל' "כמו אכזב מים לא באמנו" (יר' ט"ו:י"ח). וכאזור וכו',--שם י"ג:י'. 32 תמונת תארו,--של "לב תם" הנ"ל. נמחרת,--בעולם הזה. והם על-כס וכו',--ונו-עדו לחיי עד בעולם הבא, והשווה מאמר חז"ל (שבת קנ"ב,ב): נשמתן של צדיקים גנוזות תחת כסא הכבוד.

ז. סליחה לר' מרדכי בן יונתן

סליחה סטרופית בת שבע מחרוזות. לכל מחרוזת ד' טורים המתחילים ומסתיימים ב"חסדך". החריזה: אאא,ב; בבב,ב; וכו'. החתימה: אני מרדכי בר יונתן אמן סלה. המקורות: א. ב, עמ' 196. (ד.ח' 449).

חַסְדְּךָ אֱלֹהִים זָכוֹר תִּזְכּוֹר עַל עַמְּךָ בְּחֶמְלָה/ נַחְנִי מִפְּשָׁעַי, כַּסֵּה חַטָּאתִי סֶלָה
יִשְׁעֵי מַהֵר וְקָרֵב קֵץ הַגְּאוּלָה/ אָגִילָה וְאֶשְׂמְחָה בְּחַסְדֶּךָ.

חַסְדְּךָ מְשׁוֹךְ לְיוֹדְעֶיךָ וּשְׁמַע אֶת שַׁוְעָם/רַחוּם וְחַנּוּן אַל תֵּפֶן אֶל קָשְׁיָם וְאֶל רִשְׁעָם
דּוֹבֵר צְדָקוֹת,סְלַח נָא לַעֲוֹן הָעָם/הַזֶּה כְּגוֹדֶל חַסְדֶּךָ.

חַסְדְּךָ כַּבִּיר אַבִּיר תַּגְבִּיר לַזְּרוּיָה וּנְפוּצָה/יְרוּדָה פְּלָאִים וּבְבַד פְּרָאִים נְתוּנָה לִמְשִׁסָּה
בְּרוֹב רַחֲמֶיךָ שׁוּבָה יְיָ חַלְּצָה/נַפְשִׁי הוֹשִׁיעֵנִי לְמַעַן חַסְדֶּךָ.

חַסְדְּךָ רוֹכֵב עֲרָבוֹת מָגֵן וּמִגְדּוֹל/ יָדְךָ הֶרְאֵיתָ לְעַמְּךָ בֵּין הַיָּם וּבֵין מִגְדּוֹל
וְגַלָּיו הוֹבַשְׁתָּ כִּי גָדוֹל/מֵעַל שָׁמַיִם חַסְדֶּךָ.

חַסְדְּךָ נֶגֶד עֵינַי וּבִפְנֵי צוֹרְרַי וְגוֹאֲלַי/תֶּהְגֶּה לְשׁוֹנִי צִדְקָתְךָ בְּעוֹד בִּי מִלּוּלַי
נַפְשִׁי תַעֲרוֹג לָךְ,זָכְרָה-לִּי/אֱלֹהַי לְטוֹבָה וְחוּסָה עָלַי כְּרוֹב חַסְדֶּךָ.

חַסְדְּךָ אוֹדֶה לְךָ נִפְלְאוֹתֶיךָ לְזֶבַע אֱמוּנֶיךָ/ מְחֵה פְשָׁעַי וְהַעֲבֵר אַשְׁמָתִי מִנֶּגֶד עֵינֶיךָ
נְסָה עָלֵינוּ אוֹרְךָ וְהָאִירָה פָּנֶיךָ/עַל עַבְדֶּךָ, הוֹשִׁיעֵנִי בְּחַסְדֶּךָ.

חַסְדְּךָ סוֹמֵךְ צַדִּיקִים יְהִי נָא לְנַחֲמֵנִי/ לְחַם לוֹחֲמַי וְרִיבָה רִיבִי וּגְאָלֵנִי
הִנְנִי בְּעָמְדִי לְפָנֶיךָ הַקְשִׁיבָה קוֹלִי בַּעֲנֵנִי/יְיָ כִּי טוֹב חַסְדֶּךָ. אל מלך יושב

שו' 8, הובשת, ב: הובשת מפניהם. 9 ובפני, ב: ופני. 11–12 א: חסר.

2 אגילה וכו',--תהל' ל"א:ח'. 3 משוך,--שם ל"ו:י"א. 4 דובר צדקות,--(יש' מ"ה: י"ט) הקב"ה. סלח וכו',--במד' י"ד:י"ט. 5 לזרוריה ונפוצה,--(יחז' כ':כ"ג) ישר-אל בגולה. פראים,--בני ישמעאל ע"פ בר' ט"ז:י"ב והשווה צונץ,ס.פ., עמ' 462. לשמצה,--לחרפה. 6 שובה וכו',--תהל' ו':ה'. 7 רוכב ערבות,--(שם ס"ח:ה') הקב"ה. ומגדול,--כך בכה"י לצורך החרוז ור"ל מִגְדָּל. הראית,--ביציאת מצרים. בין הים וכו',--שמות י"ד:ב'. 8 וגליו הובשת,--(שם י"ד:כ"א-כ"ב) גליו של ים סוף. כי גדול וכו',--תהל' ק"ח:ה'. 9 תהגה וכו',--שם ע"א:כ"ד. מלולי,--כוח הדבור. 10 תערוג וכו',--שם מ"ב:ב'. זכרה וכו',--נחמ' ה':י"ט. 11 זרע אמוניך,--(יש' כ"ו:ב') ישראל. 12 נסה וכו',--תהל' ד':ז'. והאירה וכו',--שם ל"א:י"ז. 13 לנחמני,--שם קי"ט:ע"ו. לחם וכו',--שם ל"ה:א'.

ח. פזמון לרמב"ע.

פזמון זה הוא החלק השביעי מן הקרובה "אבושי לב" וכתוב בצורת שיר-איזור בעל מדריך ושלוש מחרוזות בנות שלושה טורים כל אחת וטורי האיזור. כל טור רביעי פותח בפסוק שבראשו המלה "איה". המשקל: 8–10 תנועות בכל טור/וההברות הקצרות אינן במנין/. החתימה: משה(כפול). המקורות במ"ר: א. מקורות אחרים: סר"ע,ח"ב, עמ' 56(ע). פורסם: רמב"ע,שירי הקדש,מהד' ש.ברנשטיין,עמ' ר"ט.(ד.מ' 829).

מוֹשְׁבֵי עוֹל עֲווֹנִים/מִסְּבוֹל לָהוּ
שׁוֹפְכִים בְּתַחֲנוּנִים/נְפָשִׁים רָהוּ
הוֹמִים מִיגוֹנִים/מַה מְּאוֹד גָּבְהוּ
אַיֵּה יְיָ אֱלֹהֵי אֵלִיָּהוּ?

שׁוֹדֵי הֲשְׁכַּחְתָּ/בְּרִית אֵיתָנִים?
כִּי הִזְנַחְתָּ/בָּנִים אֱמוּנִים
וּבָהֶם הִשְׁלַחְתָּ/אִשֵּׁי חֲרוֹנִים
אַיֵּה חֲסָדֶיךָ הָרִאשׁוֹנִים
אֲשֶׁר מֵאָז נָגְהוּ/וְהַיּוֹם בָּהוּ.

הִרְחִיב צָרִי פֶּה/וַיִּתְאַמָּר:
'עַד מָתַי תְּצַפֶּה/לַקֵּץ הַנִּשְׁמָר?
שְׁבַח חַנּוּת מַרְפֵּא/וְאוֹמֶר גָּמָר.'
אַיֵּה אֵיפוֹא פִּיךָ/אֲשֶׁר תֹּאמַר;
שָׁת בַּשַּׁחַק פִּיהוּ/ וְאוֹמֵר: 'לִי הוּא'.

לְעַם-זוּ פָּנִיתָ/בְּחֶמְלָתֶךָ
וּשְׁמוֹ כָּנִיתָ:/סְגוּלָּתֶךָ
וְאוֹתוֹ עָנִיתָ/בְּעֶבְרָתֶךָ

אֵיֵה קִנְאָתְךָ וּגְבוּרוֹתֶיךָ?

וּמַאֲשֶׁר קְרָהוּ/עַמִּים תָּמָהוּ.

כ"ל ע"ץ, חטאבו צורבו(ד.ח'202)
אמרה גולה(ד.א'5828) אל מלך ירשב.

שו' 3, מה,ע:חסר. 5 השכחת,ע:הזבחת. 6 כי הזבחת,ע:בוחן שכחת. 7 השלחת,א:שלחת.
9 אשר מאז,ע:אז. 12 מרפא, אע:אל. 13 תאמר,א:לי תאמר. 14 פיהו,ע:רפיהו. לי,
ע:לא. 15 פבית, א:קבית. 19 תמהו,א: יהודוהו.

1 מושכי עול,--עוונות אבותיהם, ע' יש' ה':י"ח. מסבול,--ע"פ איכה ה':ז':אבות-נו חטאו ואינם ואנחנו עוונותיהם סבלנו. להו,--תם כוחם. 2 רהו,--פחדו. 3 גבהו,--הגיעו לשיא. 4 איה וכו',--מ"ב,ב':י"ד. 5 ברית איתנים,--את הברית שכרת עם האבות איתני העולם(ע"פ ר"ה,י"א,א). 6 בנים אמונים,--(שמות ד':כ"ב וש"ב,כ':י"ט) ישראל. 7 חרונים,--תהל' פ"ח:י"ז. 8 איה וכו',--שם פ"ט:נ'. 10 צרי,--אויבי. פה,--תהל' ל"ה:כ"ה. ויתאמר,--(תהל' צ"ד:ד')ויתפאר באמרו אל ישראל: 'עד מתי וכו'.' 11 תצפה,--תחכה. לקץ הנשמר,--(דני' י"ב:ט') לעת קץ ולביאת משיח הגואל. 12 שכח חנות,--שכח להיות חונן ע"פ תהל' ע"ז:י' ופי' רש"י,שם. מרפא,--כן מן הסברה, לטובת החרוז. ואומר גמר,--להתעלם מתחיבות ישראל. 13 איה וכו',--(שופ' ט':ל"ח) שוב פונה ישראל אל הקב"ה ור"ל: איה איפוא פיך אשר תאמר לאויב כי אכן אתה צור ישראל וגואלו. 14 שת וכו',--כלו' הלא שת האויב בשחק פיו והוא אומר כי השחק הוא שלו. 15 לעם זו,--(שמות ט"ו:ט"ז) לישראל. 16 סגולתך,--דבר' ז':ו'. 17 ענית,--העצבת. 18 איה וכו',--יש' ס"ג:ט"ו. 19 ומאשר קרהו,--הצרות הבאו על ישראל עמים תמהו,--(יש' י"ג:ח' וחבק' א':ה') השתוממו העמים על הרעה הבאה על ישראל, עם סגולתך.

ט. וידוי לר' משה בר חייה.

שלישיה. בכל טור שלישי פסוק מן המקרא. החתימה: א"ב, משה ברבי חייה חזק ואמץ. המקורות במ"ר: א. ג,עמ' רע"ו. ד,ב' 4. (ד. א' 8585).

אֶת פְּנֵי מֵבִין צְפוּנַי
דְּבַשְׂתִּי וּבְעֵין בַּעֲוֹנַי
הֲרִימוֹתִי יָדִי אֶל יְיָ.

בְּטֶרֶם יִכְבַּד שְׂאֵתוֹ
וְלֹא אוּכַל שְׂאֵתוֹ
כִּי יָרֵא אָנֹכִי אוֹתוֹ.

גַּם בְּיוֹם נוֹרָא וְאָיוֹם
אָנָא אֶמְצָא לַחֲטָאַי פִּדְיוֹם
מַה-אֶעֱשֶׂה לָאֵלֶּה הַיּוֹם.

דִּבְרֵי עֲוֹנוֹת שֶׁעָוִיתִי
הֵן בְּעוֹדֶנִּי חַי לֹא וִידִּיתִי
וְאַף כִּי אַחֲרֵי מוֹתִי.

הֵן לְזֹאת נַפְשִׁי נֶאֱסֶפֶת
כִּי לִמְחַרְתָהּ נִסְחֶפֶת
וְרוּחַ אֱלֹהִים מְרַחֶפֶת.

וְרוּחִי יִבְרַח כְּאִישׁ עִתִּי
כְּאִלּוּ עַד בֹּא עִתִּי
גֻּנּוּב הוּא אִתִּי.

זָחַלְתִּי מִיּוֹם הַמְּהוּמָה
יוֹם תִּתְפְּשֵׂנִי הָאֲדָמָה
לִשְׁכַּב אֶצְלָהּ לִהְיוֹת עִמָּהּ.

חַתִּי מִיּוֹם מְלֹאת קִצִּי
כִּי כְּרֶגַע יָעוּף חֶפְצִי
וְאֵלְכָה אֶל מְקוֹמִי וּלְאַרְצִי.

שְׂפָחוֹת יָמַי וְרֶגַע יִכְלוּ
וּבִלְחָיַי עֲשָׂבִים יַעֲלוּ
וְהַיָּמִים הָרִאשׁוֹנִים יִפְּלוּ.

יְרָא אֱנוֹשׁ וְתֵן תּוֹדָה
לָאֵל בְּעוֹד נַפְשְׁךָ עֲדוּדָה
הַטֶּרֶם תֵּדַע כִּי אָבְדָה.

בַּאֵר לִדְבָרַי וּמְשָׁלוֹ
וּרְאֵה בְּעַיִן לִבְּךָ וְשִׂכְלוֹ
הֲיִקְרְךָ דְּבָרַי אִם לֹא.

לְיוֹם אֲשֶׁר יְכַבֵּד אָחִיךָ
וּלְפָנֶיךָ תִּבְעַר אָחִיךָ
אֵי הֶבֶל אָחִיךָ.

מַדּוּעַ תַּעֲבוֹר אֶת מִצְוַת הַמֶּלֶךְ
הַאֵין לְךָ לְהָבִין וּלְהִמָּלֵךְ
לְמִי אַתָּה וְאָנָה תֵּלֵךְ.

נִשְׁחַת בְּשָׂרְךָ בְּגֶלְלוֹ
וְרוּחֲךָ אֲשֶׁר הִיא שֶׁלוֹ
הָשֵׁב תְּשִׁיבֶנּוּ לוֹ.

סוֹף לֹא תִירַשׁ מַרְכּוּשֶׁךָ
אֲבָל דְּעֵה כִּי רֶמֶשׂ רִפְשֶׁךָ
אֲשֶׁר יֵצֵא מִמֵּעֶיךָ הִיא יִירָשֶׁךָ.

עֲשַׁן גַּאוּת תִּתְאַבָּךְ
וְרָקָב יַעֲלֶה עַל גַּבָּךְ
וְהוּא יִמְשׁוֹל בָּךְ.

פִּתְאוֹם תֵּצֵא מִבַּגְּךָ
וְחוֹרֵי עָפָר מִשְׁכָּבֶךָ
וְשִׂים בְּסֶלַע קִנֶּךָ.

צֵא אֶל הַבִּקְעָה תִּשְׁמַע בַּחוּץ
כִּי כֵן דִּבֵּר הַמֶּלֶךְ נָחוּץ
וְיָצָאתָ שָׁמָּה חוּץ.

קוּם הִתְהַלֵּךְ לִרְחָבָהּ
וּבִין כִּי אֲדָמָה וְרִגְבָּהּ
כְּסוּתְךָ אֲשֶׁר תְּכַסֶּה בָּהּ.

רְאֵה אֲדָמָה בִּבְתוּלֶיהָ
כִּי תְכַסֶּה עָלֶיהָ בְּשׁוּלֶיהָ
הָאָרֶץ אֲשֶׁר אַתָּה שׁוֹכֵב עָלֶיהָ.

שָׁמָּה תִּכָּלֶה לַמּוֹעֲדִים
וְלוּ אַתָּה בֶּן נְגִידִים
לֹא תֵצֵא כְּצֵאת הָעֲבָדִים.

תַּסְגִּיר נַפְשְׁךָ בְּרִיחֶיהָ
וְאָנוּ וְאָבְלוּ פְּתָחֶיהָ
אַחַר שׁוֹלְחֶיהָ.

מִשְׁבְּצוֹת זָהָב וָכֶסֶף
תַּעֲזוֹב וְלֹא תִקַּח אוֹסֶף
וְיָצְאָה חִנָּם אֵין כָּסֶף.

שׁוֹכֶנֶת עִם נְפָשִׁים עֲצוּרִים
אֲשֶׁר בְּיַד דּוּמָה מְסוּרִים
מְקוֹם אֲשֶׁר אֲסִירֵי הַמֶּלֶךְ אֲסוּרִים.

הַיּוֹם הַהוּא פִּיךָ בַּאֲלִים
יִכְבֶּה בַּעֲשִׁישׁ וְבַעֲלִים
אֶת שְׁנֵי הַמְּאוֹרוֹת הַגְּדוֹלִים.

בּוֹרְאֶךָ וּבְאֶרֶךְ וּבוֹרֶךָ
זְכוֹר טֶרֶם יָבוֹא יוֹם מְגוּרֶיךָ
וְהֵצַר לְךָ בְּכָל שְׁעָרֶיךָ.

רְצוֹן יוֹצְרְךָ שַׁחֵר
וּלְפָנָיו גְּרוֹנְךָ נַחֵר
וְדִמְעֲךָ לֹא תְאַחֵר.

בִּין כִּי תָפֵל מַחְנוּ
וְלֶעָפָר מִמֶּנּוּ לְקַחְנוּ
נוֹסְעִים אֲנַחְנוּ.

יְהִירִים וְדַלִּים יַחַד
לַמִּשְׁפָּט נַעַמְדָה יַחַד
וְהָיִינוּ לְעַם אֶחָד.

חֲזֵה עוֹלָם וְהֶבְלוֹ
לוֹכֵד חֲכָמִים בְּחֶבְלוֹ
הָבָה נִתְחַכְּמָה לוֹ.

יְשַׁבֵּב רֶגַע וְיֵרָדֵם
וּפֶתַע יֵעוֹר לִשְׁפּוֹךְ דָּם
בְּהַפְרִידוֹ בְּנֵי אָדָם.

יִמְשׁוֹךְ לְאַט בְּחֶבְלוֹ

אֶת הָרוּחַ וּמֵאָז לֹא
יָרִים אִישׁ אֶת יָדוֹ וְאֶת רַגְלוֹ.

הַנֶּפֶשׁ עוֹלָה וְתִשְׁשֶׁפּוּ
הֲנוּכַל לוֹמַר מִי יַעֲלֶה לָנוּ
הַשָּׁמַיְמָה וְיִקָּחֶהָ לָנוּ.

חֲרוּצִים יְמֵי אֱנוֹשׁ וְקִימוֹ
וְרוּחַ יִלְבָּשֶׁהוּ עַד תֻּמּוֹ
בִּימֵי שָׂכִיר יִהְיֶה עִמּוֹ.

זְמַנּוֹ בְּבֹא וְעִתּוֹ
יִגְוַע וְיֵאָסֵף בְּתֻמּוֹ
אֶת הַפִּקָּדוֹן אֲשֶׁר הָפְקַד אִתּוֹ.

קוֹפֵץ פִּיו בְּרְאוֹת שַׁרְבִיט
וְהִנֵּה עֲצָמָיו נֶחְבִּיט
וּתְמוּנַת יְיָ יַבִּיט.

וְנַפְשׁוֹ בַּיָּם תָּהִים
וּמְאוֹרֵי עֵינָיו כֵּהִים
כִּי שָׁם נִגְלוּ אֵלָיו הָאֱלֹהִים.

אַחַר אֵלֶּה עֲצָמָיו יְנוּחוּן
עִם עַם אֲשֶׁר לֹא יְשִׂיחוּן
וְלֹא יֹאכְלוּן וְלֹא יְרִיחוּן.

מִיּוֹם רְדְתּוֹ אֶל הַפְּחָתִים
הָרוּחַ תָּשׁוּב לְיָמִים חֲרוּתִים
וְדוֹרֵשׁ אֶל הַמֵּתִים.

צָנוּף נִצְנַף בְּאֵימִים
וּכְרֵסוֹ נִבְקַעַת בְּמַהֲלוּמִים
בְּעוֹד שְׁלֹשֶׁת יָמִים.

וְעַל גַּבָּיו תּוֹלָעִים יַעֲלוּ
וְעָלָיו גּוֹרָלוֹת יַפִּילוּ
חֵלֶק כְּחֵלֶק יֹאכֵלוּ.

בְּפִיהֶם לְכֵרָה נִמְסַר
וְגֵוָיו כֻּלּוֹ נֶחְסַר
וְלֹא יָלִין מִן הַבָּשָׂר.

לָכֵן עֲזוֹב חֵטְא וְהַרְפֵּה
וְדַע כִּי מִפְעָלְךָ הַיָּפֶה
הוּא יִהְיֶה לְךָ לְפֶה.

וַאֲנִי הֲכִינוֹתִי בְעִוֹנָי
לְכַפֵּר פְּנֵי שׁוֹכֵן מְעוֹנָי
בַּמִּנְחָה הַהוֹלֶכֶת לְפָנָי.

וּפְשָׁעִים תְּמוֹל עֲרִיתִים
הַיּוֹם מֵעַל פָּנַי זְרִיתִים
כִּי נִחַמְתִּי כִּי עֲשִׂיתִים.

וּבְצֶדֶק עֲנֵנִי בְּפִדְיוֹם
וְאַתֶּם הַדְּבֵקִים בְּאָיוֹם
חַיִּים כֻּלְּכֶם הַיּוֹם.

מה נדבר ומה נצטדק
(ד.מ' 536)

שו' 2 ובעין, גד:ובין. 7 ביום, גד:הידם. באספת, א:באפפת. 14 למחרתה, גד: למחרת. 22 חתי, א:חלתי. 25 ורגע, א:ורגעי, גד:כרגע. 31 כתר לדברי, גד: כתר לי זעיר. 38 האין לך, גד: הרק לך. 63 לא תצא, גד:תצא. 86 למשפט, גד: לבמשל. 101 ורוח, גד: ורוח אל. 132 עריתים, גד:עדיתים. 135 ובצדק, א:על צדק.

1 צפוני,--הקב"ה היודע את הצפון בלב האדם. 2 בעין רעיוני,--השורה "אלהים שחרתיך" לרי"ה,(ד.א'4788): ובעין הלב שרתיך. 3 הרימותי ידי,--בתפלה, ע"פ בר' י"ד:כ"ב. 4 שאתו,--(איכה ג':מ"ז)שברו. 6 כי וכו',--בר' ל"ב:י"ב. 9 מה וכו',--שם ל"א:מ"ג, ור"ל איני כדאי והגון(מה אעשה)להתפלל בעד קהלי כשליח צבור (לאלה)כיון שחוטא אני. 11 וידיתי,--התודתי, מ"ודה" (בארמית, השורה צונץ,<u>ס.פ.</u> עמ' 428) ומחידושי לשון הפייטנים, השורה ר"א קליר "אפיק מען" (ד.א'7128): ואמרי רשומים/בערכם ברשמים/וְדִיתִי(פי' בית לוי:התודתי)עם שמים/להזכיר גבורות גשמים. 12 ואף וכו',--(דבר' ל"א:כ"ז) ואף כי עתיד אני ליתן דין וחשבון לפני קובי אחרי מותי. 13 נאספת,--(יש' ט"ז:י') ארבדת. 14 נסחפת,--במשכת ובגררת אל

הקבר. 15 ורוח וכו',--(בר' א':ב') ר"ל רוח אלהים מרחפת בתוך דיין ביום הדין.
16 כאיש עתי,--ויק' ט"ז:כ"א ופי' רש"י: המוכן לכך מיום אתמול. 17 עד בא עתי
,--למות. 18 גנוב וכו',--(בר' ל':ל"ג) הוא(רוחי)שב לבעלו(הקב"ה). 19 מירם
המהומה,--מיום המיתה. 21 לשכב וכו',--בר' ל"ט:י'. 22 חתי,--(יר' ג':ב') בב-
הלתי. מירם וכו',--(איכה ד':י"ח) מיום המיתה. 23 חפצי,--נשמתי. ואלכה וכו'
,--(בר' ל':כ"ה) ושבתי אל האדמה. 25 טפחות ימי,--תהל' ל"ט:ו' ופי' רש"י:
מדודים הם בני האדם, כדבר הנמדד בטפחים כן ימי אדם הם קצובים.26 ובלחיר וכו'
,--עשבים יעלו על קברי, הש' ירוש' תענית, ד'.ה': עקיבה,יעלו עשבים בלחייך
ועדיין בן דוד לא בא. 27, ע"פ במד' ו':י"ב. 29 בעוד וכו',--בעודך חי. 30,
ע"פ שמות י':ז' ור"ל הטרם תדע כי אתה עומד למות. 31 כתר,--איוב ל"ו:ב'. 32
וראה וכו',--התבונן בדברי. 33, ע"פ במד' י"א:כ"ג. 34 לירם,--ע"פ יש' י':ג':
ומה תעשו ליום פקדה, כלו' ליום המיתה. אחיך,--לשון צרה ע"פ משלי י"ז:י"ז:
ואח לצרה יִוָּלֵד. 35 תבער אחיך,--ע"פ יר' ל"ו:כ"ב: ואת האח לפניו מבוערת, רמז
לאשו של גיהנום. 36, ע"פ בר' ד':ט'. 39 למי וכו',--(בר' ל"ב:י"ח),ע"פ אבות
ג'.א'. 40 בגללו,--איוב כ':ז'. 42, ע"פ שמות כ"ג:ד'. 44 רפשך,--הכוונה לגוף
שעתיד להיות מאכל לתולעים(רמש). 45, ע"פ בר' ט"ו:ד' ור"ל: אבל אתה הולך לקבר.
46 עשן וכו',--יש' ט':י' ופי' רש"י: יהיו נבוכים ומסוגרים בחוזק עשן התבערה.
47 ורקב,--חבק' ג':ט"ז. 48 והוא,--מוסב על "רקב", וע"פ בר' ג':ט"ז. 51 ע"פ
במד' כ"ד:כ"א, בסלע פי' בקבר. 52 צא אל וכו',--(יחז' ג':כ"ב) צא אל קהל יש-
ראל. תשמע וכו',--(יש' מ"ב:ב') תשמיע בחוץ קולך לעורר קהלך לתשובה. 53 כי
וכו',--ש"א,כ"א:ט', בחוץ,פי' רד"ק: מהיר. וע' אבות ב':כ': ובעל הבית דוחק.
54 דבר' כ"ג:י"ג. 57 שם כ"ב:י"ב. 58 אדמה וכו',--המוכנה לקבר אדם. 60 בר'
כ"ח:י"ג. 63 לא תצא וכו',--(שמות כ"א:ז'),לא תצא חפשי ממלאך המות. 64 תסגיר
וכו',--נעצרה הנשמה במעורבתה ללא רשות לצאת ממנה אחר שלוחיה מגופו של אדם.
65 ואנו וכו',--(יש' ג':כ"ו) הגוף מתאבל עליה. 66 שמות י"ח:ב'. 69 שם כ"א:
י"א, פי' כי לא במותו יקח הכל. 71 דומה,--שם המלאך הממונה לשמור על המתים
בקבר,הש' סנהד' צ"ד,א. 72 בר' ל"ט:כ'. 75 שם א':ט"ז הכוונה לעיני האדם.
76-77 בוראך...זכור,--ע"פ קהלת י"ב:א' שמתוכו דרשו חז"ל(בויק"ר י"ח.א')שלש-
תן: בארך זו ליחה סרוחה,בורך זו רמה ותולעה,בוראך זה ממ"ה הקב"ה שעתיד ליתן
לפניו דין וחשבון. 78 דבר' כ"ח:נ"ב. 80 תהל' ס"ט:ד'. 81 שמות כ"ב:כ"ח והכו-
ונה לדמעות ולבקשת רחמים. 82 יחז' כ"ב:כ"ח. 84 במד' י':כ"ט. 85 יהירים,--
עשירים. 87 דבר' כ"ח:ל"ב. 88-89,חזה וכו',--התייחסותו הפסימית של הפייטן אל
"העולם", מזכיר את הנושאים הדומים בשירת החול העברית בספרד, הש' י.לוין,
"'זמן' ו'תבל' בשירת החול העברית בספרד בימה"ב," <u>אוצר יהודי ספרד</u>,ה'(תשכ"ב),
עמ' 68-79. 90 שמ' א':י'. 92 לשפוך דם,--כשיקבל עונשו. 93 בהפרידו וכו',--
(דבר' ל"ב:ח'),ביום הדין. 94-95, מלה"מ תופס בראש הקנה ומושכו בזמן שבא ליטול
נשמתו של אדם,ע' <u>מדרש שוחר טוב</u>,תהל' י"א. 96 בר' מ"א:מ"ד. 97 ותשנו,--את
הגוף. 98-99, דבר' ל':י"ב. 100 חרוצים,--קבועים. 101 תמו,--מותו. 102

ריק' כ"ה:ב'. 104 יגורע וכו',--בר' כ"ה:י"ז ועוד. 105 ויק' ה':כ"ג, והשורה מאמר ברוריה אשת ר' מאיר כשמתו בניהם(מדרש משלי,ל"א): אנו צריכים להחזיר פקדון לבעליו. 106 שרביט,--שרביטו של מלאך המות. 107 יחביט,--ע' מסכת חבוט הקבר, אוצר מדרשים,א',עמ' 93: כמין שלשלת יש ביד מלה"מ...מכה בה פעם אחת אבריו מתפרקים,שניה עצמותיו מתפרקים. 108 ותמונת וכו',--ע' שם: אדם...אינו מת עד שרואה הקב"ה בעצמו. וע' במד' י"ב:ח'. 111 בר' ל"ה:ז'. 114 דבר' ד': כ"ח. 115 פחתים,--(יש' כ"ד:י"ח) אל הקבר. 116 חרותים,--קבועים, השורה מאמר חז"ל(בירוש' מועד קטן,ג'.ה') שבשלושה ימים הראשונים אחרי מיתת האדם הנפש מרחפת על הגוף וסוברת לחזור לתוכו, כיון שהיא רואה שנשתנה פרצוף פנים שלו, היא מניחתו והולכת לו. 11 דבר' י"ח:י"א, ור"ל הקב"ה דורש דין וחשבון מאדם אחרי מותו. 118 צנוף נצנף באימים,--(יש' כ"ב:י"ח) בצנף,פי' בתגלגל ובטלטל ורמז למאמר חז"ל(באבות דרבי נתן,י"ב,והשורה שבת,קנ"ב,ב) שנשמתן של רשעים זוממת(פי' עוררות רעש כדבורה)אחרי שנזרקות בכף הקלע,והולכות ושוטטות בעו-לם ואינן יודעות על מה שיסמוכו, השו' מאמרו של ר"ש ליברמן בספר היובל לכבוד צ.וולפסון,(ירושלים,1965),עמ' 499-500. 119 וכרסו וכו',--ע"פ מאמר חז"ל (בירוש' מועד קטן,שם):לאחר שלושה ימים הכרס נבקעת על פניו. 120 בר' מ':י"ג. 121 ועל גביו וכו',--(יש' י"ד:י"א)השורה דרשת ר' יצחק(בברכות י"ח,ב): קשה רמה למת כמחט בבשר חי. 122 גורלות וכו',--תהל' כ"ב:י"ח. 123 חלק וכו',--(דבר' י"ח:ח')יאכלו את בשרו. 124 בפיהם,--של התולעים. לכרה,--(מ"ב,ו':כ"ג) לסעודה. 126 דבר' ט"ז:ד' לא השאירו ממנו עד בקר. 127 והרפה,--ממנו. 129 שמות ד':ט"ז מעשיך הטובים ימליצו בעדיך. 131 לכפר,--לבקש סליחה וכפרה. שוכן וכו',--(דבר' כ"ו:ט"ו)הקב"ה השוכן בשמים. 132 בר' ל"ב:כ"א ור"ל בתפלה ובצום 135 בר' ו':ז'. 137-138 דבר' ד':ד'.

ל. ליל שנית, פתיחה לרי"ה.

פתיחה בצורת שיר מעין איזור בעל מדריך וחמש מחרוזות בנות שלושה טורים כל אחת וטור-איזור. כל טור רביעי מסתיים במלת "אדני". המשקל: חמש תנועות בכל טור [והשוואים הנעים והחטפים אינם במנין]. החתימה: יהודה. המקורות במ"ר: א. ב, עמ' 158. ג,עמ' רל"ח. ד,א' 9. (ד. ב' 698).

בְּלִבִּי וּבְעִיּוּנַי
וּבְשִׂפְתֵי רְנָנַי,
וּבִקְהַל עַם אֱמוּנַי
אֲרוֹמִמְךָ, אֲדֹנָי.

יְדִידַי, בְּשַׁחֲרִים
קוּמוּ נָא הַיְשָׁרִים
עִמָּכֶם דְּבָרִים
וְשׁוּבוּ אֶל אֲדֹנָי.

הָעָם אֲשֶׁר דְּחוּם
עֲמוּם וּלְקָחוּם,
דְּעוּ כִּי אֵל רַחוּם
וְחַנּוּן אֲדֹנָי.

וְאַחַת שָׁאַלְתִּי
תְּבַשֵּׂר: סָלַחְתִּי
הִנֵּה-נָא הוֹאַלְתִּי
לְדַבֵּר אֶל אֲדֹנָי.

דְּחוּיֵי אַנְשֵׁי חֵדֶק
לְחַזֵּק הַבֶּדֶק
זִבְחוּ זִבְחֵי-צֶדֶק
וּבִטְחוּ אֶל-אֲדֹנָי.

הָאֵל, בְּחֶמְלָתְךָ
חוּן עַל-בֶּן-אֲמָתֶךָ,
כִּי לִישׁוּעָתְךָ
קִוִּיתִי, אֲדֹנָי.

שו' 2 ובשפתי,א: ובשירי. 7 עמכם,בגד: ועמכם. 14 תבשר, אגד: יבשר.

3 עם אמוני,--(תהל' ל"א:כ"ד. ש"ב,כ':י"ט)ישראל. 4 תהל' ל':ב'. 5 ידידי,--שם ס':ז', ישראל. 6-8 קחו וכו',--הושע י"ד:ג'. 9 דחום,--תהל' קי"ח:י"ג. 15-16 ברי י"ח:כ"ז,ל"א. 17 דחויו אנשי חדק,--ישראל הדחויים ע"י שובאיהם(אנשי חדק, פי' אנשים המזיקים כקוצים וסלונים,ע"פ מיכה ז':ד': טובם כחדק/כקוץ/ישר ממסו-כה.) 18 לחזק הבדק,--באים להתפלל, מקביל לשו' 19 וע"פ 'ונשלמה פרים שפתינו' (הושע י"ד:ג'). 19-20 תהל' ד':ו'. 22 בן אמתך,--(תהל' פ"ו:ט"ז ועוד)ישראל. 23-24 ברי מ"ט:י"ח.

י"א. פתיחה לר' מנחם בולגרי

פתיחה בת שישה בתים בני ה' טורים כל אחד. כל טור חמישי הוא שבר-פסוק מדני' ט':י"ט. החתימה: מנחם. המקור: א. (ד. ה' 965).

הָעֵת אֶפְגְּעָה   יָהּ שְׁמָעָה
וְיוֹם לְךָ אֶצְרְחָה   יָהּ סְלָחָה
שַׁבְתִּי לְהָשִׁיבָה   יָהּ הַקְשִׁיבָה
וְאַל תֹּאמַר לְמָחָר   בַּעֲשֵׂה אַל תְּאַחַר
יָהּ שְׁמָעָה יָהּ סְלָחָה יָהּ הַקְשִׁיבָה בַּעֲשֵׂה אַל תְּאַחַר.

אָנָּא לְמִתְחַנְּנֶיךָ   ה"ש
וּלְעַמְּךָ וּבָנֶיךָ   ה"ס
וּבְקָרְאָם בְּאָזְנֶיךָ   ה"ה
וְהָפֵק רְצוֹנֶךָ   ו"א"ת
יי שמעה וכו'.

מִן הַחֲלוֹנוֹת   ה"ש
וּשְׁגָגוֹת וּזְדוֹנוֹת   ה"ס
וּלְנוֹשְׂאֵי רְנָנוֹת   ה"ה
וּתְמַהֵר לַעֲנוֹת   ו"א"ת
יי שמעה וכו'.

נַאֲקַת בְּנֵי יִשְׂרָאֵל   ה"ש
וְכָל חֵטְא מִתְגָּאֵל   ה"ס
וְעַל דַּל שׁוֹאֵל   ה"ה
וּתְכוֹנֵן הָאֲרִיאֵל   ו"א"ת
יי שמעה וכו'.

חֶרְפָּתִי מִמּוֹנִי   ה"ש
וְתַחַת בִּין לַהֲמוֹנִי   ה"ס
וּתְפִלַּת מְחַבְּמוֹנִי   ה"ה
וְשׁוּב וּתְבַשֵּׂד אַרְמוֹנִי   ו"א"ת

יי שמעה וכו'.

מְבִין עֲרָפֶלֶיךָ ה"ש
וּלְסוֹבְלֵי עוּלֶּךָ ה"ס
וְאֶת שַׁוְעַת מְיַחֲלֶיךָ ה"ה
וְהַשְׁקֵט שְׁאוֹן גַּלֶּיךָ ר"א"ת
יי שמעה וכו'.

1 אפגעה,--(יר' ז':ט"ז)אתחנן לפניך, ְ-ה בסוף המלה להורות כוונה ורצון,דוגמת "אקומה נא ואסובבה בעיר"(שה"ש ג':ב'). 2 אצרחה,--צפנ' א':י"ד. 3 שבותי להשיבה ,--תהל' קכ"ו:ד'. 4 ואל וכו',--אל תאמר: למחר אגאל את ישראל. 9 והפק וכו',-- משלי י"ב:ב'. 11 מן החלונות,--ע"פ שה"ש ב':ט' שדרשוהו חז"ל (בשהש"ר,שם):'אחר כתלנו':אחר כתלי בתי כנסיות ובתי מדרשות(עומד הקב"ה), 'משגיח מן החלונות': מבין כתפיהם של כהנים. 17 מתגאל,--(דני' א':ח')מטמא. 18 ועל,--במשמע' וְאַל ע"פ בר' כ"ד:מ"ט: ואפנה על ימין. 19 האריאל,--(יחז' מ"ג:ט"ז)המקדש. 21 חרפתי ממוני,--מאויבי, ע"פ יש' מ"ט:כ"ו. 22 ותחת וכו',--התבונן,הקב"ה,והשגח (בִּין)אל בני ישראל (להמוני),דוי מטה(תַּחַת). 23 תחכמוני,--(ש"ב,כ"ג:ח')כנוי לישראל. 24 ארמוני,--מקדשי. 26 מבין וכו',--הקב"ה השוכן בערפל(מ"א,ח':י"ב) שמע את תפילות ישראל. 27 ולסובלי עולך וכו',--סלח לישראל המקבל עליו את עול מלכות שמים. 28 מיחליך,--בני ישראל המיחלים לישועתך. 29 שאון גליך,-- ע"פ תהל' ס"ה:ח',ופי' ראב"ע,שם: משקים...המון לאומים הנמשלים למים, ור"ל: שים קץ לשעבוד ישראל בארצות הגויים הפראים.

י"ב. סליחה לר' מנחם בר אליה מקשטוריה.

סליחה בת שמונה מחרוזות. לכל מחרוזת ארבעה טורים והיא פותחת במלת "יי". כל טור רביעי מסתיים בפסוק מן המקרא. מספר המלים בכל טור היא לא קבוע. החריזה היא סטרופית משתנית.החתימה:מנחם חזק(משולש)אמן.המקור:א.(אין בד.).

יְיָ מֵאֵין תְּמוּרָה וַחֲבֵרָה, נִקְרָא בְּאֶחָד וּמְיוּחָד בְּעוֹלָמוֹ
מֶמְשַׁלְתּוֹ לָנֶצַח, מַלְכוּתוֹ עֲדֵי עַד, נִשְׂגָּב שְׁמוֹ
מְשָׁרְתָיו וּצְבָאָיו יוֹדֵעַ, עָצְמוֹ וְעֻזּוֹ בִּמְרוֹמוֹ
הוֹד וְהָדָר לְפָנָיו עוֹז וְחֶדְוָה בִּמְקוֹמוֹ.

יְיָ נַפְשִׁי וְרוּחִי יְאַוּוּהוּ, יְשַׁחֲרוּהוּ לָבֹא בְּסוֹדוֹ
נִשְׁמָתִי וְלִבִּי בוֹ יֶהְגּוּ וְיִשְׂגּוּ בְּמֶחְקְרֵי הוֹדוֹ
נֶצַח, כִּלְיוֹתַי יְהוֹדוּהוּ וִיעִידוּהוּ כִּי אֵין בִּלְעָדוֹ
יְיָ עַל הַשָּׁמַיִם כְּבוֹדוֹ.

יְיָ חוֹקֵר לִבּוֹת וּבוֹחֵן כְּלָיוֹת, מֵבִין כָּל רַעְיוֹן
חוֹנֶה מִשְׁכְּנֵי אָדָם בְּחֵלֶב וָדָם בְּחֶבְיוֹן
חוֹפֵשׂ חֲדָרָיו, סוֹפֵר שׁוּרָיו, מַגִּיד דְּבָרָיו בְּלִי שִׁגְיוֹן

יָיָ מַחְסִי עֶלְיוֹן.

יָיָ מַחֲנוֹת קְדוֹשָׁיו בִּמְעוֹנָיו לְפָנָיו נִצָּבִים
מַרְעִידִים, פּוֹחֲדִים, נִכְבָּדִים, כֻּלָּם לוֹבְשֵׁי שְׁבִיבִים
מַחֲנֶה שְׁכִינָה בִּתְמוּנָה יֶחֱזוּן בֵּין אֵשׁ וְעָבִים
הָאֱלֹהִים יְיָ יוֹשֵׁב הַכְּרוּבִים.

יָיָ חַדְרֵי אוּרִים וְהֵיכְלֵי סַפִּירִים בְּסִתְרֵי סְתָרִים שְׁכֵנוֹ
חֹשֶׁךְ עָנָן בַּעֲרָפֶל לָמוֹ, שָׁם מְקוֹם חֶבְיוֹנוֹ
חַתַּת וְאֵימָה תִּלְבַּשׁ נְשָׁמָה בְּדָרְשָׁהּ: מַה-פְּלָאוֹת גְּאוֹנוֹ
מִי הֵקִים כָּל-אַפְסֵי-אָרֶץ, מַה-שְּׁמוֹ וּמַה-שֶּׁם-בְּנוֹ.

יָיָ זוֹהַר הָאֱמוּנָה צָפַנְתָּ וְהִשְׁכַּנְתָּ בִּתְמוּנָה תַּבְנִיתֶךָ
זִירָהּ בְּמַרְאֶה חוֹזֵי נְבוּאָה רָאוּ וּבָאוּ עַד תְּכוּנָתֶךָ
זְבוּלְךָ אוּרִים חֲפוּרִים עָמְדוּ מֵהֲדַר תָּכְנִיתֶךָ
לְאוֹר חִצֶּיךָ יְהַלֵּכוּ, לְנוֹגַהּ בְּרַק חֲנִיתֶךָ.

יָיָ קֶדֶם מֵאָז הִפְלִיא כִּסְאוֹ וְנִשָּׂאוֹ מַעְלָה וְהֵרִים
קִנּוֹ יָעִיר קַדִּישׁ וְעִיר בִּשְׁמוֹנָה עָשָׂר אֶלֶף אַדִּירִים
קֵצֶב וְתַכְלִית אֵין לְגָדְלוֹ וּמַהֲלָלוֹ בְּלֹא שִׁעוּרִים
בְּיָדוֹ מֶחְקְרֵי אָרֶץ וְתוֹעֲפוֹת הָרִים.

יָיָ אֲרַחֶמְךָ אֲרוֹמִמְךָ, אוֹדֶה שִׁמְךָ בִּקְהַל אֱמוּנֶיךָ
מִמְּעוּט יְכָלַי וְשִׂכְלִי אֲהַלֶּלְךָ לִמְצוֹא חֵן בְּעֵינֶיךָ
נְעִימוֹת יַעֲנוּנִי, יְבַשְּׂרוּנִי הֲמוֹנֶיךָ מִמְּעוֹנֶיךָ
יָצָא הָאֱלֹהִים לְפָנֶיךָ.

אל מלך יושב

1 תמורה,--ע' מדרש תמורה, אוצר מדרשים,ב',עמ' 580-581: המקום ברא כל העולם שנים שנים,זה תמורת זה וזה כנגד זה...להודיע להם שכל דבר ודבר יש לו שותף ויש לו תמורה...לכל...חוץ מדבר אחד...שהוא (הקב"ה) אחד ואין לו שני. באחד,--בשם "אחד",ע' דבר' ו':ד'. 4 דבה"א ט"ז:כ"ז. 7 נצח,--(ש"א,ט"ו:כ"ט)הקב"ה,נצח ישראל. כליותי,--בדומה ללב, נחשבו הכליות על-ידי הקדמונים כמקום מרכז למחשבה, לדעת ולמצפון. 8 תהל' קי"ג:ד'. 9 חוקר וכו',--יר' י"ז:י'. 10 חונה וכו',--הקב"ה ה'חופש כל חדרי בטן'(משלי כ':כ"ז), כלו' את תוך תוכו של כל אדם. 11 סופר שוריו,--בספר בו חותם אדם על מעשיו, ע"פ איוב ל"ז:ז' שדרשוהו חז"ל (בספרי דבר' ש"ז) שהחוטא בעצמו חותם(בשעת פטירתו מן העולם,והפייטנים העבירו כלל זה לר"ה ולעשי"ת)על מעשיו. דבריו,--של אדם הרשומים בספרו. שגיון,--בלי שגיאה, ומחידושי לשון הפייטנים על משקל -וֹן,ע' צונץ,ס.פ.,עמ' 405 ואילך. 12 תהל' צ"א:ט'. 13 מחנות וכו',--מלאכי השרת. 14 שביבים,--שביבי אש,השווה פרקי דר' אליעזר(פר"א) ד': המלאכים...כשהם משרתים(לפני הקב"ה)...נעשים אש, וע"פ יחז' א':י"ג. 15 בין אש ועבים,--ע"פ יחז' א':ד': ענן גדול ואש מתלקחת. 16 דבה"א י"ג:ו'. 17 חדרי וכו',--במקום בחדרי וכו', ובהשמטת אותיות בכל"ם

לצורך אקרוסטיכון השם,--והשווה 'עניני לשון' במבוא, עמ' 23. 17 חדרי...

והיכלי,--בסגנון הקרוב ללשון בספרות ההיכלות,השווה היכלות רבתי,ט"ו,אוצר מדרשים,(א"מ),א',עמ' 116: בשבעה היכלות יושב טוטרוסיא ה' אלקי ישראל חדר בתוך חדר. אורים...ספירים,--יחז' א':כ"ו-כ"ז: כמראה אבן ספיר דמות כסא... כמראה אש/אורים/בית לה סביב. בסתרי וכו',--תהל' צ"א:א': ישב בסתר עליון. 18 חשך וכו',--דבר' ד':י"א. חבירנו,--חבק' ג':ד'. 19 חתת,--פחד ע"פ איוב ד': כ"א. מחידושי לשון הפייטנים,ע' צונץ,שם,עמ' 387 ואילך. 20 משלי ל':ד' ופי' רש"י: אם תאמר כבר היה דוגמתו, אמור מה שם בנו,--איזה משפחה יצאה ממנו ונדע מי הוא. 21 זוהר האמונה צפנת,--מהותו האמיתית של הקב"ה תעלומה היא, ע' איוב י"א:ז'. בתמונה,--בתבנית חצונית ובציורים הלקוחים מתוך חיי אדם וסביבתו,וע"פ במד' י"ב:ח': ותמונת יי יביט. 22 זורה,--של השכינה בתמונה הנ"ל. במראה,-- במד',שם. עד תכונתך,--כלו' עד מהותך האמיתית ולא עד בכלל. 23 זבולך,--במקום בזבולך, ע' לעיל הע' לשו' 17. ר"ל בשמים. אורים,--כנוי למלאכים שאורו באור עליון,השווה "אחזו אלים" לראב"ע,בשירי הקדש של ראב"ע, עמ' 155,שו'9. חפוררים ,--בכלמים. תכניתך,--פי' עצמותך,ע' י.קלצקין,אוצר המונחים הפלוסופיים,(ניו-יארק,תשכ"ח):"תכנית". 24 חבק' ג':י"א. 25 כסאו וכו',--(יש' ו':א') ר"ל: קודם שנברא העולם(קדם מאז),הפליא הקב"ה לעשות את כסא הכבוד נשא ורם,ע"פ מאמר חז"ל בפסחים נ"ד,א. 26 קינו יעיר,--(דבר' ל"ב:י"א: כנשר יעיר קנו,)ר"ל הנהו שוכן. קדיש ועיר,--הקב"ה,ע"פ דני' ד':י' וע' רש"י שם. בשמונה עשר אלף אורירים,--בי"ח אלף עולמות בהם שט הקב"ה,ע' ע"ז,ג',ב. 27 ומהללו,--ושבחו. 28 בידו וכו',-- תהל' ק"ו:ב'. 29 ארחמך,--שם י"ח:ב' ופי' רש"י: אאהבך. בקהל אמוניך,--(יש' כ"ו:ב')בקהל ישראל. 30 יכלו,--כן בא ור"ל יכלתי. 31 נעימות,--תהל' ט"ז:י"א. המוניך ממעוניך,--המלאכים מן השמים יבשרו את בני ישראל על ביאת המשיח הגואל. 32 יצא וכו',--דבה"א י"ד:ט"ו.

י"ג. מסתג'אב לרי"ה

מסתג'אב כעין שיר אזור. כל "אזור" הוא קטע פסוק שסופו "יי". כל מחרוזת,זולת האחרונה,פותחת במלת הקבע "ברכי" והטור השני פותח ב"את שם". כל טור ראשון מכל המחרוזות שבשיר מופנה אל הנשמה ע"פ דרשת חז"ל(בברכות י',א'):הני חמשה 'ברכי נפשי' כנגד מי אמרן דוד? החתימה: א"ב(ארבע פעמים),יהודה הלוי בן שמואל ב"ע. המקורות במ"ר:א. ג,עמ' דל"ח. ד,א' 9.(ד. ב' 1746). פורסם: שירי הקדש לרי"ה,מהד' ד.ירדן,א'(תשל"ח),עמ' 67.

בָּרְכִי נַפְשִׁי אֶת-יְיָ
בָּרְכִי אֲצוּלָה מֵרוּחַ הַקֹּדֶשׁ
אֶת-שֵׁם אַדִּיר נֶאְדָּר בַּקֹּדֶשׁ
אֵל נַעֲרָץ בְּסוֹד שַׂרְפֵי קֹדֶשׁ
אֵין-קָדוֹשׁ כַּיְיָ.
ב' בָּרָה מִנַּחֲלֵי בוֹר נִמְשֶׁכֶת
א"ש בְּחָרֵךְ לְפָנָיו לָלֶכֶת
בֹּרֶכֶת לְפָנָיו וּבִשְׁמוֹ מִתְבָּרֶכֶת
בְּרוּכָה אַתְּ לַיְיָ.
ב' גְּלוּיָה לַלֵּב וְנֶעְלֶמֶת מִמַּרְאֶה
א"ש גָּבֹהַּ וְשָׁפָל יִרְאֶה
גָּדֵל מַעֲשָׂיו לְסַפֵּר כָּל-פֶּה יִלְאֶה
גְּדֹלִים מַעֲשֵׂי יְיָ.

ב' דַּלָּה נִשֵּׂאת הַגּוּף בְּלִי מִשְׁעָן
א"ש דֹּלֶה עַל-בְּלִימָה אֹהֶל בַּל-יִצְעָן
דֵּעָה חוֹנֵן לִבְנֵי אָדָם, לְמַעַן
דַּעַת צִדְקוֹת יְיָ.

ב' הַמִּתְאַמֶּצֶת לְהַחֲזִיק בְּשׁוּלָיו
א"ש הַמְקָרְבֵךְ בְּהִשְׁתַּחֲוָיָתֵךְ לַהֲדֹם רַגְלָיו
הֱיוֹתֵךְ לְפָנָיו בְּכָל-הָעוֹמְדִים עָלָיו
הַנִּגָּשִׁים אֶל-יְיָ.

ב' וְעוּדָה לְחַבֵּם לִבּוֹת בְּנֵי אָדָם
א"ש וָתִיק הַשׁוֹלְחֵךְ לְמִחְיַת בָּשָׂר וָדָם
וְהַמַּקְדִּירָם בְּהִלָּקְחֵךְ וְשָׁבוּ לִיסוֹדָם
וְעָלַיִךְ יִזְרַח יְיָ.

ב' זַכָּה בְּעַד מַחְשַׁכֵּי הַגּוּף מְאִירָה
א"ש זֹהַר הָעוֹלָם אָיֹם וְנוֹרָא
זָקַף שַׁעֲרֵי-צֶדֶק בַּיִּקְרָא
זֶה-הַשַּׁעַר לַיְיָ.

ב' חַיָּה בְּקֶרֶב מֵתִים עֲצוּרָה
א"ש חֵי הָעוֹלָמִים נֶאְזָר בִּגְבוּרָה
חוֹנֵן וּמְכַבֵּד מְכַבְּדֵי תוֹרָה
חֵן וְכָבוֹד יִתֵּן יְיָ.

ב' טְהוֹרָה בְּעֶצֶם הַשָּׁמַיִם וּצְבָאָם
א"ש טוֹב לְקוֹיָו אֲשֶׁר לִכְבוֹדוֹ בְּרָאָם
טֶרֶם יָבִינוּ הֲבִינָם וּקְרָאָם
טַעֲמוּ וּרְאוּ כִּי-טוֹב יְיָ.

ב' יוֹדַעַת חֵפֶץ תְּמִים דֵּעִים
א"ש יוֹדֵעַ חֲפָצַיִךְ וּמַשְׁלִימָם לִרְגָעִים
יוֹרֶה חַטָּאִים וְאוּלַי הַשּׁוֹמְעִים
יִזְכְּרוּ וְיָשֻׁבוּ אֶל-יְיָ.

ב' כְּבוּדָּה בַּת-מֶלֶךְ חֲשׁוּקָה
א"ש כְּבוֹד מוֹרֵךְ מִצְוָה לֹא-נִפְלֵאת
וְלֹא רְחוֹקָה
כֹּה תַעֲשִׂי חֶסֶד מִשְׁפָּט וּצְדָקָה
כִּי-בְאֵלֶּה חָפַצְתִּי נְאֻם יְיָ.

ב' לְבוּשַׁת חַיִּים וּמִתְקַדֶּשֶׁת מִפִּגְרֵי מֵתִים
א"ש לְבוּשׁ קְדֻשָּׁה וּקְדוֹשִׁים לְפָנָיו מְשָׁרְתִים
לְמוֹדֵי שִׁבְחוֹ תְּמִידִים וְלֹא נִצְמָתִים
לַעֲמוֹד לְשָׁרֵת בְּשֵׁם-יְיָ.

ב' מִתְפָּאֶרֶת בְּקִרְבַת אֱלֹהֶיהָ תִּתְהַלֵּל
א"ש מְרוֹמַם עַל-כָּל-בְּרָכָה וּתְהִלָּתוֹ
מִי יְמַלֵּל
מְהֻלָּל שְׁמוֹ וְאוֹתוֹ כֹּל נְשָׁמָה תְהַלֵּל
מִדֵּי עֲלוֹתָהּ בְּבֵית יְיָ.

ב' נִצֶּבֶת עַל-מַלְכָּהּ לַעֲשׂוֹת מְלַאכְתּוֹ
א"ש נִשְׁקָף עַל-אֶרֶץ מִמְּכוֹן שִׁבְתּוֹ
נְכוֹנִים מַלְאָכָיו לַעֲשׂוֹת כָּל-דָּבָר
בְּעִתּוֹ
נִשְׂאֵי כְּלֵי-יְיָ.

ב' סוֹבֶלֶת אֲבָרִים עַל-אֶבְרַת רוּחַ חַיָּה
א"ש סוֹעֵד עוֹלָם בְּעַמּוּדֵי עֵצָה וְתוּשִׁיָּה
סוֹד צַדִּיקִים יְסוֹד עוֹלָם וְהָיָה
סוֹמֵךְ צַדִּיקִים יְיָ.

ב' עוֹטָה הוֹד וְהָדָר תִּתְאַזָּר
א"ש עֹשֶׂה אֲשֶׁר חָפֵץ וּמְקַיֵּם אֲשֶׁר גָּזָר
עָרִיצִים יִירָאוּהוּ וְאָמַר כָּל-נֶעֱזָר
עֶזְרִי מֵעִם יְיָ.

ב' פְּנִינָה פְּנִתָה לֵאלֹהֶיהָ מְסִלּוֹת
א"ש פָּעֳלֵךְ לִשְׁמוֹ נָאוּ תְהִלּוֹת
פְּנֵה אֶל-תְּפִלָּתֵךְ בִּרְצוֹנֵךְ לְחַלּוֹת
פְּנֵי הָאָדוֹן יְיָ.

ב' צוּרַת שֵׂכֶל בְּחֶרֶט אֱנוֹשׁ נְתוּנָה
א"ש צוּר מֵבִין עוֹלָם וְאֵין קֵצֶה
לִתְכוּנָה
צֶדֶק יִקְרָאֵהוּ וֶאֱמוּנָה
צַדִּיק אַתָּה יְיָ.

ב' קְרוֹבַת שַׁדַּי אֲשֶׁר מַחֲזֵהוּ תֶּחֱזֶה
א"ש קָדוֹשׁ וּמְקֻדָּשׁ בְּפִי כָל חֹזֶה
קְדוֹשִׁים יַקְדִּישׁוּהוּ וְקָרָא זֶה
אֶל-זֶה
קָדוֹשׁ קָדוֹשׁ קָדוֹשׁ יְיָ.

ב' רוֹדֶפֶת צְדָקָה עַל עִקְּבוֹת אֱלֹהִים
א"ש רֹכֵב שָׁמַיִם לְעֶזְרַת כְּמֵהִים
רָמִים יְעִידוּהוּ וִיהוֹדוּהוּ גְבֹהִים

רָם עַל-כָּל-גּוֹיִם יְיָ.

ב' שֹׁכֶנֶת בָּתֵּי-חֹמֶר וִיסוֹדָהּ בַּשְּׁחָקִים
א"ש שֶׁנִּקְדָּשׁ בְּשֶׁבַע כִּתּוֹת צַדִּיקִים
שְׁמוּרִים מִכָּל-סֶגֶף וּמִכָּל חֵטְא מְנֻקִּים
שָׁם יְתַנּוּ צִדְקוֹת יְיָ

ב' תְּלוּיָה בִימִין עֶלְיוֹן וּנְצוּרָה כְּאִישׁוֹן
א"ש תְּמִים דֵּעִים בָּרוּךְ בַּלֵּב וּמְבֹרָךְ בַּלָּשׁוֹן.
תִּתֵּן נְשָׁמוֹת עִם-הָאוֹר הָרִאשׁוֹן תְּחִלַּת דְּבַר-יְיָ.
יָחִיד הֲשִׁיבֵנוּ וּמִבּוֹר דַּלּוּת הַעֲלֵנוּ
הָאֹמֵר לַחֶרֶס וְלֹא יִזְרַח בְּאוֹרְךָ בַּהֲלֵנוּ
שִׂמְךָ מַלְכוּתְךָ וּכְבוֹדְךָ אֵל נְסָה-עָלֵינוּ
אוֹר פָּנֶיךָ יְיָ.

שנויים בא. שו' 8 לפניו: תמיד. 18 המתאמצת: המתקדשת. 20 העומדים: הנצבים. 22 ועודה: ושלוחה. 23 ותיק השולחן: ושולחן. 26 הגוף: גיו. 32 ומכבד: ומרחם. 40 ואולי: ואולם. 43 כבוד: כביר המיוחד. 54 על כל ברכה: חסר. 52 ואתו: ולו. 55 בשקף: נורא ואדיר בשקף. 62 הוד: תפארת. 64 עריצים ייראוהו: ענוים יהודו-הו. 75 חזה: כל נביא וחוזה. 78 צדקה: חסר.

2 מרוח הקדש,--ולא דרך השכל כשיטת הפילוסופים,ע' ריה"ל הכוזרי,ה'.כ"ב: ומזה נתחייב להם(לפילוסופים)כי...כל נפש מקורה בשכל. 6 ברה,--הנפש. בור,--(יש' נ"א:א') כאן: טוהר, השווה "כתר מלכות" לרשב"ג(ד.כ'581),כ"ט: וממקבת בור נקרה(הנשמה). 10 ונעלמת ממראה,--ע"פ ברכות י',א: מה הקב"ה רואה ואינו נראה אף הנשמה רואה ואינה נראית. 14 נושאת הגוף,--השווה סנהד' צ"א,א: גוף אומר... שמיום שפירשה(הנשמה)ממני הריני מוטל כאבן דומם בקבר, ור"ל כשם שהקב"ה תולה את עולמו על בלימה כן הנשמה נושאת את גופה בלי משען. 15 דולה,--הקים,ע"פ תהל' ל':ב'. על בלימה,--איוב כ"ו:ז'. אהל וכו',--(יש' ל"ג:כ') הקים את הארץ על בלימה כאוהל שלא נעקר ממקומו. 18 בשוליו,--(יש' ו':א') בהדום רגליו של הקב"ה. 22 ועודה,--נועדה הנשמה. 23 ותיק,--פי' רציני,זריז וכינוי להקב"ה. 24 והמקדירם,--מוסב על 'בני אדם',ור"ל הקב"ה ממיתם בהלקח נשמתם.28 זקף,--הציב. 30 חיה,--אחד הכינויים של הנשמה,ע' בר"ר י"ד.ט'.38 תמים דעים,--(איוב ל"ז:ט"ז) הקב"ה. 40 יורה,--(תהל' כ"ה:ח')ילמד. 42 כבודה וכו',--שם מ"ה:י"ד. 43 מצוה וכו',--דבר' ל':י"א. 46 מתקדשת וכו',--מורמה מטומאת פגרי מתים. 48 ולא נצמתים לעמוד,--(איוב ו':י"ז) לא פוסקו מלעמוד לשרת וכו'. 53 מדי וכו',--ש"א,א':ז'. 54 מלאכתו,--של הקב"ה. 57 נושאו וכו',--יש' נ"ב:י"א. 58 אברים,--בגוף האדם. על אברת וכו',--ר"ל כשם שהקב"ה סועד את עולמו כן הנפש סובלת את הגוף, השווה הכוזרי,ה'.י"ב: הנפש היא מקור בכוח של הפעולות החיוניות והכנה להם, והשווה ברכות שם: מה הקב"ה זן את כל העולם כלו--אף הנשמה זנה את כל הגוף. 59 סועד,--תומך ועוזר. 64 עריצים וכו',--יש' כ"ה:ג', פי' חזקים. 66 פנתה,--(יש' מ':ג') ענין הסרת המכשול. 68 פונה,--הקב"ה. 70 צורת שכל,--השווה הכוזרי,שם: נאצלה על האדם צורה נוספת, הנקראת השכל ההיולני. בחרש אנוש נתונה,--ר"ל לפי מאמרו בספר הכוזרי,שם: בני אדם...שונים זה מזה,

כי לרובם טבעים לא מאוזנים, ושכלו של אדם נוטה לצד המכריע שבטבעים אלה וכו'. 71 ואין קצה וכו',--כשם שבני אדם שובים זה מזה עד לאין סוף. 78 על עקבות,--למען. 79 כמהים,--(תהל' ס"ג:ב') ישראל הכמהים לגאולה. 82 בתי-חומר,--(איוב ד':י"ט) בגוף האדם. בשחקים,--בשמים. 83 בשבע כתות צדיקים,--העתידים להקביל פני השכינה,ע' ויק"ר,ל'.ב'. 85 שם וכו',--שופ' ה':י"א. 86 בימין עליון,--(תהל' ע"ז:י"א) בימין עוזו של הקב"ה, דוגמת הרעיון שהקב"ה תולה את העולם בזרועו,השווה ירוש' חגיגה ב'.א' וע' צונץ,ס.פ.,עמ' 509. 88 האור הראשון,--האור הנברא ביום הראשון ונגנז,ע' בר"ר ג'. 90 יחיד,--הקב"ה. דלות,--תהל' מ':ג'. 91 לחרס,--(איוב ט':ז') לשמש. 92 נסה-עלינו וכו',--תהל' ד':ז',נסה: פי' רש"י:הרם עלינו לנס את אור פניך.

י"ד. תחינה לר' יהושע בר יצחק

תחינה בת י"ב מחרוזות. לכל מחרוזת ד' טורים. כל טור רביעי מסתיים בשבר פסוק המתחיל במלת "יי". מספר המלים רופף בכל טור. החתימה: יהוש[ע ב]רב יצחק (משולש). המקור: א. (אין בד.).

יְיָ יוֹצֵר אוֹר וּבוֹרֵא חֹשֶׁךְ, שַׁלִּיט בְּעוֹלָמוֹ/ יָקָר,צַדִּיק,יָשָׁר,--יָחֱזוּ פָנֵימוֹ
יִפְדֶּה עַמּוֹ וּמְצָרָיו יַעֲצִימוֹ/ יְיָ יְבָרֵךְ אֶת עַמּוֹ.

יְיָ הֱיֵה עוֹזֵר לָנוּ וּמִסְתּוֹר וּמַחֲסֶה/ הָבָה-לָּנוּ עֶזְרָה וְצָרֵינוּ נַסֶּה
הוֹשַׁע לְעַמְּךָ וְפֶשַׁע שָׂא וְחַטָּאָה כַּסֵּה/ יְיָ הַקְשִׁיבָה וַעֲשֵׂה.

יְיָ וְרַב טוּב,מֶלֶךְ עוֹלָמִים/ וְאֶפֶס צוּר בִּלְתְּךָ בַּמְּרוֹמִים וְהַדּוֹמִים
וַאֲנִי תְפִלָּתִי לְךָ אוֹדְךָ בָעַמִּים/יְיָ וַאֲזַמֶּרְךָ בַּלְאֻמִּים.

יְיָ שׁוֹכֵן עֲדֵי עַד וְקָדוֹשׁ שְׁמֶךָ/ שְׁלַח עֶזְרְךָ, הוֹשִׁיעָה אֶת עַמֶּךָ
שָׁפַכְתִּי שִׂיחַ לְבַקֵּשׁ רַחֲמִים מִמֶּךָּ/ יְיָ שִׁוַּעְתִּי וּבַבֹּקֶר תְּפִלָּתִי תְקַדְּמֶךָּ.

[יי ע......................./ע.......................
ע......................./יי.......................

יי ב......................./ב.......................
ב......................./יי.......................]

יְיָ רַחֵם תְּזַכּוֹר לְהוֹצִיא מִמַּסְגֵּר נֶאֱסָר/ רָמוּס בְּכַף רֶגֶל זֵיד וְטִפְסָר
רוֹבֵץ תַּחַת מַשָּׂאוֹ וְעָיֵף וְסָר/ יְיָ רוֹעִי לֹא אֶחְסָר.

יְיָ בּוֹנֶה עֲלִיּוֹתָיו גָּאֹה גָאָה/ בָּרוּךְ מִמִּזְרַח שֶׁמֶשׁ עַד מְבוֹאוֹ
בָּרָא שְׁחָקִים לְשַׁכֵּן כֵּס שִׂיאוֹ/ יְיָ בַּשָּׁמַיִם הֵכִין כִּסְאוֹ.

יְיָ יָדִין עַמִּים בְּצֶדֶק נֶאֱמָנָה/ יְכַנֵּס נִדְחֵי יִשְׂרָאֵל מֵאָנֶה וּמֵאָנָה
יַעֲלוּ יְרוּשָׁלַיִם, יָבוֹאוּ קִרְיַת חָנָה/יְיָ,--יְשׁוּבוּן וּבָאוּ צִיּוֹן בְּרִנָּה.

יְיָ צְבָאוֹת שְׁמוֹ הַשָּׁם עָבִים רְכוּבוֹ/ צַח וְאָדוֹם דָּגוּל מֵרְבָבָה בְּמִסְבּוֹ
צַדִּיק אָהֵב, צְדָקוֹת לִבּוֹ/ יְיָ צוּרִי וְלֹא עַוְלָתָה בּוֹ.

יָהּ חַי, מַצִּיל עָנִי מֵחָזָק הָעוֹשְׁקוֹ/ חֶמְדָּה וְכָבוֹד נָתַן לִירֵאָיו חֻקּוֹ
חוּקָּה וְתוֹרָה הִגְדִּיל בְּאַדִּיר בְּחִשְׁקוֹ/ יָהּ חָפֵץ לְמַעַן צִדְקוֹ.

יָהּ קָנִיתָ כִלְיוֹתַי, בְּבֶטֶן אִמִּי תְּסֻכֵּנִי/ קֶשֶׁר כַּחוֹתָם עַל לִבְּךָ שִׂימֵנִי
קְרָאתִיךָ, חוּשָׁה לִי, מַהֵר עֲנֵנִי/ יָהּ קוֹלִי אֶקְרָא, חָנֵּנִי.

1 יוצר וכו',--יש' מ"ה:ז'. צדיק וכו',--תהל' י"א:ז'. 2 ועצימו,--שם ק"ה:כ"ד. 3 ומסתור וכו',--יש' ד':ו'. נסה,--בחן, אם נאמנים לך כעמך ישראל. 5 ואפס צור בלתך,--ע"פ צירוף הפסוקים:'כי אפס בלעדי'(יש'מ"ה:ו') ו'כי אין בלתך'(ש"א, ב':ב'). במרומים ובהדומים,--בשמים ובארץ. 6 ואזמרך,--תהל' ק"ח:ד'. 8 שיח,--(שם קמ"ב:ג') תפלה. 13 ממסגר וכו',--יש' מ"ב:ז'. רמוס,--ישראל בגולה,השווה ירוש' ברכות ח'.א': העיר...הרמוסה ביד עריצים. זיד וטפסר,--רשע(זיד)ומושל (טפסר,פי' שר ונגיד,ע"פ יר' נ"א:כ"ג)בארץ בו הוגלו בני ישראל. 14 רובץ וכו',--(שמות כ"ג:ה') ישראל בגולה. וסר,--(מ"א,כ"א:ד') ומדוכא. 15 ברנה וכו',--(תהל' קי"ד:ג') הקב"ה. גאה גאה,--(שמות ט"ו:א') שיבוי סדר המלים לצורך החרוז. 16 כס,--כסא הכבוד שנברא קודם בריאת העולם, השווה פסחים נ"ד:א. שיאו,--איוב כ':ו'. 17 נאמנה,-- מין נקבה לצורך החריזה. מאנה ומאנה,--(מ"ב,ה':כ"ה) מכל צד ועבר. 18 קרית חנה דו,--יש' כ"ט:א'. ישובון,--שם נ"א:י"א. 19 השם וכו',--תהל' קי"ד:ג'. צח וכו',--כנוי להקב"ה ע"פ שה"ש ה':י' וכתרגומו: בכן שריאת כנשתא דישראל למשתעי בשבחא דמרי עלמא,(אז מתחילה כנסת ישראל לדבר בשבח אדון העולם). במסבו,--(שה"ש א':י"ב) ר"ל כשהקב"ה יושב בדין,ע"פ דרשת חז"ל(בשהש"ר ה'.י'):'צח' לי בראש השנה(ופי' מהרז"ו: שעל ידי תקיעת שופר עומד מכסא דין על כסא רחמים) ו'אדום' כל ימות השנה. 20 צדקות לבו,--הקב"ה אוהב אדם אשר עושה צדקות. 21 נתן ליראיו חקו,--צורה נועזה, ור"ל ליראיו ולשומרי מצוותיו (חקו), נתן אוצר(חמדה) וכבוד. 22 חוקה,--במד' ט':י"ד. בחשקו,--ברצונו. 23 קנית,--(תהל' קל"ט:י"ג) בראת. כליותי,--לפי מאמר חז"ל (בברכות ס"א,א) יוע-צות הכליות,--אחת לטובה ואחת לרעה. תסוככני,--תהל' שם, ופי' רש"י: תסככני. בחותם וכו',--שה"ש ח':ו'.

ט"ו. תחנון לר' אנטולי בן דויד קזאני מקנדיה

תחנון מעין שיר-אזור בעל מדריך וחמש מחרוזות בנות ארבעה טורים כל אחת. המשקל: ח' הברות בכל טור [השוואים והחטפים אינם במנין]. החתימה: אנטולי. המקור: א. (אין בד.).

אֶת שְׂעָרֵי שָׁעִיר גִּלֵּחַ
וְרוֹבֶה כְּבֵדַי בְּחֵץ פִּלֵּחַ
פֶּרֶא חָפְשִׁי מִי שִׁלֵּחַ
מוֹסְרוֹת עָרוֹד מִי פִתֵּחַ.

נִקַּר עַצְמִי/מְתַגְּרַת יָד
זֶה הָאֲדוֹמִי/ הוּא הַצַּיָּד
אוֹכֵל לַחְמִי/ בִּי יִצְטַיָּד
וּמַצִּיב לוֹ יַד הָרוֹצֵחַ.

טָהוֹר,בַּמָּה/תִרְאֶה וְתֶחֱרָשׁ
נֶגֶד שַׁמָּה/ אַרְצִי יָרָשׁ
וּבֶן הָאָמָה/ אוֹתִי גֵּרָשׁ
וּמִקּוֹל פָּרָשׁ אֲנִי בוֹרֵחַ.

בַּעֲדַת עַזִּים/ קָמוּ לְמוּלִי
לַחְקִי בוֹזִים/וְלוֹעֲגִים לְשִׂכְלִי
וְהֵמָּה חוֹזִים/ נְבִיאֵי אֱוִילִי
וַיֹּאמְרוּ לִי: עֲלֵה קֵרֵחַ.

לִבִּי מְבַחֵל/לִישׁוּעָתֶךָ
חוֹמָה שִׁית וָחֵל/ לִי חֶמְלָתֶךָ
וְגָלוּת הַחֵל/ שׁוֹבֵב לְבֵיתֶךָ
וּבְנַחֲלָתְךָ נִסְפַּחַ.

יוֹשֵׁב תְּהִלּוֹת/ הַאֲזִין שַׁוְעִי
בְּעָרְכִי תְפִלּוֹת/ יִשָּׂא פִשְׁעִי
וּבְצָרִי מַחֲלוֹת/ יַחֲבוֹשׁ נִגְעִי
בְּזֹאת,צוּר יִשְׁעִי,אֲנִי בוֹטֵחַ. כ"ל ע"ז.

1 שעיר,--(דניאל ח':כ"א) הכוונה למלכות ירון-ביזנטיה,השווה צונץ,<u>ס.פ.</u>,עמ' 458. גלח,--דוגמת "ביום ההוא יגלח ה' בתער השכירה וכו'"(יש' ז':כ'). 2 ורו-בה,--כנוי לבני ישמעאל,ע' בר' כ"א:כ',והשווה צונץ,<u>שם</u>,עמ'465. כבדי וכו',--משלי ז':כ"ג. 3 פרא וכו',--(איוב ל"ט:ה'), רמז לישמעאלים(בר' ט"ז:י"ב),ע' צונץ,<u>שם</u>,עמ'462. 4 מוסרות ערוד וכו',--(איוב שם)פי' קשרי רצועות העול של חמור הבר,והכוונה לירון הנ"ל דוגמת הכנוי לאדום שבלשון הפייטנים:חזיר הבר, ע'צונץ,<u>שם</u>,עמ'459. 5 נקר עצמי,--ע"י האויב,ע"פ איוב ל':י"ז: לילה עצמי נקר /פי' רלב"ג: נקב/מעלי. מתגרת יד,--דוגמת: "מתגרת ידך/פי' רש"י: ממורא מכותיך/ אני כליתי"(תהל' ל"ט:י"א). 6 זה האדומי,--בני ירון הנ"ל המתעוללים בי. הציד ,--בר' כ"ה:כ"ז. 7 בי יצטיד,--כלו' בשרי(בי)לוקח כצידה לדרכו(יצטיד),ע"פ יהושע ט':י"ב. 8 ומציב לו,--האויב האדומי הנ"ל. יד הרוצח,--דוגמת "ויקרא למצבות על שמו ויקרא לה יד אבשלום"(ש"ב,י"ח:י"ח),ר"ל בני ירון מתפארים בכך שרוצחים את ישראל. 9 טהור,--הקב"ה. ותחרש,--תהל' ל"ה:כ"ב. 10 נגד שמה,--בן שמה,--כנוי לבני אדום ע"פ בר' י"ג:י"ז ועוד. השווה צונץ,<u>שם</u>,עמ' 458: בכדי שעיר. ארצי,--א"י. ירש,--כבש,ע"פ מ"א,כ"א:י"ט: הרצחת וגם ירשת. 11 ובן האמה ,--ובן הגר המצרית עליה גזרה שרה אמנו: גרש האמה הזאת ואת בנה,(בר' כ"א:י') וכנוי לישמעאלים,ע' צונץ,<u>שם</u>,עמ'461. 12 ומקול וכו',--יר' ד':כ"ט. 13 ועדת עזים,--הכוונה לחיל ירון הביזאנטיני, ע"פ דני' ח':ה': והנה צפיר העזים בא מן המערב, ופי' רס"ג: הוא מלך ירון. 14 לחקי בוזים,--בהוספת אות ל' על דרך הלשון הארמית,השווה <u>גס"ל</u>,מבוא,עמ' 17, ור"ל אויבי היו מבזים את חֻקותי. ולו-עגים לשכלי,--שכלי,פי' תורתי,ע"פ תהל' קי"א:י' ופי' ראב"ע שם, ומקביל ל'לח-קי'. 15 והמה חוזים,--בניגוד לנביאי ישראל המנבאים בשם ה' בתורתי(אשר אויבי הנ"ל מלעיגים)על גאולת ישראל. נביאי אוילי,--דוגמת "רועה אוילי"(זכר' י"א: ט"ו) הכוונה היא כפי' ראב"ע,ל"מלכות ירון שהיא במשכת עד היום." 16 עלה קרח ,--ל' "ויתקלסו/לעגו/בו ויאמרו/אנשי העיר אל אלישע/לו: עלה קרח,"(מ"ב,ב': כ"ג). 18 חומה...וחל,--(יש' כ"ו:א'),שמירה מפני האויב. 19 וגלות החל,--ע"פ עובד' כ': וגלות החל הזה, וכתרגומו: וגלות עמא הדין, ומתכוון לגלות אדום

וישמעאל. שובב,--ל' "ושובבתי את ישראל אל נוהו,"(יר' נ':י"ט). 20 נסתפח,--(ש"א,כ"ו:י"ט),בצטרף. 22 בערכי וכו',--תהל' ה':ד'. 23 ובצרי מחלות,--(יר' ח':כ"ב) ובדפואה למכה. יחבוש,--יש' ל':כ"ו.

ט"ז. סליחה לר' שבתי בר יוסף

סליחה סטרפית בת תשע מחרוזות.לכל מחרוזת ארבעת טורים.כל טור הרביעי שבר-פסוק.מספר מלים רופף.החתימה:א"ב,שבתי בי[ר]בי יוסף חזק.המקור:א.(אין בד.).

אַתָּה סֵתֶר לִי גּוֹאֲלִי וּפוֹדִי/ בּוֹרְאִי וְאֵלִי וְחֵלִי מְעוֹדְדִי
גּוֹחִי,--וְאֵיךְ אִירָא רוֹדִי וְשׁוֹדְדִי/ אִם יִהְיֶה אֱלֹהִים עִמָּדִי.

דָּבַשְׁתִּי אֵלִי, אֲנִי עָנִי וְנִבְזֶה/ הָלוּם וְנָגוּעַ מֵעֲוֹנִי וּמִשְּׁמַנִּי רָזֶה
וְעַתָּה בְקָרְאִי עֱנוּתִי וְדַלּוּתִי יֶחֱזֶה/ וּשְׁמָרֵנִי בַּדֶּרֶךְ הַזֶּה.

זַעֲקָתִי לְפָנֶיךָ, אֲנִי דַל וְהֵלֶךְ/ חוֹבִי אֲשֶׁר גָּבַר וְאוֹתִי לְכַלֵּךְ
טַהֵר בְּחַסְדְּךָ וְדַרְכִּי הַיְשַׁר, הַמֶּלֶךְ/ אֲשֶׁר אָנֹכִי הוֹלֵךְ.

יוֹצְרִי, צִירִי יְרַפֵּא וְשִׁבְרִי יַחֲבוֹשׁ/ כּוֹבֵד עֲוֹנִי וּזְדוֹנִי יִכְבּוֹשׁ
לְהָסִיר חֶרְפָּתִי יָחִישׁ וְלֹא אֵבוֹשׁ/ וְנָתַן לִי לֶחֶם לֶאֱכוֹל וּבֶגֶד לִלְבּוֹשׁ.

מַלְכִּי וְחִזְקִי, רַחֵם וְנַחֵם מֵעָצְבִּי/ נִדְבוֹת פִּי רְצֵה, לַחֲשִׁי וְנִיבִי
שָׂא נָא נֵס לְכַנֵּס נִדְחִי וַהֲשִׁיבִי לְמַצָּבִי/ וְשַׁבְתִּי בְשָׁלוֹם אֶל בֵּית אָבִי.

עוּרָה לְהוֹשִׁיעַ עַם חַסְדְּךָ כְּמֵהִים/ פַּחַד דִּינְךָ יְרֵאִים וּמִשְּׁאֵתֶיךָ רוֹהִים
צַעֲקָתִי תְקוּבַּל וּלְבָבִי מֵחוֹבִי יָהִים/ וְהָיָה יְיָ לִי לֵאלֹהִים.

קוֹמֵם שִׁפְלִי וְנִפְלִי, אֵלִי וְקוֹנִי/ רוֹמֵם קַרְנִי וְאַרְמוֹנִי וְנַחֵם דַּאֲבוֹנִי
שׁוֹרְרִי,צוֹרְרִי יֵבוֹשׁ וְיַחְפּוֹר מוֹנִי/ אִם בָּרֵךְ תְּבָרְכֵנִי.

תָּשׁוּב לְרַחֵם, מַלְכִּי,חֶלְקִי,גוֹאֲלִי,/שׁוֹדְדִי,נְדוּדִי וּלְכַפֵּר מַעֲלִי וְעַוְלִי
בִּדְקִי תְּחַזֵּק, תְּאַמֵּץ זְרוֹעִי וְחֵלִי/ וְהִרְבִּיתָ אֶת גְּבוּלִי.

יֶעֱרַב לְפָנֶיךָ שִׂיחִי, גּוֹחִי וּפוֹדִי/ בֵּיתִי תְכוֹנֵן וֶאֱסוֹף נוֹעִי וְנוֹדִי
[ב].............................דִי/ ....[דִי].

בִּטְנִי בְּאוֹנִי תֵּחַם וְלִבִּי בְקִרְבִּי/ יְגוֹנַי גָּבְרוּ וְחָפְצוּ רָגְזִי וְעָצְבִּי
[.]..........................בִּי/ ....[בִּי].

יִשְׂמַח לִבִּי וְאָשִׁיבָה דָּבָר חוֹרְפִי/ סִתְרִי [וּמָגִנִּי] מִצָּרִי וְעָרִי וַהֲדוֹפִי
פִּשְׁעִי תְכַפֵּר, תִּרְצֶה לַחֲשִׁי וְצִפְצוּפִי/ יִהְיוּ לְרָצוֹן אִמְרֵי פִי.

חַלֵּץ,פַּלֵּט אֲסוּרִים, אֵלִי מְחוֹלְלִי/ זוֹ לַעֲגָם הָעֲבֵר וּבַמֶּרְחָב רַגְלִי
קוֹמֵם וְשָׁמֵם רוֹמֵם וְיֶעֱרַב לְךָ פִּלּוּלִי/ וְהֶגְיוֹן לִבִּי לְפָנֶיךָ יְיָ צוּרִי וְגוֹאֲלִי. אל מלך

1 חלי,--(יש' כ"ו:א')מגיני. 2 גוחי,--(תהל' כ"ב:י'),הקב"ה המוציאי מבטן אמי. אם יהיה וכו',--בר' כ"ח:כ'. 3 מעוני,--מפני עווני אני בענש. ומשמני וכו',--יש' י"ז:ד'. 4 ועתה,--בעת רצון,בעשי"ת כשהקב"ה הופך לבני ישראל מדת הדין למדת

הרחמים. 5 והלך,--(ש"ב, י"ב:ד')ובודד בגולה. חובי,--חטאי. גבר,--ל' "דברי
עונות גברו מני"(תהל' ס"ה:ד').לכלך,--ל' התלמוד,במשמע' זהם. 6 הישר,--תהל'
ה':ט'. הולך,--(בר',שם),מוסב על 'דרכי'. 7 צירי,--כאבי. יחבוש,--תהל' קמ"ז:
ג'. יכבוש,--מיכה ז':י"ט. 8 ונתן וכו',--בר' שם. 9 מעצבי,--יש' י"ד:ג'. לחשי
וניבי,--תפלתי בלחש ובקול רם, מקביל ל'בדבות פי'. 10 והשיבני,--במקום והשיבני,
מסגנון הקלירי,ע' זולאי,האסכולה,עמ' י"ז,וע' במבוא,לעיל,עמ' 23. למצבי,--(יש'
כ"ב:י"ט)למעמדי הקודם. 11 עורה,--תהל' מ"ד:כ"ד. ומשאתיך,--(איוב י"ג:י"א) ומ-
אימתך. רוהים,--(יש' מ"ד:ח')בבהלים. 12 יהים,--ל' "אריד בשיחי ואהימה"(תהל'
נ"ה:ג'). 13 שפלי,--ל' "שפשפלנו זכר לנו"(שם קל"ו:כ"ג). ונפלי,--(איוב ג':
ט"ז)פי' מצבי שהורע, השווה "יי מה אדם" לרשב"ג (שירי הקדש לרשב"ג,עמ' 218):
נפלים שפלים בטמו/נודדים הבל יהמו. דאבוני,--בנוסח א: דאבינני. 14 שוררי,--
מושלי בגולה. מוני,--(יש' מ"ט:כ"ו)אויבי. אם וכו',--דבה"א,ד':י'. 15 שדודי,--
ישראל השדוד ע"י האויב,ומוסב על 'לרחם'. נדודי,--ישראל הנודד בארצות הגולה.
16 בדקי,--רמז למקדש, ור"ל בדק הבית. והרבית וכו',--דבה"א,שם. 17 נוער ונודד
,--(בר' ד':י"ב)ישראל הנודד בגולה. 19 בשני באוני תחם,--פי' בטני מתחמם בתא-
וה(ל"ויחמו הצאן",בר' ל':ל"ט,) לתשמיש המטה(באוני,ע' בר' מ"ט:ג': כחי וראש-
ית אוני, שדרשוהו חז"ל[בבר"ר צ"ה.ד']: אתה בכור ואני בכור.אני בן פ"ד שנה
ולא ראיתי טפת קרי וכו',)וע' תהל' נ"א:ז': הן בעוון חוללתי ובחטא יחמתני אמי,
ופי' רש"י: ואיך לא אחטא ועיקר יצירתי ע"י תשמיש הוא שכמה עונות באים על ידו.
ולבי בקרבי,--(תהל' ל"ט:ד')חם מתאוות יצרי הרע. וחפצו,--(איוב מ':י"ז) והיו
חזקים. רגזי ועצבי,--יש' י"ד:ג'. 21 חרפי,--משלי כ"ז:י"א. סתרי וכו',--תהל'
קי"ט:קי"ד, ובנוסח א: סתרי וסתרי. מצרי וערי,--(ש"א,כ"ח:ט"ז)מאויבי. והדופי
,--יחז' ל"ד:כ"א. 22 לחשי וצפצופי,--לשונות של תפלה בלשון הפייטנים,ע"פ יש'
כ"ו:ט"ז, ושם,ח':י"ט. 23 חלץ,--(תהל' קט"ז:ח')הצל מצרה. פלט,--שם ל"ז:מ'.
מחוללי,--יוצרי. זו לעגם,--(הושע ז':ט"ז)בארץ מצרים,ודומז למצבו של ישראל
בגולה. ובמרחב רגלי קומם,--תהל' ל"א:ט'. 24 ושמם,--(דני' ט':י"ז)מקדש השמם.
רומם,--(עזרא ט':ט')כונן. פלולי,--תפלתי,מל' התלמוד,ע' ספרי דבר' כ"ו.

ר"ז. סליחה לראב"ע.

סליחה סטרופית בת חמש מחרוזות. במחרוזת הראשונה ארבעת טורים; במחרוזות
ב-ד שישה ובמחרוזת ה' שבעה טורים כל אחת. המשקל: שש תנועות בכל צלעית
והשוואים הנעים והחטפים אינם במנין. חתימת השם: אברהם. המקורות במ"ר:
א. ב, עמ' 218. ג, עמ' רס"ה. ד. א' 34. פורסם ע"י ח. שירמן, השירה העברית
בספרד ובפרובאנס,א',עמ' 618. (ד.א' 4544).

אֱלֹהַי קֶדֶם מְעוֹנָה/יְשׁוֹבֵב יוֹנָה הֶגְלָה
אֲשֶׁר פַּעַם רִאשׁוֹנָה/נֶשֶׁר גָּדוֹל הֶחֱלָהּ,
גַּם פַּעַם אַחֲרוֹנָה/חֲזִיר יַעַר הִבְהִילָהּ
וְלֹא מָצְאָה הַיּוֹנָה/מָנוֹחַ לְכַף רַגְלָהּ.

בֵּין שְׁפַתַּיִם תַּחַת/הָאֵפֶר נִרְמָסָה,
וּבְשׁוּב מַרְאָהּ מָשְׁחָת/לְכָל עַיִן נִמְאָסָה,
וּבְעֶבְרֵי פִי פַחַת/לְהִמָּלֵט קַו עוֹשָׂה
הִיא יָרְדָה לַשַּׁחַת/וְכָל עוֹף רֹאשׁוֹ נָשָׂא,
וּמִקּוֹל צִפּוֹר תַּחַת/וְצַעֲקָה יוֹם נִתְפָּשָׂה
כְּמוֹ נַעֲרָה מְאֹרָשָׂה/אֲשֶׁר אֵין מוֹשִׁיעַ לָהּ.

רָעָה גָּזְרוּ שְׁחָקִים/וְהִנֵּה בָאָה כָלָה
לְיוֹנַת אֵלֶם רְחוֹקִים/וְסָר מִמֶּנָּה בַּעְלָהּ,
וְאוֹיְבֶיהָ שֵׁן חוֹרְקִים/'כִּי יָכוֹל נוּכַל לָהּ'
וְלַיְלָה וָיוֹם חוֹנְקִים/אֶפְרֹחֶיהָ לְמוּלָהּ.
הִיא תְקוֹנֵן וְהֵם מְשַׂחֲקִים/וְאִם תַּגְבִּיהַּ קוֹלָהּ
אֵין אוֹמֵר:'הַרְפֵּה לָהּ/כִּי נַפְשָׁהּ מָרָה-לָהּ.'

שנויים בנוסח א. שו' 8,היא: אהה. 13 ואוי-ביה: וצורריה. 14 חונקים: חולקים. 17 כבי-שימון: בישימון. 18 רודפה: צורח. 19 יום: ימי.20 בגע:נראה. 26 פודה:לחיה. 29 א מוס-יף:ואז תמצא היונה/ מנוח לכף רגלה.

הֶעָוֹן הוֹשִׁיבָהּ/שׁוֹמֵמָה כִּבִישִׁימוֹן
וְקוֹלָהּ כְּאוֹב בִּכְאֵבָהּ/וְקוֹל רוֹדְפָהּ
כְּקוֹל הָמוֹן
בַּתְּעָלֶה עַל לְבָבָהּ/יוֹם שְׁבִתָּהּ בְּאַרְמוֹן
נֶחְפָּה בְּכֶסֶף וְטוּבָהּ/נָגַע עַד הַר חֶרְמוֹן
אָז בְּפָרֵשׂ שַׁדַּי בָּהּ/מְלָכִים תַּשְׁלֵג בְּצַלְמוֹן
וְלָשׁוּב אֶל קַו קַדְמוֹן/מִי יִתֵּן אֵבֶר
לָהּ?

מָרְטוּ כָל שְׁכֵנֶיהָ/כְּנָפֶיהָ בִּצְדִיָּה
גַּם יָרְקוּ בְּפָנֶיהָ/וַיִּר שָׁם הָיָה.
לָמָּה לֹא תְחַנֶּהָ,/צוּר,כִּי בָךְ חָסָיָה?
פּוֹדָה,אֵיךְ תִּתְּנֶהָ/עַד מוֹתָהּ בַּשִּׁבְיָה?
אִם הִיא כְּשִׁפְחָה,קְנֶיהָ/וְאִם בַּת הִיא,
רַחֲיָה,
וּזְכוֹר נְבוּאַת יְשַׁעְיָה/'הֲתִשְׁכַּח אִשָּׁה
עוּלָהּ?'
וְשׁוֹבְבֶהָ אֶל גְּבוּלָהּ/וְחוֹמַת אֵשׁ
תִּהְיֶה לָהּ. כ"ל ע"ץ

1 אלהי וכו',--דבר' ל"ג:כ"ז. ירנה,--ישראל. 2 נשר,--(יחז' י"ז:ג',י"ב)בבל. 3 חזיר יער,--(תהל' פ':י"ד)אדום. 4 ולא וכו',--בר' ח':ט'. 5 בין שפתים,--(תהל' ס"ח:י"ד)מקום שפיתת הקדרה. 6 ובשוב,--ובהפוך. 7 להמלט,--(יר' מ"ח:כ"ח),כדי להימלט מאויביה באלצת היונה(כנסת ישראל)לבנות קנה מעל לפחת. 10 אין מושיע לה,--(דבר' כ"ב:כ"ז)כשמצאה גבר בשדה. 12 לירנת אלם רחוקים,--לכנסת ישראל,ע"פ תהל' נ"ו:א' ותרגומו: לשבחה על כנשתא דישראל דמתילא ליונה שתוקה. 13 כי יכול,--במדי י"ג:ל'. 16 הרפה לה,--(מ"ב,ד':כ"ז) הניחו לה. 18 כאוב,--(יש' כ"ט:ד')חלש. 20 נחפה בכסף,--(תהל' ס"ח:י"ד)ברוב פאר. עד הר חרמון,--דבר' ג':ח'. 21 אז בפרש וכו',--תהל' ס"ח:ט"ו) בזמן שהקב"ה גרש את מלכי ארץ כנען לפניה, התלבנה כשלג בהר צלמון. 22 אבר,--(שם נ"ה:ז')כנף. 23 בצדיה,--(במדי ל"ה:כ')בכוונה רעה. 24 ויר שם היה,--(יחז' ל"ה:י')וה' ראה זאת. 25 חסיה,--(תהל' ב"ז:ב')תחסה. 27 רחיה,--שמות א':ט"ז. 28 התשכח וכו',--יש' מ"ט: ט"ו וע"פ המשך דברי הנביא: גם אלה תשכחנה ואנכי לא אשכחך. 29 וחומת אש וכו',--זכר' ב':ט'.

י"ח. חטאנו לר' מרדכי בר שבתי הארוך מקשטוריה

חטאנו בן י"ד מחרוזות.לכל מחרוזת ארבעה טורים. החריזה:אאאב;בבבב;וכו'.כל טור רביעי הוא פסוק מן המקרא המסתיים במלת "הזה".החתימה:מרדכי בר שבתי ספר מקשטוריא. זאת היא עדות ברורה על מקום מוצאו של ר' מרדכי בר שבתי הארוך ביוון. גם בסליחתו "מאצה הנחם"[ד.מ'106] רומז ר' מרדכי למושבו שבקשטוריה אחרי

חתימת שמו: 'מהר קומם שפלותי ותופיע..ראשי אזי תרים.' והשוה צונץ,ל.ג., עמ' 336 שייחסו מספק לירון או לאיטליה, והעוקבים אחריו,ה.בראדי-מ.וינר, מבחר השירה העברית,[ליפסיא,תרפ"ב],עמ' רע"ד וגס"פ,עמ' 18,). המקור:א. חלק ממנו תורגם לגרמנית,ע' צונץ,ס.פ.,עמ' 296. (ד.מ' 1463).

חטאנו צורנו סלח לנו יוצרנו

מלאו מתני חלחלה ופלצות אחז בשרי/ כי נחלה מכתי וגדול כים שברי
ואומר: על מה עשה יי ככה, מה חרי/האף הגדול הזה?

רחפו כל עצמותי ולבי הומה בחללי/כי הים הולך וסוער ויחמר למולי
ומשבריו וגליו עברו עלי ואדעה כי בשלי/ הסער הגדול הזה.

דמיתי כשוכב בלב ים כי קצי ארך חבלו/וחזיוני נסתם ונחתם ומשיחי נכרת ואין לו
בחלם איש חמודו והכל חרדו ויאמרו לו:/ מה החלום הזה?

כרחל לפני גוזזיה דוממה,נאלמה/נדמו בניך כבד בני קטורה ואהליבמה
למה אלהים זנחת לנצח ולמה/הרעות לעם הזה?

ירשו ארצם אדום ויגל בני בנימן ופרץ/ויתשם מעל אדמתם ויפרוץ בהם פרץ
ויניעם ויניחם וישליכם אל ארץ/אחרת כיום הזה.

בית קדשך ותפארתך לעיים הומר/ וגלה כבודו ממנו ועבודה ומשמר
ואנה מראה אשר ראה יעקב ויאמר:/ מה-נורא המקום הזה?

רחב פי אויבי ולשון האריכו/ ועל הפרק עמדו פליטיו,ויפריכו
מיום אשר אמרת להם: השליכו/אותו אל הבור הזה.

שננו לשונם כמו נחש ועליו יגברו/ ותמיד יחרפוהו: מה תוחיל מדובא, זמנים אחרו?
ואנה אלהיך אשר בטחת בו, ויאמרו/אליו: מה הבטחון הזה?

ביטה וראה חרפתי וגאלני/מיד צר והעלני מבור שאון אשר בו שמני,
עשה עמי חסד וזכרתני והוצאתני/מן הבית הזה.

הפלאותי ראה וריבה את יריבי ומהוללי/ החזק מגן וצנה להושיע קהלי
משיחך גלה להחיות רוחי ויסר מעלי/רק את המות הזה.

יום פדיון ושנת רצון קרא, ובאו האובדים,/ויום נקם לשלם לאשר עמך מעבידים
ולהנקם מאויביהם להיות היהודים/עתידים ליום הזה.

תוסיף שנית ידך לקנות שאר עמך הנבזה/ אשר רודף מאריות ונשבר ונשבה ואין רואה,
כנוס אותם אל תוך ארמון ונראה/כי עמך הגוי הזה.

סלוח סלח חטא שמך יעידון/ וכפם מכל עון אשר ישגו באשר יזידון,

רְצֵם בְּרֵיחַ נִיחֹחַ וְשָׁמָּה יַעַבְדוּן/אֶת הָאֱלֹהִים עַל הָהָר הַזֶּה.

מְקוֹם שִׁכְנְךָ טַהֵר וְעִירְךָ רַחֵם וְכוֹנְנָהּ,/ וְשׁוּב אֵלָיו הוֹדְךָ וּכְבוֹדְךָ כְּבָרִאשׁוֹנָה,

אֲזַי בְּשׁוּבְךָ בְּצִיּוֹן עַיִן בְּעַיִן אָסוּרָה-נָּא/וְאֶרְאֶה אֶת הַמַּרְאֶה הַגָּדוֹל הַזֶּה. אל מלך

1 מלאר וכו',--יש' כ"א:ג'. ופלצות וכו',--איוב כ"א:ו'. נחלה,--יר' י':י"ט,
ופי' רש"י:נחלה,ל' חולי. 3 רחפו,--יר' כ"ג:ט' ופי' רש"י: רחפו,הולכים ונעים
ככנפי צפור המרחף על קנו. בחללי,--בקרבי. ובא,הנוסח: כחלילי,ייתכן ע"פ "ולבי
אל אנשי קיר חרש כחלילים יהמה,"(יר' מ"ח:ל"ו). ויחמר,--תהל' מ"ו:ד' ופי'רש"י:
יגרשו רפש וחומר וטיט. 4 בשלי,--יונה א':י"ב, כלו' מפני חטאי. 5 דמיתי וכו'
,--(משלי כ"ג:ל"ד)**ישראל בגולה רואה את עצמו כאובד בלב ים ובלא כל סכוי להגיע**
ליבשה ולהנצל. קצי ארך חבלו,--ארך חבלו של קצי, **ורמז לחבלי משיח**(ע' סנהד'
צ"ח,ב)לפני הגאולה(עת קץ,ע' דני' י"ב:ד')**שהנם ארוכים וקשים.** וחזיוני נסתם
ונחתם,--דני' י"ב:ד',ט'. ומשיחי נכרת וכו',--דני' ט':כ"ו. 6 כחלם איש חמודו
,--כאשר חזה דניאל,איש חמודות. חרדו,--השווה רמב"ם,<u>אגרת תימן</u>,הוצ' מ.ד.רבינו-
ביץ,(ירושלים,תש"ך),עמ' קנ"ה: הקץ הזה הארוך שפחדו הנביאים וחרדו מרוב אריכ-
ותו. ויאמרו לו,--איש אל אחיו. מה וכו',--(בר' ל"ז:י')מה פתרונו של חזון דני-
אל ומתי יבוא משיח הגואל. 7 כרחל וכו',--יש' נ"ג:ז'. נדמו,--(הושע ד':ו')
נכרתו. קטורה,--בני ישמעאל(בר' כ"ה:ב'). ואהליבמה,--ובני עשו,(שם ל"ו:י"ד),
ע' צונץ,<u>ס.פ.</u>,עמ' 463. 9 ויגל וכו',--פרץ,פי' שבט יהודה, ויגל במקום ויגלו
[שיבוי במספר] ויפרוק בהם פרק,--שבר,ע' נחמ' ו':א'. 10 וינועם וינידם,--בר'
ד':י"ב. 11 לעירם,--תהל' ע"ט:א'. ועבודה,--במקדש. ומשמר,--משמרת כהנים,ע'
תענית כ"ז,א. 12 מראה,--בר' כ"ח:י"ז שדרשוהו חז"ל (בבר"ר ס"ט.ז'): הראה
הקב"ה ליעקב בית המקדש בנוי וחרב ובנוי...ויאמר: 'מה נורא המקום הזה'--זה
בנוי. 13 רחב וכו',--ש"א,ב':א'. ולשון האריכו,--בגסות ובעזות פנים. הפרק,--
עובד' י"ד,ופי' רש"י: מקום שהבורחים יוצאים דרך שם להמלט. ויפריכו,--(משלי
י"ד:י"א),מוסב על "אויבי". 14 להם,--ל"אויבי". השליכו וכו',--(בר' ל"ז:כ"ב)
כלו' אמר הקב"ה לאויב להגלות את ישראל, והאויב הצליח(ויפריכו)בעבודתו. 15
שננו וכו',--תהל' ק"מ:ד'. יחרפוהו,--(נחמ' ו':י"ג) האויבים את ישראל. מדוכא
,--(יש' נ"ג:ה') ישראל המוכבע בגולה. אחרו,--זמן הגאולה אחר לבוא. 16 ויאמרו
אליו,--אויבי ישראל המשיכו לגדף. הבטחון,--מ"ב, י"ח:י"ט. 17 בושה,--במקום הבו-
שה לצורך אקרוסטיכון השם,ע' צונץ,<u>ס.פ.</u>,עמ'381. שאון,--מגזרת 'שואה' ע'תהל'
מ':ג' ופי' ראב"ע,שם. 18 והוצאתני וכו',--בר' מ':י"ד. 19 ומהוללי,--תהל'
ק"ב:ט' ופי' רש"י: המתלוצצים בי,ל' הוללות. וצנה,--תהל' ל"ה:ב'. 20 משיחך
,--משיח הגואל. ויסר וכו',--שמות י':י"ז. 21 ושנת וכו',--יש' ס"א:ב'. האוב-
דים,--בארץ אשור והנדחים בארץ מצרים,ע' שם,כ"ז:י"ג. נקם,--שם ס"א:ב'. לאשר
,--לאויבי ישראל. 22 ולהנקם וכו',--אסתר ח':י"ג. 23 לקנות,--יש' י"א:י"א.
הנבאה,--הנדכה. מארירות,-- **כינוי לאויבים.** ואין רואה,--אין שם על לב. 24
כנוס,--יחז' ל"ט:כ"ח. וראה וכו',--שמות ל"ג:י"ג. 25 שמך יעידון,--רומז לב"י,
עדים למקום,ע"פ יש' מ"ג:י'. ישגון...ידידון,--אם בשוגג או במזיד. 26 בריח

ניחוח,--בקרבן מזבח במקדש הבנוי,ע"פ יחז' כ':מ"א. יעבדון וכו',--שמות ג': י"ב. 27 שכנך,--(דבר' י"ב:ה')רומז למקדש. 28 עין בעין,--יראו,ע"פ יש' נ"ב:ח'. אסורה-נא וכו',--שמות ג':ג'.

י"ט. וידוי לר' משה חזן בר אברהם

וידוי בן עשרים ושש מחרוזות בנות ארבעה טורים כל אחת.כל טור שלישי ורביעי--פסוק מן המקרא.אקרוסטיכון:א"ב,אני משה החזן בן הרב אברהם חזק ואמץ אמן.המקורות במ"ר:א. ג,עמ' רע"ו.ד,ב'2. מקורות אחרים: לבדסהוטא,עמודי העבודה,עמ'203 (ת). הנושא העיקרי: אגדת חז"ל(בסנהד' צ"א,א)על הגוף והנשמה שרצו לפטור את עצמם מן הדין. הגוף אמר:הנשמה חטאה, והנשמה אמרה:הגוף חטא. מה עשה הקב"ה? הביא את הנשמה וזרקה בגוף ודן אותם כאחד. תוכן העניינים:הקדמה:שו'1-26.הגוף והנשמה נגשים אל הקב"ה:שו'27-28. טענות הגוף:שו'29-44. טענות הנשמה:שו'45-64. תשובת הגוף:שו'65-72. תשובת הנשמה:שו'73-84. פסק-דיבר של הקב"ה:שו'85-92.דברי התנצלות מפי האדם,ובכלל זה הגוף והנשמה:שו'93-98. דברי נחומים מהקב"ה: שו'99-100. דברי הודיה ובקשת רחמים מפי הש"ז: שו'101-104. (ד.א' 6407).

אֱנוֹשׁ אֶל צוּר מַעֲרִיצָךְ/שׁוּבָה וְהִכָּנַע קִימָךְ
שְׁמַע בְּקוֹלִי אִיעָצְךָ/וִיהִי אֱלֹהִים עִמָּךְ.

בִּינָה יוֹם הַמְּהוּמָה/וּזְכוֹר יִצְרְךָ אֲשֶׁר שְׁכַחְתָּ
עַד שׁוּבְךָ אֶל הָאֲדָמָה/ כִּי מִמֶּנָּה לֻקָּחְתָּ.

גַּאֲוָה לָבַשְׁתָּ וְלֹא בַנְתָּ/בַּמָּה אַתָּה חָשׁוּב
כִּי עָפָר אַתָּה/וְאֶל עָפָר תָּשׁוּב.

דָּבַק לְשׁוֹנִי לְחִכִּי/בְּזָכְרִי יוֹם פְּקֻדַּת מַלְכִּי
וָאִירָא כִּי/עֵירֹם אָנֹכִי.

הָבִינוּ לְבַבְכֶם בְּחֶמֶת/יְשָׁרִים כֹּל יְצִיר כַּפִּיר
כֹּל אֲשֶׁר נִשְׁמַת/רוּחַ חַיִּים בְּאַפָּיר.

וְאֵיךְ יִתְגָּאֶה מִבְּאִישׁ/וּלְמָחָר נַפְשׁוֹ תֵּשֵׁב
פְּרָזוֹת
כִּי מֵאִישׁ/לֻקְּחָה זֹאת.

זַךְ וְיָשָׁר כֹּל רוּחַ תִּכֵּן/וּלְפָנָיו לַמִּשְׁפָּט יֵצֵא
מִנַּעַר וְעַד זָקֵן/ כָּל הָעָם מִקָּצֶה.

חֲטָאַי בְּזָכְרִי בָּכָה/נַפְשִׁי וְנִבְהֲלוּ רַעְיוֹנַי
לְרֶגֶל הַמְּלָאכָה/ אֲשֶׁר לְפָנַי.

טְהוֹר עַיִן בְּתֹם וּבְיֹשֶׁר/יַעַבְדֻהוּ כָּל הָאִיִּים
כָּל-בָּשָׂר אֲשֶׁר/בּוֹ רוּחַ חַיִּים.

יֵצֶר זוֹנֶה הִגְבִּיר/זְדוֹנִי וּפְרָצַנִי פָּרֶץ
הוּא הַמַּשְׁבִּיר/לְכָל עַם הָאָרֶץ.

כַּבִּיר אַבִּיר וְאָיֹם/סֹקֵר כָּל עָוֹן וּמְעָלָה
גְּנֻבְתִי יוֹם/וּגְנֻבְתִי לָיְלָה.

לִבִּי יֵבֵךְ עַל חֵטְא עֲלֻמַי/ וּלְמָחָר
תִּתְפַּשֵּׂנִי תֵּבֵל בְּשִׁלְיָהּ
כִּי מָלְאוּ יָמַי/וְאָבוֹאָה אֵלֶיהָ.

מִרְדִּי בְעָוֹן חֻבִּי/בַּעֲלוֹת אֶל לִבִּי מַר
אֶשְׁוַע
אוּלַי יְמֻשֵּׁנִי אָבִי/וְהָיִיתִי בְעֵינָיו
כִּמְתַעְתֵּעַ.

נֶפֶשׁ וְהַגּוּף אֶל דָּר נְגוֹהִים/בַּחֲדָר
יַגִּישׁוּ דִינֵיהֶם
עַד הָאֱלֹהִים/יָבֹא דְּבַר שְׁנֵיהֶם.

סָח הַגּוּף: כָּל יְמֵי חַיָּיתִי/בְּאֵל
נֶחְשַׁבְתִּי בְּנְשִׁיָּה
גֵּר הָיִיתִי/בְּאֶרֶץ נָכְרִיָּה.

עָתְקָה נֶפֶשׁ וְהִרְבְּתָה/גֶּזֶל וְהוֹן כִּבְרִיא
אוּלָם
עַד תַּאֲוַת/גִּבְעוֹת עוֹלָם.

פְּרִי-בַחְשִׁי וּמִרְדִּי/נַפְשִׁי הִשִּׁיאַתְנִי בְּאָכְלִי
אֲשֶׁר נָתַתָּ עִמָּדִי/הִיא נָתְנָה-לִּי.

צָרָה בְּגָזֵל וּבְחַרְמִים,/רַתַּעַשׂ טֶרֶם מוֹתִי
לִי מַטְעַמִּים/כַּאֲשֶׁר אָהַבְתִּי.

קוֹלָהּ הִקְשַׁבְתִּי וְיָגֹרְתִּי/וְנִקְשַׁתִּי בְּמַהֲתַלֶּיהָ
כִּי אָמַרְתִּי:/פֶּן אָמוּת עָלֶיהָ.

רָמָה בַתִּפְרַע מֶסֶר/חָשְׂפָה שׁוֹבֶל וַתִּפְשֹׂק בְרַגְלֶיהָ
בַתֵּלֶךְ בַתָּסַר/צְעִיפָהּ מֵעָלֶיהָ.

שָׁלְחָה יָדָהּ וְכַפָּהּ/ בְּעֹשֶׁק וְהִנֵּה עֶדְיָהּ
הַנֶּזֶם עַל אַפָּהּ/וְהַצְּמִידִים עַל יָדֶיהָ.

תָּרָה אַחַר לִבָּהּ לִזְנוֹת/וַתַּעֲמֹד עַל דֶּרֶךְ לַשּׁוּר
עֲלֵי עַיִן בָּנוֹת/צָעֲדָה עֲלֵי שׁוּר.

אָזַי הַנֶּפֶשׁ אָמְרָה: אָבִיתִי/לְהָשִׁיב אִמְרֵי עִנְיָנַי
הִנֵּה נָא הוֹאַלְתִּי/לְדַבֵּר אֶל אֲדֹנָי.

בָּא נוֹרָא עֲלִילָה,/אַל תַּקְשִׁיב לְדִבְרֵי גוֹאֵל
כִּי נְבָלָה/עָשָׂה בְּיִשְׂרָאֵל.

יָגַע לְצַבּוֹר הוֹן לְאֵין קֵצֶה/וְלֹא יָדַע כִּי לְיוֹם חוֹבָה
הִמָּצֵא תִמָּצֵא/בְּיָדוֹ הַגְּנֵבָה.

מַה לְּךָ מָלֵא מִרְמָה/כִּי תִדְלֹק אַחַר מַהֲתַלְּךָ
הַכֶּר-לְךָ מָה/עִמָּדִי וְקַח לָךְ.

שָׁוְא וְתָפֵל הִרְבֵּית וְהֶאֱרַכְתָּ/וְאַחֲרֵי הַהֶבֶל רָדַפְתָּ
הָלוֹךְ הָלַכְתָּ/כִּי נִכְסֹף נִכְסַפְתָּה.

הֶעֱמַדְתָּ בַחֹשֶׁךְ מַצָּבְךָ/וּמַשְׂכִּיתְךָ בְּתוֹךְ בֵּיתֶךָ
וּבַחֲדַר מִשְׁכָּבְךָ/וְעַל מִטָּתֶךָ.

הָאֵל תְּכַפּוֹר וְלֹא תֶחֱזֶה/מַעֲשֵׂה תַעְתּוּעִים וְדִבָּה
עֵד הַגַּל הַזֶּה/וְעֵדָה הַמַּצֵּבָה.

חָשַׁקְתָּ אֶבֶן מַשְׂכִּית בְּאֹהַב/וַתָּשֶׂם עָלָיו לְפָאֲרוֹ
רְבִיד הַזָּהָב/עַל צַוָּארוֹ.

זִבְחֵי מֵתִים זָבַחְתָּ לוֹ/וּמֵהֶם עָבִית בְּשִׂית
מַעֲשִׂים אֲשֶׁר לֹא/יֵעָשׂוּ עָשִׂית.

נִקְשַׁתָּ בְּרֹעַ מַעֲלָלְךָ/וְהַיּוֹם אִם נִבְעוּ מַצְפּוּנֶיךָ
לָמָּה חָרָה לָךְ/וְלָמָּה נָפְלוּ פָנֶיךָ.

בֹּשָׁה הַגּוּף לְצוּר פָּעֳלוֹ:/מָה אָשִׁיב לִפְנֵי מַלְכִּי
כִּי אֲדֹנָי לֹא/אִישׁ דְּבָרִים אָנֹכִי.

נִלְכַּדְתִּי פִּתְאֹם בְּחָפְזִי/הַנֶּפֶשׁ וּמוּשַׁל בְּלֹא דָבָר
אֶל הַבּוֹר הַזֶּה/אֲשֶׁר בַּמִּדְבָּר.

הַנֶּפֶשׁ מִדֶּרֶךְ נָטְתָה/וְשָׁמְעוּ אֵלֶיהָ כָּל נְתָחַי
כִּי הִיא הָיְתָה/אֵם כָּל חָי.

הַחוּם אַתָּה וְצֹפֶה/כִּי חַף אֲנִי בְּלִי פֶשַׁע
הַאַף תִּסְפֶּה/צַדִּיק עִם רָשָׁע.

בָּגַד הַגּוּף הִשְׁתַּבַּח אֶל מְחוֹלְלוֹ/וְלֹא פָנָה אֶל דָּר מְרוֹמִים
כִּי אָרְכוּ לוֹ/שָׁם הַיָּמִים.

אַחֲרֵי לִבּוֹ וּשְׁרִירוּתוֹ/הָלַךְ וַיִּשְׂתָּרְגוּ גִּידֵי פַחֲדָיו
וַתֵּשֶׁב בְּאֵיתָן קַשְׁתּוֹ/וַיָּפֹזּוּ זְרֹעֵי יָדָיו.

כַּאֲשֶׁר בָּנָה בֵּית מְנוּחָה/וַיִּשְׁתַּבַּח צוּר מִשְׂגַּבּוֹ
וַיַּרְא כִּי הָיְתָה הָרְוָחָה/וְהִכְבֵּד אֶת לִבּוֹ.

רַק אַחֲרֵי יִצְרוֹ וְהֶבְלוֹ/וְלֹא זָכַר יוֹם פְּקֻדָּתוֹ
וַיִּתְחַבֵּק לוֹ וַיְנַשֶּׁק לוֹ/וַיְבִיאֵהוּ אֶל בֵּיתוֹ.

הֵתֵל וְאָמַר: עַיִן לֹא רָאֲתָה/וַיִּסָּתֵר בְּחַדְרֵי מַשְׂכִּיתוֹ
וַיָּבֹא הַבַּיְתָה/לַעֲשׂוֹת מְלַאכְתּוֹ.

מַעַל פָּעַל קֶרֶב הֵיכָלוֹ/וּבְכָל זֹאת כִּפֵּר בְּמִרְמָה
וְגַם פֹּה לֹא/עָשִׂיתִי מְאוּמָה.

חַי יַגִּישֵׁם לַמִּשְׁפָּט וּבְכשֶׁר/יְדִינֵם כְּפִי מַעַלְלֵיהֶם
כַּדָּבָר אֲשֶׁר/זָדוּ עֲלֵיהֶם.

זְדוֹן פְּעֻלָּתָם בְּרִשְׁעָה/צַעַק וְאִם תְּכַפְּרוּ
שְׁנֵיכֶם
רְאוּ כִּי רָעָה/נֶגֶד פְּנֵיכֶם.
קִשְׁרוּן עֲוֹן חַטַּאתְכֶם/בְּחֹגֶר וְסוֹמֵא
בְּגַדְתֶּם כֻּלְּכֶם
פַּקְדְּוּ אֶתְכֶם/וְאֶת הֶעָשׂוּי לָכֶם.
וְלָהֶם יִגְזוּ חֲבֵרוּ/כַּאֲשֶׁר מְרִיתֶם כִּי
בַּעֲבָרְכֶם
וְאַתֶּם הֶאָסְרוּ/וְיִבָּחֲנוּ דִּבְרֵיכֶם.
אֶמֶת הִרְבִּינוּ אַשְׁמָה/וּמַה-נַּעֲנֶה אָבָק דַּק
לַאדֹנִי, מַה/נְּדַבֵּר וּמַה נִּצְטַדָּק.
מַה-נֹּאמַר מָלֵא שִׁמְצָא/וְהִנֵּה עָדָיו נֶגְדְּךָ
הָאֱלֹהִים מָצָא/אֶת עֲוֹן עַבְדֶּךָ.
צַדִּיק אַתָּה וּמְקַבֵּל מוֹרְדִים/ סְלַח מְרִי
אֲשֶׁר פָּעַלְנוּ
הִנֶּנּוּ עֲבָדִים/לַאדֹנִי גַּם אֲנָחְנוּ.
אֲלֵיכֶם לָמֵד אֶשְׁכּוֹל הַכֹּפֶר/זְכוּת
לְהִתְכַּפֵּר בְּמֶרֶץ
לְמַעַן סַפֵּר/שְׁמִי בְּכָל הָאָרֶץ.
מִשְׁתַּחֲוִים לִפְנֵי דָּר מְעוֹנָי/וּמוֹדִים
עַל דַּת סוֹדוֹ
בְּבַאֲמִינוּ בַּאדֹנָי/וּבְמֹשֶׁה עַבְדּוֹ.
נִדְבוֹת פִּי רְצֵה וְנִיבִי/וּגְעַר מַשְׂטִינִי
אֲשֶׁר עָלַי נָהָם
אֱלֹהֵי אָבִי/אַבְרָהָם.

שו' 21 סוקר,ת:חוקר. 31 והרבתה,א:וְהִרְבַּת. 43 תרה אחר לבה,אגד:תרתי אחר לבי, ת:תרתה אחר לבה. 45 אביתי,א:אריתי: 67 הנפש,א:הנשמה. 85 חי,ת:חי עולם. 87 ראם,א:ראיך.

1 קימך,--איוב כ"ב:כ': אם לא נכחד קימנו, ופי'ראב"ע:קיימנו. 2 שמ' י"ח:י"ט. 3 יום המהומה,--(יש' כ"ב:ה'),יום הדין. 4 בר'ג':י"ט. 5 במה וכו',--מה ערכך. 6 בר' שם. 7 דבק וכו',--(איוב כ"ט:י'),באלמתי. פקודת מלכי,--שמ' ל"ב:ל"ד. 8 (בר' ג':י'), עירום אנכי,פי' מחוסר מצוות ומעשים טובים. 9 יציר כפיו,--של הקב"ה,ל' התלמוד,ע' פסיק' רבתי,מ"ז,ור"ל כל אדם. 10 בר' ז':כ"ב. 11 מבאיש,--מסריח, כלו' אדם הבא מטפה סרוחה,ע' אבות ג'.א'. 11 פרזות,--(זכרי ב':ח')בלי חומת מגן,כלו' בפשר בשארה בלי גוף. 12 בר' ב':כ"ג. 14 שם י"ט:ד'. 16 שם ל"ג:י"ד,ורומז לדין וחשבון שעתיד ליתן לפני הקב"ה. 18 שם ו':י"ז. 19 יצר וכו',--(יחז' ו':ט')יצרי הרע התגבר עלי והביאני לידי חטא. 20 המשביר,--(בר' מ"ב:ו') פי' המביא לידי שבר(כלו' צרה ואסון,ע' ירי' י':י"ט) וירידה,ומוסב על "יצר זונה". 21 סוקר,--רואה,ל' התלמוד,ע'ירוש' נדה,ג'.ב'. 22 בר' ל"א:ל"ט. 23 עלומי,--בעורי,ע"פ תהל' כ"ה:ז'. בשוליה,--בתחתיה,ורומז לקבר. 24 בר' כ"ט:כ"א. 25 ורעך חבר,--(איוב ל"א:ל"ג),עבירה שעברתי בסתר. 26 אבי,--(בר' כ"ז:י"ב),פי' אבינו שבשמים. 27 נפש והגוף וכו',--ע"פ אגדת חז"ל בסנהד' צ"א,א,כנ"ל. דר נגוהים,--(יש' נ"ט:ט'),הקב"ה,ובמקום 'נגוהות' לצורך החרוז. 28 שמ' כ"ב:ח'. 29 סח,--דבר. בצל,--תהל' קמ"ד:ד'. בנשיה,--שם פ"ח:י"ג,פי' בארץ. 30 שמ' ב':כ"ב ועוד. 31 עתקה,--ל' "עתקו גם גברו חיל"(איוב כ"א:ז'). והרבתה,--בא הנוסח: וְהִרְבַּת לצורך החריזה,-וזה לא יתכן. כבריא אולם,--(תהל' ע"ג:ד'),פי' כארמון חזק. 32 בר' מ"ט:כ"ו,ור"ל בתאוה לאין שיעור. 33 השיאתני,--בר' ג':י"ג. 34 שם, ג':י"ב. 35 צרה,--ל' "וצרת הכסף בידך"(דבר' י"ד:כ"ה). מטעמים,--בר' כ"ז:ד', מקביל ל"השיאתני". 37 במהתליה,--(יש' ל':י'),במקום "במהתלותיה" לצורך החרוז.

38 ברי כ"ד:ט'. 39 רמה,--(הרשע י"ג:ד'),הנפש. ותפרע מוסר,--משלי י"ג:י"ח, תפרע,פי' תבטל. חשפה שובל,--(יש' מ"ז:ב'),כזונה. ותפשוק רגליה,--(יחז' ט"ז: כ"ה),לכל עובר. 40 ברי ל"ח:י"ט. 42 שם כ"ד:מ"ז. 43 לשור,--לראות. 44 שם מ"ט: כ"ב,במשמע': להתבונן(עלי שור, פי' רש"י: בשביל לשור)איך לפתות את האנשים לז- נות. עד כאן טעבות הגוף. 46 שם י"ח:כ"ז. 48 שם ל"ד:ז'. 50 שם, כ"ב:ג'. 51 מהתלך,--ע' שו' 37 לעיל, ורומז ליצר הרע. 52 שם ל"א:ל"ב. 54 שם ל"ה:ל'. 55 מצבך,--במקום "מצבתך" ורומז לפסל לעבודה זרה,ע"פ ויק' כ"ו:א'. ומשכיתך,--ע' שם: ואבן משכית לא תתנו בארצכם, וע' יחז' ח':י"ב. 56 שמ' ז':כ"ח. 57 האל,-- האלה. 58 ברי ל"א:נ"ב. 60 שם מ"א:מ"ב. 62 שם כ':ט'. 63 נוקשת,--תהל' ט':י"ז. אם נבער וכו',--(עובד' ו')אם נדרש עורבותיך שעברת בסתר. 64 ברי ד':ו',כלו' הלא ידוע ידעת שהקב"ה חופש כל הנסתרות.עד כאן טעבות הנשמה. 66 שמ' ד':י'. 67 בחפזר הנפש,--חֵפֶז,שה"פ מן חָפַז,מחידושי לשון הפייטנים,ע' "אשישת שלוחתו" המיחסים לקלירי (ד.א' 8068): "יעה השור ויבדדו בחפזים." ור"ל בלקחתי פתאום לקבר ,-- כי הנפש נחפזה לצאת ממני. בלא דבר,--על לא עוון בכפי. 68 ברי ל"ז: כ"ב, כלו' אל הקבר. 69 כל נתחי,--כל איברי. 70 שם ג':כ'. 72 שם י"ח:כ"ג. 73 מחוללו,--יוצרו. 74 שם,--ברי כ"ו:ח',כלו' על האדמה. 75 וישורגו וכו',--(אי- כה מ':י"ז),ר"ל פרק ממנו עול מלכות שמים. 76 ברי מ"ט:כ"ד. 77 בשר,--ירי כ"ב:י"ד. 78 שמ' ח':י"א. 79 והבלו,--והבלי העולם. 80 ברי כ"ט:י"ג,מוסב על "יצרו" הרע. 81 ויסתר וכו',--(יחז' ח':י"ב),הסתיר את פסלי ע"ז הנ"ל. 82 ברי ל"ט:י"א. 83 מעל וכו',--בזאת דוחה הנשמה את טענת הגוף: "בלכדתי פתאום בחפזי הנפש וכו'"(שו' 66-67)וטוענת שהיא לא גרמה למיתתו אלא הקב"ה היושב בשמים ממעל(מעל...קרב היכלו)הוא הקובע(פעל)את ימי חייו של אדם. כפר,--הגוף. במרמה ,--פי' המשיך להאשימני כעילה למיתת האדם. 84 ברי מ':ט"ו. 85 חו,--כבוי להקב"ה. ובבושר,--וביושר. 86 שמ' י"ח:י"א. 88 שמ' ו':ו',כלו' שניכם חייבים. 89 כחגר וסומא,--ע"פ תשובת רבי לאנטונינוס(בסנהד' שם,ב) על בעל פרדס שהושיב בפרדסו שני שומרים,אחד חיגר ואחד סומא. רכב חיגר על גבי סומא והביא את הבכורות ואכ- לום. כשחזר בעל הפרדס אמר לו חיגר: כלום יש לי רגלים, והסומא אמר לו: כלום יש לי עינים לראות. הרכיב בעל הפרדס חיגר על גבי סומא ודן אותם כאחד. 90 שמ' ג':ט"ז. 91 ולהם יגזור חברו,--פי' עדותו של האחד מאשימה את חברו.בעברכם,--את בריתי. 92 ברי מ"ב:ט"ז. 94 שם מ"ד:ט"ז. 96 שם מ"ד:ט"ז. 98 שם. 99 אשכול הכופר,-- רמז ליצחק אבינו (ע"פ שה"ש א':י"ד ושהש"ר שם)ולעקדת יצחק המלמדת זכות על ישראל. 100 שמ' ט':ט"ז. 101 דת סודר,--על התורה שנתן לישראל,עם סו- דר. 102 שמ' י"ד:ל"א. 103 וגער משטיני,--זכרי ג':ב'. 104 ברי ל"ב:י'.

כ'. ליל שלישית. תחנון לר' יהודה קירלטי.

תחנון סטרופי בעל חמש מחרוזות בנות ארבעה טורים כל אחת. כל מחרוזת מסתיימת במלת הקבע "רחמיך". מספר מלים: רופף בכל טור(2-3). החתימה: יהודה. המקורות במ"ר: א. ב,עמ' 186. ג,עמ' דל"ח. ד,א' 9. (ד.י' 875).

יָהּ חֹן עַמֶּךָ
קוֹרְאֵי בִשְׁמֶךָ
וּבְעֵת זַעְמֶךָ
זְכוֹר רַחֲמֶיךָ.

הָבֵר, צוּר, וְטַהֵר
מִכֶּתֶם חֵטְא וְהַזְהֵר,
וּבְחַסְדְּךָ מַהֵר
יְקַדְּמוּנוּ רַחֲמֶיךָ.

וּלְעַמְּךָ מַעֲלוֹ
סְלַח וּשְׁמַע קוֹלוֹ
אַתָּה אֲדֹנָי לֹא
תִכְלָא רַחֲמֶיךָ.

דְּרוֹשׁ נָא עוֹבְדֶיךָ
מְבִין מוֹרְדֶיךָ,
אֱלֹהִים בְּחַסְדֶּךָ
כְּרֹב רַחֲמֶיךָ.

הוֹשַׁע יְדִידֶיךָ
זוֹעֲקִים נֶגְדֶּךָ,
וְלִי אֲנִי עַבְדֶּךָ
יְבוֹאוּנִי רַחֲמֶיךָ.

שו' 6 חטא, ב:חט. 9 ולעמך, בגד:ולעבדך.

5 הבר,--(ירי ד':י"א),בקה. 6 והזהר,--הרצא כאור צדקך,ע"פ תהל' ל"ז:ו'.
14 מורדיך,--המורדים במלכות שמים,ור"ל פקוד לטובה את ישראל בגולה בין "מורדך".
18 ולי,--שליח הצבור.

כ"א. פתיחה לר' יהודה שמואל אבן עבאס

פתיחה בת חמש מחרוזות. לכל מחרוזת חמשה טורים להוציא המחרוזת הראשונה. המשקל: ט' הברות לרב בכל טור והשוואים הנעים והחטפים אינם במנין. החתימה: ע[ב]סיה. המקור: א. (אין בד.).

עֵת תִּתְעַטֵּף רוּחִי לְעֻמָּתָךְ
עֵת אֶשְׁפְּכָה שִׂיחִי לְמוּל פָּנֶיךָ
תִּיקַר יְחִידָתִי עֲלֵי עֵינֶיךָ
הַקְרֵה לְפָנַי אֶת סְלִיחָתֶךָ.

[ב]..........
....
....
....
[ך]..........

שַׂמְתִּי מְגַמָּתִי לְהִשְׁתַּטֵּחַ
אֶל בֵּית תְּפִלָּתְךָ לְהִסְתַּפֵּחַ
לְנַוֵּה מְעוֹן בֵּיתְךָ בְּכַף שׁוֹטֵחַ
תִּכּוֹן תְּפִלָּתִי כְּמוֹ נִיחוֹחַ
כָּלִיל וְכִקְטֹרֶת עֲלֵי אַפֶּךָ.

יִסְתּוֹפְפוּ יַחְדָּו בְּבֵיתְךָ הָאֵל
שָׂרִים נְדִיבֵי עַם וְכָל יִשְׂרָאֵל
בִּיכוֹנְנוּ לִבָּם עֲלֵי אֵל בֵּית אֵל
אָנָּא שְׁעֵה נִיבָם וְשָׂא נָא הוֹאֵל
לִרְצוֹת לְכַפֵּר עַל זְדוֹן עַמֶּךָ.

הַעֲבֵר חֲטָאֵינוּ אֲשֶׁר חָטָאנוּ
כַּפֵּר פְּשָׁעֵינוּ אֲשֶׁר פָּשַׁעְנוּ
הָסֵר עֲוֹנֵינוּ אֲשֶׁר הֶעֱוִינוּ
כִּי עַל יְשׁוּעָתְךָ הֲלֹא קִוִּינוּ
אַף עַל יְשׁוּעָתְךָ וְעַל רַחֲמֶיךָ.

1 תתעטף רוחי,--(תהל' קמ"ג:ג')מפני הצרם. **זהו רמז למנהג לצום בימי הסליחות** כתבאי מוקדם לתשובה,ע' במבוא,לעיל,עמ' 18. 3 תיקר יחידתי,--(מ"ב,א':י"ג,י"ד) תיקר בפשי(יחידתי,כנוי לנפש,ע' בר"ר,י"ד.ט'). 4 הקרה,--**זימן**. 10 להשתטח,-- **לנפול על פני** לפני קוני. 11 להסתפח,--להצטרף. 12 בכף שוטח,--(תהל' פ"ח:י')

בתפלה. 14 אפך,--דבר' ל"ג:י'. 15 יסתופפו,--ישעו. האל,--האלה, כלו' בבתי תפלה בעולם. 16 ויכוננו לבם,--תהל' ע"ח:ח'. 17 שעה ניבם,--קבל תפלתם. 19 לרצות,--תהל' ע"ז:ח'.

כ"ב. סליחה לפייטן עלום-שם (**אלוף?**).

סליחה סטרופית בת עשרים ושתים מחרוזות. לכל מחרוזת ארבעה טורים. כל טור רביעי פסוק מן המקרא.כל מחרוזת פותחת במלת "יי". החתימה: א"ב מרובע, אלוף? המקור: א. (אין בד.).

יי אדונינו אדיר מרום ומקדם מגיני,/ אליך קראתי, מצרה לי פדני
אנא ברחמיך, ראה עניי וחנני/ יי אקרא בעונני.

יי בורא ניב שפתים צורי וגואלי/ בך ארוץ גדוד, אתה חילי
בצרה קראתיך, חלצני ממוטות עולי/ יי בקר תשמע קולי.

יי גדול שמך ומאד ידך רמה/גוער בים, סוער ביהי חמה
גאים גרשת מן גר אדמה/ יי גבור מלחמה.

יי דורך על במות הפרץ/דוקר בחרב פיות קורצי קרץ
דברך נצב מאז בשמי ערץ/ יי דבר ויקרא ארץ.

יי הוא האלהים צריך סחב והשלך/ הבא ללהבה הזונים אחרי המולך
הפלא חסדיך, מושיע למישרים הולך/ יי הושיעה המלך.

יי ואלהי בים דרכו ובמים שבילו/ וקדוש שמו ואת דכא אהלו
ברעם בשמים ונשגב במשכן זבולו/ יי ועליון יתן קולו.

יי זוכר הברית ונוצר חסד לאלפים/ זן מזון לכל ומטריף טרפים
זובד זבד טוב את אלפים/ יי זוקף כפופים.

יי חסין יה, יוצר ובורא כלנו/ חכמה שת בשוחות ומשחת העלנו
חלצה נפשי והצר לצר כלנו/ יי חסדך וישעך תתן לנו

יי טהור עינים ממרום פדות תשלח/ טל אורות טלך זמן והצלח
טומאתי טהר וסלח חטא נאלח/ יי טוב וסלח.

יי יודע מחשבות אדם ומעלליו/ יושב בסתר במעליו
בקשיב רנתי כי נסמכתי עליו/ יי ישמע בקראי אליו.

יי כביר קרא דרור לאסיר עני/ כי בחטאי כשל כחי ובעוני
כרב רחמיך רב טוב חנני/ יי כי אומלל אני.

יי לובש צדקה כשריון,עוטה אורה/ לבד בך בזכיר שמך נורא
לא אחת מצר תצרני בעת צרה/ יי לי לא אירא.

יי מלך עולם ועד יי נסי/ מהולל אקרא יי מפלטי ומנוסי
מהר ענני קראתי שמך מחסי/ יי מנת חלקי וכוסי.

יי נורא אתה ואין בלתך/ נוראות בצדק תענני מכון שבתך

גְּרִי תָּאִיר, בַּשֵּׂר אֲשׁוּרַי בִּנְתִיבוֹתֶיךָ/ יְיָ נְחֵנִי בְצִדְקָתֶךָ.

יְיָ סוֹמֵךְ נוֹפְלִים,סוֹעֵד נֶפֶשׁ דַּאֲבָה/ סְבָבוּנוּ אֵלֶיךָ אֲשֶׁר עֵינְךָ טוֹבָה
שָׂא נָא פֶּשַׁע וְחַטָּאָה וְחוֹבָה/ יְיָ סְלָחָה יְיָ הַקְשִׁיבָה.

יְיָ עֻזִּי וּמָעֻזִּי הַשְׂכְּנֵנִי בִּשְׁמֵי מְעוֹנָי/ עָלֶיךָ נִסְמַכְתִּי וְנָשָׂאתִי עֵינָי
עוֹז לָמוֹ וּמָעוֹז יְשׁוּעוֹת הֲמוֹנָי/ יְיָ עִזּוּז וְגִבּוֹר יְיָ.

יְיָ פֶּלֶא וּמַפְלִיא לַעֲשׂוֹת וּפוֹעֵל יְשׁוּעוֹת הוּא/ פָּקְדֵנוּ בִישׁוּעָתֶךָ כִּי מְאוֹרֵינוּ בָהוּ
פְּעָלֶיךָ טוֹבִים הַרְאֵם לְעַמְּךָ כִּי אַתָּה הוּא/יְיָ פָּעָלְךָ בְּקֶרֶב שָׁנִים חַיֵּיהוּ.

יְיָ צַדִּיק יוֹשֶׁר,עֵדוֹתֶיךָ מְאֹד נֶאֶמָנוּ/ צַוֵּה יְשׁוּעוֹת כִּי נִכְחַד קִימָנוּ
צֵא בְּצִבְאוֹתֵינוּ וּלְחַם בְּצַר הֲדִימָנוּ/ יְיָ צְבָאוֹת עִמָּנוּ.

יְיָ קָדוֹשׁ וְנִשָּׂא אַתָּה תּוֹמִיךְ גּוֹרָלִי/ קוּמָה לְהַצִּיל מִדֶּחִי אֶת רַגְלִי
קוֹלִי הַקְשֵׁב וּמַהֵר עֲנֵנִי אֵלַי/ יְיָ קְרָאתִיךָ חוּשָׁה לִּי.

יְיָ רַחוּם וְחַנּוּן,אוֹדְךָ לֵילִי וְיוֹמִי/ רָם תְּהִלָּתְךָ אֲשַׁנֵּן בְּשִׁבְתִּי וְקוּמִי
רַפֵּא מְשׁוּבָתִי וְהַבֵּט בָּעֳנִי עַמִּי/ יְיָ רְאֵה עָנְיִי מִשּׂוֹנְאַי מְרוֹמְמִי.

יְיָ שׁוֹמֵר אֶת גֵּרִים אֵל אֱמוּנָה/ שָׁפֵל רוֹאֶה, מְעוֹדֵד יָתוֹם וְאַלְמָנָה
שַׁדַּי הַקְשִׁיבָה וּשְׁמַע קוֹל הַתְּחִנָּה/ יְיָ שִׁמְעָה תְפִלָּתִי הַאֲזִינָה.

יְיָ תָּמִים דֵּעִים,זוֹכֵר וּפוֹקֵד הַנִּשְׁכָּח/ תֵּט אָזְנְךָ לִשְׁמוֹעַ וְעֵינְךָ פְּקַח
תִּכּוֹן תְּפִלָּתִי לְפָנֶיךָ כִּקְטוֹרֶת הָרוֹקֵחַ/ יְיָ תְּפִלָּתִי יִקָּח.

3 בך וכו',--(תהל' י"ח:ל'),בך,פי' במבטחך. 4 מוטות עולי,--ויק' כ"ו:י"ג. 5 גוער בים,--נחום א':ד'. סוער וכו',--יר' כ"ג:י"ט. 6 מן גו אדמה,--(איוב ל':ה')כלו' מתוך בני אדם. גבור וכו',--תהל' כ"ד:ח'. 7 במות הפרץ,--(ש"ב,ה':כ'), על מזבחות אויבי ישראל. פירות קורצי קרץ,--(יר' מ"ו:כ')כלו' אויבי ישראל המחרפים ומגדפים את הקב"ה. 8 בשמי ערץ,--בשמים החזקים,ע"פ איוב ל"ז:י"ח. 9 סחב והשלך,--יר' כ"ב:י"ט. הזונים אחרי המולך,--(ויק' כ':ה')רמז לנוצרים ועי' צונץ, ס.פ.,עמ' 467. 10 מושיע וכו',--מושיע להולך במישרים. 11 ואת דכא אהלו,--(יש' נ"ז:ט"ו),הקב"ה שוכן עם דכא ושפל רוח להחיותם. 12 וירעם בשמים,--(תהל' י"ח:י"ד) נתן בשמים קול רעם לרדת משם ברד וגחלי אש(פי' מצודת דוד). ומטריף טרפים,--(משלי ל':ח',ותהל' קי"א:ה'),ומאכיל מזון. 14 זובד וכו',--(בר' ל':כ')מגיש שי טוב להמון עם. 15 בטוחות,--(איוב ל"ח:ל"ו),פי' רלב"ג: בלבבות הטוחות והסתומות. ומשחת,--יונה ב':ז'. 17 טל אורות וכו',--יש' כ"ו:י"ט, רמז לתחיית המתים ע"פ דרשת חז"ל(בסנהד' צ',ב). 19 במעליו,--ל' מועל,פי' הרמה ונשיאה, ור"ל בשמים, ובא הנוסח: במעלליו, לא ייתכן. 21 לאסיר עני,--תהלים ק"ז:י'. ובעוני,--מוסב על "כשל כוחי". 23 לבד וכו',--יש' כ"ו:י"ג. 24 לא אחת,--לא פעם אחת. 28 אשורי,--צעדי. 29 סבבונו,--ל' התלמוד,ע' עירוב' כ"א,ב, פי' תקפָתנו. 30 וחובה,--ואשמה. 33 כהו,--במקום "כהה" לטובת החרוז. 34 פעלך וכו',--חבק' ג': ב'. 35 נכחד קימנו,--איוב כ"ב:כ'. 36 צא וכו',--תהל' מ"ד:י'. הדימנו,--(יר'

ח':י"ד), החריבבר. 37 תומיך גורלי,--תהלי ט"ז:ה' ופי' רש"י: אתה הוא אשר הביחות ידי על החלק הטוב. 39 אשננן,--דבר' ו':ז'. 40 ראה וכו',--תהלי ט': י"ד: ה' ראה עביי משונאי, מרוממי משערי-מות. 43 זוכר ופוקד הנשכח,--ע"פ נוסח הברכה הנשבית במשנה תעבית ב'.ד': 'בא"י זוכר הנשכחות'. 44 הרוקח,--שמ' ל':ל"ה.

כ"ג. סליחה לר' מנחם תמר בר משה

סליחה סטרופית בת עשר מחרוזות. לכל מחרוזת ארבעה טורים. כל טור רביעי הוא שבר-פסוק. המקורות: א. ב,עמ' 173. ג,עמ' רס"ב. ד,א' 31. (ד.א' 8974).

אֶתְפַּלֵּל אֲחַלֶּה אַפְגִּיעַ אֶתְחַנָּן/ בְּיִרְאָה וּרְעָדָה כִּלְיוֹתַי אֶשְׁתּוֹנָן
גְּרוֹנִי יָרוֹן וְלִבִּי יִתְבּוֹנָן/אֵלֶיךָ בְּעַב הֶעָנָן.

דְּמוּת וְצֶלֶם וְצוּרָה לֹא תִשְׁוֶה לוֹ/ הָעוֹלָם וּמְלוֹאוֹ פַּעַם לֹא יְכַלְכְּלוֹ
וּפַעַם רֹאשׁ הַשַּׂעֲרָה תְּכִילוֹ/ הִשָּׁמֶר מִפָּנָיו וּשְׁמַע בְּקוֹלוֹ.

זֹאת נִשְׁמָתִי בְקִרְבִּי תְּיַחֲדֶנּוּ/ חֲמִשָּׁה דְבָרִים נִבְרִים תְּעִידֶנּוּ:
טָהוֹר וּמְמַלֵּא, זָן וְרוֹאֶה תְּכַבְּדֶנּוּ/ לֵאלֹהִים כִּי עוֹד אוֹדֶנּוּ.

יוֹשֶׁבֶת בְּחַדְרֵי חֲדָרִים נֶעֱלָמָה/ כֵּן כְּבוֹדוֹ בְּהֵיכַל קָדְשׁוֹ פְּנִימָה
לְפָנָיו אֵשׁ וְתַחְתָּיו לַהַב רְתוּמָה/ וְאַחַר הָאֵשׁ קוֹל דְּמָמָה.

מַחֲנוֹת הָרַעַשׁ לַאֲלָפִים וּלְמֵאוֹת/ נִצָּבִים בֶּהָרִים וּבַגְּבָעוֹת נִישָּׂאוֹת
סְבִיבוֹתָם כְּמוֹת הָרוּחוֹת הַנּוֹרָאוֹת/ לְהִשְׁתַּחֲוֹת לְמֶלֶךְ יְיָ צְבָאוֹת.

עֶרֶב וָבֹקֶר וְצָהֳרַיִם יְסַלְסְלוּהוּ/ פְּנֵיהֶם לְהָבִים, בְּשִׁירִים יְצַלְצְלוּהוּ
צְפִירַת תִּפְאָרָה, עַם נִבְרָא יְסַלְּדוּהוּ/וִירוֹמְמוּהוּ בִּקְהַל עָם וּבְמוֹשַׁב זְקֵנִים יְהַלְלוּהוּ.

קִבּוּצֵי מֹשֶׁה, זֶרַע יַעֲקֹב בְּחִירוֹ/ רַנּוּ עִמּוֹ יוֹמָם וּבַלַּיְלָה שִׁירוֹ
שֵׁם קָדְשׁוֹ יְבָרְכוּהוּ וִירוֹמְמוּהוּ זִכְרוֹ/ גִּבּוֹרֵי כֹחַ עֹשֵׂי דְבָרוֹ.

תּוֹרַת אֱמֶת בְּפִיהֶם לַיְלָה וְיוֹמָם/ מִצְוֹתֶיהָ יַעֲשׂוּ הַדְּבָרִים לְשָׁמָם
נֵס לְהִתְנוֹסֵס וְלַהֲבִיאָם אֶל מְקוֹמָם/ עַתָּה אָקוּם, יֹאמַר יְיָ, עַתָּה אֵרוֹמָם.

חָשַׁק בַּאֲבוֹת וְאָהַב בְּנֵיהֶם/ מָשְׁכָם חֶסֶד עֲדֵי עַד בְּגִינֵיהֶם
חָשַׁךְ לָאוֹר שָׁם בְּלֶכְתּוֹ לִפְנֵיהֶם/ מוּסַר מְלָכִים פִּתַּח וַיֶּאְסֹר אֵזוֹר בְּמָתְנֵיהֶם.

זָבַת חָלָב וּדְבַשׁ הוֹרִישָׁם/ קִדְּשָׁם, מִכָּל עַם בְּחָרָם וְהִפְרִישָׁם
וְחֵי הָעוֹלָם הִנְחִיל לְנַפְשָׁם/ מַלְכָּם לִפְנֵיהֶם וַיְיָ בְּרֹאשָׁם.

שו' 17 ואהב, א: ויבחר .

1 אחלה,--מלא' א':ט'. אפגיע אתחנן,--לשונות של תפלה,השורה דב"ר ב'.א'. כל-ירתי אשתונן,--(תהלי ע"ג:כ"א),אשתונן, ל' שנון וחדוד. 2 אליך וכו',--שמ' י"ט:ט'. 3 תשוה,--יש' מ"ו:ה'. יכלכלו,--(מ"א,ח':כ"ז),יכילו. 4 ופעם וכו',--השורה רי"ה "יה אנא אמצאך"(ד.י' 770): ובהנשאך עליהם על כסא נשא ורם/ אתה קרוב אליהם מרוחם ומבשרם. השמר וכו',--בר' ל"א:כ"ד. 5 תיחדנו,--הנשמה את

הקב"ה ע"פ דרשת חז"ל(בברכות י',א):"הני חמשה 'ברכי נפשי' כנגד מי אמרן דוד? --לא אמרן אלא כנגד הקב"ה וכנגד נשמה וכו'," כלו' מה הקב"ה מלא כל העולם, רואה ואינו נראה,זן את כל העולם,טהור הוא,ויושב בחדרי חדרים,--אף נשמה מלאה את כל הגוף,רואה ואינה נראית,זנה את כל הגוף,טהורה היא,ויושבת בחדרי חדרים, ובכן אמרו חז"ל(שם): "יבא מי שיש בו חמשה דברים הללו(הנפש) וישבח למי שיש בו חמשה דברים הללו(הקב"ה)." ולמאמר חז"ל האחרון רומז הפייטן ב"תיחדנו". 6 לאל-הים וכו',--תהל' מ"ב:י"ב. 8 אש,--משרתי אש. רתומה,--קשורה. ואחר וכו',--מ"א, י"ט:י"ב. 9 מחנות הרעש,--(יחז' ג':ב')מלאכי מרום. 10 הרוחות,--תהל' ק"ד:ד' ופי' ראב"ע: רוחות,--הם מלאכיו. להשתחות וכו',--זכר' י"ד:ט"ז. 11 יסלסלוהו ,--לי' "סולו לרוכב בערבות"(תהל' ס"ח:ח')וע' "אדירי איומה"(ד.א' 1133): שרפ-ים סובבים יסלסלו בקול. יצלצלוהו,--שם ק"ב:ה' ושם: צבאות צאנך יצלצלו בקול. 12 צפירת תפארה,--(יש' כ"ח:ה'),כנסת ישראל, ור"ל כשם שמלאכי מעלה ישבחוהו כן קבוצי מטה(ישראל) יהללוהו. עם נברא,--(תהל' ק"ב:י"ט),ישראל. וירוממוהו וכו',--שם ק"ז:ל"ב. 13 רנתו,--של ישראל. עמם,--עם מלאכי מעלה, כלו' מקבילים קילוסי הקב"ה מפי צבא מרום לשירים ותשבחות לשם קדשו הנשמעים יומם ולילה בקהל-ות ישראל, הש' קדושת "בעריצך ובקדישך" הנוהגת בקהלות הרומניוטים בימי-חול, הש' אלבוגן,י.מ.,התפלה בישראל,עמ' 50. 14 גבורי וכו',--תהל' ק"ג:כ'. 15 לשמם,--לשם שמים,ע' אבות ב':י"ב. 16 נס להתנוסס,--(תהל' ס':ו'),תן לישראל הרמה להתרומם בעולם. עתה אקום וכו',--יש' ל"ג:י'. 17 בגיניהם,--בעבור האבות. 18 מוסר וכו',--איוב י"ב:י"ח. 20 מלכם וכו',--(מיכה ב':י"ג),מלך המשיח.

כ"ד. סליחה לר' חלבו מאיפישו

סליחה סטרופית בת שבע מחרוזות בנות ארבעה טורים כל אחת. כל טור רביעי שבר-פסוק. מספר מלים רופף בכל טור. החתימה: אני חלבו. המקור: א. (אין בד.).

אחת שאלתי מאת יי/אותה אבקש כל ימי ושני
למחות חטאותי בעוני/ עיני תמיד אל יי.

נושא עון ופשע וחטאה נקראת/ובשמך כן תהלתך,כי על כל נעלית
לכן חוגה לבקשתי זאת בעתה/ למען שמך יי וסלחת.

ידיך עשוני ויכוננוני/'יצר לב האדם רע מנעוריו',קראתני
ועתה באתי לישהר ואודך כי תסיעני/ עזרתי היית,אל תטשני ואל תעזבני.

חנני ועזרני,מקבל שבים לשוב בתשובה לפניך ערבה/ כי חטאתי ארוכה מארץ
מדה ומני ים רחבה
וימי קלו מני רץ,ברחו לא ראו טובה/ כמוץ יסוער מגורן וכעשן מארובה.

לכן יי אלהי אם עשיתי אני באולתי המרשעת/ עשה אתה כחכמתך וסלח, כי
אתה תמים דעת
ותהיה תשובתי זאת גדולה כאלו עד כסא הכבוד מגעת/ רוח אלהים בחכמה
בתבונה ובדעת.

בָּאתִי לְפָנֶיךָ קוֹרֵא הַדּוֹרוֹת מֵרֹאשׁ/ לְבַקֵּשׁ מִמְּךָ לִמְחוֹת חַטָּאתִי מִסּוֹף וְעַד רֹאשׁ
כִּי מִי אָנֹכִי וּמֶה חַיַּי עָלַי רָעָה לִפְרוֹשׁ/ כִּי תְבַקֵּשׁ לַעֲוֹנִי וּלְחַטָּאתִי תִדְרוֹשׁ.
וְלָכֵן עִם מְנוּדִים מֵחֶלֶד חֶלְקָם בַּחַיִּים תְּמַגְּנֵנִי/וְלֵאוֹר בְּאוֹר פָּנֶיךָ תְּצַפְּנֵנִי
וּמִתְּהוֹמוֹת הָאָרֶץ תָּשׁוּב תַּעֲלֵנִי/ אוֹדְךָ יְיָ כִּי אָנַפְתָּ בִּי יָשׁוֹב אַפְּךָ וּתְנַחֲמֵנִי. אל מלך

1 אחת וכו',--תהל' כ"ז:ד'. 2 עיני וכו',--דבר' י"א:י"ב. 4 בעתה,--(יש' ס': כ"ב),בעת רצון. 5 יצר וכו',--בר' ח':כ"א שדרשוהו חז"ל(בבר"ר ל"ד.ט'):"לא אוסיף(לקלל עוד את האדמה בעבור האדם,--'כי יצר לב וכו'')לדורות," ולכן באתי לבקש סליחה. 6 תסיוענו,--ע"פ דרשת חז"ל(בשבת ק"ד,א):"בא ליטהר מסייעים או תו." עזרתי וכו',--תהל' כ"ז:ט'. 7 ארוכה וכו',--איוב י"א:ט'. 8 וימי וכו',--שם ט':כ"ה. כמוץ וכו',--הושע י"ג:ג'. 9 המרשעת,--(דבה"ב כ"ד:ז'),הרשעה. כחכמתך,--בניגוד ל"אולתי". 10 עד כסא וכו',--ע"פ דרשת חז"ל(במשנה יומא,ו'. א'):"גדולה תשובה שמגעת עד כסא הכבוד." רוח וכו',--שמ' ל"א:ב'. 11 קורא וכו',--יש' מ"א:ד'. 12 לפרוש,--איכה א':י'. כי תבקש וכו',--איוב י':ו'. 13 חלקם בחיים,--אשר חלקם בחיים,ור"ל, תכתבני עם הנכתבים בספר החיים,והש' ירוש' ר"ה, א'.ג':"צדיקים גמורים כבר נטלו איפופים(פי' גזר דין)של חיים מר"ה וכו'." ולאור וכו',--איוב ל"ג:ל'. 14 ומתהומות וכו',--מגולה. אודך וכו',--יש' י"ב:א'.

כ"ה. תחנון לרשב"ג

תחנון בצורת שיר-איזור בעל מדריך בן ארבעה טורים ושלוש מחרוזות בנות שבעה טורים(פרט לראשונה בת ששה טורים)וטור איזור. בשלושה טורים הראשונים במדריך וגם בטורי סטרופה חוזרת שתיים הצלעיות הראשונות בחרוז פנימי(פרט לטור האחרון במדריך ובסטרופות א' וב'). המשקל: י"ב הברות בכל טור והשוואים הנעים והחטפים אינם במנין. החתימה: שלמה. המקורות במ"ר: א. מקורות אחרים: <u>שירי הקדש לרשב"ג</u>, מהד' ד. ירדן,(=ד),עמ' 576. (ד"ש 1961).

שְׂנֵי חַיַּי/וּמַאֲוַיַּי/לְרִיק סָפוּ בְּחוֹבוֹתָי
לְמִי אֶפְנֶה/וּמָה אֶעֱנֶה/וְחַטֹּאתַי סְבִיבוֹתָי
הָאֵל חֲמוֹל/וְחֶסֶד גְּמוֹל/וְאִם רַבּוּ מְשׁוּבוֹתָי
כִּי גֵר אָנֹכִי עִמָּךְ,--תּוֹשָׁב כְּכָל אֲבוֹתָי.

זָד יִצְרִי/עָלַי יוֹצְרִי/וְלֹא נִכְנַע וְלֹא נִכְבָּשׁ
וְהַדָּתוֹ/בְּתַאֲוָתוֹ/בְּרֹאשׁ פֶּתֶן בְּקֶרֶב דְּבָשׁ
וּמַה בִּצְעוֹ/עָלַי פִּצְעוֹ/אֲשֶׁר לֹא זוֹר וְלֹא חֻבָּשׁ
וְלֹא נִמְלַךְ/בְּיוֹם יְשֻׁלַּךְ/בְּבוֹר שָׁאוֹן וְגַם יֶחְבָּשׁ
וְלֹא זָכַר/כְּבֶן נֵכָר/בְּיוֹם עָפָר וְגוּשׁ יִלְבָּשׁ
יָמַי כְּצֵל נָטוּ וַאֲנִי כָּעֵשֶׂב אִיבָשׁ
בְּקוּם שַׁדַּי לְרִיבוֹתָי/מַה יִּהְיוּ תְשׁוּבוֹתָי.

עֲזֹב לֵבָב/נְתִיב שׁוֹבָב/וְרוּץ בַּצְּבִי לְהִנָּצֵל
פְּשֹׁט הֶבֶל/לְבַשׁ אֵבֶל/וְהִנָּזֵר וְהֵאָצֵל
וְקוּם לַיִל/בְּכֵה חַיִל/וְאַל תִּישַׁן שְׁנַת עָצֵל
וְלִין בּוֹדֵד/וְהִתְנוֹדֵד/וּבִבְכִי אָזְנְךָ צַלְצֵל
וְהִתְנֶחָם/וְאָז תְּרֻחָם/וְאוּלַי בְּפִשְׁעֲךָ תַּאֵל
וּמַה יִּצְדַּק/אָבָק דַּק/וְאֵיךְ יוּכַל לְהִנָּצֵל
בְּצִיץ יָצָא בַּיִּמָּל בַּיִּבְרַח בַּצֵּל
וּמַה יִּתְרוֹן לְחָרְבוֹתַי/וְלַאֲלָפַי וּלְרִבְבוֹתָי.

גְּדָל חֶסֶד/אֲשֶׁר יִסַּד/גְּלָמִי וְגַם רִקְמָתִי
אֲדוֹן עוֹלָם/אֲשֶׁר נֶעְלָם/וְהוּא נִצָּב לְעֻמָּתִי
לְךָ אֲבַגֵּן/וְאֶתְחַנֵּן/בְּכָל שִׁבְתִּי וְקִימָתִי
עֲיֵן פְּקַח/וְשַׁוְעִי קַח/וְאַל תִּפְקֹד עֲלוּמָתִי
פְּדוּת מַהֵר/וְלֵב טַהֵר/וְהַעֲבֵר אֶת כְּלִמָּתִי
רְעֵה אוֹתִי/עֲדֵי מוֹתִי/וְיוֹם שׁוּבִי לְאַדְמָתִי
וְתָשִׁיב סוֹף/בְּיוֹם תֶּאֱסֹף/לְךָ רוּחִי וְנִשְׁמָתִי
צוּר מֵבִין נְתִיבוֹתַי/ וְיוֹדֵעַ מַחְשְׁבוֹתָי.

שיבריים בא. שו' 2,מוס': מחה פשעי/וחיש ישעי/ואז אשוב לקדמותי. 9 חסר בא.

1 בהובותי,--בעורבותי,הש' "כתר מלכות" לרשב"ג(ד.כ'581),ל"ח: הלא ימי חלף רָבם ראיבם והנשארים ימקו בעורנס. 4 תהל' ל"ט:י"ג. 5 יצרי..יוצרי,--הש' ברכות ס"א,א. 6 והותו בתאותו,--ועובשו טמון בחטאו,הש' י,שם. כראש וכו',--(איוב כ':ט"ז),והש' "כתר מלכות",ל"ז: וימצא מרורות פתנים בדבשו. 7 ומה בצער,--מה שכר עברה כנגד הפסדה,הש' אבות ב'.א'. 8 בירם,--המיתה. 10 תהל' ק"ב:י"ב. 13 הבל,--את הבלי העולם. והנזר וכו',--והפרש מהבלי העולם. 14 וקום ליל,--בזה קובע את ייעודת הסליחה ללילי אשמורות בימי אלול ובעשי"ת. 15 ולין בודד,--מתכוון לפרישות מתשמיש המטה,מקביל ל"והנזר והאצל." והתנודד,--(ירמ' ל"א:י"ז) והתאבל על חטאיך. 16 והתנחם,--והתחרט. 17 אבק דק,--(ישע' כ"ט:ה'),אדם המשול לאבק דק. 18 איוב י"ד:ב'. 19 לחרבותי,--לארמנותי,ע"פ איוב ג':י"ד. 20 גלמי ...רקמתי,--תהל' קל"ט:ט"ו,ט"ז. 21 אשר נעלם וכו',--לרעיון דומה הש' הסליחה לר' משה בר חייה,להלן,סי' ל"ג,שו' 19-22, והש' לעיל,מבוא,עמ' 20. 23 עלומתי,--חטאתי הבסתרת.

כ"ד. תחנון לפיוטן עלום-שם

תחנון סטרופי בן שמונה מחרוזות ולכל מחרוזת ארבעה טורים. כל טור רביעי שבר-פסוק. המחרוזות פותחות במלת הקבע "אנא" וכל טור רביעי פותח במלת הקבע "אל". מספר המלים רופף בכל טור. המקור: א. (אין בד.).

אָנָּא אֱלֹהִים אֱלֹהֵי יְשׁוּעָתִי/ בְּטוּבְךָ מְחֵה נָא פִּשְׁעִי וְחַטָּאתִי
גֵּאֶה,הִדָּרֵשׁ לְזַעֲקָתִי וְלִתְחִנָּתִי/ אַל תַּעְלֵם אָזְנְךָ לְרַוְחָתִי לְשַׁוְעָתִי.

אָנָּא דָּרְשֵׁנִי עוֹז מִתְאַזֵּר/ הָאִירָה צִדְקִי וַעֲוֹנִי תְּפַזֵּר
וְגַלֵּה יִשְׁעִי וְרִשְׁעִי תְּגַזֵּר/ אַל תִּרְחַק מִמֶּנִּי כִּי צָרָה קְרוֹבָה, כִּי אֵין עוֹזֵר.

אָנָּא זְרֵה פֶּשַׁע וְעַוְלָה/ חוֹן נָא בְּחַסְדְּךָ שְׁאֵרִית סְגוּלָּה
טְרוֹף נָא קָמֶיהָ וַעֲשֵׂה בָם כָּלָה/אַל תִּשְׁטְפֵנִי שִׁבֹּלֶת מַיִם וְאַל תְּבַלְעֵנִי מְצוּלָה.

אָנָּא יַשְּׁרֵנִי וְחֵן וְחֶסֶד עַנְדֵנִי/ כִּימֵי עוֹלָם בְּאוֹרְךָ תַּנְחֵנִי
לַהֵט צָרַי וּמְיַדָּם תְּפַדֵּנִי/ אַל תְּבוֹאֵנִי רֶגֶל גַּאֲוָה וְיַד רְשָׁעִים אַל תְּנִידֵנִי.

אָנָּא מְחוֹק נָא מוֹחֲצֵי סְגוּלָּה/ נְקוֹם נִקְמָתָהּ מִיַּד בְּנֵי עַוְלָה
סְעָרִים לְבַלְּעֵנִי וְאוֹתִי לְשַׁכְּלָה/אַל תִּתֵּן יְיָ מַאֲוַיֵּי רָשָׁע זְמָמוֹ אַל תָּפֵק יָרוּמוּ סֶלָה.

אָנָּא עֲרוֹב נָא תַּחַן פִּילוּלִי/ צַדֵּק בְּרַחֲמֶיךָ שְׁאֵרִית קְהָלִי
קוּם יָקוּם נִיבְךָ צוּרִי וְגוֹאֲלִי/ אַל תַּסְתֵּר פָּנֶיךָ מִמֶּנִּי בְּיוֹם צַר לִי.

אָנָּא רְצֵה נָא שַׁוְעַת מְיַחֲדֶיךָ/ שְׁעֵה נָא תַּחֲנוּנָם בְּגוֹדֶל חַסְדֶּךָ
תְּגוֹנְנֵם תְּאַמְּצֵם בְּנוֹעַם מַעֲבָדֶיךָ/ אַל תַּט בְּאַף עַבְדֶּךָ.

אָנָּא הֵעָתֵר לִמְיַחֲדֵי שְׁמֶךָ/ אָנָּא אַל תְּאַבֵּד זֶרַע רְחוּמֶיךָ
הִדָּרֵשׁ לְשֹׁקְדֵי אֻלַמֶּךָ/ אַל תִּזְכָּר לָנוּ עֲוֹנוֹת רִאשׁוֹנִים מַהֵר יְקַדְּמוּנוּ רַחֲמֶיךָ.

אל מלך 2 גאה,--(שמ' ט"ו:א'),הקב"ה. אל תעלם וכו',--איכה ג':נ"ו. 3 עוז מתאזר,--תהל' צ"ג:א',כנוי להקב"ה. תפזר,--תבטל. 4 תגזר,--תכרות. אל וכו',--תהל' כ"ב: י"ב. 5 זרה,--פזר. שארית סגולה,--(יר' מ"ב:ב'.דבר' ז':ו'),ישראל. 6 טרוף,--הכה. כלה,--(יר' ל':י"א),כליון. אל וכו',--תהל' ס"ט:ט"ז. 7 ישרני,--ל' "והוא יישר ארחותיך"(משלי ג':ו'). ענדני,--שם ו':כ"א:ענדם על גרגרתך.8 להט,--שרוף.אל וכו',--תהל' ל"ו:י"ב. 9 מחוק,--שם ס"ח:כ"ב. מוחצי סגולה,--לוחצי ישראל,עם סגולה. בני עולה,--אויבי ישראל,הש' צונץ,ס.פ.,עמ' 461. 10 לשכלה,--(יחז' ל"ו: י"ב,י"ד),במקום "לשכל" לצורך החרוז. אל וכו',--תהל' ק"מ:ט'. 11 ערוב נא וכו';--ר"ל ערוב בא עבדך לטוב(ע"פ תהל' קי"ט:קכ"ב)הבא לפניך בתפלה(תחן פילולי,כלו' למען תחן פילולי,הש' ספרי דבר' כ"ו). 11 צדק,--(יר' ג':י"א),טהר מחטא. 12 ניבך,--דברך. אל וכו',--תהל' ק"ב:ג'. 13 מיחדיך,--ישראל המיחדים שמך. 14 מעבדיך,--(איוב ל"ד:כ"ה),מעשי ידיך. אל וכו',--תהל' כ"ז:ט'. 15 העתר,--בר' כ"ה: כ"א. 16 לשוקדי אולמך,--לזריזים לבית התפלה. אל וכו',--תהל' ע"ט:ח'.

כ"ז. תחנון לר' יוסף סופר מגולי אובן

תחנון מעין שיר-איזור בעל חמש מחרוזות בנות חמשה טורים כל אחת(פרט לרא-שונה שהיא בת שלושה טורים). המשקל: המרנין: ס---/ס---//ס---/ס---. החתימה: יוסף. המקור: א. (ד. א' 4481).

אֱלֹהַי מָה/אֲנִי רִמָּה/וְתוֹלֵעָה וְטִיט חָשׁוּב

וּמַה פִּשְׁעִי/וְקוֹל שַׁוְעִי/לְפָנֶיךָ יְהִי קָשׁוּב
וּמַה יוֹמִי/וְתַעֲצוּמִי/כְּרוּחַ סָף וְלֹא יָשׁוּב
וְאָנֹכִי/לְגוּשׁ הָלְכִי/ וּמָוֶת שָׁרְשִׁי יִדְרוֹשׁ
כִּי תְבַקֵּשׁ לַעֲוֹנִי וּלְחַטָּאתִי תִּדְרוֹשׁ.

יְרוּחַם בֵּן/בְּתוֹךְ מַלְבֵּן/ מְשַׂנְאָיו הֶעֱבִירוּהוּ
בָּךְ צוּרוֹ/וְאַבִּירוֹ/ וְיָשׁוּב אֶל דְּבִירֵהוּ
אֲשֶׁר נִשְׁבַּר/בְּכָל מַעְבַּר/ וְאֵין בָּהּ לְשַׁבְּרֵהוּ
וְהַהוֹמֶה/ וְהַצָּמֵא/אֱלֵי מֵימֵי מְקוֹרֵהוּ
תְּשִׁיבֵהוּ/לְנָוֵהוּ/וְעַל כֹּל הֶאֱמִירֵהוּ
וְאִם שָׂטָה/וְלָךְ חָטָא/הֲלֹא נִכְנַע וְכָפַף רֹאשׁ
כי תבקש וכו'.

וְעַד מָתַי/בְּחַטֹּאתַי/ לְךָ אֶקְרָא וְלֹא תַעֲנֶה
וְתִפְקוֹד עַל/אֱנוֹשׁ נִגְעַל/וְיֵצֶר רַע וְלֵב זוֹנֶה
וְעַל נֶחְשָׁב/כְּגֵר תּוֹשָׁב/ וְעַל נִגַּשׁ וְהוּא נַעֲנֶה
וְעַל סוּתוֹ/וְשִׂמְלָתוֹ/ עֲפַר אֶרֶץ וּבָהּ חוֹנֶה
וְרַע תִּגְמוֹל/וְלֹא תַחְמוֹל/לְמִי זוּלָתְךָ אֶפְנֶה
וְרַב עָצְבִּי/ וְעַל גַּבִּי/מְשַׂנְאִי יוֹם לְיוֹם יַחְרוֹשׁ
כי תבקש וכו'.

סְמוֹךְ יָדִי/בְּבֹא מוֹעֲדִי/ וְאַל תֶּפֶן אֱלֵי קָשְׁיִי
וְאִם גָּבְרוּ/וְרֹאשׁ עָבְרוּ/עֲוֹנוֹתַי,--זְכוֹר עָנְיִי
וְעַל קָשֶׁה/וְרָעוֹת שֶׁ/אֲפָפוּנִי בְּבֵית שִׁבְיִי
וְעַם נֶאֱלַח/ שׁוּב סְלַח/ וְשׁוּר כִּי נִצְּלוּ עֶדְיִי
וְהֶמְיָתִי/ וּבְכִיָּתִי/ וְדִמְעָתִי עֲלֵי לֶחְיִי
וְאֵין אֵלַי/ מְנַחֵם לִי/ וְכוֹסִי לַעֲנָה וָרוֹשׁ
כי תבקש וכו'.

פְּקַח עֵינְךָ/רְאֵה בִנְךָ/ מְפוּזָּר בֵּין הֲמוֹן עַמִּים
וּבֵין זָרִים/ וְאַכְזָרִים/ וְעָלָיו נָפְלוּ אֵימִים
יְקַוֶּה חוֹק/ וְהוּא רָחוֹק,/--הֲזָנַחְתָּ לְעוֹלָמִים?
וּמָה עִתּוֹ/וְתוֹחַלְתּוֹ,/--שְׂבַע רוֹגֶז קְצַר יָמִים
הֲלֹא תַצֵּל/יְמוֹתָיו צֵל/ וְתִפְתַּח שַׁעֲרֵי רַחֲמִים
לְבַל יִכְלֶה/עֲדֵי יַעֲלֶה/תַּחַת נַעֲצוּץ בְּרוֹשׁ
כי תבקש וכו'. כ"ל ע"ץ

1 ושיט חשוב,--נחשב כטיט חוצות. 2 ומה פשעי,--מה גדול פשעי. קשוב,--נשמע. 3 ותעצומי,--וכוחי. סף,--עבר. 4 לגוש,--לגוש עפר, לקבר. שרשי,--יוצרי,והכ-ונה להקב"ה. 5 איוב י':ו'. 6 בן,--ישראל,ע"פ שמ' ד':כ"ב. מלבן,--(ש"ב,י"ב: ל"א), רמז לגלות המרה. 7 בך,--ירוחם,ע"פ הושע י"ד:ד'. אל דבירהו,--אל המקדש.

8 כהה,--(בחום ג':י"ט),תרופה. 9 אלי מימי מקורהו,--מתפללים להקב"ה,מקור מים חיים,ע"פ יר' ב':י"ג. 10 ועל כל,--העמים. האמירהו,--ל' "ויי האמירך היום להיות לו לעם סגולה"(דבר' כ"ו:י"ח). 11 שטה,--בגד. הלא וכו',--הלא חוזר בתשובה. 14 ותפקוד על אנוש,--כלו' עד מתי תעבישנו(יר' מ"ד:י"ג)ע"י השטן הנגעל והוא היצר הרע(הש' ב"ב ט"ז,א)ולב זונה. 15 ועל וכו',--מוסב על "ועד מתי...תפקוד",ור"ל על ישראל בגולה שנחשב בעיני השלטונות כגר תושב ולא כבן בית. ועל נגש וכו',--ע"פ יש' נ"ג:ז',והכוונה לישראל. 16 ועל סותר וכו' ,--כלו' על אנוש(ע' לעיל שו' 14) שעפר ארץ(כלו' הקבר)הוא כסותו(סותו,ע' בר' מ"ט:י"א)ושמלתו. רבה חונה,--אחרי מותו. 17 ורע תגמול ולא תחמול,--עליו,מקביל ל"לך אקרא ולא תענה". למי זולתך אפנה,--הירות ואין אלהים זולתך,הש' ש"ב,ז': כ"ב. 18 עצבי,--צערי. יום ליום,--הנוסח בא: יום יום. יחרוש,--תהל' קכ"ט:ג'. 20 בבוא מועדי,--בבוא זמני לעמוד לפניך בדין. קשיו,--דבר' ט':כ"ז. 21 גברו ...עברו,--תהל' ס"ה:ד',עזרא ט':ו'. זכור עניו,--איכה ג':י"ט, כלו' עניי בגו-לה. 23 ועם,--הנוסח בא: בעם. נאלח,--איוב ט"ו:ט"ז. נצלו,--(שמ' י"ב:ל"ו), האויבים לקחו. 25 וררש,--דבר' ל"ב:ל"ב. 29 חוק,--במשמע' גבול(ע' איוב כ"ו: י')ור"ל מצפה לקץ הגלות. הזנחת וכו',--איכה ג':ל"א. 31 תצל,--(תהל' קי"ט: מ"ג),פי' תסיר את האדם(ימותיו צל)מן האדמה כשיגיע זמנו למות,מקביל ל"ומה עתו ותוחלתו". 32 עדי יעלה וכו',--(יש' נ"ה:י"ג),לבל יכלה לפני הגאולה. ובנוסח א: תחת לנעצוץ.

כ"ח. "חטאנו" לר' מנחם בר אליה מקסטוריה.

"חטאנו" סטרופי בן שלושים מחרוזות בנות ארבעה טורים כל אחת.כל טור רביעי פסוק מן המקרא.מספר המלים רופף בכל טור(3-5).החתימה:א"ב,מנחם חזק.המקור:א.(אין בד.).

אָמַרְתִּי לִבִּי אֵלַי/אֲדַבְּרָה וְיִרְוַח לִי
וַיִּשְׁמַע מֵהֵיכָלוֹ קוֹלִי/ וְהוּא יוֹשֵׁב מִמּוּלִי.

בַּקֹּדֶשׁ חֲזִיתִיו בְּחַשְׁמַלָּיו/ וְהַהֵיכָל מָלֵא שׁוּלָיו
וַעֲרָפֶל תַּחַת רַגְלָיו/ מִפְּנֵי אֲשֶׁר יָרַד יְיָ עָלָיו.

גְּבוּרוֹת וָעוֹז עִמָּךְ/ וּמַדּוּעַ לִמְשִׁסָּה עַמָּךְ
וְהַשִּׁקּוּץ שׁוֹמֵם בְּאוּלַמָּךְ/ וּבָא אֶל הַבַּיִת וְסָמַךְ.

דִּמְעוֹתַי כַּנַּחַל אוֹרִיד/ וְאָהִים בְּשִׂיחִי וְאָרִיד
כִּי הַפֶּסֶל לֹא תַחֲרִיד/ עַד בִּלְתִּי הִשְׁאִיר לוֹ שָׂרִיד.

הִנְנוּ בְּזַעַם וְעֶבְרָה/ וְצִירִים אֲחָזוּנִי כְּמַבְכִּירָה
וְכִי לֹא תָקוּם לְעֶזְרָה/ עַל כֵּן בָּאָה אֵלֵינוּ הַצָּרָה.

וְאוּלָם כִּי אֵין צְדָקָה/ לָנוּ לִזְעוֹק זְעָקָה
אֲבָל גְּאַל בְּשָׁעָה דְחוּקָה/ בְּכֹחַ גָּדוֹל וּבְיָד חֲזָקָה.

זְכוֹר רַחֲמֶיךָ וַחֲסָדֶיךָ/ וְאַל נָא תֶּרֶף יָדֶיךָ
מֵעַמְּךָ אֵלֶּה וַעֲבָדֶיךָ/ וִיבָרְכוּ שֵׁם כְּבוֹדֶךָ.

חָטְאוּ עוֹד פָּשְׁעוּ/ וְאֶת לְבָבָם לֹא קָרְעוּ
וְזֶה בַּמֶּה לֹא שָׁמְעוּ/ פְּנוּ אֵלַי וְהִוָּשְׁעוּ.

טֶרֶף לְחַיָּה נְתַתָּם/ מֵאָז קְצַפְתָּ בַּעֲזַבְתָּם
כְּמוֹ חֲלָלִים זְנַחְתָּם/ שׁוֹכְנֵי קֶבֶר אֲשֶׁר לֹא זְכַרְתָּם.

יְמֵיהֶם כֻּלָּם מַכְאוֹבִים/ עֲלוּבִים דְּחוּקִים נֶעֱזָבִים
וְהִנֵּה נִמְצָא בַּכְּתוּבִים/ לוֹ אֱלֹהִים קְרוֹבִים.

כֹּחֵנוּ כָּשַׁל וְנִכְבַּע/ תַּחְתֵּנוּ וְעָרְפֵּנוּ נִגְרַע
וְסִפְרֵנוּ אֲשֶׁר יִקְרַע/ יָמִיר אוֹתוֹ טוֹב בְּרַע.

לֶחֶם צַר לַחְמֵנוּ/ וּמַיִם לַחַץ מֵימֵינוּ
אֵין שָׁלוֹם בַּעֲצָמֵינוּ/ קֶרֶב קִצֵּנוּ מָלְאוּ יָמֵינוּ.

מִפְּנֵי יָדְךָ, בָּדָד/ יָשַׁב עַמִּי וַיִּתְבּוֹדָד
בְּיָדְךָ וֶאֱדוֹם וַחֲדָד/ כִּי בְּלֵיל שׁוּדָד.

נֶאֶסְפוּ עָלַי גֵּרִים/ גַּם כַּבִּיר גַּם אִישׁ תְּכָכִים
כֻּלָּם עָלָיו נְבוֹכִים:/ לְעֶבֶד מוֹשְׁלִים מְלָכִים.

שִׂימָה דִמְעָתִי בְּנֹאדֶךָ/ וְחָשׁ עֲתִידוֹת פּוּקְדֶיךָ
קוּמָה אֵל נְשָׂא יָדֶךָ/ וְהִנָּחֵם לְמַעַן עֲבָדֶיךָ.

עָנְיָם הַבֵּט וְדַלּוּתָם/ וּרְאֵה כּוֹבֶד גָּלוּתָם
וּגְבוֹר מִבּוֹר לְהַעֲלוֹתָם/ וְנוֹקֵם עַל עֲלִילוֹתָם.

פֶּשַׁע וְחַטָּאָה תְּכַפֵּר/ כַּעַסְךָ עִמָּנוּ הָפֵר
וּלְשׁוֹטֵן גּוּמָּץ חוֹפֵר/ כְּתוֹב זֹאת זִכָּרוֹן בַּסֵּפֶר.

צְבָאֲךָ אֱסוֹף לְעִירָךְ/ וְלִמְשִׁיחֲךָ נֵר יַעֲרָךְ
וְאָמְרוּ הוֹלְכֵי לְאוֹרָךְ/ יְהִי שֵׁם יְיָ מְבֹרָךְ.

קִבַּלְתִּי עַמִּי תַּחֲנוּנֶיךָ/ הַתָּפִיק מֵאִתִּי רְצוֹנֶךָ
רַחֵם אֲרַחֵם אֶבְיוֹנֶיךָ/ אַעֲבִיר כָּל טוּבִי עַל פָּנֶיךָ.

רוֹכֵב עַל חֲמוֹר הִנּוֹ בָא/ חֲלִיפוֹת עִמּוֹ וְצָבָא
אָדוֹם דָּגוּל מֵרְבָבָה/ וּמַה תְּעוֹרְרוּ אֶת הָאַהֲבָה.

שָׁמַעְתִּי אֶת תְּלוּנּוֹתֵיכֶם/ יָדַעְתִּי אֶת תְּנוּאוֹתֵיכֶם
לְקִיתֶם בַּעֲוֹן חַטֹּאתֵיכֶם/ לְכַפֵּר עַל נַפְשׁוֹתֵיכֶם.

תְּשַׁפְּעוּ הַטּוֹבוֹת הִזְמִינוּ/ לָכֶם מִשְׁמַרְתִּי וְהִטְמִינוּ
בְּהֵמוֹת וְלִוְיָתָן תַּשְׁמִינוּ/ תֵּדְעוּ וְתָבִינוּ וְתַאֲמִינוּ.

מַה נִּדְבַּרְתֶּם סָרָה/ וַאֲנִי עִמָּכֶם בְּצָרָה
וְגַן עֵדֶן לָכֶם שְׁמוּרָה/ פּוּךְ וְכָל אֶבֶן יְקָרָה.

נַחַת מָלֵא שֻׁלְחַנְכֶם/ וּבַעֲנָבָיו שָׁמוּר יֵינְכֶם
יְצַרְתִּיו מְאָז לְמַעַנְכֶם/ יְחַכֶּה יְיָ לַחֲנַנְכֶם.

חֶלְקְכֶם טוֹב וְנָעִים/ חַיֵּי עוֹלָם קְבוּעִים
לֹא עֲמֵלִים וְלֹא יְגֵעִים/ אֲשֶׁר בָּנֵינוּ כִּנְטִיעִים.

מָן וּשְׂלָו וּבְאֵר/ וְכֶעָפָר מָזוֹן וּשְׁאֵר
וּכְבוֹדוֹ לָכֶם יְבָאֵר/ מִשֶּׁעַ יְיָ לְהִתְפָּאֵר.

חֶשְׁבּוֹן הַקֵּץ מְבוֹאָר/ מְעַט שָׁנִים נִשְׁאַר
עַתָּה אֱדוֹם יוּאָר/ שְׁאָר יָשׁוּב שְׁאָר.

זָלִים זָהָב וּפִטְדָה/ וְאֵין אֶבְיוֹן בִּיהוּדָה
וּבִנְיָמִן אִישׁ עֲבֻדָּה/ בּוֹאוּ שְׁעָרָיו בְּתוֹדָה.

קֵץ הַגָּלוּת עָבַר/ וּמַטֵּה-רֶשַׁע נִשְׁבַּר
כִּי יְהוּדָה גָּבַר/ מִיָּד יָצָא הַדָּבָר.

הִנֵּה הַשַּׂר מִיכָאֵל/ וְעִמּוֹ הַשַּׂר גַּבְרִיאֵל
וּבֵינֵיהֶם מָשִׁיחַ הַגּוֹאֵל/ יָגֵל יַעֲקֹב יִשְׂמַח יִשְׂרָאֵל.

השיר הוא דו-שיח בין הקב"ה וכנסת ישראל. האחרונה פותחת בשו' 1-14 והק-ב"ה משיב בשו' 15-16. כנסת ישראל ממשיכה בשו' 17-36 והקב"ה מסיים בדברי נחמה בשו' 37-60. 1 ויצוח,--איוב ל"ב:כ'. 2ב, במד' כ"ב:ה'. 3 בחשמליו,--הק-ב"ה היושב בין מלאכיו הנקראים חשמלים, ע' יחז' א':ד' והש' חגיג' י"ג,א. שוליו,--יש' ו':א'. 4 וערפל וכו',--ש"ב,כ"ב:י'. 4ב, שמ' י"ט:י"ח. 6 והשקוץ וכו',--(דני' ט':כ"ז), ור"ל הנה ארץ ישראל בתונה בידי עובדי עבודה זרה. 6ב, עמוס ה':י"ט, וע"פ המשך הפסוק: וסמך ידו על הקיר ונשכו נחש, ומוסב על "עַמך", ור"ל ישראל יצא מדחי אל דחי. 8 הפסל לא תחריד,--פירושו הוא: אני בוכה, כי אתה האל אינך מחריד את הפסל עד בלתי הש' וכו'. 8ב, במד' כ"א:ל"ה. כמבכירה,--ירמ' ד':ל"א. 10ב, בר' מ"ב:כ"א. 11 כי אין צדקה וכו',--כלו' לא על צדקותינו אנחנו מפילים תחנונינו לפניך. 12 בשעה דחוקה,--(ל' התלמוד: "בשעת הדחק", הש' אבות ב'.ג'), בצרה. 12ב, שמ' ל"ב:י"א. 13-14 ואל נא...מעמך וכו',--יהוש' י':ו'. 14ב, נחמ' ט':ה'. 15 לבבם וכו',--יואל ב':י"ג. 16 וזה כמה,--(זכר' ז':ג'), וזה כמה שנים. 16ב, יש' מ"ה:כ"ב. 17 טרף וכו',--נתת את ישראל בידי אויבו(=לחיה) לבלעו(=טרף, במשמע' אֶכֶל), כלו' להשמידו. 18 כמו חללים,--כמו הרוגים בשדה, הש' דבר' כ"א:א'. 18ב, תהל' פ"ח:ו'. 20 והנה וכו',--ר"ל הלא כתוב בתורה: "כי מי גוי גדול אשר לו אלהים קרובים אליו כיי אלהינו בכל קראנו אליו" (דבר' ד':ז'), והייתכן שהננו נתונים במיצר? 21 ונכרע,--(תהל' כ':ט'), ונחלש. נגרע,--במקום "נגרעו" לצורך החרוז. 22 וספרנו אשר יקרע,--פי' האויב שעונו(=יקרע) על מצורת

התורה(=**ספרנו,והכוונה** לשבע מצוות שקיבלו עליהם בני נח), **הקב"ה יענישו**(ימיר
את הטוב ברע,-ע"פ ויק' כ"ז:י'). 23 לחם וכו',--יש' ל':כ'. 24ב, תהל' ל"ח:ד'.
25 מפני ידך,--שכבדה עלינו. בדד ישב וכו',--איכה א':א'. ויתבודד בירון וכו'
,--פי' ולבדד ישכון(במד' כ"ג:ט')בגלות ביזנטיה(בירון),ורומא(**ואדום**),**וישמעאל**
(וחדד,הש' בר' כ"ה:ט"ו). 26ב, יש' ט"ו:א'. 27 נכים,--רשעים, הש' תהל' ל"ה:
ט"ו. איש תככים,--(שם נ"ה:י"ב),איש תוך ומרמה. 28 נבוכים,--דוגמת "ויבער רא-
שם(ממבוכה)על בת ירושלים"(איכה ב':ט"ו). 28ב, יש' מ"ט:ז', ור"ל הייתכן שבן
מלך(ישראל, הש' תהל' מ"ה:י"ד)היה לעבד מושלים? 29 בנאדך,--תהל' נ"ו:ט'. פוק-
דיך,--ישראל. 30ב, תהל' צ':י"ג, למען עבדיך,האבות. 32 וגבור,--פי' **ומשיח הגואל**
(וגבור)קרא. 32 ונוקם על עלילותם,--(תהל' צ"ט:ח') של אויבי ישראל. 34 ולשוטן
,--(תהל' ק"ט:כ"ט),ולאויב. גומץ,--(קהל' י':ח'),חור. 34ב, שמ' י"ז:י"ד. 35
יערך,--תהל' קל"ב:י"ז: ערכתי נר למשיחי. 36 הולכי לאורך,--(יש' ס':ג'),**-רמז**
לאומות העולם. 36ב, תהל' קי"ג:ב'. 37 קבלתי וכו',--מכאן ועד סוף השיר, דברי
הקב"ה,ור"ל קבלתי תחנוניך,עמי. התפיק,--(משלי י"ב:ב'),ומוסב על "עמי". 38ב,
שמ' ל"ג:י"ט. 39 רוכב וכו',--ע"פ זכר' ט':ט' שדרשוהו חז"ל(בסנהד' צ"ח,א)על
משיח הגואל. חליפות וכו',--(איוב י':י"ז),הנ"ל בא **בלוית צבאותיו**. 40 אדום
וכו',--(שה"ש ה':י'),אדום פי' עושה נקמות באויבי ישראל,ע"פ שהש"ר,שם: צח לי
בארץ מצרים(פי' התנהג עם ישראל במדת הרחמים),ואדום למצרים(ועם המצרים במדת
הדין). ומה וכו',--שה"ש ח':ד' והש' ת"א,שם: יאמר מלכא **משיחה**(לבית ישראל)...
מה דין אתון מתגרין/**פי' מתחבבים**/**בעמי ארעה** למפק מן גלותא...**ידכר לכון מרי**
עלמה...למפרקכון. 41 תנואותיכם,--נדודיכם בגולה. 42 לקיתם,--בעונש של גלות.
לכפר וכו',--והש' מאמר ריש לקיש(בתענ' ט"ז,א): גלותינו מכפרת עלינו. 44 בה-
מות ולויתן וכו',--עתיד הקב"ה לעשות סעודה לצדיקים מבשרם של בהמות ולויתן,
הש' ב"ב,ע"ד,ב ומקבילות. 44ב, יש' מ"ג:י'. 46ב, ע"פ שם,נ"ד:י"א והש' ילקוט
שמעוני,בר' כ': בגן עדן...כל חופה(לצדיקים)יש בה שלחן של אבנים טובות ומר-
גליות. 47 נחת וכו',--איוב ל"ו:ט"ז. יינכם,--שמור מששת ימי בראשית, הש' סנ-
הד' צ"ט,א. 48 מאז,--מששת ימי בראשית. 48ב, יש' ל':י"ח. 50 לא עמלים וכו',--
בגן עדן. 50ב, תהל' קמ"ד:י"ב. 51 מן וכו',--המשך תאור מתן שכרם של הצדיקים
לעתיד לבוא שיאכלו אז מן המן(במד' י"א:ט')ומן השלו(שמ' ט"ז:י"ג) וישתו ממימי
באר מרים(במד' כ"א:ט"ז), והש' אגדת חז"ל(בחגיג' י"ב,ב)על הרחיים העומדות בש-
חקים וטוחנות מָן לצדיקים, והש' המקורות בל. גינזברג,אגדות,6,עמ' 19 על המן
ומימי באר מרים הגנוזים לצדיקים לעתיד לבוא. ושאר,--(תהל' ע"ח:כ"ז),בשר. 52ב,
יש' ס"א:ג'. 53 חשבון הקץ וכו',--(דני' י"ב:י"ג),מועד ביאת משיח הגואל,והש'
במבוא,לעיל,עמ' 20. 54 יואר,--באש, פי' בענש. שאר וכו',--(יש' י':כ"א) והמשך
הפסוק: יעקב אֶל אל גבור. 55 זלים וכו',--(יש' מ"ו:ו'),המשך תאור מתן שכרם של
ישראל לעתיד לבוא. 56 איש עבודה,--(בר' כ"ו:י"ד),בעל מקנה צאן ועשיר. 56ב,
תהל' ק':ד'. 58 גבר,--על אויביו. 58ב, בר' כ"ד:ב'. 59 הנה השר וכו',--הש'
אותיות דר"ע,באוצר מדרשים,ב',עמ' 423,ש': כיון שבא משיח לישראל יורדים עמו

מיכאל וגבריאל שרי צבאות...ועושים מלחמה עם רשעים. 60ב, תהל' י"ד:ז' ועוד.

כ"ט. וידוי לר' משה הממונה בר אברהם

שלישיה. כל טור שלישי פסוק מן המקרא. מספר מלים: 3-6 בכל טור. החתימה: א"ב, משה הממונה בן הרב אברהם חזק ואמץ,(הממונה,פי' חבר המועצה המשגיחה על הנוהג הטוב של חברי הקהילה ומשפחותיהם). המקורות במ"ר: א. ג,עמ' רפ"א. ד,ב'6.מקורות אחרים: לאנסהוטא, <u>עמודי העבודה</u>, עמ' 206 (ת). (ד.א' 6422).

אֱנוֹשׁ בִּינָה מִשְׁפַּט הַחֵרֶץ
וּזְכוֹר יוֹם יִפְקוֹד דָּר אֶרֶץ
תּוֹלְדוֹת הַשָּׁמַיִם וְהָאָרֶץ.

בְּבֹא לְפָנָיו פְּעֻלַּת יְסוֹדָם
פְּקֻדַּת כָּל בָּשָׂר וָדָם
זֶה סֵפֶר תּוֹלְדוֹת אָדָם.

גֶּעַר בְּיֵצֶר הָרַע בְּמֶרֶץ
כִּי הוּא הַפּוֹרֵץ פֶּרֶץ
הוּא הֵחֵל לִהְיוֹת גִּבּוֹר בָּאָרֶץ.

דַּרְכֵי אִישׁ בְּעָוֹן חָבוּ
סוֹקֵר צוּר וְדִבְרֵי נִיבוֹ
וְכָל יֵצֶר מַחְשְׁבוֹת לִבּוֹ.

הִנֵּה כְּתִיבַת יָדְךָ נִרְשֶׁמֶת
בְּשֶׁטָר וּבְעֵט בַּרְזֶל נֶחְתֶּמֶת
הַכֶּר נָא לְמִי הַחֹתֶמֶת.

וְהָאֵל הַשּׁוֹכֵן מֵעַל
רוֹאֶה כָּל סֵתֶר וְדוֹרֵשׁ כָּל מַעַל
אִם מִחוּט וְעַד שְׂרוֹךְ נַעַל.

זִכְרוֹן פְּקֻדַּת אִישׁ וּגְבוּרָתוֹ
יִפְקוֹד צוּר הַבְּכוֹר כִּבְכוֹרָתוֹ
וְהַצָּעִיר כִּצְעִירָתוֹ.

חִילָה אֲחָזַתְהוּ עַל עָוֹן נִרְשָׁם
אֵיבָרָיו מִתְפָּרְקִים בַּיַּעֲלֶה בָאֵשׁ
אֶל הַמִּדְבָּר אֲשֶׁר הוּא חוֹנֶה שָׁם.

טוּמְאַת הַלֵּב הָסֵר וְהַשְׁלֵךְ
כִּי לְמָחֳרַת הַמֶּלֶךְ עוֹמֵד כְּהֵלֶךְ
אֶל עֵמֶק שָׁוֵה הוּא עֵמֶק הַמֶּלֶךְ.

יַעֲזוֹב טִירוֹת אֲשֶׁר בָּנָה נָחוּץ
וַיַּשְׁלִיכוּהוּ בִּרְחוֹבוֹת עִיר מָחוּץ
וַיּוֹצִיאֻהוּ מִחוּץ.

כַּמָּה בְּשָׂרִי וְנִכְחַד קִימִי
בְּזָכְרִי כִּי תִּתְפּוֹשׂ הָאֲדָמָה גָּלְמִי
לֵאמֹר שִׁכְבָה עִמִּי.

לְעֵת יֵרֵד לְבֵית מוֹעֲדוֹ
יִרְאֶה הַמַּלְאָךְ הַחוֹבְטוֹ בְּצִדּוֹ
וּמַטֵּה אֱלֹהִים בְּיָדוֹ.

מֻכֵּהוּ וְאֵיבָרָיו נִפְרָשִׁים
וּבְאָבָק דַּק עֲצָמָיו דוּשִׁים
וּמִשָּׁם יִפָּרֵד וְהָיָה לְאַרְבָּעָה רָאשִׁים.

נִבְלָתוֹ נִשְׁחַת וְיַעֲלֶה בָאִשׁוֹ
וּכְרֵסוֹ נִבְקַעַת וְנִשְׁפַּךְ פִּרְשׁוֹ
עַל נְתָחָיו וְעַל רֹאשׁוֹ.

סוֹבְבִים תּוֹלָעִים עַל גַּבּוֹ
עוֹלִים וְיוֹרְדִים בּוֹ
עַל כְּרָעָיו וְעַל קִרְבּוֹ.

עַל גַּבּוֹ כְּפָרָשִׁים יָרוּצוּן
וְלֶאֱכֹל בְּשָׂרוֹ יְאִיצוּן
וְגַם אֶת הַמֵּת יֶחֱצוּן.

פּוּרָה דוֹרְכִים בִּכְרֵסוֹ בְּחַלְקָם
בְּשָׂרוֹ כְּאִילוּ בְּגוֹרָל יִקְחוּ חֶלְקָם
וְאָכְלוּ אֶת חֻקָּם.

צִדְקוֹתָיו סוֹפֵר,וְאִם רַב מַעֲלוֹ
לְתוֹךְ כִּבְשַׁן אֵשׁ יַפִּילוֹ
כַּמִּשְׁפָּט הַזֶּה יֵעָשֶׂה לוֹ.

קַב רָקָב בָּלוּי וּמְיוּשָׁן
יִהְיֶה גוּפְכֶם הַמְּדוּשָּׁן

מְלֹא חָפְנֵיכֶם פִּיחַ כִּבְשָׁן.

רוּחַ הוֹלֵךְ בְּלֹא צֵידָה
הֵן אַתֶּם כְּגָדֵר הַדְּחוּיָה
בְּאֶרֶץ נָכְרִיָּה.

שָׁמָּה עוֹבְרִים בִּבְנֵי מָרוֹן בִּגְזֵרָתוֹ
לִפְקוֹד פּוֹעַל מְלַאכְתּוֹ
אִישׁ אִישׁ עַל עֲבוֹדָתוֹ.

תּוֹעֲבוֹת יֵצֶר אִישׁ וְכָל מַעֲשֵׂהוּ
עַל גָּלוּי וְנֶעְלָם יְדִיעֵהוּ עוֹשֵׂהוּ
וְחִשֵּׁב עִם קוֹנֵהוּ.

מְחוֹז חַיָּיר וְנוֹעַם צִלּוֹ
פִּתְאוֹם יוּסָרוּ מֵאֶצְלוֹ
וְהַמֵּת יִהְיֶה לוֹ.

שָׁנִי לְבוּשׁ וְשֵׁשׁ וְרִקְמָה
וּמוּשָׁל בַּמּוֹטוֹת עַל שִׁכְמָה
לָשֵׂאת אוֹתוֹ בְּהֵמָּה.

הָהּ בְּזָכְרִי שִׁבְרִי עֵינַי כָּלוֹת
כִּי יְשִׁיתֻנִי בְּנִקְרַת צוּר וּמְחִלּוֹת
וּבַחֲרוֹשֶׁת אֶבֶן לְמַלְאת.

הַקּוֹל אֵלָיו קוֹרֵא בִּרְגָזוֹת
רַב לְךָ הַשֶּׁמֶשׁ לַחֲזוֹת
קוּם צֵא מִן הָאָרֶץ הַזֹּאת.

מוּסָרִי פָּרַע וּמָאַס הַדַּעַת
וְלֹא שָׁת לִבּוֹ לָדַעַת
כִּי תֹאכְלֶנּוּ הַתּוֹלַעַת.

מֶשְׁלָךְ כְּפֶגֶר מֻבָּס בְּמַעֲצָבוֹ
נָמֵס כַּדּוֹנַג בְּשָׂרוֹ וְחֶלְבּוֹ
רָר בְּשָׂרוֹ אֶת זוֹבוֹ.

וּלְמַעֲצֵבָה יִשְׁכַּב בְּאֶרֶץ מְגוּרוֹ
וּבֶעָפָר יִתְכַּסֶּה בְּשָׂרוֹ
הִיא שִׂמְלָתוֹ לְעוֹרוֹ.

נַפְשׁוֹ תֶּאֱבַל עָלָיו מַר
וּפִיו וְעֵינָיו יִהְיוּ בְּמִכְמָר
בְּאֵרוֹת בֶּאֱרוֹת חֵמָר.

הַיּוֹם הַהוּא מִשְּׁמֵנוֹ יֵרָזֶה
וּבֵית אֲבָנִים יֶחֱזֶה
גָּדֵר מִזֶּה וְגָדֵר מִזֶּה.

בְּפֶתַע פִּתְאֹם יָבוֹא אֵידוֹ
בִּרְאוֹתוֹ מַלְאָךְ הָעוֹמֵד לְנֶגְדּוֹ
וְחַרְבּוֹ שְׁלוּפָה בְּיָדוֹ.

נִבְזֶה בְּחַיָּיר נִמְאָס בְּמוֹתוֹ
רִמָּה וְרָקָב כְּסוּתוֹ
מִזֶּה וּמִזֶּה לְכַסּוֹתוֹ.

הָגְרַשׁ מִמַּצָּעוֹת חֶמְדָּה
וּתְכַסֵּהוּ תּוֹלַעַת בְּלִי מִדָּה
כִּי הִיא כְסוּתָהּ לְבַדָּהּ.

רְכוּשְׁךָ עָזוּב וְכָל קִנְיָנֶךָ
צֵא לְךָ מִמַּשְׂכִּיּוֹת עֲדָנֶיךָ
וְשִׂים בַּסֶּלַע קִנֶּךָ.

בְּעֵת יָבוֹא לַחְקוֹר עָוֹן
יִקְרָא אֶל סָכָל וְאֶל נָבוֹן
לִמְצוֹא חֶשְׁבּוֹן.

אִם הֵפֵרוּ בְּרִית לַעֲשׂוֹת תַּאֲוָה
הַשּׁוֹפֵט יַכֵּם עַל עָזְבָם אֶת הַמִּצְוָה
וְיִרְדְּפֵם עַד חוֹבָה.

בְּכִי וְדֶמַע נַפְשִׁי שִׁפְכִי
שִׁיתִי לִבֵּךְ לְאַחֲרִיתֵךְ וְהִמָּלְכִי
אֵי מִזֶּה בָאת וְאָנָה תֵלֵכִי.

רוֹעֵד בְּזָכְרוֹ מַעֲלָלָיו
וְאִם רַבּוּ אֲשָׁמָיו וּמַעֲלָיו
אֵימָה חֲשֵׁכָה גְדוֹלָה נֹפֶלֶת עָלָיו.

הֲיִצּוּר לִקְרַאת יוֹצְרוֹ יִכּוֹן
לְעָבְדוֹ בְּלֵב נָכוֹן
וְעַל פְּנֵי כָל אֶחָיו יִשְׁכּוֹן.

מוֹדֶה וְעוֹזֵב יְרוּחַם בִּתְשׁוּבָתוֹ
וְלִמְלַמֵּד דָּתוֹ יִגְזוֹר צוּר בְּחֶמְלָתוֹ
לָרֹב תַּרְבֶּה נַחֲלָתוֹ.

חֲזֵה כִּי פִּתְאֹם יָבֹא נוֹשֵׁךְ

לָכֵן שׁוּר אֶל צוּר קְדוֹשֶׁךָ
הַמְלֵט עַל נַפְשֶׁךָ.

זְדוֹן לִבְּךָ הִקְהָה לְךָ שִׁנַּיִם
נִדְבַּק אֵלֶיךָ כְּאֵזוֹר בְּמָתְנַיִם
הִנֵּה הוּא לְךָ כְּסוּת עֵינַיִם.

קַמְתִּי נִרְעָד בְּדִמְעָה נִחֶבֶת
בְּזָכְרִי אִשּׁוֹ הַגְּדוֹלָה וְהַמַּעֲרֶכֶת
לַהַט הַחֶרֶב הַמִּתְהַפֶּכֶת.

וְלִבִּי הֲכִינוֹתִי לְיוֹצֵר נִשְׁמָתִי
וְיֵצֶר הַזּוֹנֶה הִתְעַנִּי מִנְּתִיבָתִי
הֵחֵל בִּי וְהֶחֱלִיף אֶת מַשְׂכֻּרְתִּי.

אֵלֶיךָ שַׁבְתִּי בְּרַעַד וְאֵימָה
וְאֶל גַּן עֶדְנְךָ הַקְּדוּמָה
אַמְלְטָה נָא שָׁמָּה.

מַעֲנֵה לִבְּךָ זְרֵה בְּרַחַת
וְשׁוּב אֶל יוֹצֶרְךָ וּמֵרֶדֶת שַׁחַת
אַל תִּירָא וְאַל תֵּחַת.

צֶדֶק צֶדֶק תִּרְדּוֹף בְּתוֹךְ עַמֶּךָ
וְאַל תִּטּוֹשׁ תּוֹרַת אִמֶּךָ
כִּי הוּא חַיֶּיךָ וְאֹרֶךְ יָמֶיךָ.
מה נדבר וכו'

שו' 32 בזכרי,גד: בזוכרי. 52 צדקותיו, גדת: צעדיו. 56 המדושן, א: המעושן. 61 כבני מרון, א: כבנומרון. 67 מחוז, גדת: מעוז. 134 התעני, א: אותי.

1 החרק,--השמדה, מלה מחודשת ע"פ יש' י':כ"ג: כי כלה ונחרצה וכו', והש' צונץ, ס.פ.,עמ' 387,ר"ל אבוש,הבן משפט השמדת הרשע,שעוונותיו מרובים על זכיותיו. 2 דר ערץ,--הקב"ה השוכן בשמים(ערץ,כנוי לשמים,ע"פ תהל' פ"ט:ח' ומלה מחודשת,הש' צונץ,שם, עמ' 388). 3 בר' ב':ד', ור"ל כל באי עולם נדונים, הש' ר"ה,א',ב. 4 פעולת יסודם,--במקום "יסוד פעולתם", היפוך סדר התיבות ביחסים של קביין, לצורך החרוז. 6 בר' ה':א'. 8 הפוך פרץ,--ההורס. 9 שם בר' י':ח'. 10 עוון חבו,--עוונו שעבר בסתר,ע"פ איוב ל"א:ל"ג. 11 סוקר צור,--הקב"ה רואה. 12 בר' ו':ה'. 13 נרשמת,--ע"פ דרשת חז"ל(בספרי,דבר' ט"ז) שהחוטא עצמו חותם על מעשיו בשעת פטירתו מן העולם, והפייטנים העבירו כלל זה לר"ה ולעשי"ת. 15 בר' ל"ח:כ"ה. 17 מַעַל,--חטא. 18 שם י"ד:כ"ג. 20 הבכור וכו',--(שם מ"ג:ל"ג),פי' כל אחד נדון לפי עוונותיו וזכויותיו. 22 חילה,--איוב ט':י'. 23 איבריו מתפרקים,--בזמן שהוא נענש על חטאו בידי מלאך המות, הש' מסכת חבוט הקבר,שם,א',עמ' 93, וע' לעיל,שיר ט',הע' לשו' 107. באשם,--יש' ל"ד:ג'. 24 שמ' י"ח:ה'. 26 המלך עומד וכו',--פי' כל בשר ודם ואפי' מלך עומד לפניך בדין. כהלך,--(ש"ב,י"ב:ד'),כעובר דרך,והש' מאמר חז"ל(בר"ה א',ב): כל באי עולם עוברין לפניך כבני מרון. 27 אל עמק שוה וכו',--(בר' י"ד:י"ז),ור"ל אל תקרי שָׁוֶה אלא שָׁוֶה, כלו' קטן וגדול שם הוא. 28 יעזוב,--המת. נחוק,--דחוף,כאדם שאינו סובל דחוי בהגשמת מאווייו. 29 מחוץ,-- פצוע ממכות מלאך המות. 30 מחוק,--(מ"א,כ"א:י"ג),לקבורה. 31 כמה וכו',--תהל' ס"ג:ב'. ונכחד וכו',--איוב כ"ב:כ'. 32 גלמי,--גופי. 33 בר' ל"ט:י"ב. 34 לבית מועדו,--(איוב ל':כ"ג),לקבר. 35 המלאך החובטו וכו',--האדם נענש בקבר "על עוון נרשם"(ע' לעיל שו' 22)ע"י מלאך המות, הש' מסכת חבוט הקבר,שם,וע' לעיל, מבוא, עמ' 20-21. 36 שמ' י"ז:ט'. 37-38 ואיבריו...עצמיו,--הש' לעיל שיר ט',הע' לשו' 107. דושים,--ל' "וישמם כעפר לדוש"(מ"ב,י"ג:ז'). 39 בר' ב':י'. 41 וכרסו וכו' ,--ע"פ ירוש' מועד קטן,ג'.ה',הש' לעיל שיר ט' שו' 119, והע' שם. ונשפך פרשו

,--ירוש' מ"ק,שם. 42 שמ' כ"ט:י"ז. 44-43 סובבים וכו',--הש' שיר ט',הע' לשו'
121, רע' לעיל,מבוא,עמ' 22. 45 שמ' י"ב:ט'. 48 שמ' כ"א:ל"ה. 49 פורה וכו',--
(יש' ס"ג:ג'),כבגת דורכות התולעים בכריסו. 50-49 בחלקם בשרו,--יש' ט':ב'. בגו-
רל,--הש' לעיל שיר ט',שו' 123-122: ועליו גורלות יפילו,חלק כחלק יאכלו. 51
בר' מ"ז:כ"ב,חקם,כתרגומו: חלקהון. 52 צדקותיו סופר,--לדעת אם מרובות הן על
זדונותיו, פי' אדם בידון לפי עוונותיו, הש' רמב"ם,משנה תורה,הלכ' תשובה,ג'.
ב'. 53 כבשן אש,--לאשו של גיהנם,הש' תנא דבי ר' ישמעאל(בעירוב' י"ט,א). 54
שמ' כ"א:ל"א. 55 קב,--במשמע' בית קבול,ע' כלים י"א.ז'. 56 המדושן,-- השמן.
57 שמ' ט':ח'. 58 בלא צדיה,--בלי כוונה(במד' ל"ה:כ'),ובהוראה כוללת יותר:
בלי התראה, פי' פתאום יוצאת הנשמה(רוח)ממנו. 59 כגדר הדחויה,--תהל' ס"ב:ד'.
60 בארץ נכריה,--(שמ' ב':כ"ב),כך הנשמה בגוף. 61 כבני מרון,--לשון המשנה,ר"ה
א'.ב', חולקים בו החוקרים בפירושו,ע' א.מ.הברמן,פרקים,א',עמ' 34-31. 63 במד'
ד':י"ט. 64 יצר,--בר' ו':ה'. 66 ויק' כ"ה:ב'. 67 מחוז חיוו,--דוגמת "מחוז חפ-
צו". צלו,--(בר' י"ט:ח'),ביתו. 69 שמ' כ"א:ל"ד. 71-70 שני וכו',--אדם לבוש
בחייו בגדי שני וכו', הנהו מוטל בארון על המוטות והובל לקבר על שכמי האנשים,
שכמה ל' נקבה לצורך החרוז. 72 שמ' ל':ד'. 73 שברו,--יר' י':י"ט. עיני כלות,--
שם י"ד:ו'. 74 ישיתוני וכו',--בקבר, מחילות,פי' מערות. 75 אבן וכו',--(שמ'
ל"א:ה'),ורומז לסתימת הגולל בקבורה. 76 הקול וכו',--קולו של מלאך המות,הש'
מסכת חבוט הקבר,שם: (המלאכים הממונים על הדבר)אומרים לו,'קום הגיע קצך'. 78
בר' ל"א:י"ג. 79 פרע,--(משלי י"ג:י"ח),ביטל. 81 דבר' כ"ח:ל"ט. 82 כפגר מובס
,--יש' י"ד:י"ט. במעצבו,--(שם נ':י"א),במקום "במעצבתו" לצורך החרוז. במשמע'
יגון וצער. 84 ויק' ט"ו:ג'. 85 בארץ מגורו,--בעפר האדמה ממנה לוקח. 87 שמ'
כ"ב:כ"ו. 88 נפשו תאבל וכו',--ע"פ איוב י"ד:כ"ב שדרשוהו חז"ל(בשבת קנ"ב,א):
בפשו של אדם מתאבלת עליו כל שבעה. 89 במכמר,--(יש' נ"א:כ'),במלכודת, בענש על
העבירות שעבר בפה ועין במדה כנגד מדה, הש' מסכת חבוט הקבר,שם: מכהו(מלה"מ)
מב' עיניו מפני שלא ראה ואמר(דבר שלא ראה)...ומשפתיו מפני שהוציא משפתיו דב-
רי תיפלות. 90 בארות וכו',--(בר' י"ד:י'),בהן תקוע כשנענש, ורמז לקבר. 93
במד' כ"ב:כ"ד. 94 יבוא אידו,--ימותו. 95 מלאך וכו',--הש' מאמר חז"ל(בע"ז,כ',
ב) שבשעת פטירתו של חולה עומד(מלה"מ)מעל מראשותיו וחרבו שלופה בידו. 96 במד'
כ"ב:כ"ג. 99 שמ' כ"ו:י"ג. 100 הגרש,--בבניין הָפעל, במשמע' הושלך. ממצעות חמ-
דה,--(יש' כ"ח:כ'), ורמז לאישות. 102 שמ' כ"ב:כ"ו. 104 ממשכיות וכו',--הכוו-
נה לציורים ולקישוטים שעל פני כתלי ביתו.105 במד' כ"ד:כ"א. 106 יבוא,--הקב"ה.
108 קהל' ז':כ"ז,פי' ליתן דין וחשבון. 110 יכם,--הש' מסכת חבוט הקבר,שם: מוס-
רים אותו לחמשה מלאכי חבלה...אחד מכה וכו', והש' לעיל,מבוא,עמ' 21. 111 ויו-
דפם עד חובה,--(בר' י"ד:ט"ו),ור"ל אל תקרי "עד חובה" אלא "על חובה(עוון)".
114 בר' ט"ז:ח', ורמז למאמר ר' עקביא באבות ג'.א'. 117 בר' ט"ו:י"ב. 120 בר'
ט"ז:י"ב, ור"ל (ע"פ העמידה לימים הנוראים): ויעשו כלם אגדה אחת לעשות רצונך.
121 מודה וכו',--משלי כ"ח:י"ג. 122 דתו,--תורתו. יגזור וכו',--הש' מסכת חבוט

<u>הקבר</u>,שם: בשעת הדין אומר לו הקב"ה לאדם...כלום עסקת בתורה וכו'. 123 במד' כ"ו:י"ז,פי' למי שעוסק בתורה ובמעשים טובים פוטרים אותו מן הדין. 124 נושך ,--מלה"מ. 125 שור,--דוגמת "עיביגו אל ה' וכו'"(תהל' קכ"ג:ב'). 126 בר' י"ט: י"ז. 127 הקהה וכו',--יר' ל"א:כ"ט. 128 כאזור וכו',--מ"ב,א':ח'. 129 בר' כ': ט"ז, פי' זדון לבך השיאך(עובד' ג'). 130 נתכת,--(יר' ז':כ'),בשפכת. 131 אשר הגדולה,--של גיהנם. 132 להט וכו',--(בר' ג':כ"ד)בידי השומרים על פתחי גיהנם, הש' עירובי' י"ט,א. 133 ולבו וכו',--כלו' הנפש בלבי, הלב הוא המשכן האמיתי של הנפש,הש' רי"ה,<u>הכוזרי</u>,ב'.כ"ו ופי' ראב"ע לבר' א'.א'. 134 ויצר וכו',--אבל יצ-רי הרע התעבי וכו'. 135 בר' ל"א:ז',פי' החליף את משכורתי משכר לעונש. 137 גן וכו',--בר' ב':ח'. 138 שם י"ט:כ'. 139 זרה ברחת,--(יש' ל':כ"ד),פי' הבדל עצ-מך מן הרעה. 140 שחת,--גיהנם,ע"פ מאמר ר' יהושע בן לוי(בעירוב',שם). 142 צדק וכו',--דבר' ט"ז:כ'. 143 משלי א':ט'. 144 דבר' ל':כ'.

ל'. ליל רביעי. פתיחה לר' שלמה שרביט הזהב

מסתג'אב בעל ו' מחרוזות בנות ג' טורים כל אחת. בראש המסתג'אב עומד הפסוק "במה יזכה וכו'"(תהל' קי"ט:ט') הקובע את נושאו העיקרי של הפיוט . חתימת השם: שרביט הזהב. המקור: א. (אין בד.).

<u>בַּמֶּה</u> יְזַכֶּה/<u>נַעַר</u> אֶת אָרְחוֹ/לִשְׁמוֹר כִּדְבָרֶיךָ?

שׁוֹאֵף חֵטְא כְּצָמֵא/מְגוֹאָל וְטָמֵא/ נֶחְשַׁב <u>בַּמֶּה</u> ?
רֶדֶת שְׁאוֹל יְחַכֶּה/ נָגוּעַ וּמוּכֶּה/ <u>בַּמֶּה</u> יְזַכֶּה ?
<u>בַּמֶּה</u> יִתְנַעֵר/ וּבְאֵיזֶה <u>שַׁעַר</u>/ יְזַכֶּה <u>נַעַר</u> ?
יִמְשׁוֹל בְּרוּחוֹ/ הוֹלֵךְ נְכוֹחוֹ/ <u>נַעַר</u> אֶת אָרְחוֹ,
טֶרֶם יִגְמוֹר/יוֹם <u>הַמִּזְמוֹר</u>/ אֶת אָרְחוֹ לִשְׁמוֹר.
הִנֵּה יְקַו לְאוֹרֶךָ/וּלְעֶזְרֶךָ/לִשְׁמוֹר כִּדְבָרֶךָ.

זֶה עָנִי יִבְכֶּה/יִשְׁפּוֹךְ שִׂיחוֹ/לִפְנֵי דְבִירֶךָ,
הֵן יָשׁוּחַ יִדְכֶּה/ וּבְמַר רוּחוֹ/<u>יַעֲטֹף</u> לְפָנֶיךָ,
בְּחַסְדְּךָ יְחַכֶּה/ לֹא <u>עַל</u> כּוֹחוֹ/כִּי <u>עַל</u> רַחֲמֶיךָ. כי על רחמיך(ד.כ' 219).

3 רדת וכו',--הייתכן שהוא יחכה לרדת שאולה. 4 יתנער,--מן החטא. שער,--(בר' כ"ו:י"ב),פי' מדה. 5 ימשול וכו',--(משלי ט"ז:ל"ב),הנה תשובת הפייטן לשאלתו הםמורית: במה יזכה? נכוחו,--יש' נ"ז:כ'. 6 יום המזמור,--הכוונה לשבת שובה בין כסה לעשור שבו אומרים "מזמור שיר ליום השבת"(תהל' צ"ב:א'),והפייטן מציע ל"נער" לזרז בתשובתו ולא לחכות עד יוה"כ שהוא קץ מחילה וסליחה לישראל,הש' רמב"ם,<u>משנה תורה</u>,הלכ' תשובה,ב'.ז'. 9 הן ישוח ידכה,--(תהל' י':י'),הנה משפיל ומקטין את עצמו לפניך. יעטוף,--תהל' ק"ב:א',ופי' רש"י:כי יעטוף: בהתעטף נפשו בצרה. 10 לא על כחו,--של אדם. כי על וכו',--דני' ט':י"ח,והש' לעיל שיר א'.

ל"א. פתיחה לר' יהודה(הלוי?)

פתיחה סטרופית בעלת חמש מחרוזות ולכל מחרוזת ה' טורים. חתימת השם: יהודה. המשקל: השלם ג':--ס- --ס- ---. המקורות: א. ב, עמ' 210. (ד. י' 1615).

יוֹם אֶפְתְּחָה דֶלֶת לְמִשְׁמַרְתֶּךָ
אֶפְתַּח בְּמָשָׁל פִּי תְּהִלָּתֶךָ
אֶקְרָא הֲמוּלַּת קוֹל לְעֻמָּתֶךָ
לִפְנֵי דְבִיר אֶשְׁתַּחֲוֶה בֵיתֶךָ
אֶל הֵיכְלֵי קָדְשְׁךָ בְּיִרְאָתֶךָ.

הַיּוֹם פְּקַדְתִּיךָ וְצָקוּן לַחַשׁ
לִשְׁפּוֹךְ לְפָנֶיךָ לְבָבִי רָחַשׁ
עָזַב נְתִיב דַּרְכּוֹ וְהִשְׁלִיךְ כַּחַשׁ
נִצָּב בִּתְמִים וֶאֱמֶת לֹא נַחַשׁ
נִשְׁעָן עֲלֵי חַסְדְּךָ וּבַאֲמִתֶּךָ.

וּבְעֵת לְךָ בִגְלִי תְּהִי נִצֶּבֶת
אָרִיד בְּמוֹ רוּחִי אֲשֶׁר שׁוֹאֶבֶת
אָז אָזְנְךָ אֵלַי תְּהִי קַשֶּׁבֶת
וּמְחֵה שְׂאֵת פָּנַי וְהַצָּרֶבֶת
כִּי רָצְתָה נַפְשִׁי לְמִשְׁמַעְתֶּךָ.

דַּלְתֵי דְבִיר אוּלָם וְהַמִּפְתַּח
אַכַּף לְאֵל מָרוֹם בְּכַף שׁוֹטֵחַ
אֶכְרַע לְךָ בֶּרֶךְ בְּחִיל שׁוֹתֵחַ
כִּי בָעֲרָה נַפְשִׁי כְּסִיר רוֹתֵחַ
עֵת אֶזְכְּרָה יוֹם פְּקוּדָּתֶךָ.

הָאֵל אֲשֶׁר כָּל חַי יְצִיר יָדֶיךָ
מִי יַעֲמוֹד נִבְחָךְ לְרִיב נֶגְדֶּךָ
מִגַּעֲרַת זַעְמְךָ וְקוֹל פַּחְדֶּךָ
אָנָּא סְלַח נָא לַעֲוֹן עַבְדֶּךָ
וּפְתַח לְנֶגְדִּי קֵץ תְּשׁוּעָתֶךָ.

שו' 25, תשועתך, ב: סליחתך.

1 למשמרתך,--(מ"ב, י"א:ז'),לבית-תפלה. 5-4 אשתחוה וכו',--תהל' ה':ח'. 6 וצקון לחש,--ר"ל ותפלה(צקון לחש,כנוי לתפלה בלי הפייטנים ע"פ יש' כ"ו:ט"ז)לשפוך לפניך וכו'. 8 דרכו,--הרע. 9 לא נחש,--כנוי לישראל ע"פ במד' כ"ג:כ"ג, ור"ל ישראל(לא נחש)עזב נתיב דרכו וכו'. 10 עלי וכו',--תהל' קמ"ו:א'. 11 נצבת,--בתפלה. 12 אריד,--(תהל' נ"ה:ג'),אזעק. במו וכו',--בנשמתי אשר שואבת ממך חיים, הש' בר"ר י"ד.ט'. 14 שאת וכו',--(ויק' י"ג:ב',כ"ג),ר"ל מחה פשע ועוון. 15 למשמעתך,--(יש' י"א:י"ד),פי' לקבל עלי את עול מלכות שמים. 16 דלתי וכו',--דרך פתחי בית-תפלה. 17 אכף וכו',--מיכה ו':ו'. בכף שוטח,--תהל' פ"ח:י'. 18 שותח,--כך בנוסחי אב, ולא הוברר. ייתכן שר"ל "שׁוֹחֵחַ",וע"פ ירוש' ברכ' ג'.ד': "ברוך אתה--שוחח, בא להזכיר את השם--זוקף." 19 בערה וכו',--יר' כ':ט'. 20 יום פקודתך,--(הושע ט':ז'),יום הדין. 21 יציר ידיך,--פי' כל חי הוא יציר כפיו של הקב"ה. 22 לריב,--יש' ג':י"ג. 25 קץ תשועתך,--(דבי' י"ב:י"ג),רמז לגאולה.

ל"ב. סליחה "ראשונה" לר' מנחם בר אליה מקשטוריה

סליחה סטרופית בעלת עשר מחרוזות. כל מחרוזת בת ארבעה טורים. כל טור רביעי שבר-פסוק. החריזה: אאא,ב; בבב,ב; וכו'. מלת "יי" באה בראש כל מחרוזת ובראש כל טור רביעי. החתימה: מנחם(משולש)הקטן ברבי אליה חזק ואמץ. המקור: א.(אין בד.).

יְיָ מֶלֶךְ מְיוּחָד בֶּאֱמֶת/ מֶמְשַׁלְתּוֹ עֲדֵי עַד קַיֶּמֶת

מְבוֹאֶרֶת בְּאַחַת הַחוֹתֶמֶת/ יְיָ אֱלֹהֵינוּ יְיָ.

יְיָ נִקְרָא מְשֻׁלָּשׁ פְּעָמִים/ נִכְלַל בְּעֶשְׂרִים וּשְׁתַּיִם
נִלְהָגוֹת מִגָּרוֹן לִשְׂפָתַיִם/ יְיָ אֵל אֱלֹהִים יְיָ.

יְיָ חַנּוּן וְרַחוּם מְטַהֲרוֹ/ חַטָּאָה נוֹשֵׂא לְמִתְעַבְּרוֹ
חִוָּה לְעָנָיו בְּעָבְרוֹ/ יְיָ עַל פָּנָיו וַיִּקְרָא יְיָ.

יְיָ מִדּוֹת שְׁלֹשׁ עֶשְׂרֵה הוֹדִיעוֹ/ מִתְוַדֶּה וְעוֹזֵב פִּשְׁעוֹ
מִצָּרָה יְחַלְּצֵהוּ בְּהַפְגִּיעוֹ/ יְיָ וַיּוֹרֵהוּ יְיָ.

יְיָ הִטְעִים אֲמָרָיו לְשׁוֹאֲלוֹ:/ 'קָדוֹשׁ וְצַדִּיק יֵשׁ וְרַע לוֹ,
'טָמֵא וְרָשָׁע יֵשׁ וְטוֹב מַזָּלוֹ'/ יְיָ אֱלֹהִים חֵן וְכָבוֹד יִתֵּן יְיָ.

יְיָ נָגַהּ בְּטוּבוֹ וְאוֹרוֹ/ בְּעָבְדוֹ בִּכְבוֹדוֹ לְהַכִּירוֹ
רָאָה אֶת אֲחוֹרָיו וְהֶאֱמִירוֹ:/ יְיָ אִישׁ מִלְחָמָה יְיָ.

יְיָ בְּקָרְאוֹ אֶרֶךְ אַפַּיִם/ קָדַד הִשְׁתַּחֲוָה אַפַּיִם
אָמַר בְּדִבְרֵי שְׂפָתַיִם:/ 'יְיָ יֵלֶךְ נָא יְיָ'.

יְיָ לוֹ הַמְּלוּכָה נָאוָה,/ יוֹדֵעַ וָעֵד וְיֵשׁ תִּקְוָה
הִבְדִּיל בֵּין צְמֵאָה לְרָוָה/ יְיָ כִּי גָדוֹל כְּבוֹד יְיָ.

יְיָ חִשַּׁבְתָּ מְאֹד רְפוּאָתֵנוּ,/ זָכוּת וּתְעָלָה לְחֶלְאָתֵנוּ
קִדַּשְׁתָּ רֵאשִׁית תְּבוּאָתֵנוּ/ יְיָ מְקַדֵּשׁ יְיָ.

יְיָ רְאֵה בְּרַחֲמֶיךָ תִּפְנֶה/ אֵלֵינוּ וּסְבִיבֵנוּ תַּחֲנֶה
מִצָּרָה קְרָאנוּךָ, תַּעֲנֶה/ יְיָ הָעוֹמְדִים בְּבֵית יְיָ.
אל מלך יושב

1 מיוחד באמת,--הש' רמב"ם, משנה תורה, יסודי התורה,א'.ז': אלוה זה אחד הוא וכו'...שאין כיחודו אחד מן האחרים...אלא יחוד שאין יחוד אחר כמותו בעולם. 2 באחת וכו',--בתורת(אחת,ע' במד' ט"ו:כ"ט)הקב"ה החותמת(הש' גיטין ס',א: תורה חתומה ניתנה, ופי' רש"י: גמורה ומסויימת ושלימה,). 2ב, דבר' ו':ד'. 3 יי נקרא משולש,--הש' א"ב דרבי עקיבא,באוצר מדרשים,ב',עמ' 410: הקב"ה נקרא אחד וקריאת שמו אותיות(שמות)משולשות...שנא' 'יי אלהינו יי אחד'(דבר' שם)--הרי שמו משולש. פעמים,--ערב ובקר,הש' ברכות השחר. בעשרים ושתים,--בכ"ב אותיות יסוד, הש' ס.יצירה,ב'.ג'. 4 נלהגות,--(קהל' י"ב:י"ב),ל' דבור,ר"ל נדברות. מגרון לשפתים,--הש' ס.יצירה,שם: כ"ב אותיות יסוד...א,ה,ח,ע, בגרון...ב,ו,מ,ף בשפתים. 4ב,יהוש' כ"ב:כ"ב. 5 מטהרו,--מטהר ישראל מחטא. למתעברו,--תהל' ע"ח:נ"ט. 6 חיוה,--אמר. לעניו,--(במד' י"ב:ג'),למרע"ה. 6ב, שמ' ל"ד:ו'. 7 הודיעו,--הש' מאמר ר' יוחנן(בר"ה,י"ז,ב): נתעטף הקב"ה כש"ץ והראה לו למשה סדר התפלה. 8 בהפגיעו,--ל' בקשה(ע' ירמ' ל"ו:כ"ה),והש' מאמר ר' יהודה(בר"ה,שם):ברית כרותה לשלוש עשרה מדות שאינן חוזרות ריקם. 8ב, שמ' ט"ו:כ"ה, ויורהו,פירושו ע"פ מאמר ר' יוחנן הנ"ל. 9 לשואלו,--למרע"ה ששאל את הקב"ה(ע"פ דרשת ר' יוחנן

בברכ' ז',א): מפני מה יש...צדיק ורע לו...רשע וטוב לו וכו'? 10ב,תהל' פ"ד:י"ב,ועפ"פ המשך הפסוק: לא ימנע טוב להולכים בתמים. 11 ואורו בעבדו,--במרע"ה, ע"פ שמ' ל"ד:כ"ט: כי קרן עור פניו בדברו אתו. להכירו,--(רות ב':י'),לתת לו זכות יתירה. 12 ראה וכו',--שמ' ל"ג:כ"ג. והאמירו,--דבר' כ"ו:י"ז,ודר"ל הכריז ופרסם אותו בגלוי. 12ב, שמ' ט"ו:ג'. 13 ירד,--זה משה שירד להם לישראל מָן בי-מיו,ע"פ דרשת חז"ל(במגיל' י"ג:א). 14 בדבר שפתים,--(שמ' ו':ל'),אמר משה: הן אני ערל שפתים ואיך ישמע אלי פרעה. 14ב, שם ל"ד:ט': ילך נא יי בקרבנו. 15 יודע ועד,--הקב"ה, הש' אבות ד'.כ"ד: לידע להודיע ולהודע שהוא...הוא הדיין והוא עד,הוא בעל דין וכו'. ויש תקוה,--לאחריתך וכו',ע"פ ירמ' ל"א:י"ז. 16ב, תהל' קל"ח:ה'. 17 מאז וכו',--הש' מאמר חז"ל(במגיל' י"ג,ב): אין הקב"ה מכה את ישראל אלא בורא להם רפואה תחילה. לחלאתינו,--יחז' כ"ד:ו'.18 ראשית תבואתנו,--פרי עבודתנו, ורומז למקדש אשר הקדיש לעולם,ע' דבה"ב,ל':ח'. 18ב, שמ' ט"ו:י"ז. 19 וסביבנו תחנה,--תבנה מקדשו בתוך בני ישראל כבימי קדם. 20ב תהל' קל"ד:א', ועפ"פ המשך הפסוק: בבית יי בלילות, ובזה קבע ייעודה של הסליחה ללילי אשמורות.

ל"ג. סליחה "שנית" לר' משה בר חייה

סליחה סטרופית בעלת י"ז מחרוזות. לכל מחרוזת ד' טורים. החריזה: אאא,ב;בבב,ב; כל טור רביעי שבר-פסוק. הטורים א,ד של כל מחרוזת פותחים במלת הקבע "יושב". החתימה: משה ברבי חייה חזק לעד. המקור: א. (ד. י' 2318).

יוֹשֵׁב מְעוֹנָה, אֵלֶיךָ אֶקְרָא וְאָהִים/ הַיּוֹשֵׁב עַל גַּבֵּי נְגוֹהִים
וְגָבוֹהַּ מֵעַל גְּבוֹהִים/ יוֹשֵׁב הַכְּרוּבִים אַתָּה הוּא הָאֱלֹהִים.

יוֹשֵׁב שְׁפָרָיו וּמֵעַיִן נִכְסָה/ וּפָרוֹכֶת אֵשׁ לְפָנָיו פְּרוּשָׂה
וְתַחְתָּיו דְּמוּת אֶבֶן מַעֲמָסָה/ יוֹשֵׁב עַל כִּסֵּא רָם וְנִשָּׂא.

יוֹשֵׁב הַמּוּלַּת גְּדוּדָיו סַפִּיר וְלֶשֶׁם/ בַּעֲלֵי כָנָף בְּלִי גֶפֶשׁ וְגֶשֶׁם
וּבְתוֹךְ אַבְנֵי אֵשׁ וְאַבְנֵי גֶשֶׁם/ יוֹשֵׁב הַכְּרוּבִים אֲשֶׁר נִקְרָא שָׁם שֵׁם.

יוֹשֵׁב בְּגַלְגַּלֵּי תְנוּעָה/וְלִפְנֵי הַפַּרְגּוֹד שָׁמַיִם שִׁבְעָה
וְעַל מֶרְכָּבָה רְבוּעָה/ יוֹשֵׁב בְּתוֹךְ הַיְרִיעָה.

יוֹשֵׁב רָמִים מִבְּלִי חֶבְרָה/ הַמְקָרֶה עֲלִיּוֹתָיו עַל סְעָרָה
וְהוּא לְבַדּוֹ מֵאֵין תְּמוּרָה/ יוֹשֵׁב בַּעֲלִיַּת הַמְּקֵרָה.

יוֹשֵׁב בְּסֵתֶר וְחוּג שָׁמַיִם מִתְהַלֵּךְ/ הִפְקִיד פְּקִידִים בְּכָל פֶּלֶךְ
וְהַשַּׂר עֲנָפִיאֵל יָקָר וְהוֹלֵךְ/ יוֹשֵׁב בְּשַׁעַר הַמֶּלֶךְ.

יוֹשֵׁב יָחִיד וּמִי יַעֲרֹךְ אֵלָיו/ וְאֶת עֲרָבוֹת מָלְאוּ שׁוּלָיו
וְהַכִּסֵּא מְעוֹפֵף בְּתוֹךְ גְּדוּדֵי גַלְגַּלָּיו/ יוֹשֵׁב הַכְּרוּבִים עָלָיו.

יוֹשֵׁב חָסִין מֵעֵת תָּקַע יָתֵד אָהֳלָיו/ וּבְקַרְקַע שָׂם רַגְלָיו
בֵּרָא עַל כַּנְפֵי חַיָּלָיו/יוֹשֵׁב עַל כִּסֵּא וְכָל צְבָא הַשָּׁמַיִם עָלָיו.

יוֹשֵׁב יָהּ בַּעֲרָפֶל וְאוֹרוֹ יָהֵל/ וְסַנְדַּלְפוֹן, כָּל חֲבֵרָיו בִּקְהֵל
וְלִקְשׁוֹר לְמַלְכּוֹ קְשָׁרִים יְבַהֵל/ יוֹשֵׁב פֶּתַח הָאֹהֶל.

יוֹשֵׁב יִתְלוֹנָן בְּעוֹז חֶבְיוֹן/ וְלַבְּקָרִים מְחַדֵּשׁ לִגְיוֹן
וּמִסְתַּתֵּר בְּלִי חִזָּיוֹן/ יוֹשֵׁב בְּסֵתֶר עֶלְיוֹן.

יוֹשֵׁב הֲמוֹנָיו וְדוֹהֵךְ עַל בָּמֳתֵי תֶלִי/ וּמוֹדֵד מַיִם מִבְּלִי דֶלִי
בַּקֹּדֶשׁ חֲזִיתִיו וְהוּא פֶּלְאִי/ יוֹשֵׁב מְסוּלִי.

יוֹשֵׁב חֲדָרִים וְנַעֲרָץ עֶרֶץ/ וְגַלְגַּלֵּי תֵּבֵל בְּלִי פֶּרֶץ
בְּדוּר צְנָפָם וְהֵרִיצָם חֶרֶץ/ יוֹשֵׁב עַל חוּג הָאָרֶץ.

יוֹשֵׁב זְרוּתִים וְנִקְדָּשׁ בַּהֲמוֹנִי/ וּבְסוֹד קְדוֹשִׁים בְּכָל מִינֵי תַחֲנוּנִי
אֶל מְקוֹם פְּלוֹנִי אַלְמוֹנִי/ יוֹשֵׁב בַּשֶּׁבֶת תַּחְכְּמוֹנִי.

יוֹשֵׁב קָרוֹב וְצוֹפֶה לְמֶרְחָק/ וּבְגַאֲוָתוֹ רוֹכֵב שַׁחַק
לְדָיְתָן בְּחֻקּוֹ חָק/ יוֹשֵׁב בַּשָּׁמַיִם יִשְׂחָק.

יוֹשֵׁב לְעוֹלָם יְמִינְךָ הוֹשִׁיעָה/ וּתְבוּאָתִי שְׂפָתַי לְךָ אַבִּיעָה
וּבְקוֹל שׁוֹפָר וּתְרוּעָה/ יוֹשֵׁב הַכְּרוּבִים הוֹפִיעָה.

יוֹשֵׁב עֲרָבוֹת אֱלֹהִים צְבָאוֹת/ אֱסוֹף לְבֵיתְךָ הַצֹּאן הַנֶּחֱלָאוֹת
וּמֶלֶךְ אֶחָד לְכֻלָּם יָאוֹת/ יוֹשֵׁב עַל כִּסְאוֹ וְעֵינָיו רוֹאוֹת.

יוֹשֵׁב דּוֹר לְדוֹר וְחוֹקֵר וְשׁוֹאֵל/ וְחוֹנֶה בֵּין כְּרוּבֵי אֲרִיאֵל
וְרַב לְהוֹשִׁיעַ וְגוֹאֵל/ יוֹשֵׁב תְּהִלּוֹת יִשְׂרָאֵל.   אל מלך יושב

1 יושב מעונה,--(דבר' ל"ג:כ"ז),הקב"ה. נגוהים,--מאורות השמים,הש' "בטל אצור" לרשב"ג(ד.ב'407): בטל ברכה ירעפו גבוהים/במעדבי גוש נגוהים. 2ב, מ"ב, י"ט:ט"ו. 3 שפריר,--(יר' מ"ג:י'),שמים. ופרוכת אש,--פרגוד אש המפריד בין הקב"ה וצבא השמים, הש' פרקי דר' אליעזר(=פר"א)ד': ושכינתו של הקב"ה באמצע...ופרוכת פרושה לפניו...והוא הנקרא פרגוד. 4 אבן מעמסה,--(זכר' י"ב:ג'),והש' פר"א,שם: ותחת כסא כבודו כאבן ספיר. 4ב, יש' ו':א'. 5 גדודיו,--(איוב כ"ה:ג'),יושב בין המו-לת גדודיו. ספיר ולשם,--יושב על כסא כמראה אבן ספיר(יחז' א':כ"ו)ואבן לשם (שמ' כ"ח:י"ט),או ייתכן "ספיר ולשם",--שמות מלאכי ה'. בלי וכו',--מוסב על "המולת גדודיו", בשם פי' בשמה ומל' הפייטנים על משקל הסגוליים,הש' צונץ,ס.פ. עמ' 388. 6 אש...גשם,--פי' מלאכי אש ומים,הש' ת"א לאיוב כ"ה:ב': מיכאל מן ימ-ינא והוא דאשא וגריאל מסמאליה והוא דמיא ובריתא קדישתא פתכין אשתא ומיא, ובל' הפייטנים,הש' צונץ,ל.ג.,עמ' 608, והש' ספר זוהר חדש לבר' 186א, שם רומזים "אש וברד" למדות הדין והרחמים כנראה ע"פ פר"א,שם: והדום רגליו כאש וברד, ויי-תכן שהפייטן מתכוון בזה למלאכי ה' וגם למדות. 7 בגלגלי תנועה,--הכוונה לט' גלגלים ותנועותיהם,הש' "כתר מלכות" לרשב"ג(ד.כ'581),י"א-כ"ד. שמשים שבעה,-- הש' פר"א,שם: וז' מלאכים...משרתים לפניו לפנים מן ...(ה)פרגוד. 8 מרכבה רבו-עה,--(יחז' א':ח'),הש' פר"א,שם: דמות כסא כעין ספיר של ארבע רגלים, ור"ל(הק-

ב"ה יושב) על מרכבה העשויה בתבנית רבוע. 8ב, ש"ב,ז':ב'. 9 המקרה וכו',--תהל'
ק"ד:ג'. 10 תמורה,--חלוף ושנוי, הש' ר' יצחק ישראלי,ספר היסודות,ע"א. 10ב,
שופ' ג':כ'. 11 וחוג וכו',--איוב כ"ב:י"ד. פקידים,--צבא השמים. פלך,--(נחמ'
ג':ט'),בכל העולם. 12 והשר ענפיאל,--שומר פתח ההיכל השביעי,הש' היכלות רבתי,
(ה"ר),כ"ב,באוצר מדרשים,(א"מ),א',עמ' 119,והש' המקורות בצונץ,ס.פ.,עמ' 503.
יקר,--הש' ה"ר,שם, שם נקרא ענפיאל "יקר ומפואר". 12ב, אסת' ב':י"ט. 13 ערבות
,--עננים. מלאו וכו',--יש' ו':א'. 14 והכסא מעופף,--הש' מסכת היכלות,(מ"ה)ז',
בא"מ, עמ' 111: מלך גבורות...כסאך מעופף. 14ב, ש"ב,ו':ב'. 15 מעת תקע יסד
אהליו,--(יש' מ':כ ב),והש' מ"ה,שם: כסאך מעופף משעה שתקעת יתד אריגת המסכת
של שכלול העולם כלו. ובקרקע וכו',--רגליו של "אוהליו" המתוחים על הארץ כמין
כפה, הש' תוספות לחגיג' י"ב,ד"ה "מסוף". 16 ויורא וכו',--ש"ב,כ"ב:י"א. 16ב,
מ"א,כ"ב:י"ט. 17 בערפל,--שם ח':י"ב. ואורו יהל,--איוב ל"א:כ"ו. וסנדלפון,--
מלאך ה' העומד אחורי המרכבה וקושר כתרים לקונו,הש' חגיג' י"ג,ב, והש' צונץ,
שם,עמ' 502. כל חבריו יקהל,--פי' סנדלפון יקהל את המלאכים המעידים על מעשה
האדם לקראת יום הדין, הש' מסכת אצילות,(מ"א),בא"מ,עמ' 67-68: ושם השוערים
המעידים על מעשה האדם וסנדלפון,קושר קשרים,מולך עליהם.ובזה קבע הפייטן ייעודה
של הסליחה לעשי"ת. 18 ולקשור וכו',--פי' אז לעשות כתרים לקונו מתפלתן של צדי-
קים,--הש' תוספות לחגיג' שם,ד"ה "קושר". 18ב, בר' י"ח:א'. 19 מחדש לגיון,--
לגיון של מלאכי השרת, הש' שמ"ר ג'.ט"ו: המלאכים מתחדשים בכל יום. 20ב, תהל'
צ"א:א'. 21 המוניר,--בין המוניר. ודורך וכו',--(מיכה א':ג'),תלי, פי' נחש
דמיוני שהקדמונים ראו אותו בקבוצת הכוכבים, הש' ס.יצירה,ו'.ה' והש' ברייתא
דשמואל הקטן א': נחש בריח--זה התלי. ור"ל הקב"ה מושל(דורך)בכוכבי השמים. ומ-
ודד מים מבלי דלי,--(יש' מ':י"ב),והש' "כתר מלכות",שם,ט': ושואב ממקור האור
מבלי דלי. 22 בקדש וכו',--תהל' ס"ג:ג'. פלאי,--שופ' י"ג:י"ח. יושב ממולי,--
(במד' כ"ב:ה'),והש' לעיל שיר כ"ה,שו' 22: אדון עולם אשר בעלם והוא נצב לעמתי,
והש' לעיל,מבוא, עמ' 20. 23 יושב חדרים,--הש' ברכ' י',א: הקב"ה יושב בחדרי
חדרים, והש' ה"ר,שם,ט"ו.א': בשבעה היכלות יושב (הקב"ה). ערץ,--נערץ בשמים
(ערץ). וגלגלי תבל,--נותנים שבח לקונם, הש' רמב"ם,משנה תורה,יסודי התורה,
ג'.ט'. פרק,--(נחמ' ו':א'),פגם. 24 כדור צנפם,--(יש' כ"ב:י"ח),סביב כדור
הארץ הקב"ה מניע(צנפם)את הגלגלים,הש' פר"א,ו' ורמב"ם,שם,ג'.א',ע"פ ההשקפה
הגיאוצנטרית של הקדמונים. חרץ,--בזריזות, והש' "תחלת החכמה" לרשב"ג(ד.ת'220):
ושת בהם תבל,תלויה בחבל,ושת תלה סבל,במאזני מישרים,ובמרוצת מרץ,ירוצון מחרץ.
24ב, יש' מ':כ"ב. 25 זרותים,--(שם מ':י"ב),שמים. 26 אל מקום וכו',--כלו' שו-
אלים זה לזה: איה מקום כבודו, הש' קדושת "כתר". 26ב, ש"ב,כ"ג:ח' ות"א: יתיב
על כורסיה דינא, והנה עוד רמז לייעודה של הסליחה. 28 לויתן בחקו חק,--(יש'
כ"ז:א'),פי גזר גזירה עליו, הש' במד"ר י"ט: חקה חקקתי,גזירה גזרתי וכו'. 28ב,
תהל' ב':ד'. 29 ותבואתי,--(משלי ח':י"ט),ר"ל את מיטב שירותי כש"ז. 30ב, תהל'
פ':ב' ור"ל הופיעה כגואל עמו, והש' ילקוט שמעוני,בהעלות',תשכ"ד: אמר הקב"ה:

...לעתיד לבא אבי מכנס גלותכם בקול שופר. 31 הנחלאות,--ל' חלה,ע"פ דבה"ב ט"ז:י"ב. 32 ומלך וכו',--(זכר' י"ד:ט'),מלך המשיח הגואל. יאות,--יר' י':ז'. 32ב, מ"א,א':מ"ח. 33 וחוקר ושואל,--את כל באי עולם הבידובים לפביר,הש' ר"ה, ט"ז,א-ב. וחונה וכו',--חונה בין הכרובים אשר על ארון הברית בירושלים(אריאל, ע' יש' כ"ט:א'). 34ב, תהל' כ"ב:ד'.

ל"ד. סליחה "שלישית" לר' אברך בן יצחק

סליחה סטרופית בת שלוש עשרה מחרוזות. לכל מחרוזת ד' טורים והיא פותחת במלה "הללויה" ומסתיימת בפסוק מן המקרא(תהל' ק"ב). החתימה: אבי אברך בן יצחק חזק לעד. המקור:א.(אין בד.).(על תמצית השיר,ע' לעיל,מבוא, עמ' 19).

הַלְלוּ אֶת יְיָ אֱמוּנָי, דִּרְשׁוּהוּ בְּהִמָּצְאוֹ בְּעֵת רְצוּיָה/ נֶצַח שַׁחֲרוּהוּ, סַפְּרוּ מִדּוֹתָיו
בְּמִגְדְּלֵי צִיּוֹן הַבְּנוּיָה
יְחִי נַפְשְׁכֶם כִּי מִשָּׁם תּוֹצְאוֹת חַיִּים,--וְלָכֵן כָּל מְבַקְשֵׁי תְחִיָּה/ הַלְלוּיָהּ.
הַלְלוּ אֵל אֱלֹהֵי הָרוּחוֹת אֲשֶׁר הִמְצִיא וְהֶאֱצִיל מֵאַיִן עוֹלָמוֹ וְחִדְּשׁוֹ/ וְטוּבוֹ הַגָּדוֹל
מַעֲשֵׂהוּ בְּכָל יוֹם מְחַדְּשׁוֹ וּמְקַדְּשׁוֹ
מִיּוֹם הֶעֱלָהוּ בְּמַחֲשָׁבָה עַד יוֹם מְלֹאת יְמֵי קִצּוֹ וְחֶלְשׁוֹ/ הַלְלוּ אֵל בְּקָדְשׁוֹ.
הַלְלוּ בּוֹרֵא הֲוָיוֹת נִסְתָּמוֹת וְאִמְרוּ נוֹרָאוֹת עֱזוּזוֹ/וְגָדְלוֹ סַפְּרוּ וּמַלְּלוּ פְּלָאָיו וְעֻזּוֹ
בְּהָפְכוֹ מִשּׁוֹרֶשׁ הָרִים וִיאוֹרִים בִּקַּע בְּמִדַּת חָכְמָה זוֹ/ הַלְלוּהוּ בִּרְקִיעַ עֻזּוֹ.
הַלְלוּ רִאשׁוֹן וְאַחֲרוֹן הַנָּאוֹר בִּפְעֻלּוֹתָיו/ בַּחֲרוּט רְשִׁימוֹת דַּקּוֹת בְּלֵב נְתִיבוֹתָיו
בְּבִינָה חֲקָקָם הַנִּסְפֶּרֶת שְׁלִשִׁית בִּסְפִירוֹתָיו/ הַלְלוּהוּ בִּגְבוּרוֹתָיו.
הַלְלוּ כְּבוֹד רִאשׁוֹן הַנֶּחֱלָק לְכַמָּה גוֹנֵי אוֹרָה בִּגְבוּלוֹ/ כְּנִמְצָא בְּמַתַּן הַדָּמִים הַנּוֹתֵן
כָּל אִישׁ בְּגָלְלוֹ
וְכֻלָּם זוֹכִים בְּחֶסֶד כִּדְבָה אַב הֲמוֹן עָמוֹד בְּהֵיכָלוֹ/ הַלְלוּהוּ כְּרוֹב גֻּדְלוֹ.
הַלְלוּ בְּשִׁיר שֵׁם אֱלֹהִים וְגַדְּלוּהוּ בְּתוֹדָה וְשִׁירְכֶם יְשֻׁפָּר/ וְתִיטַב לַיְיָ מִשּׁוֹר פָּר
וְנֶאֱמָן בִּגְבוּרָה בְּמוֹרָא שַׁחֲרוּהוּ,עִבְדוּהוּ לְבַל בְּרִיתְכֶם תֻּפַר/הַלְלוּהוּ בְּתֵקַע שׁוֹפָר.
הַלְלוּ נוֹרָא וְאָיוֹם וּבַקְּשׁוּהוּ בְּכָל יוֹם וְאוּלַי בְּמִדַּת אוֹר/הַנִּשְׁמֶרֶת לְחוֹכָיו יַנְחִילְכֶם
הָאַדִּיר וְהַנָּאוֹר
וּלְחֲנַנְכֶם עֵת יְחַכֶּה,מִתְפָּאֲרָתוֹ יַשְׁפִּיעֲכֶם שׁוֹפַע חַיִּים כַּמָּגוֹר/הַלְלוּהוּ בְּנֵבֶל וְכִנּוֹר.
הַלְלוּ יָהּ הַנּוֹרָא בְּמוֹרָא,עֶזְרָה בְּצָרָה,--מִפָּנָיו כֹּל יִזְחֲלוּ זָחוֹל/ לָכֵן יִרְאוּ וְאֵלָיו
סַבְּרוּ וְקַוּוּ לִמְחוֹל
עֲוֹנוֹתֵיכֶם, וְשׁוּב נִצְחוֹ עֲלֵיכֶם עֵת יָרֵב כַּחוֹל/ הַלְלוּהוּ בְּתוֹף וּמָחוֹל.
הַלְלוּ צַדִּיק וְיָשָׁר אֵל אֱמוּנָה וְאֵין עָוֶל הַנִּשָּׂא עַל גַּב/חַיּוֹת הַקֹּדֶשׁ וְנַעֲלֶה וְנִשְׂגָּב
וְאֵת זִיו הוֹדוֹ בְּהַרְבּוֹתוֹ עֲלֵיכֶם בְּהֶתְמֵד כְּמַעְיָן בַּל יְנוּגָב/ הַלְלוּהוּ
בְּמִנִּים וְעֻגָב.
הַלְלוּ חַנּוּן וְרַחוּם מַבְטִיחַ בְּנִחוּם עַמּוֹ לְהָסִיר מִנִּי דֶמַע/עֵינֵימוֹ וּמֵימֵי רֹאשׁ בַּל נִגְמַע

וְלִיסוֹד עוֹלָם עֵת אָזְנְכֶם בְּזֹאת תִּשְׁמַע/ הַלְלוּהוּ בְּצִלְצְלֵי שָׁמַע.

הַלְלוּ קָדוֹשׁ הַנִּקְדָּשׁ בְּמִדָּה הַיְדוּעָה/ לַכֹּל הִיא בְּכָל מַעְיָן הַיְשׁוּעָה
בַּעֲשֶׂרֶת מַלְכוּת קְרוּאָה,--וְלָכֵן בְּקִידָה וּכְרִיעָה/ הַלְלוּהוּ בְּצִלְצְלֵי תְרוּעָה.

הַלְלוּ חָזָק וְאַמִּיץ לַיְיָ הַמְּפוֹרָשׁ הַמּוֹרֶה הֲוָיָה/ אֲשֶׁר הוֹוֶה וְיִהְיֶה וְהָיָה,
וְלָכֵן כָּל מִתְאַוֶּה יְהוֹדֵהוּ בְּנָאַם אִישׁ עֲלִיָּה:/ כָּל הַנְּשָׁמָה תְּהַלֵּל יָהּ.

הַלְלוּ לָעַד לְשׁוֹכֵן עַד בִּתְהִלָּה,מִשְּׂכְוִי שְׂכוּיָה/מְנוּיָה מְמוּטְבַּע,בְּנוּיָה מְמוּרְגָּשׁ
וּמְמוּשְׂכָּל עֲשׂוּיָה,
וְעַל זֹאת הִתְהַלְּלוּ וְהַלְלוּ יָהּ/ וְאִמְרוּ: כָּל כָּךְ זֹאת,--הַמּוּשְׁבָה, הַלְלוּיָהּ.

1 אמוני,--(ש"ב,כ':י"ט),ישראל. דרשוהו בהמצאו,--יש' נ"ה:ו'. בעתה רצויה,--בעת רצון,(תהל' ס"ט:י"ד),בין כסה לעשור. מדותיו,--במשמעות כפולה,כלו' י"ג מדות ע"פ מאמר חז"ל(בר"ה,י"ז,ב):"כל זמן שישראל חוטאין יעשו לפני כסדר הזה ואני מוחל להם," ועשר ספירות הנקראות בפי בעל הסליחה בשם "מדות",ע' להלן שו' 6 ו21, והש' לעיל מבוא,עמ' 19. במגדלו וכו',--תהל' קכ"ג:ב'. 2 משם,--מכוח י"ג מדות ועשר הספירות הנ"ל.תוצאות חיים,--(משלי ד':כ"ג),והש' ג.שלום,קבלה,(באנגלית,ניו-יורק,1974),עמ' 92-93,שם מזכיר את דרשת בעלי הקבלה בג'ירונה,ר' עזריאל ור' אשר בן דויד שתכלית התפלה היא דביקות ברצון העליון כי הוא מקור חיים. 3 אל וכו',--במד' ט"ז:כ"ב. המציא והאציל מאין וכו',--בורא את עולמו(המציא,הש' סדר אליהו זוטא,ד': הממציא כל נמצא,)יש מאין(הש' ס.יצירה,ב'.ה': יצר מתהו מַמָּשׁ ועשה את אינו ישנו,) דרך אצילות(הש' "כתר מלכות",שם,ט':מחכמתך אצלת חפץ מזומן...למשוך משך היש מן האין,) והש' פי' רמב"ן לבמד' י"א:י"ז: ונאמר... על ההמשכה שימשוך הנותן אצלו מן הדבר הנתון ונשאר עמו, וזה טעם: 'הלא אצלת לי ברכה'(בר' כ"ז:ל"ו),והש' ג.שלום,שם,עמ' 102. וחדשו,--השורה לחלן. מחדשו,--ע"פ תפלת שחרית: המחדש בטובו וכו'. 4 העלהו במחשבה,--לברא את העולם(ע"פ בר"ר א'.ד'),ורומז בזה ל"מחשבה" שלפי ספר הבהיר היא,כנראה,הספירה הראשונה,אע"פ שלא נאמר בצורה אריתמטית ברורה,אבל הדבר יוצא מן הנאמר.זה החִדוש שבספר הבהיר שהוריד את ה"חכמה" למקום שני בסדר הספירות, הש' ג.שלום,שם,עמ' 93 והוא, ראשית הקבלה וספר הבהיר,עמ' 273-275. ימי קצו,--(דני' י"ב:י"ג),באחרית הימים. וחלשו,--וגורלו(הש' שבת כ"ג,ב),ע"פ דני' שם: "ותעמוד לגורלך לקץ הימין." 5 הויות נסתמות,--רומז להויות האלוהיות שנבראו בכח ה"חכמה"(ע' להלן שו' 6:"במדת חכמה זו"), והש' דרשת ר' עזריאל הנ"ל על ה"חכמה" כ"כלל כל ההויות שאין בהן רשימה," כלו' הספירות, ע' ג.שלום,עמ' 401,הע' 51, והוא,קבלה,עמ' 46. נוראות עוזו,--תהל' קמ"ה:ו'. 6 משורש,--יתכן שהכוונה היא לשורש האילן, מובא בספר הבהיר, השורש הראשון של מעשי בראשית המתפתחים ממנו, הש' ג.שלום,ראשית הקבלה וכו',עמ' 295-296. במדת חכמה זו,-- רמז ל"חכמה",הספירה השנייה. כנ"ל בעל הסליחה קורא לספירות בשם "מדות",-- כלומר,המדות של אלוהות, דוגמת בעל ספר הבהיר הקורא לספירות: מדות, כוחות, מלאכים, ושמות אחרים, הש' ראשית הקבלה וכו',עמ' 263. 7 ראשון ואחרון,--יש' מ"ד:ו'. בחרוט...נתיבותיו,--ע"פ ס.יצירה

א'.א'-ב', ור"ל הוסיף הקב"ה לעשר ספירות את כ"ב אותיות(רשימות דקות)הא"ב
ועשן לל"ב נתיבות חכמה. 8 בבינה חקקם,--והש' דרשת ר' עזריאל הנ"ל על ה"בינה"
כ"כלל כל ההויות שיש בהן רשימה" כלו' האותיות הנ"ל, ע' ג. שלום,עמ' 401,הע'
51. על לי חקקם,הש' <u>ס.יצירה</u>,א'.י'. הנספרת שלישית בספירותיו,--"בינה" הספירה
השלישית, ורק הפעם מזכיר בעל הסליחה את המונח "ספירה", וב<u>ספר הבהיר</u> מופיע
השם ספירות פעמיים בלבד. 9 כבוד ראשון..גרני אורה,--ע"פ <u>ספר הבהיר</u>,שם המונח
"הכבוד הראשון" רומז למלאכים הנבראים מאורות הנמצאים ברקיע העליון של כסא
הכבוד, כגון אורות הדעת,התבונה,החכמה,הכוח,הפלא וכו', הש' <u>ראשית הקבלה וכו'</u>,
עמ' 260. במתן הדמים וכו',--כשם שהקב"ה האציל מאורו על המלאכים,לכל אחד לפי
תכונתו כך סיפק מאוצרו לאדם לכל אחד לפי צרכו. 10 בחסד,--כולם זוכים בחסד על-
יון, ורומז לספירת "חסד". אב המון,--(בר' י"ז:ד'),אברהם. עמוד בהיכלו,--אב-
רהם זכה לעמוד בהיכל ה' כיון שבהתנהגותו הוא מתגבש את מידת החסד, וב<u>ספר הבהיר</u>
נשתמר רעיון מקביל, שם דרש בעל <u>הבהיר</u> על הספירות עניין התנהגות אבות העולם,
כלו' חסד: אברהם וכו', הש' <u>ראשית הקבלה וכו'</u>,עמ' 319. 11 ירושפר,--הש' "אשא
דעי" לקלירי(ד.א'7745): ירשו לב ירושפר/בקול שפור שופר. ותשב וכו',--תהל'ס"ט:
ל"ב. 12 בגבורה,--בספירת "גבורה". 13 הנשמרת,--רומז לאור הגנוז לצדיקים לעתיד
לבוא,ע"פ מאמר ר' אלעזר(בחגיג' י"ב,א). במדת אור...ינחילכם,--פירושו ע"פ דרשת
בעל <u>הבהיר</u> על אור הגנוז הנ"ל, כלו' הקב"ה שם לבני אדם רק לקח שביעית מכוח
האור והשאר גנזו לעולם הבא ואמר: אם יקיימו את התורה אתן להם אור זה לעולם
הבא,--ולזה מתכוון בעל הסליחה ב"מדת אור",פי' אם אתם נוהגים לפי התורה ושומ-
רים את השביעית,שהוא לקח טוב--לקוח מהטוב, מהטוב הגנוז, כי אז תזכו לעתיד
לבוא למדה(במשמע' שעור)מלאה של האור, הש' <u>ראשית הקבלה וכו'</u>,עמ' 302. 14 יחכה
,--(יש' ל':י"ח. מתפארתו,--רומז לספירת "תפארת". ישפיעכם...כצנור,--רומז לכח
המשפיע דרך ה"צנור" והמוביל את הכוחות בעליונים,--סמלים הנמצאים ב<u>ספר הבהיר</u>,
הש' <u>ראשית הקבלה וכו'</u>,עמ' 353. 15 זחול,--איוב ל"ב:ו'. סגור,--מן <u>סגר</u>, הש'
<u>כתבי דוד ילין</u>,ג',(ירושלים,תשל"ה),עמ' 226. 16 נצחו,--הכוונה לספירת "נצח".
18 זיו הודו,--רומז לספירת "הוד". בהתמד,--בהתמדה. כמעין,--מים נובע,--סמל
ל"צנור" הנ"ל, הש' <u>ראשית הקבלה וכו'</u>,שם. 19 בנחום עמו,--הושע י"א:ח'. להסיר
...עינימו,--להסיר דמע מעיניהם של ישראל <u>עמו</u>, וההפרדה בין הנסמך לסומך
לצורך החריזה, השווה <u>גס"פ</u>, עמ' 16. ומימי ראש,--ירמיה ח':י"ד. נגמע,--פי'
נבלע. 20 וליסוד וכו',--מתכוון לספירת "יסוד". 21 במדה הידועה,--ב"מלכות",
כמבואר להלן,שו' 22. 22 מלכות,--רומז לספירת "מלכות". 23 הללו וכו',--פי'
הללו לה' חזק ואמיץ. ליו המפורש,--המפורש בשם "הויה" בן ד' אותיות,הש' סוטה
ל"ח,א. המורה...והיה,--"הויה" מורה על הקב"ה אשר היה,הווה ויהיה,וכנראה במש-
מעות כפולה מורה גם על בעלי הסוד המצויים בכל דור(היה,הווה ויהיה)ע"פ דרשת
ר' עזרה מגירונה(<u>בהקדמה לפירוש שה"ש</u>, מיוחס להרמב"ן,<u>כתבי רמב"ן</u>,ח"ב,עמ' תע"ז-
ע"ח):"ומן העת ההיא(מזמנו של מרע"ה)עד עתה לא חדל בישראל דור אחר דור שלא
נמסרו להם מסורת החכמה,--היא ידיעת השם." 24 ולכן,--פי' כיון שבעלי הסוד מצו-

ים בכל דור. כל מתאוה וכו',--כל המתאוה לעלות לשמים ולהכנס בפנים בכוח הספירות והשמות הקדושים,--כמו שעלה הצדיק דויד המלך הנקרא "איש עליה". יהוד-הו,--תהל' כ"ח:ז'. כנאם איש עליה וכו',--רומז לדויד,בעל הפסוק "כל הנשמה וכו'". 25 שוכן עד,--יש' נ"ז:ט"ו. משכוי שכויה,--משכוי,פי' מלב(ע"פ איוב ל"ח:ל"ו וכתרגומו: מן יהב ללבא בינתא), ורומז לל"ב(ובמשמעות כפולה ללב,ע"פ הדרשה בספר הבהיר,כמבואר להלן)נתיבות פליאות. שכויה, מן שכה,במשמע' מובנה. ור"ל שהקב"ה(שוכן עד)מובן דרך ל"ב נתיבות חכמה אלהית(כ"ב אותיות הא"ב ועשר ספירות,ע"פ ס.יצירה,א'.א'-ב')שהחכמה מתפשטת בהן והן יסוד עולם. ובספר הבהיר, בלשון בנופל על לשון,מתפתחות ל"ב נתיבות חכמה אלה התפתחות רעיונית חדשה,כלו' כלב העולם שבו שוכבת כל החיות. בעל הבהיר מתכוון בזה לבת המלך, כלו' לשכינה. ובעל הסליחה ר"ל,במשמעות כפולה ובהמשך לדבריו "כל מתאוה" הנ"ל,: הקב"ה(שוכן עד),-דרך הסתכלות רוחנית בבת,כלו' בשכינה(משכוי, במשמע' לב)ניתן לראות אותו (שכויה, במשמע' נראה,[מן שכה,כמו סכה,ע' רש"י לאיוב ל"ח:ל"ו]). הש' ראשית הקבלה וכו',עמ' 198-199. ממוטבע...ממורגש וממושכל,--ע"פ דרשת ר' עזריאל מגי-רונה הנ"ל שסדר את עשר הספירות לשלושה "עולמות": המושכל(שכל),המורגש(נפש), והמוטבע(גוף), הש' שו"ת ר' עזריאל על הספירות, בליקוטים מרב האי גאון,ל"ג, ל"ד: "יש מהספי'...במושכל...ויש מהם במורגש ויש מהם במוטבע...כתר...חכמה... בינה...עולם השכל...חסד,גבורה,תפארת...עולם הנפש...נצח,הוד,יסוד,מלכות...עו-לם הגוף." 26 ועל זאת וכו',--פי' ועל ה"חכמה הנעלמת" הזאת. כל בן זאת,--כל המתבונן בחכמה הנ"ל והמבין אותה, כגון בעל הסוד. התושיה,--ל' "תעשינה ידיהם תושיה"(איוב ה':י"ב),ור"ל בכוח החכמה הנ"ל יזכה בעל הסוד לעלות למרום ולשוב אל קונו, והש' לעיל,מבוא, עמ' 18-20.

ל"ה. תחנון לר' יוסף בר שלמה

תחנון כעין שיר איזור בעל מדריך ועשר מחרוזות בנות ששה טורים כל אחת בנוסף על טור האיזור. המשקל: השלם ג': --ס- --ס- ---. החתימה: יוסף בר שלמה חי. המקור: א. (אין בד.).

יוֹם זֶה לְבָבוֹ עַמְּךָ קוֹרֵעַ/ תִּרְצֶה תְּרוּעוֹתָיו אֲשֶׁר תּוֹקֵעַ
שֶׁמֶשׁ אֲשֶׁר זָרְחָה לְאָב צוֹלֵעַ/ תִּזְרַח לְזַרְעוֹ חִישׁ לְהוֹשִׁיעַ.

וּלְמַעַנְךָ תִּדְרוֹשׁ לְעַם הַנִּבְאָה/ תּוֹךְ עַם יְשׁוּפוּ רֹאשׁ בְּשַׁחַל יִגְאֶה
כִּי מִסְּבּוֹל עֻלּוֹ מְאֹד הוּא נִלְאָה/ וּלְרַחֲמֶיךָ עַד מְאֹד מִשְׁתָּאֶה
לִזְכּוֹר בְּרִית נֶעְקַד בְּהַר יֵרָאֶה/ אָב בְּחַמָּן,בִּנְךָ בְּעָנְיוֹ תִּרְאֶה
פֶּן בַּעֲבוֹדָתוֹ יְהִי גוֹרֵעַ/ שֶׁמֶשׁ וכו'.

סוּרָה וְגוֹלָה,סוֹעֲרָה בַעְנִיָּה/ תִּשְׁלַח לְמַכָּתָהּ צֳרִי רְחִיָּה
נִדְחָה לְקַבֵּץ מִקְּצוֹת הַנְּשִׁיָּה/ לִרְעוֹת בְּמִרְעֶה טוּבְךָ לִרְוָיָה
בִּזְכוּת אֲשֶׁר עָקַד בְּהַר הַמּוֹרִיָּה/ לִבְנוֹ לְעוֹלָה נִכְלְלָה וּרְצוּיָה

היום חרון אפך יהי נוסע/ שמש וכו'.

פריה ורביה יחזו נפלאות/ היום לטובה תעשה עמה אות
נסי תשועתך חדשות באות/להם,--לקיים מחזה ונבואות
בזכות אשר אמר: ועיניו רואות/ תחבוש לנשברות וגם נהלאות
אל הלכך אזנם תהי רוצע/ שמש וכו'.

בית קדשך תבנה לעם בחרת/מאז, ומכל עם הכי קדשת
אותו, ורב טובך אשר צפנת/יחזה וישבע טוב, אשר פעלת
בזכות משוי מים אשר ירדת/על הר לדבר לו, והר הגבלת
יום תת לעמך דת להשתעשע/ שמש וכו'.

רצים להתרצות ביום זכרון/ אחר אשר תוקעים תרועת זכרון
יחד, ושופכים לב למול הארון/ תשעה לקול שופר וקול הגרון
כתבם לחיים, צור, ובזכות אהרן/ יהיו מנודים במתי היתרון
מלאך בריתך בם יהי פוגע/ שמש וכו'.

שבים לפניך בהיום הזה/ תרצה תשובתם וידעו רצי
דתך, וקיים מאמר המחזה/ לשוב לביתך עם אשר שב נבזה
יליץ זכות מזה ובן המזה/בעדם ועינם את כבודך תחזה
אז שפעך להם תהי שופע/ שמש וכו'.

ליל אשר ארך לעם נחלתך/ שחרו יהי עולה, ועול מלכותך
לשום בצבאר כל ברוב גאותך/ בזכות אשר קנא בעת קנאתך
תשים מקום אפר פאר חמדתך/ אל ראש בני ציון ילידי ביתך
מהם חלי מות תהי בולע/ שמש וכו'.

מה-טוב ומה-נעים עבודת האל/ העובדים אותה בני ישראל
כל איש ואיש מהם להמליך יואל/יוצרו,בזכרונות ושופרות אל
יתבשרו חיש,--בא לציון גואל/ בזכות אשר יסד יסודות בית אל
ערך תפלתם תהי שומע/ שמש וכו'.

האל אשר תכן זבול ורקועה/ יקשיב לקול התוקעים בתרועה
לאמר אליהם: בא זמן הישועה/ תהיו נכונים כלכם לנסיעה
לעלות להר המור מצוא מרגעה/ בזכות ידידיה,--הוא אבי הדעה
תשתעשעו שמה בלי מונע/ שמש וכו'.

חי, החיה מתים בבור גלותם/ וזרועך תחשוף ותמשוך אותם
אל עיר מנוחתם וגם נחלתם/ אז יעבור מלכם בתוך מחנותם
לריב יריבם לנקום נקמתם/ ממאריכים לחרוש, מעניתם
על גב, כפי ענשם יהי פורע/ שמש וכו'. כ"ל ע"ץ

1 קורע,--יואל ב':י"ג. תרצה וכו',--תקבל ברצון,הש' ויק"ר כ"ט.ד': אשרי העם שהם יודעים לרצות את בוראם בתרועה. 2 שמש וכו',--(בר' ל"ב:ל"ב),אב צולע,רמז

ליעקב. להושע,--במקום "להושיע" לצורך החרוז. 3 לעם הנבאה,--ישראל הנדכא.
תוך עם וכו',--(בר' ג':ט"ו),פי' היושב בין הגוים המכים אותו והמתגאים כאריה.
4 מסבול עלו,--יש' ט':ג'. משתאה,--ל' "והאיש משתאה לה,מחריש לדעת ההצליח יי
דרכו אם לא"(בר' כ"ד:כ"א). 5 ברית נעקד,--השבועה שנשבעה לאברהם אחרי שעקד את
יצחק,בר' כ"ב:ט"ז. בהר וכו',--שם,שם,י"ד. בנך,--(שמ' ד':כ"ב),ישראל. 6 בעבו-
דתו,--עבודת פרך בגולה. 7 סורה וגולה,--יש' מ"ט:כ"א. סוערה ועניה,--שם נ"ד:
י"א. 8 הנשיה,--(תהל' פ"ח:י"ג),הארץ. 9 בזכות וכו',--בזכות אברהם. לבנו,--
בהוספת למ"ד על דרך הארמית, הש' גס"פ, עמ' 17. נכללה,--(יחז' כ"ז:ד'),שלם
בתכלית השלמות. 10 יהי נוסע,--פי' יעבור(זעמך). 11 פריה וזרעה,--של כנסת
ישראל. 12 חדשות,--ל' "הראשונות הנה באו וחדשות אני מגיד"(יש' מ"ב:ט'). 13
בזכות וכו',--בזכות יוסף. ועיניו וכו',--בר' מ"ה:י"ב. 14 רוצע,--(שמ' כ"א:
ו'),ויעבוד את הקב"ה לעולם. 15 צפנת,--(תהל' ל"א:כ'),ליראיך. 17 משוי מים,--
(שמ' ב':י'),בזכות מרע"ה. הגבלת,--שם י"ט:י"ב. 18 דת להשתעשע,--תהל' קי"ט:
ט"ז. 19 ביום זכרון,--ביום זכרון תרועה, כלו' ביום שהקב"ה עומד מכסא הדין
ויושב על כסא הרחמים,ע"פ דרשת חז"ל בויק"ר כ"ט.ו'. תרועת זכרון,--(ויק' כ"ג:
כ"ד),ובהקדמת הסומך לנסמך לצורך החרוז,הש' גס"פ,עמ' 16. 20 תשעה,--בר' ד':ד'.
במתי היתרון,--בין אנשי מעלה יתירה,כלו' כתבם לחיים בין הצדיקים, הש' ירוש'
ר"ה, א'.ג': שלש פינקסיות הם וכו'. 22 מלאך בריתך,--מלא' ג':א'. ופי' רד"ק:
הוא מלך המשיח והוא מלאך הברית. בם יהי פוגע,--(ש"א,י':ה'),יזדמן להם. 23-
24 וידעו רזי דתך,--רזי תורה(אבות ו'.א'). עם אשר שב נבזה,--עם נבזה אשר שב,
והרחקת הנסמך מן הסומך לצורך החריזה, השווה גס"פ, עמ' 16. 25 זכות מזה ובן
המזה,--הכהן שתפקידו להזות מים טהורים, והכוונה לאלעזר בן אהרן הכהן(הש'
במד' י"ט:ג' ואילך, והש' ברכות כ"ח,א', והש' צונץ,ס.פ.עמ' 485). 27 ליל אשר
ארך,--הכוונה לגלות הארוכה, הש' "אז רוב נסים" ליניי(ד.א' 2175): תאיר כאור
יום חשיכת לילה. 28 אשר קנא,--(במד' כ"ה:י"א ואילך),בזכות פנחס. 29 תשים וכו'
,--(יש' ס"א:ג'),במקום אפר וכו',בהשמטת האותיות בכל"ם לצורך המשקל,הש' גס"פ,
עמ' 17. 30 מהם...בולע,--ל' "בלע המות לנצח"(יש' כ"ה:ח'). 32 להמליך וכו',--
להמליך את יוצרו יואל, הש' לעיל שו' 24: עם אשר וכו'. בזכרונות וכו',--רמז
לסדר מלכיות,זכרונות ושופרות. 33 בזכות אשר יסד וכו',--בזכות דויד המלך,ע'
דבה"א כ"ח:ב',והש' שהש"ר א'.א': (דויד)בנה את היסודות(של בית המקדש). 35
זבול,--שמים(יש' ס"ג:ט"ו). ורקועה,--על משקל פְּעולה,כמו רקיע,ומוסב על "תכן".
37 להר המור,--להר הבית,הש' שה"ש ד':ו' שדרשוהו חז"ל(בבר"ר נ"ה.ז'): ולך לך
אל ארץ המוריה(בר' כ"ב:ב')...למקום שהקטרת קרבה, הדא מה דאת אמר: אלך לי אל
הר המור וכו'. מצוא,--למצוא,הש' לעיל שו' 29. ידידיה,--שלמה המלך,ע' ספרי,בר-
כה שנ"ב. אבי הדעה,--מ"א,ה':ט'. 40 מלכם,--מלך המשיח. 41 ממאריכים וכו',--
(תהל' קכ"ט:ג'),מאריכי ישראל הלוחצים אותו בלי סוף. 42 כפי וכו',--במדה כנגד
מדה.

ל"ו. סליחה "רביעית" לר' כלב בר אליקים

סליחה סטרופית בעלת אחת עשרה מחרוזות בנות ארבעה טורים כל אחת. כל טור רביעי הוא פסוק מן המקרא. המחרוזות מתחילות ומסתיימות במלת "מלך". החתימה: א"ב,כלב בר אליקים. המקורות:א. ג,עמ' רמ"א. ד,א'12. ו,עמ'337.(ד.מ' 1542).

מֶלֶךְ אֵלֶיךָ אֶתְחַנֵּן וְאֶקְרָא
בְּשִׁמְךָ אֶבְטַח, עֶזְרָה בְּצָרָה
גּוֹל נִפְלְאוֹתֶיךָ אֲגִידָה בַּאֲסַפְּרָה
אֲרוֹמִמְךָ אֱלֹהַי הַמֶּלֶךְ.

מֶלֶךְ דִּרְשׁוּהוּ עַמּוֹ וְחוּשׁוּ לְהַלְלוֹ
הִתְוַעֲדוּ עֲדַת הַגּוֹי כֻּלּוֹ
וְקַדְּמוּ פָנָיו נַחֲלָתוֹ וְחֶבְלוֹ
בַּחֲצוֹצְרוֹת וְקוֹל שׁוֹפָר
הָרִיעוּ לִפְנֵי הַמֶּלֶךְ.

מֶלֶךְ זִכְרוּהוּ וְיַעֲזֹב רָשָׁע דַּרְכּוֹ
חוּוּ נֶגְדּוֹ כָּל אִישׁ חֲמָסוֹ,
גְּזֵלוֹ וְעָשְׁקוֹ
טוּרֵי יוֹשֶׁר תֵּלְכוּ הַכֹּל, כֹּה
אָמַר יְיָ מֶלֶךְ.

מֶלֶךְ יַשְּׁרוּ לְפָנָיו דַּרְכֵּיכֶם
כַּפַּיִם שְׂאוּ נָא אֶל אֱלֹהֵיכֶם
לְבַבְכֶם קִרְעוּ לוֹ וְאַל בִּגְדֵיכֶם
כִּי כֵן דְּבַר הַמֶּלֶךְ.

מֶלֶךְ מוֹרָאוֹ בְּלִבְּךָ שִׂימָה
נוֹצְרֶיךָ, לְיִרְאָה אוֹתוֹ עוּרָה
וְקוּמָה
סוֹל נָא הַמְּסִילָּה וּמִכְשׁוֹל הָרִימָה
כִּי כֵן יִסַּד הַמֶּלֶךְ.

מֶלֶךְ עִרְכוּ לְפָנָיו תְּחִנָּה וְהַסְדִּירוּ
פַּלְּסוּ נָתִיב וּמַעְגָּל הַיְשִׁירוּ
צַחַן לְבַבְכֶם הָסִירוּ וְהִטַּהֲרוּ
כִּי אֵין לָבוֹא אֶל שַׁעַר הַמֶּלֶךְ.

מֶלֶךְ קִרְאוּ בְּגָרוֹן אַל תַּחְשׂוֹכוּ
רוֹן הָפִיקוּ נֶגְדּוֹ, הַרְחִיבוּ הַאֲרִיכוּ
שׁוּבוּ אֵלָיו וְדִמְעֲכֶם נִסְכוּ
זֶה מִשְׁפַּט הַמֶּלֶךְ.

מֶלֶךְ תּוֹכֵן מִשְׁפַּט עַמּוֹ אַל תָּפֵר
בַּעֲנָק לוֹבְשֵׁהוּ אוּלַי תִּמְצָא כּוֹפֶר
לְהָלִיץ יוֹשֶׁר וּלְהִכָּתֵב בַּסֵּפֶר
דִּבְרֵי הַיָּמִים לִפְנֵי הַמֶּלֶךְ.

מֶלֶךְ בְּמִצְוֹתָיו הָעוֹבֵר וּבְמִשְׁפָּטוֹ הַחֲזָקָה,
בְּמַכָּתוֹ, הֲיֵשׁ אֲרוּכָה וְנִקָּה?
רָעָתוֹ בְּהִדָּרֵשׁ, הֲיֵשׁ לוֹ צְדָקָה?
וְלִזְעוֹק עוֹד אֶל הַמֶּלֶךְ.

מֶלֶךְ אֱלֹהִים בַּאֵה לְיִרְאָתוֹ וְהִמָּלְטָה
לְיוֹם דִּינוֹ זְכוֹר וְאַל תֶּחֱטָא
יִצְרְךָ אַל יְפַתְּךָ, וְאַתָּה
עוֹבֵר אֶת מִצְוַת הַמֶּלֶךְ.

מֶלֶךְ קָדוֹשׁ שׁוֹכֵן מְעוֹנָי
יוֹם יִפְקוֹד בְּחַרְבּוֹ הַקָּשָׁה לִמְעַנָּי
מַלְכוּתוֹ יַשְׂגִּיב וְהָיְתָה לַיְיָ
הַמְּלוּכָה וְהָיָה יְיָ לְמֶלֶךְ. אל מלך

שו' 2 עזרה, ו: נמצא. 10 חמסו, אגד: חסר. 17 מוראו, או: מוראו ישראל. 34 ונקה, או: או הנקה. 41 מעוני, א: שמי מעוני. גד: השוכני ברום גבהי מעוני. 43 מלכותו ישגיב, א: מלכו ישוגב. ו: מלכותו תשיב.

4 תהל' קמ"ה:א'. 8 שם צ"ח:ו'. 10 חוו,--הגידו, פי' התוודו לפניו חטאותיכם. 11 טורי וכו',--(משלי ד':י"א),בדרך הישר תלכו. 11 יש' מ"ד:ו'. 16 אסתר א': י"ג. 18 נוצריך,--שומריך,הקב"ה. 19 סול וכו',--הטיבו את דרכיכם,(יש' ס"ב:י'). 20 אסתא א':ח'. 22 פלסו נתיב,--ל' "פלס מעגל רגליך"(משלי ד':כ"ו),ופי' רש"י: שקלו דרכך, הפסד מצוה כנגד שכרה וכו'. 23 צחן לבבכם,--(יואל ב':כ'),פי' סרחו-

בו של יצר הרע הנקרא בלי חז"ל(ברכ' י"ז,א): שאור שבעיסה. 24 אסתר ד':ב', ור"ל החוטא לא יקבל את פני המלך. 26 רון,--(תהל' ל"ב:ז'),רנה ותפלה. 28 ש"ח':י"א. 29 תוכן משפט עמו,--רומז לברית בין הקב"ה וישראל. 30 בענק,--(משלי א':ט'), מוסב על "משפט עמו". 31 להליץ יושר,--איוב ט"ז:כ'. בספר,--עם הצדיקים לחיים, הש' ירוש' ר"ה,א'.ג'. 32 אסתר ב':כ"ג. 34 במכתו,--בעבשו. ונקה,--(במד' ה':ל"א),והאם נקה הוא מעורבו. ושמא זאת מלה מחודשת בשמות עצם על משקל טִפָּה,דִּבָּה, במשמע' נקוי. 36 ש"ב,י"ט:כ"ט, פי' ולכן הוא מוכרח להאריך בתפלה. 37 רצה לירואתו,--(איוב כ':י'),פי' פִּיֵּס את הקב"ה(ליראתו). והמלטה,--במקום "והמלט" לצורך החרוז. 39 יצרך,--יצה"ר. 40 אסתר ג':ג'. 41 שוכן וכו',--הקב"ה השוכן בשמים. 42 למעני,--את(ל- במשמע' את,ע"פ יר' מ':ב')אויבי המעבים אותי, ע"פ ישי' ס':י"ד. 43 ישגיב,--יגדיל. 44 זכר' י"ד:ט'.

ל"ז. תחנון לר' יצחק כבזי

תחנון כעין שיר-איזור בעל מדריך בן ארבעה טורים ושמונה מחרוזות בנות ארבעה טורים ומעין טור-איזור שהוא פסוק מן המקרא. המשקל: ט' הברות בכל טור והשוואים והחטפים אינם במנין. החתימה: יצחק כבזי. המקורות במ"ר: א (החתימה שם: יצחק כזין, הש' צונץ, ל.ג., עמ' 558). (ד. י' 1633).

יוֹם בְּאֹתְּכֶם לְחַלּוֹת פְּנֵי אֵל רָמִים/ צַעֲקַתְכֶם יִשְׁמַע צוּר עוֹלָמִים
בַּחֲמִיר עֵת תְּבַקְּשׁוּ,אֲצִילֵי עַמִּים/ וְאֵל שַׁדַּי יִתֵּן לָכֶם רַחֲמִים.

יָהּ,שׁוֹבְבָה בִּנְךָ בָּאָז לִגְבוּלוֹ/ וּפְדֵה אֲסִירְךָ אֲשֶׁר אֲסָרוֹ בְּמַעֲלוֹ
תְּמָה בְּבוֹר גָּלוּת מְנָת גּוֹרָלוֹ/ רְאֵה כִּי אָרְכוּ לוֹ שָׁם הַיָּמִים.

צֹאן מַרְעִיתְךָ לְבֵיתְךָ פּוֹנוֹת/ בְּעֵת זֶה,לְפָנֶיךָ לִשְׁפּוֹךְ תְּחִנּוֹת
עֲנִיִּם בַּעֲמָלָם רְאֵה אֵל אֱמוּנוֹת/ דַּיַּין אַלְמָנוֹת וַאֲבִי יְתוֹמִים.

חַסְדְּךָ הַפְלֵא לְעַם יָדָם אֵין לְאֵל/ וּמִקְדַּשׁ עוֹז תְּכוֹנֵן בְּבִנְיַן אֲרִיאֵל
וְקֵץ סָתוּם תְּגַלֶּה לְבִיאַת גּוֹאֵל/ אֱלֹהֵי יִשְׂרָאֵל הָבָה תָמִים.

קָרֵב הָרָשׁוּם יָהּ בִּכְתָב אֱמֶת/ הֱיוֹת מֶלֶךְ וְכֹהֵן שְׁנֵיהֶם לְהֵעָמֵת
וּפֶרֶא בַּל יִפְרֶה וְשָׂעִיר לְהַצְמֵת/ נָא, וְהוּבָה רָמֵת אֵין לוֹ דָמִים.

בֵּלֵה נָא מֵאֱדוֹם צָבָא וְהָמוֹן/ וְקָם שֵׁבֶט מִגּוֹי, חֲלִי דַת אָמוֹן
וְאָז עַל מִשְׁפָּטוֹ יֵשֵׁב אַרְמוֹן/ נָא, בְּצִדְקַת אַב הֲמוֹן בָּא בַּיָּמִים.

נָא, בְּשׁוּב עַמְּךָ אַל יִקַּח בָּשְׁנָה/ וְתִפְדֵּהוּ שֵׁנִית כְּאָז מִגֹּשְׁנָה
לָשׁוּב כְּקֶדֶם לְשַׁעַר הַיְשָׁנָה/ לָחוֹג בַּשָּׁנָה שָׁלֹשׁ פְּעָמִים.

זְכוּת יַשְׁמִיעַ אֵל מִזְּבוּלוֹ/ קוֹל מְהֵרָה, מֵאֵת פְּנֵי הֵיכָלוֹ
אֲלֵיכֶם,עַם מַרְעִיתוֹ וְחֶבְלוֹ/ יָבֹא שִׁילֹה וְלוֹ יִקְּהַת עַמִּים.

יָהּ, בֵּית שַׁמָּה לְשִׁבְתְּךָ מָכוֹן/ בְּרֹאשׁ הָרִים יִהְיֶה נִשָּׂא וְנָכוֹן
וּבוֹ אִישׁ צֶמַח שְׁמוֹ, בֶּטַח יִשְׁכּוֹן/ וּמֶמְשַׁלְתּוֹ תִּכּוֹן לְאֹרֶךְ יָמִים.

1 לחלדת וכו',--מלא' א':ט'. 2 אצילר עמים,--ישראל. 2ב, בר' מ"ג:י"ד. 3 שוב-
בה,--ל' "ושֹבבתי את ישראל אל נוהו"(יר' נ':י"ט). במעלו,--מפני עוונו (הָגלה
מארצו). 4 תתה,--(ש"ב,כ"ב:מ"א),בתת. מנת גורלו,--תהל' ט"ז:ה'. 4ב, בר' כ"ו:
ח'. 6ב, תהל' ס"ח:ו'. 7 ידם אין לאל,--שנוי מן המקובל בסדר המלים לצורך הח-
רוז, ור"ל "איו לאל ידם"(בר' ל"א:כ"ט),פי' חסר-אונים. 7 בבנין אריאל,--(יש'
כ"ט:א'),בבניין המקדש בירושלים 8 וקץ סתום,--דני' י"ב:ד',ט'. גואל,--משיח
הגואל. 8ב, ש"א,י"ד:מ"א, הבה תמים, פי' רש"י: תן גורל אמת. 9 הרשום,--פי'
הנבואה על מפלתם של שונאי ישראל ושיבת ציון, וע"פ דני' י':כ"א: אגיד לך הר-
שום בכתב אמת. היות וכו',--להיות שניהם, מלך ישראל וכהן גדול לעמיתים, ומוש-
לים כל אחד בתחום שלו, וע"פ זכר' ו':י"ב,י"ג: "ועצת שלום תהיה בין שניהם."
10 ופרא בל יפרה,--אז שלטון ישמעאל(פרא,ע"פ בר' ט"ז:י"ב,והש' צונץ,<u>ס.פ.</u>,עמ'
465)לא יצמח וישגשג(בל יפרה,ע' יש' י"א:א'). ושעיר,--רומז לירון-ביזנטיה,
הש' דני' ח':כ"א וצונץ,<u>שם</u>. להצמת,--(איוב ו':י"ז),להכרת. 10ב, שמ' כ"ב:א'.
11 מאדום,--ממלכות אדום המערבי. וקם שבט מנוי,--ויבוא משיח הגואל(שבט,ע"פ
במד' כ"ד:י"ז)מבני ישראל(מנוי,ע"פ שה"ש ז':ז': מה יפית ומה נעמת, והש' שהש"ר
שם). חלי,--(משלי כ"ה:י"ב),פי' עדי וקשוט ומוסב על "שבט"(משיח הגואל). דת
אמון,--תורת משה(אמון, פי' חביב של הקב"ה,הש' משלי ח':ל'). 12 על משפט וכו'
,--יר' ל':י"ח. בצדקת וכו',--בזכות אברהם,ע' בר' י"ז:ד',כ"ד. 13 אל יקח בש-
נה,--ל' "בָשנה אפרים יקח"(הושע י':ו'),פי' רש"י: בושת יקח לו. כאז מגרשנה,--
בזמן יציאת מצרים מארץ גושן. 14 לשער הישנה,--(נחמ' ג':ו',וי"ב:ל"ט),בירוש-
לים. 14ב, שמ' כ"ג:י"ז ועוד. 15 מזבולו,--משמים. קול מהרה,--מוסב על "ישמיע".
16 יבא שילה וכו',--בר' מ"ט:י' שדרשוהו חז"ל(בסנהד' צ"ח,ב) על משיח הגואל.
יקהת, פי' רש"י: אסיפת העמים. 17 לשבתך מכון,--מ"א,ח':י"ג. בראש וכו',--באח-
רית הימים,ע' יש' ב':ב'. 18 איש צמח שמו,--(זכר' ו':י"ב),רומז למשיח הגואל,
הש' מאמר ריב"ל(בירוש' ברכ' ב'.ד'): צמח שמו(של מלך המשיח).

ל"ח. "חטאנו" לר' כלב בר אליקים

"חטאנו" בעל כ"ד מחרוזות. לכל מחרוזת--ארבעה טורים,הפותחת במלה "איך"
(להוציא שתי המחרוזות האחרונות)והמסתיימת בפסוק מן המקרא. החתימה: כל[ב].
המקור במ"ו: א. מקור אחר: <u>סדור התפלות כמנהג הקראים</u>,(גוזלוו,1836),ח"ג,עמ'
130(ק). הסליחה בנוסח א משקפת את העינויים שקהילות ישראל סבלו בגולה מידי
השלטון. אך בעל נוסח ק השתדל להפחית באשמת השלטון בסבלות ישראל הנ"ל ושם את
הדגש בעוונות העם שגרמו לגלות הארוכה והקשה. הש' השנויים בנוסחי א וק,להלן.
(ד. א' 2750).

אֵיךְ אָזְלַת יָדִי/ וְאַתָּה יָהּ מָגֵן בַּעֲדִי
אֵיךְ גָּלָה כְּבוֹדִי/ בְּהַגְדֵּל חַסְדְּךָ אֲשֶׁר עָשִׂיתָ עִמָּדִי.

אֵיךְ נִבְלְעוּ עֲדָרֶיךָ/ וְאַתָּה הֲבֵאתִים בַּחֲדָרֶיךָ
אֵיךְ הוֹרְגִים בְּנֵי צָרֶיךָ/ אֶת בִּנְךָ בְּכוֹרֶךָ.

אֵיךְ גּוֹי גָּדוֹל אֲשֶׁר חִבַּבְתָּ/ בְּיַד גּוֹי עַז פָּנִים עֲזַבְתָּ
אֵיךְ מְעֻנִּים בְּנֵי עוֹנְנָה אֲשֶׁר אִיַּבְתָּ/ אֶת בִּנְךָ אֶת יְחִידְךָ אֲשֶׁר אָהַבְתָּ.

אֵיךְ דּוֹדֶיךָ אֲהוּבֶיךָ/ מְסַרְתָּם בְּיַד עוֹזְבֶיךָ
אֵיךְ עַם קְרוֹבֶיךָ/ צֹאנְךָ נְתֻנוֹת לְאוֹיְבֶךָ.

אֵיךְ הִפְלִתָּם לְמַשּׂוּאוֹת/ עַם רָאוּ הַגְּדוֹלוֹת וְהַנּוֹרָאוֹת
אֵיךְ בָּנֶיךָ אֱלֹהֵי צְבָאוֹת/ נְתוּנִים לְעַם אַחֵר,--וְעֵינֶיךָ רוֹאוֹת.

אֵיךְ וְתִיקִים גְּזָעֵי יְדִידִים/ בְּכוֹרַח אוֹתָם מַעֲבִידִים
אֵיךְ נִמְכָּרִים לִשְׁפָחוֹת וְלַעֲבָדִים/ צְנוּמוֹת דַּקּוֹת שְׁדוּפוֹת קָדִים.

אֵיךְ זֵד יָהִיר גּוֹעֶה וּפוֹעֶה/ עַל הוֹגֶה בְּדָתְךָ וְלוֹעֶה
אֵיךְ עַמְּךָ בְּכָל קְצָוֹת תּוֹעֶה/ כַּצֹּאן אֲשֶׁר אֵין לָהֶם רוֹעֶה.

אֵיךְ חוֹבֵב עַמִּים גּוֹי אֶחָד בָּאָרֶץ/ הוּשְׁלַךְ תִּפְאַרְתּוֹ מִשָּׁמַיִם אָרֶץ
אֵיךְ הוּפְרַצְתִּי פֶּרֶץ עַל פְּנֵי פָרֶץ/ וְהָיִיתִי נָע וָנָד בָּאָרֶץ.

אֵיךְ טְלָאֶיךָ הָעֲנוּגִּים וְהָרַכִּים/ יוֹשְׁבִים כְּמֵתֵי עוֹלָם בְּמַחֲשַׁכִּים
אֵיךְ יוֹם יוֹם, רְוָחָה וְרֶשַׁע מְחַכִּים/ וְהִנֵּה עֲבָדֶיךָ מֻכִּים.

אֵיךְ יְדִידִים אֲשֶׁר קִדַּשְׁתָּם/ שָׁבַת מְשׂוֹשׂ שַׁבַּתָּם וְחָדְשָׁם
אֵיךְ מִמִּקְדָּשָׁם גֵּרַשְׁתָּם/ וַיָּפֶץ יְיָ אוֹתָם מִשָּׁם.

אֵיךְ כּוֹרְעֵי לְךָ בֶּרֶךְ/ הֵבֵאתָ בְּלִבָּם מוֹרֶךְ
אֵיךְ מַעֲבִידִים בְּנֵי אַכַּד וְכַלְנֵה וְאֶרֶךְ/ אֶת בְּנֵי יִשְׂרָאֵל בְּפָרֶךְ.

אֵיךְ לוֹמְדֵי דָתְךָ אֲשֶׁר בְּךָ חָסוּ/ עַל צַוָּארָם עֻלָּם עָמְסוּ
אֵיךְ דָּרְסוּ וְרָמְסוּ/ מַעֲשִׂים אֲשֶׁר לֹא יֵעָשׂוּ.

אֵיךְ מְכוּרִים בְּיַד גָּלוּתָם/ אֲסוּרִים בְּיַד מְבַשָּׁם וְגַעְתָּם
אֵיךְ הַמְחַפִּים עַל יְיָ דִּבְרֵי רִיבוֹתָם/ אֲשֶׁר לֹא צִוָּה אוֹתָם.

אֵיךְ נְשׂוּאִים מֵרֶחֶם אֱמוּנֶיךָ/ שִׁלַּחְתָּם מֵעַל פָּנֶיךָ
זְכוֹר אֵיתָנֶיךָ וְרַחֵם אֶבְיוֹנֶיךָ/ לָמָּה נָמוּת לְעֵינֶיךָ.

אֵיךְ שְׂנֵאתַנִי אַחַר אַהֲבָה/ תִּגְבֶּה חוֹבָה וְאֵין מֵלִיץ טוֹבָה
אֵיךְ אֵין בִּי מְתוֹם מִיּוֹנֵק עַד אִישׁ שֵׂיבָה/ וַאֲנִי אָנָה אֲנִי בָא.

אֵיךְ עַם לְךָ סְגוּלָה/ מֻכֶּה וּמְדֻכֶּה מִיַּד בְּנֵי עַוְלָה
וְאֵיךְ עֲבָדִים הַחֲתוּמִים בִּבְרִית מִילָה/ לְאִישׁ אֲשֶׁר לוֹ עָרְלָה.

אֵיךְ פְּזוּרֶיךָ, פָּרַץ צָר גְּדֵרָם/ הִפְשִׁיט עוֹרָם וְאָבַל שְׁאֵרָם
אֵיךְ בְּגַאֲוָה וָבוּז מִתְבַּהֵם בְּקוֹל רָם:/אַשְׁבִּיתָה מֵאֱנוֹשׁ זִכְרָם.

אֵיךְ צֹאן יָדוֹ זֶרַע יִשְׂרָאֵל עַבְדּוֹ/ בְּאוֹב דָּאוּב וּמַכְאוֹבוֹ לְנֶגְדּוֹ
אֵיךְ כָּל גּוֹי עָטוּף רְדִידוֹ וּמַדּוֹ/ וַיִּוָּתֵר יַעֲקֹב לְבַדּוֹ.

אֵיךְ קָדוֹשׁ בְּנַחֲלָתוֹ הִתְעַבָּר/ מֵאִתָּם וּמֵהֶם חָמַק עָבָר

אֵיךְ צַר עֲלֵיהֶם גָּבַר/ הֵשַׁמָּה בַּמִּדְבָּר.

אֵיךְ רִחַקְתָּנִי וְזֵרִיתָנִי בְּעִיר חֲלָמוֹת/ בְּיַד הוֹלְמִים לְהָרְגֵנִי בְּהַלְמוּת
אֵיךְ שֻׁבַּר,עָכוּר וּבַבּוֹר צָמוּת/ הִנֵּה אָנֹכִי הוֹלֵךְ לָמוּת.

אֵיךְ שָׁכַח צוּר נַחֲלָתוֹ/ הַמְחַכִּים מִיּוֹם לְיוֹם יְשׁוּעָתוֹ
מְהֵרָה יָחִישׁ בְּרַחֲמָיו גְאֻלָּתוֹ/כִּי נָכוֹן הַדָּבָר מֵעִם הָאֱלֹהִים וּמְמַהֵר הָאֱלֹהִים לַעֲשׂתוֹ.

אֵיךְ תִּתְאַפֵּק וְאַתָּה מְחוֹלְלָהּ/ תֶּחֱשֶׁה וּתְעַנֶּה וְאַתָּה גוֹאֲלָהּ
חוּשָׁה לְעֶזְרָתָהּ כִּי אֵין מוֹשִׁיעַ לָהּ/ אֵל נָא רְפָא נָא לָהּ.

כּוֹפֶר יַמְצִיאֲכֶם צוּר מָעוּזְּכֶם/ וּכְצִפֳּרִים עָפוֹת כֵּן יָגֵן עֲלֵיכֶם
וְתִהְיֶה שָׁנָה זֹאת קֵץ לְצָרוֹתֵיכֶם/ וְלָכֵן יְחַכֶּה יְיָ לַחֲנַנְכֶם.

לַחֲנַנְכֶם יְעוֹרֵר רַחֲמָיו/ וְיִפְתַּח לָכֶם אוֹצְרוֹת שָׁמָיו
וּכְגַן רָוֶה תִּהְיוּ בְּטוּב מַנְעַמָּיו/ וּכְמוֹצָא מַיִם אֲשֶׁר לֹא יְכַזְּבוּ מֵימָיו.

/ב........./........
[......../..........

שו' 4 הורגים בבי צריך, ק: לא תמשוך אחריך. 5 ביד...עזבת, ק: הסתרת פניך ממבו ומאסת. 6 מענים...איבת, ק: זעמת זה כמה שנים ולא גאלת. 7 מסרתם ביד עוזביך, ק: משולי עפר וכוכבים. 8 עם...לאויבך, ק: מנגד פניך בעזבים/יי אלהי ישראל יושב הכרובים. 11 בכורח אותם מעבידים, ק: בארבע רוחות נעים ונדים. 13 זיד וכו', ק: זך וישר לא תשעה/ צעקת עני ודל גועה. 22 מעבידים...וארך, ק: דרכת כדרוך הדורך. 23 עולם, ק: עולך. 24 דרסו ורמסו, ק: מעונם נדרכו ונרמסו. 24ב, מעשים וכו', ק: ובהם בעשר מעשים וכו'. 25 **מכורים וכו'**, ק: מסורים בידך ארכה גלותם. 25ב, אסורים וכו', ק: אסורים בתונים ביד פשעם חטאתם. 26 המחפים וכו', ק: ויתפאו דברים על יי מצרתם. 31 מיד בני עולה, ק: מחטאתו הגדולה. 32 **לאיש** אשר לו ערלה, ק: נפלו כנפול בני עולה. 33 פרץ צר, ק: פרצת. 33ב, הפשיט וכו', ק: ומחתה שמת מבצרם. 34 בגאוה וכו', ק: חללת לארץ נזרם/ ויאכל חצי בשרם. 36 כל גוי...מדו, ק: חסר. 38 צר, ק: פשעם. 43 ואתה מחוללה, ק: ולא תחמול לה. 45-49, ק: חסר.

1 אזלת ידי,--כשל כוחי. 2ב, בר' י"ט:י"ט. 3 בולער,--נשחתו. עדריך,--ישראל. בחדריך,--שה"ש א':ד' שדרשוהו חז"ל(בשהש"ר,שם)שהקב"ה גלה לישראל את "ספר בראשית" ואת "חדרי מרכבה". 4 בני צריך,--(נחום א':ב'),אויבי ישראל. 4ב, שמ' ד':כ"ב,ורומז לישראל. 5 חבבת,--אהבת. 6 מענים,--לוחצים. בני ערננה,--(יש' נ"ז:ג'),ופי' רש"י: בני כשפים. איבת,--שמ' כ ג:כ"ב. 6ב, בר' כ"ב:ב'. 7 דודיך אהוביך,--(שה"ש א':ב'),ישראל. עוזביך,--עובדי עבודה זרה,הש' יר' י"ז:י"ג. 8 עם קרוביך,--(תהל' קמ"ח:י"ד),ישראל. 8ב, שם ק':ג'. 9 למשוארת,--(שם ע"ג: י"ח),ל' שואה. 10ב, דבר' כ"ח:ל"ב. 11 ורתיקים,--חסידי ישראל,הש' ברכ' ט',ב. גזעי ידידים,--הש' ספרי,דבר' שנ"ב: ששה הם נקראו ידידים...ישראל וכו', ור"ל, ב"י. בכורח,--בעל כרחה. 12ב, בר' מ"א:כ"ג. 13 זיד יהיר,--משלי כ"א:כ"ד,והכוונה לאויב ישראל. גועה ופועה,--מחרף ומגדף. על הוגה בדתך,--(יהוש' א':ח'),על בן תורה. ולועה,--(איוב ו':ג')**עת הוא עוסק בתורה,מסתבך בלשונו,מחמת בהלה מפני** לחץ האויב. 14ב, במד' כ"ז:י"ז ועוד. 15 חובב עמים,--דבר' ל"ג:ג',ורומז לישראל,הש' ת"א,שם. 16 הופרצתי וכו',--איוב ט"ז:י"ד. 16ב, בר' ד':י"ב. 17 טלא-

רך,--(יש' מ':י"א),ישראל. 18ב, שמ' ה':ט"ז. 19 ודודים,--(תהל' ס':ז' ועוד),
ישראל. שבת וכו',--הושע ב':י"ג. 20ב, בר' י"א:ח'. 21 מורך,--ממורה כמו יורה,
ל' "כי נתן לכם המורה לצדקה"(יואל ב':כ"ג). 22 בני אכד...וארך,--(בר' י':י'),
בני בבל,ורומז לאויבי ישראל. 22ב, שמ' א':י"ג. 23 עולם עמסו,--(מ"א,י"ב:י"א),
עולם של "בני אכד וכו'",הנ"ל. 24 דרסו וכו',--מוסב על אויבי ישראל הנ"ל. 24ב,
בר' כ':ט',פי' מעשים וכו',עשו "בני אכד וכו'" עם ישראל, כלו' התנהגו עמם באו-
פן אכזרי חסר-תקדים. 25 מכוררים וכו',--עמוס א':ו'. מבשם ועגתם,--ישמעאל(בר'
כ"ה:י"ג) ואדום(שם ל"ו:ט"ז),והש' צונץ ס.פ.,עמ' 464. 26 המחפים וכו',--דוג'
"ויחפאו...דברים אשר לא כן על יי אלהיהם,"(מ"ב,י"ז:ט'),ור"ל בדו מלבם טעבות
ומעבות(דיבותם,הש' פי' רש"י לשמ' י"ח:י"ט:"את הדברים: דברי ריבותם,") על קדוש
ישראל. 26ב, ויק' י':א'. 27 נשואים וכו',--יש' מ"ו:ג'. אמוניך,--(ש"ב,כ':י"ט)
ישראל. 28 איתניך,--כנוי לאבות,הש' ר"ה י"א,א. 28ב, בר' מ"ז:י"ט. 29 אהבה,--
יר' ב':ב'. תגבה חובה,--הנה אתה מעניש אותי מפני חטאי. ואין מליץ טובה,--(אי-
וב ל"ג:כ"ג),ע"פ "כי מקדישיך"(ד.כ'369): באין מליץ יושר מול מגיד פשע וכו'.
30 מתום,--יש' א':ו',ופי' רש"י: ל' תמימות שלם מאין מכאוב. מירנק וכו',--דבר'
ל"ב:כ"ה. 30ב, בר' ל"ז:ל'. 31 בני עולה,--(ש"ב,ג':ל"ד),אויבי ישראל,הש' צונץ
שם,עמ' 461. 32 עבדים,--ישראל, עבדי ה'. החתומים וכו',--בחתמו של אברהם,הש'
שמ"ר י"ט.ה'. 32ב, בר' ל"ד:י"ד, פי' לאומות העולם. 33 פזוריך,--יר' נ':י"ז.
פרק וכו',--תהל' פ':י"ג. שארם,--בשרם,הש' מיכה ג':ב'. 34 מתנהם,--רועש בזעם.
34ב, דבר' ל"ב:כ"ו,דברי האויב. 35 דאוב,--יר'ל"א:כ"ד. 36 עטוף...מדו,--פי'
כל גוי יש לו מחסה ומגן,כלו' הוא יושב לבטח. ודיד,הש' שה"ש ה':ז'. 36ב, בר'
ל"ב:כ"ה, פי' בלי ארץ ומקלט. 37 מאתם,--תהל' נ"ג:ו'. ומהם חמק עבר,--שה"ש
ה':ו': דודי חמק עבר, ופי' רש"י: נסתר ונכסה ממני. 38ב, במד' י"ד:ט"ז. 39
בויו חלמות,--(איוב ו':ו'),בגנאי. להולמני וכו',--שופ' ה':כ"ו. 40 עכור,--
ש"א,י"ד:כ"ט, פי' הובא במבוכה. צמות,--(איכה ג':נ"ג),דוכא. 40ב, בר' כ"ה:
ל"ב. 42ב, בר' מ"א:ל"ב. 43 תתאפק,--יש' ס"ד:י"א,ופי' רד"ק: איך תוכל להתאפק
על אלה ולא תרחם. מחוללה,--יוצרה. תחשה ותענה,--יש' שם, ופי' רד"ק,תחשה: תש-
תוק כאלו אין אתה שומע צעקתינו. ותענגו: שאנחנו מעונים בגלות ביד אויבים.
44ב, במד' י"ב:י"ג. 45 כופר,--כפרה. 46ב, יש' ל':י"ח. 47 אוצרות שמיו,--(דבר'
כ"ח:י"ב),ורומז למתן שכרם של הצדיקים שגנז הקב"ה בשמים באחרית הימים, הש'
בר"ר ס"ב.ב'. 48 מנעמיו,--תהל' קמ"א:ד'. 48ב, יש' נ"ח:י"א.

ל"ט. וידוי לרשב"ג

וידוי בן ל"ג מחרוזות בנות ג' טורים כל אחת. כל טור שלישי פסוק מן המקרא.
המשקל: ו' הברות בכל טור(פרט לשבר-פסוק)וההברות הקצרות אינן במנין. החתימה:
אני שלמה הקטן ברבי יהודה גבירול מאלקי חזק. המקורות במ"ר: א. ג,עמ' רע"ז.
ד,ב'3. פורסם: שירי הקדש לרשב"ג,מהד' ד.ירדן,עמ' 31. הנושא העיקרי: אגדת חז"ל
(בסנהד' צ"א,א)על הנשמה והגוף שנגשו למשפט לפני הקב"ה וכל אחד האשים את חברו,
(השווה לעיל שיר ר"ט). התוכן: הקדמה, בה אדם מתוודה על חטאתיו: שורות 1-6.

הנשמה והגוף בגשו למשפט לפני הקב"ה: שו'7. הנשמה הצדיקה את עצמה: שו' 8-19. הגוף רוצה להציל את עצמו מן הדין: שו' 20-28. הקב"ה **העמידם** למשפט כל אחד לחוד: שו' 29-30. תפלה לכפר את עוונות הנפש והגוף: שו' 31-34. (ד.ש' 881).

שְׁטַר עָלַי בְּעֵדִים וְקִנְיָן/ לְשַׁלֵּם מָחֳרַת הַמִּנְיָן/ וְהָיָה יְיָ לְדַיָּן.
אֲנִי בְּחָשְׁבִי לְמֵרָחוֹק/ בָּכִיתִי לִבְלִי חֹק/ עֵת לִבְכּוֹת וְעֵת לִשְׂחֹק.
נָפְלָה עָלַי חֲרָדָה/ בְּזָכְרִי יוֹם הַפְּקֻדָּה/ פַּחַד קְרָאַנִי וּרְעָדָה.
יַעַן שְׁרִירוּת לְבָבִי/ דַּאֲגָתִי בְּמַחְשָׁבִי/ כִּי אֵיךְ אֶעֱלֶה אֶל אָבִי.
שׁוּ לְמִי רַב זְדוֹנֵהוּ/ יוֹם יְבַקֵּשׁ עֲוֹנֵהוּ/ וְחִשֵּׁב עִם קוֹנֵהוּ.
לְיוֹם לֹא יִשָּׂא פְּנֵי שָׂר/ בְּהִתְנַגֵּשׁ לַמּוּסָר/ הַנֶּפֶשׁ עִם הַבָּשָׂר.
מִשְׁפְּטֵיהֶם וְדִינֵיהֶם/ עַד הָאֵל אֲדוֹנֵיהֶם/ יָבוֹא דְּבַר שְׁנֵיהֶם.
הַנֶּפֶשׁ תְּמַהֵר תְּשׁוּבָה/ אֵין עָלַי חַטָּאת כְּתוּבָה/ צְדָקָה נַפְשָׁהּ מְשׁוּבָה.
הַרְפֵּנִי וְעָזְבֵנִי/ הֲלָרִיב תְּצִיבֵנִי/ הוֹדִיעֵנִי עַל מַה תְּרִיבֵנִי.
קְדוֹשִׁי לֹא אֲהֵבָנִי/ כִּי בְּמַסְגֵּר הֱבִיאָנִי/ בְּמַחֲשַׁכִּים הוֹשִׁיבָנִי.
טֶנֶף גּוּף טוֹרַחַת/ וּמְנֻבָּלָה סוֹרַחַת/ אָנֹכִי בּוֹרַחַת.
נִלְאֵיתִי מְאֹד כַּלְכֵּל/ כִּי הַגּוּף הַנּוֹבֵל/ הִשִּׁיאַנִי וָאֹכֵל.
בְּכָל חֵטְא יִתְגַּלַּע/ וְאוֹתִי בְּכַף קוֹלֵעַ/ לֹא הֵשִׁיב יָדוֹ מִבַּלֵּעַ.
רְעָצַנִי הֱנִיאַנִי/ וְלַשַּׁחַת קְרָאַנִי/ אַךְ עַתָּה הֶלְאָנִי.
בְּכָל תַּאֲוָה הוּא נֶאֱסָר/ וּמַאֲכָל וּמַשְׁקֶה לֹא סָר/ וּבֶטֶן רְשָׁעִים תֶּחְסָר.
יָגוּף לְטַמֵּא עַצְמוֹ/ יַעַן כִּי הוּא כִּשְׁמוֹ/ נָבָל שְׁמוֹ וּנְבָלָה עִמּוֹ.
יְצוּדֵנִי פּוֹתֵעַ/ וְהוּא בְּתַאו מַלְתֵּעַ/ בְּעֵינָיו כִּמְתַעְתֵּעַ.
הֵן חֶטְאוֹ לֹא יְסֻפַּר/ לָכֵן יִכָּלֵם וְיַחְפִּר/ כְּדֵי רִשְׁעָתוֹ בְּמִסְפָּר.
וּמִמֶּנִּי אַל תִּפָּרַע/ וּמוּסַר גֵּר אַל תִּגְרַע/ כִּי כֻלּוֹ חָנֵף וּמֵרַע.
דִּבֶּר גּוּף לְהַרְשִׁיעַ/ חֲדַל מִמֶּנִּי וְהַשַּׁע/ זַךְ אֲנִי בְּלִי פָשַׁע.
הֵן כְּאֶבֶן מַעֲמָסוֹת/ מָלֵא בוּז וְקַלָּסוֹת/ וּמַה יָּכָלְתִּי עֲשׂוֹת.
גַּם אֲנִי נִשְׁכַּל שָׁכוּל/ דּוֹמֶה לְעֵץ הָאֶשְׁכּוֹל/ אֲשֶׁר לֹא יִצְלַח לַכֹּל.
בְּלִי נֶפֶשׁ אֶחָשֵׁב/ כְּבַיִת מִבְּלִי יוֹשֵׁב/ וְאֵין עוֹנֶה וְאֵין קַשָּׁב.
יַעַן אַשְׁכִּים וְאַעֲמִישׁ/ מְשָׁלְךָ כְּמוֹ חַלָּמִישׁ/ מִמְּקוֹמוֹ לֹא יָמִישׁ.
רֹאשׁ הַפְּקֻדָּה כֻלָּהּ/ עַל נֶפֶשׁ וּמַעֲלָלָהּ/ שַׁלְּמוּ לָהּ כְּפָעֳלָהּ.
וּשְׂאִי בְנַפְשִׁי מִרְיֵךְ/ וְאִכְלִי נָא אֶת פִּרְיֵךְ/ וְשַׁלְּמִי אֶת נִשְׁיֵךְ.
לְכָל רַע לֹא צָמֵאתִי/ אֲבָל אֲנִי בָךְ נִדְמֵיתִי/ אֵיךְ תֹּאמְרִי לֹא נִטְמֵאתִי.
מַחְשְׁבוֹתַיִךְ הֲבִינוּ/ וְדָבָרַיִךְ הֲכִינוּ/ וְנַחְנוּ מָה כִּי תַלִּינוּ.
אֲמֵלִים אֲשֶׁר רָגָשׁוּ/ וְצֶדֶק לֹא פָגָשׁוּ/ אֶחָד בְּאֶחָד יִגָּשׁוּ.
לֵב דּוֹרֵשׁ וּמַעְבָּדָיו/ יְחַבֵּר שְׁנֵיהֶם עָדָיו/ וּבָעֲרוּ שְׁנֵיהֶם יַחְדָּו.
קַלְקוּל עֲוֹנָם יוּסָר/ וְלֹא יִכְבַּד הַמּוּסָר/ בְּשַׁגַּם הוּא בָשָׂר.
יָהִיר שְׁרִירוּת יַחְמוֹ/ אִם כְּמִפְעָלוֹ תָּמוֹ/ אֲדֹנָי מִי יַעֲמֹד.
חֲשֹׂךְ זַעַם אֵימָתְךָ/ וְאַל תְּבַעֵר בַּחֲמָתְךָ/ וְיִנָּפֵשׁ בֶּן אֲמָתְךָ.
קָרֵב נָא לְהַדְרִיכֵנִי/ וְיוֹם לְרִיב תִּקָּחֵנִי/ אַל בְּאַפְּךָ תוֹכִיחֵנִי.

שנויים בנוסח א. שו' 3 בזכרו: בשמעי. הקפדה: הפקודה. 10 הביאני: עזבני.
11 טנף וכו': טוב,אל תדכאני/ וליום הדין צדקני/ מנסתרות נקני. 16 יגוף:
ירדף. 19 גו: גוף. 29 אמלים: אוילים. 34 לריב: לדין.

1 שטר וכו',--אבות ב'.א': כל מעשיך בספר נכתבים. 1ג, ש"א,כ"ד:ט"ז. 2 למרחוק ,--על דין וחשבון שעלי לתת לפני הקב"ה. 2ג, קהל' ג':ד'. 3 יום הקפדה,--(יחז' ז':כ"ה),יום המיתה. 3ג, איוב ד':י"ד. 4ג, בר' מ"ד:ל"ד. 5 שד וכו',--שבר ושד יבואו על אדם שחטאותיו מרובין על זכויותיו. 5ג, ויק' כ"ה:ב'. 6 בהתנגש,--(יש' מ"ה:כ'),ביום הוא נגש למשפט לפני קונו. 6ג, דבר' י"ב:כ"ג. 7ג, שמ' כ"ב: ח', כלו' "הנפש עם הבשר". 8 אין עלי וכו',--הש' סנהד' שם,והש' ויק"ר ד'.ה', וע' לעיל שיר ו"ט. 8ג, יר' ג':י"א. 9ב, יש' ג':י"ג. 9ג, איוב י':ב'. 10ב, יש' מ"ב:ז',הרעיון של הנשמה הנתונה בגוף כנבית-כלא משקף את ההשקפה הניאו-אפ-לטונית של רשב"ג, הש' את <u>הטימיאוס</u> לאפלטון,עמ'ס"ט-ע':"והנה נחזה...כלאו את מין הנשמה." 10ג, איכה ג':ו'. 11 טנף וכו',--הנני סובלת את טומאת הגוף. 11ב, הכרונה לגוף. 11ג, בר' ט"ז:ח'. 12 הנוכל,--במד' כ"ה:י"ח. 12ג, בר' ג':י"ג. 13 ויתגלע,--(משלי י"ח:א'),ויתגעל. 13ב, הוא משליך אותי כאבן בכף הקלע. 13ג, איכה ב':ח'. 14 רעצני,--(שופ' י':ח'),רצצני. הניאני,--(במד' ל"ב:ז'),שברני. 14ג, איוב ט"ז:ז'. 15 בכל וכו',--הגוף היה זולל וסובא. 15ג, משלי י"ג:כ"ה. 16 יגוף,--מל' הארמית,הש' ת"א לויק' כ':י': וגבר דיגוף(ואיש אשר ינאף),ור"ל יזנה. 16בג, ש"א,כ"ה:כ"ה. 17 פותע,--לפתע פתאום. 17ב, תהל' נ"ח:ז',ור"ל כנש-כו אותי בשניו. 17ג, בר' כ"ז:י"ב,כמתעתע, פי' כמשחק,הש' ת"א,שם. 18ג, דבר' כ"ה:ב'. 19 אך תפרע,--אל תענישני. 19ב, אך אל תמנע מלענוש את הגוף. 19ג, יש' ט':ט"ז. 20 והשע,--(תהל' ל"ט:י"ד),סור ממני. 20ג, איוב ל"ג:ט'. 21א, זכר' י"ב:כ'. וקלסות,--יחז' כ"ב:ד'. 21ג, שופ' ח':ג'. 22 לעץ האשכול,--(יחז' ט"ו: ב-ד),לעץ הגפן. 22ג, יר' י"ג:י'. 23ג, מ"א,י"ח:כ"ט. 24 יער וכו',--בין ביום ובין בלילה. כמו חלמיש,--הש' סנהד' שם(וויק"ר,שם): "מיום שפירשה ממני(הנשמה) הריני מוטל כאבן דומם וכו'." 24ג, יש' מ"ו:ז'. 25א, הושע ט':ז',כלו' עיקר הע-ונש. ומעללה,--ומעשיה. 25ג, יר' ב':כ"ט. 26ג, מ"ב,ד':ז'. 27 נך נדמיתי,--על ידך נכרתי. 27ג, יר' ב':כ"ג. 28ג, שמ' ט"ז:ז',פי' ואני הגוף מה פשעי כי תבו-או עלי בתלונות. 29 אמלים,--כלו' הגוף והנשמה. רגשו,--(תהל' ב':א': למה רגשו גויים) והש' ר"י בן ג'נאח,<u>ספר השרשים</u>,"רגש",ור"ל התקבצו. 29ג, איוב מ"א:ח', יקרבו לדין כל אחד לחוד. 30 יחביר,--יחבר. 30ג, יש' א':ל"א,יענישם יחד. 31 קלקול עוונם,--ל' התלמוד (בנזיר ב',א):"כל הרואה סוטה בקלקולה,יזיר עצמו מן היין." המוסר,--העונש. 31ג, בר' ו':ג'. 32 יהיר,--רשע. 32ב, יש' ס"ה:ז'.32ג, תהל' ק"ל:ג'. 33ג, שמ' כ"ג:י"ב. 34 להרויחני,--להקל עלי. 34ג, תהל' ד':ב'.

מ'. סליחות של ליל חמישי. פתיחה לר' אהרן (בר אביר מקושטא?)

מסתג'אב בעל שמונה מחרוזות ולכל מחרוזת ג' טורים. החריזה סטרופית משתנית: אאאז בבבז וכו'. החתימה: אהרן חזק. המקור: א. (אין נד.).

מַה-יִּצְדַּק אֱנוֹשׁ עִם אֵל וּמַה-יִּזְכֶּה יְלוּד אִשָּׁה?

אִם לְבָבִי יָעַץ מִרְמָה/ מוּל חוֹקֵר כִּלְיוֹתַי וּמַה/יִּצְדַּק מָה?
הֵן נֶחְדַּק כְּמוֹץ אָבָק דָּק/ וּכְמוֹ עֵץ נֶחְשָׁב,נִסְדָּק/ מַה יִּצְדָּק?
רִיב אִם יִזְנַח יְצִיר לִכְנוֹשׁ/ צַדַּק רוּחוֹ בַּל לֶעֱנוֹשׁ/ יִצְדַּק אֱנוֹשׁ!
נֶחְקַר בַּלֵּב כִּי נוֹאַל/ יְהִי חָרֵד יוֹם יִשָּׁאֵל/ אֱנוֹשׁ עִם אֵל.
חַיִל כִּי יָרוּב יְדוּכֶּה/ בַּעֲוֹן בִּצְעוֹ יְחוּכֶּה/ וּמַה יִּזְכֶּה?
זֵד כֻּלּוֹ מָלֵא בוּשָׁה/ תּוֹלֵעָה וְרִמָּה וּבָאְשָׁה/ יְלוּד אִשָּׁה.
קוֹל עֲנוֹת חִינּוּן נְדִיבִים/ תַּקְשִׁיב מִן עָל,כִּי עַל רַחֲמֶיךָ הָרַבִּים.

2 חוקר כליותי,--(יר' י"א:כ'),הקב"ה. 3 הן נחדק,--(מיכה ז':ד': טובם כחדק), פי' כאשר יבדק את האדם ביום הדין ימצא והנה הוא מלא קוצים וסיגים(חדק),כלו' עוונות. כמוץ אבק דק,-- יש' כ"ט:ה'. נחשב,--נכרת. נסדק,--נבקע. מה יצדק,--הש' "אנושים ועבושים" לרשב"ג(ד.א'6521):"הנה אם בחפש ונבדק/ הושת כלו סג ונחדק/ היה יהיה כאבק דק/ האנוש מאלוה יצדק." 4 ריב וכו',--אם יחדל(יזנח)אדם(יציר) לאסוף(לכנוש,ל' הארמית,הש' ת"א לבמד' כ"א:ט"ז)ריבות שפתים(ריב,ע"פ איוב ט': י': "מה יצדק אנוש עם אל, אם יחפוץ לריב עמו וכו'")על קונו. צדק רוחו וכו',-- אז לא יבוא לידי חטא ולא יֵעָנֵשׁ. 5 נחקר וכו',--אם נחקר אדם ונמצא כי הוא בעל חטא(כי נואל, במד' י"ב:י"א). יום ישאל,--ביום שהוא עתיד ליתן דין וחשבון לפני קונו. 6 חיל וכו',--בעל הון(חיל)המתאמץ להרבות את עשרו(כי ירוב)יִכָּשֵׁל(ידוכה, וע"פ תהל' ס"ב:י"א). בעון בצעו,--יש' נ"ז:י"ז: בעון בצעו קצפתי, ופי' רד"ק: שהיה חומד ועושק. יחוכה,--נלכד. 7 זד,--חוטא. מלא בושה,--לקראת יום הדין. תולעה וכו',--(יש' י"ד:י"א),גודלו לבוא לקבר. ובאשה,--וסרחון. 8 חינון נדיב-ים,--תפלות(חינון,הש' ספרי, ואתחנ',כ"ו)ישראל(נדיבים,ע' תהל' מ"ז:י'). מן על,--מן השמים. כי על וכו',--אנו בטוחים,הש' שיר א,שו' 6 <u>וגס"פ</u>,עמ' 7.

מ"א. "פתיחה שנית ל'סלח לנו'" לר' יוסף (בר יצחק?).

פתיחה כעין שיר-איזור בעל מדריך בן ארבעה טורים ושלוש מחרוזות בנות שלושה טורים כל אחת ומעין שיר-איזור שהוא פסוק מן המקרא. כל מחרוזת מסתיימת במלת "יי". מספר מלים: 3-2 בכל טור. החתימה:יוסף. המקור: א. (אין בד.).

יְדִידַי וּנְבוֹנַי/ חֲכָמַי וּזְקֵנַי
הֱקִימוּנִי בְּשִׁיר נוֹגְנַי/ לְחַלּוֹת פְּנֵי יְיָ.

וְאַגִּישׁ פְּרִי שְׂפָתַי   שַׂגֵּב בָּא עֲדָתְךָ   פּוֹעֵל הַיְשׁוּעוֹת
אָמוּר מִנְחָה וְעוֹלוֹתַי   עַמְּךָ וְנַחֲלָתְךָ   וְשׁוֹמֵעַ שַׁוְעוֹת
לְכַפֵּר עַל זְדוֹנוֹתַי   הַמְבַקְשִׁים אוֹתְךָ   לְהוֹגֵי שַׁעֲשׁוּעוֹת
בִּדְבַר יְיָ.   בַּלֵּילוֹת בְּבֵית יְיָ.   יִסְלַח יְיָ.   סלח לנו וכו'

2 הקימוני,--כלו' הנני עומד כשליח צבור ברשות ידידי וכו'. בשיר נוגני,--(תהל' ס"ח:כ"ו),בסיוע מקהלה לעזרת החזן(הפייטן)בתפלתו. 2ב,זכרי' ז':ב'. 3-4,הושע י"ד:ג': ונשלמה פרים שפתינו. 6 בדבר יי,--כפי הנביא כנ"ל. 7 שגב,--חזק. 9-10, שה"ש ג':א', ורומז ללילי אשמורות, והש' תהל' קל"ד:א'. 13 להוגי,--בהוספת למ"ד על דרך לי' הארמית,הש' גס"פ,עמ' 17. שעשועת,--במקום "שעשועים" לצורך החרוז, והש' "אל למושעות"(ד.א' 3754): "הוגי שעשועת וחידותם משעשעות", ורומז לישראל העוסקים בתורה(=שעשועים,הש' תהל' קי"ט:ע"ז,ומשלי ח':ל'). 14, מ"ב,ה':י"ח.

מ"ב. "סליחה א'" לפייטן עלום-שם.

סליחה סטרופית בת כ"ב מחרוזות בני ארבעה טורים כל אחת. מלת "יי" בראש כל מחרוזת ובסופה. כל טור רביעי הוא שבר-פסוק מן המקרא. החתימה:א"ב(מרובע, ולא כהעיר צונץ:"משולש",הש' ל.ג.,עמ'226,מס.52). המקור:א. הנה תפלה לש"ץ,והפייטן רומז לייעודה בטור 28: נדיבים הרשוני לחלות פניך, הש' ל.ג.,שם.(ד.א' 763).

יְיָ אֶרֶץ אֶשְׁתַּחֲוֶה בְּרִגְבֵי יְגוֹנָי/ אָדוֹן, בּוֹשְׁתִּי לְהָרִים פָּנַי
אָנָּא בְּעֶרְכִּי אֲרֶשֶׁת תַּחֲנוּנַי/ אֲמָרַי הַאֲזִינָה יְיָ.

יְיָ בְּרַחֲמֶיךָ שַׂמְתִּי סִבְרִי/ בְּהַעֲלוֹת אֲרוּכָה וּמַרְפֵּא לְשִׁבְרִי
בְּהִתְאַסֵּף תְּלָאוֹת סְבִיבוֹת עֶבְרִי/ בַּצַּר לִי אֶקְרָא יְיָ.

יְיָ גָּאִיתָ בְּרוּם שְׁמֵי עֶרֶץ/ גּוֹדֵר וְאֵין פּוֹרֵץ פֶּרֶץ
גָּבְהוּ שָׁמַיִם מֵאָרֶץ/ גְּדוֹלִים מַעֲשֵׂה יְיָ.

יְיָ דִּבַּשְׁתִּיךָ מִתּוֹךְ מַאֲסָרַי/ דִּין אַל תַּחְקוֹר לְהַכְבִּיד מוּסָרַי
דָּבְקָה עַצְמִי לִבְשָׂרִי/ דָּבַקְתִּי בְעֵדוֹתֶיךָ יְיָ.

יְיָ הָאֵל סַלְעִי וּמְצוּדָתִי/ הַמְהֻלָּל בְּשִׁיר יְחִידָתִי
הֲלֹא בְּכָל עֵת אַשְׁמִיעַ חִידָתִי/ הַלְלִי נַפְשִׁי אֶת יְיָ.

יְיָ וְצוּרִי וְעֻזִּי וּמָעֻזִּי,/ בַּאֲשֶׁר מִמְּעֵי אִמִּי אַתָּה גוֹזִי
וְאֵיךְ אִירָא בְּעֵת חָפְזִי/ וַאֲנִי תְפִלָּתִי לְךָ יְיָ.

יְיָ זוֹקֵף שָׁפֵל וּמֵרִים דָּל/ זַךְ, חֶמְדָּתְךָ לֹא תֶחְדָּל
זְדוֹן פִּשְׁעִי אִם גָּדַל/ זְכוֹר רַחֲמֶיךָ יְיָ.

יְיָ חֶמְלָתְךָ תְקַדְּמֵנִי/ חֶרְפַּת נוֹעֲבֵי אַל תַּכְלִימֵנִי
חֲזוֹת אֲמָרֶיךָ תְקַיְּמֵנִי/ חָסִיד אֲנִי נְאֻם יְיָ.

יְיָ טַהֲרֵנִי בְּבוֹא בְדִינֶיךָ/ טוּבְךָ הַפֵּק וְהַמְצֵא רְצוֹנֶךָ
טַעַם לַמְּדֵנִי בְּדַת הֶגְיוֹנֶיךָ/ טוֹב וְיָשָׁר יְיָ.

יי י............./י.............
י............./י.............יי

יְיָ כַּמָּה אֲיַחֵל בְּגָלוּתִי/ כַּמָּה תְּנַחֲמֵנִי מִבּוֹר דַּלּוּתִי

בְּהַעֲלוֹת בְּמַחֲשַׁבְתִּי אֵל אֲדִירוּתִי/ כִּי שׁוֹמֵעַ אֶל אֶבְיוֹנִים יְיָ.

יְיָ לְנֶגְדְּךָ תַּאֲוַת נַפְשִׁי/ לְךָ אֲקַוֶּה מַלְכִּי וּקְדוֹשִׁי
לְשִׁמְךָ יִחַלְתִּי הַעֲבֵר בָּחֲשִׁי/ לְמַעַן שִׁמְךָ יְיָ.

יְיָ מְהַלֶּלְךָ יְהַלֵּל פִּי/ מִמּוֹרָאֲךָ אַשְׁחֶה עָרְפִּי
מִדֵּי הֱיוֹת רוּחִי בְּפִי/ מְהֻלָּל אֶקְרָא יְיָ.

[יְיָ נ...........יר/ נ...........יר]
נְדִיבִים הִרְשׁוּנִי לְחַלּוֹת פָּנֶיךָ/ [נ......יי .

יי ס............./ס.............
ס............./ס.............יי]

יְיָ עָצְמוּ פְּלָאֵי פָּעָלְךָ/ עֶלְיוֹן, אֵין חֵקֶר לְעוֹז גָּדְלֶךָ
עֲרוֹךְ אֵין אֵלֶיךָ/ עַל כֵּן גָּדַלְתָּ יְיָ.

יְיָ פָּעָלְךָ מָעוֹז וּמִבְצָר/ פּוֹעֵל יְשׁוּעוֹת וְיָדְךָ לֹא תִקְצָר
פְּקַדְתִּיךָ מִמֵּצַר/פָּדִיתָ אוֹתִי יְיָ.

יְיָ צֶדֶק וֶאֱמֶת שְׁפָטֶךָ/ צֹאן הָאֹבְדוֹת רְעֵה בְּשִׁבְטֶךָ
צוּרִי, יְשָׁרִים אָרְחוֹת מִשְׁפָּטֶיךָ/ צַדִּיק אַתָּה יְיָ.

יְיָ קְרָאתִיךָ מִתּוֹךְ מַסְגְּרוֹת/ קִוִּיתִיךָ, עֶזְרָה בְּצָרוֹת
קִדְּמוּ עֵינַי אַשְׁמֻרוֹת/ קָרָאתִי שִׁמְךָ יְיָ.

[יְיָ ר........./ר.........
ר........./ר..........יי

יי ש........../ש..........
ש........../ש..........יי]

יְיָ תַּרְתִּי עֶרֶךְ תְּפִלָּה/ תִּכַּנְתִּי שֶׁבַח בְּנוֹעַם תְּהִלָּה
תַּבַּעְנָה שְׂפָתַי תְּהִלָּה/ תִּקְרַב רִנָּתִי יְיָ.

אל מלך

1 בושתי להרים וכו',--מפני ערוגותי,הש' "רבון כל העולמים"(ד.ר'296): בושתי ובכלמתי להרים אלהי פני אליך. 2ב, תהל' ה':ב'. 3 סברי,--תקותי. 4 תלאות,--שמ' י"ח:ח'. 4ב, ש"ב,כ"ב:ז'. 5 שמי ערץ,--(ע"פ איוב ל"ז:י"ח),שמים. גודר וכו' ,--יש' נ"ח:י"ב. 6ב, תהל' קי"א:ב',ור"ל כשם שגבהו שמים מארץ כן גדולים הם מעשי ה'. 7 דין וכו',--אל תדיננני במדת הדין. מוסרי,--ענשי. 8 דבקה עצמי לבשרי,--תהל' ק"ב:ו',פי' בשרי כחש משמן(הש' פי' ראב"ע,שם),מרוב צום,והנה רמז למנהג **הצום** בימי אלול ובעשי"ת, הש' לעיל,מבוא,עמ' 18. 8ב, תהל' קי"ט:ל"א, פי' כשם שדבקה עצמי לבשרי כן דבקתי בעדותיך. 9 יחידתי,--**נשמתי** הש' דרשת חז"ל (בבר"ר י"ד,ט'): נשמה,--נקראה חיה,יחידה. 10 אשמיע חדתי,--ורמז לתלמוד תורה, ע"פ תהל' ע"ח:ב': אפתחה במשל פי,אביעה חידות מני קדם, ופי' רש"י: במשל פי, הם דברי תורה. 10ב, תהל' קמ"ו:א'. 11 אתה **גוזי**,--שם ע"א:ו' ופי' רש"י: אתה **מוציאי** ומעבירי. 12 חפזי,--מתוך בהלה בארצות הגולה. 12ב, תהל' ס"ט:י"ד. 13

חמדתך,--פי' רצונך להטיב את השפל והדל כנ"ל. 14ב, תהל' כ"ה:ו'. 16 חזרת אמריך,--לחזות בנחמת ישראל כפי הבטחתך. 16ב, יר' ג':י"ב. 17 הפק,--ל' "טוב יפיק רצון מה'"(משלי י"ב:ב'). 18 בדת הגירניך,--בתלמוד תורה,הש' פר"א,ל"ב: 'הקול קול יעקב',--בהגיון תורה. 18ב, תהל' כ"ה:ח'. 22 אירלותי,--(תהל' כ"ב: כ'),כוחי. 22ב, שם ס"ט:ל"ד. 24 כחשר,--(נחום ג':א'),עורבי. 24ב, תהל' כ"ה: י"א. 25 מהללך,--(משלי כ"ז:כ"א),שבחך. ממוראך וכו',--מיראת שמים משתחווה אני. 26ב, ש"ב,כ"ב:ד'. 28א, הפייטן רומז לתפקידו כש"ץ הממונה ע"י נכבדי הקהילה (נדיבים),הש' לעיל,שיר מ"א,טו' 1-2. 31 עליון,--הקב"ה. 32ב, תהל' קמ"ה:ג'. 33 רידך וכו',--ל' "הן לא קצרה יד יי מהושיע"(יש' נ"ט:א'). 34 ממצר,--תהל' קי"ח:ה'. 34ב, שם ל"א:ו'. 35 שפטך,--גזר-דינך. צאן האבדות,--ישראל,(יר' נ': ו'). רעה וכו',--מיכה ז':י"ד. 36 צורי,--הקב"ה. 36ב, תהל' קי"ט:קל"ז. 37 מס-גרות,--(יש' מ"ב:ז'),במקום "מסגרים" לצורך החרוז. 38א, תהל' קי"ט:קמ"ח. 38ב, איכה ג':נ"ה. 43 תרתי,--(קהלת א':י"ג),חקרתי,ור"ל לא עשיתי תפלתי קבע, הש' אבות ב'.י"ג. תכנתי,--חברתי. 44א, תהל' קי"ט:קע"א. 44ב, שם,שם:קס"ט.

מ"ג. סליחה לצום גדליה לר' יוסף בר יצחק.

סליחה סטרופית בעלת י"ב מחרוזות ולכל מחרוזת ד' טורים. כל טור רביעי הוא פסוק מן המקרא. מספר המלים רופף בכל טור(3-7). החתימה: א"ב,יוסף ברבי יצחק חזק. המקורות במ"ר: א. ג,עמ' שכ"ד. ד,ב' 38. מקורות אחרים: סדר התפלות כמנהג כפא וכו',(מעזירוב,1793), עמ' 139. (ד.א' 5185).

אֲלַצְּנִי בְּיוֹם זֶה, שׁוֹבְרוּ שְׁמֵי עֶרֶץ/ בִּשְׁאֵרִית יְהוּדָה עֵת נִקְבַּץ קֶרֶץ
גַּם בַּהֲרוֹג עָרִיץ לְצַדִּיק גּוֹדֵר פֶּרֶץ/ אֲשֶׁר הִפְקִיד מֶלֶךְ בָּבֶל בָּאָרֶץ.

דּוֹלֵק בְּתוֹם לֵבָב מַלְכוּדְתּוֹ/ הֲלֹא שָׁמַע לְיוֹעֵץ טוֹב וּמַחֲשַׁבְתּוֹ
וְנָפוֹץ גַּם יְהוּדָה מִמְּכוֹן שִׁבְתּוֹ/ וְאֵת כָּל הַיְּהוּדִים אֲשֶׁר אִתּוֹ.

זֵד יָהִיר בְּהָרְגוֹ תוֹמֵךְ שֵׁבֶט וְנִסְפָּה/ חֵיל שְׁאֵרִית יְהוּדָה אָז הָיוּ לְחֶרְפָּה
טָרַף אֶת לִבָּם, גַּם אֶת יְדֵיהֶם רִפָּה/ וְאֵת כָּל הָעָם אֲשֶׁר הָיוּ בַּמִּצְפָּה.

יָעַץ לֹא חָשׁ, הֶעֱנִישׁוֹ אֵל אֱלֹהִים/ כִּי לְקַבּוֹלֵיה אָסִיר, הוֹרוּ מַשְׂכִּילִים
לְמֵיחַשׁ לֵיהּ בָּעֵי, וּבְמִדְרָשִׁים מְקוּבָּלִים/ וְאוֹתוֹ מִלֵּא יִשְׁמָעֵאל חֲלָלִים.

מֵרוֹב חֲטָאַי וּפִשְׁעַי וּמַעֲלַי/ נִתְגַּלְגֵּל עַל יְדֵי צַדִּיק תְּפִישַׂת חֵילַי
שְׂרֵפַת בֵּית אֱלֹהִים בְּמַקְהֵלַי/ עַל כֵּן אָמַרְתִּי אוֹי נָא לִי.

עָבוֹר נֶעֶבַרְתִּי כְּהַיּוֹם וּמָחֳרָתוֹ בְּחָרוֹן/ פּוּלָחוּ שְׁמוֹנִים מִשְּׁכֶם וּמִשִּׁילֹה וְשֹׁמְרוֹן
צַדִּיקִים נֶעֱנָשׁוּ, מְתֵי תוֹם וְכִשְׁרוֹן/ תִּכָּתֵב זֹאת לְדוֹר אַחֲרוֹן.

קוּמָה יְיָ קְרָא יוֹם נָקָם/ רְאֵה כִּי מְלָאוּ צוֹרְרַי מִדַּת סִפְקָם
שְׁקוֹד וּנְקוֹם דַּם גְּדַלְיָה בֶּן אֲחִיקָם/ וְהָשֵׁב לִשְׁכֵנֵינוּ שִׁבְעָתַיִם אֶל חֵיקָם.

תַּקִּיף, לְךָ לְבַדְּךָ נָקָם וְשִׁלֵּם/ יְרִיבַי קַצֵּץ וְבַצֵּץ וְבַלֵּם
וּזְכוֹר דְּבָרְךָ וְאַל נָא תִּתְעַלֵּם/ אָשִׁיב נָקָם לְצָרָי וְלִמְשַׂנְאַי אֲשַׁלֵּם.

שַׂגִּיא כֹחַ, דְּרוֹשׁ דְּמֵי הֲלוּמֵי מוּסָר/ פְּצֵה תְּפַצֶּה אָהֳלֵי עוּץ מִבֶּצֶר וְטִפְסָר
בְּבַחַן תָּקִים לַאֲזוּקֵי הַמַּאֲסָר/ אַשְׁכִּיר חִצַּי מִדָּם וְחַרְבִּי תֹּאכַל בָּשָׂר.

רְאֵה בְּצָרַת סְעָרָה עֲנִיָּה/ בִּמְהֵרָה תְּגַלֶּה צִדְקָתְךָ בְּאֶרֶץ עִבְרִיָּה
יִרְוְיֻן מִדָּם עֲפָרוֹת אֶרֶץ נָכְרִיָּה/ מִדַּם חָלָל וְשִׁבְיָה.

יִוָּדַע בַּגּוֹיִם כִּי דְבָרֶיךָ קָמוּ קוֹם/ צָנִיף חֲלוּשָׁתְךָ בְּעוֹז תִּרְקוֹם רָקוֹם
קוֹל יִשָּׁמַע בְּאָהֳלֵי הַמְעוּקֶּמֶת עָקוֹם/ הַרְנִינוּ גוֹיִם עַמּוֹ כִּי דַם עֲבָדָיו יִקּוֹם.

חֲשׂוּפִים יֹאמְרוּ כָּל אֶחָד בִּנְאוּמוֹ:/ זוֹקֵף כְּפוּפִים נִגְלָה וְכָל קְדוֹשָׁיו עִמּוֹ
קוֹל זֶה הַנִּשְׁמַע, יְיָ וּכְלֵי זַעְמוֹ/ וְנָקָם יָשִׁיב לְצָרָיו וְכִפֶּר אַדְמָתוֹ עַמּוֹ.

שו' 7 יעץ, גד: יען. 17 מבזר, א: מבדר. 19 סערה, א: אום. עבריה, גד: בשיה.

1 אלצני,--(שופ' ט"ז:ט"ז),לחץ אותי. ביום זה,--יום מות גדליה בן אחיקם. שוכן שמי ערץ,--הקב"ה השוכן בשמים החזקים(איוב ל"ז:י"ח). עת נקרץ קרץ,--(יר' מ"ו:כ'),בזמן חורבן המקדש(קרץ, ל' שבר וכליון). 2 עריץ,--אכזר,וזהו רמז לישמעאל בן נתניה(מ"ב,כ"ה:כ"ה, יר' מ"א:ב'). לצדיק,--את(לְ- במשמע' את,הש' יר' מ':ב')הצדיק גדליה. גודר פרץ,--(יחז' כ"ב:ל'),מנהיג העם. 2ב, יר' מ"א:ב'. 3 דולק,--הבעיר(עובד' א':י"ח: ודלקו בהם ואכלום),ומוסב על גדליה ור"ל גדליה נפל במלכודת בלא שנתכוון (=בתום לבב),--כיון שלא שמע לקול יועץ טוב--יוחנן בן קרח שחשד בישמעאל. וי"מ דולק: רודף. הלא,--שֶׁלֹּא. 4 גם יהודה,--כמו שבתפזרו עשרת שבטי ישראל בגלות אשור. 4ב, יר' מ"א:ג'. 5 זד יהיר,--(משלי כ"א:כ"ד),מקביל ל"עריץ",לעיל. תומך שבט,--(עמוס א':ה'),גדליה,ראש העדה. ונספה,--ל' נקבה לצורך החרוז. 6 רפה,--החליש. 6ב, יר' מ"א:י'. 7 יעץ,--ישמעאל הזמם (יעץ,הש' יר' מ"ט:ל': יעץ עליכם נבוכדראצר)עליו,לא חשש(חש). הענישו וכו',--ולכן בעבש גדליה. לקבוליה אסיר,--ל' הארמית,ור"ל אסור לקבלו,הש' מאמר חז"ל (בירוש' יבמות ח'.א'): "גר תושב אין מקבלים אותו עד שיכפור בעבודה זרה שלו," וישמעאל הנ"ל בן גרים היה, מצאצאי ירחמאל(בן חצרון בן פרץ)שלקח אשה נכריה, בת מלכים,ושמה עטרה(ע' דבה"א,ב':כ"ו). והש' פי' רד"ק(ליר' מ"א:א'): "ואמרו (חז"ל): אל תאמן בגר עד כ"ד דורות, ומעטרה[הנ"ל]עד ישמעאל זה,--כ"ד דורות." משכילים,--כלו' כן הורו חז"ל(=משכילים). 8 למיחש ליה בעי,--ל' הארמית,ור"ל: על גדליה היה לחשוש בישמעאל,בן גרים ובן משפחת עבד שנשתחרר, והש' מאמר ר' יוחנן(בירוש' הוריות ג'.ה'):"אל תאמין בעבד עד ששה-עשר דור,[ו]הנה ראיה לדבר],בא ישמעאל בן נתניה בן אלישמע[פי' פני משה: ומשפחתו היה מזרע עבד שנשתחרר]מזרע המלוכה, ויכה את גדליהו במצפה." ובמדרשים מקובלים,--המשך ל"הורו משכילים", ובמדרשים,הש' ל.גינזברג,אגדות,ו',עמ' 407. 8ב, יר' מ"א:ט',ר"ל "ואות הבור וכו'." 10 שריפת וכו',--הש' חז"ל(בר"ה י"ח,ב): "צום השביעי זה ג' בתשרי שבו נהרג גדליה...ללמדך ששקולה מיתתן של צדיקים כשריפת בית אלקינו." 10ב, יר' מ"ה:ג'. 11 פולחו,--בוקעו,נהרגו. שמונים וכו',--(יר' מ"א:ה'),שמונים איש משכם וכו',מביאים מנחה בית ה'. 12 מתי תום,--אנשים תמימים. 12ב, תהל' ק"ב:י"ט. 13 ספקם,--די להם. 14 שקוד,--יר' א':י"ב: כי שוקד אני על דברי

לעשותו. 14ב, תהלי ע"ט:י"ב. 15 תקיף,--הקב"ה. ושלם,--דברי ל"ב:ל"ה. קצץ וכו' ,--לי השמדה והכרתה. 16 דברך,--הבטחתך לאבות. ואל נא תתעלם,--מתחבתי. 16ב, דברי ל"ב:מ"א. 17 שגיא כח,--הקב"ה. הלומי,--מוכי. מוסר,--לי "כי מכת אויב הכיתיך מוסר אכזרי,"(ירי לי:י"ד). פצה תפצה,--את פיך לטרוף ולבלוע,השי תהלי כ"ב:י"ד. אהלי ערץ,--רומז לאדום,ע"פ איכה די:כ"א,והשי צונץ,<u>ס.פ.</u>,עמי 455. מנזר ושפסר,--ממלך ושר(עי נחום גי:י"ז)--עד המרז עם. 18 בנחץ,--במהירות. תק-ים,--"דברך" הנ"ל. לאזוקי המאסר,--לישראל אסורי(אזוקי, מלה מחודשת **על משקל פעול**,ע"פ ירי מי:אי:"אסור באזקים")הגולה. 18ב, דברי ל"ב:מ"ב. 19 סערה עניה ,--(ישי נ"ד:י"א),כנסת ישראל. בארץ עבריה,--בא"י. 20ב, דברי ל"ב:מ"ב. 21 צנ-יף חלושתך,--כנוי לכנסת ישראל,ע"פ ישי ס"ב:גי: והיית...צניף(לי מצנפת)מלוכה בכף אלהיך, והשי "שעה ניבי" לרשב"ג(ד.שי 2010): ויובל שי למקדשי..וְאֵל רָשֵׁי וְחַלָּשֵׁי." לי חולשה ורפיון. 22 באהלי המעוקמת עקום,--מקביל ל"בגודים" לעיל ורו-מז **הפייטן לכנסיה הנוצרית--המסלפת את התורה והמוציאה את המקרא מידי פשוטו בחפשה "עדות" בדברי הנביאים לישו הנוצרי**, והשי "יוקם דם עבדים" לפייטן עלום-שם,לצום גדליה(ד.י'2268): ואת אויבתי אכלה העוקמת עקום/ הרגיבו גוים עמו כי דם עבדיו יקום. 22ב, דברי ל"ב:מ"ג. 23 חשופים,--בני ישראל הנתפסים בכוח ע"י האויב המוליכם לשבי. זוקף כפופים,--הקב"ה. 24 קול וכו',--ישי י"ג:ד-ה. 24ב, דברי ל"ב:מ"ג.

מ"ד. סליחה לצום גדליה לרי יוסף בר יצחק

סליחה סטרופית בעלת י"ב מחרוזות. לכל מחרוזת די טורים וכל טור רביעי הוא שבר-פסוק. מספר המלים רופף:4-7 בכל טור. החתימה:א"ב(כפול,בשני הטורים הרא-שונים של כל בית,פרט לבית האחרון)יוסף ברבי יצחק. המקור: א. (אין בד.).

אֶבְכֶּה הַיּוֹם [עַל] חֲמַת בְּנֵי עַמּוֹן/אֲשֶׁר רָדְפוּ בְּאֵיבָה פְּלֵישֶׁת נוֹחֲלֵי אָמוֹן
בּוֹגְדִים, הִנֵּה הִנָּם לָשׂוּם לְשַׁמּוֹן/ רֹאשׁ וְזָנָב,כִּפָּה וְאַגְמוֹן.

[ג.................../ג...................
ד................../..................]

הֲלֹא לָקְחוּ אֶת הַבְּרוּבִים מִדְּבִיר אַרְמוֹן/הֲלֹא נְתָנוּם בְּכְלִיבָה וְצָעֲקוּ בְּקוֹל הָמוֹן
וְאַתָּה עַל זֹאת בְּאַמְתָּ לַעֲנוֹשֵׁי שְׁכוֹל וְאַלְמוֹן/שְׁמַעְתִּי חֶרְפַּת מוֹאָב וְגִדּוּפֵי בְּנֵי עַמּוֹן.

זְדוֹן זֵדִים שָׁמַעְתִּי,גַּם הִקְשַׁבְתִּי מִלּוּלָם/זֶה שֶׁכָּתוּב: 'לֹא יָבֹא עַמּוֹנִי עַד עוֹלָם',
חֶרְפַּת עַמִּי שָׁמַעְתִּי אֲשֶׁר הֶחֱרִיבוּ זְבוּלָם/ כִּי חֵרְפוּ אֶת עַמִּי וַיַּגְדִּילוּ עַל גְּבוּלָם.

טִירוֹתָם הֵשַׁמּוּ יוֹם חָרְבַן אֲרִיאֵל/ טְרוּפִים הָלְכוּ, אֲנוּפֵי הָמוֹן,מַרְגִּיזֵי אֵל
יַעַן זֹאת נְאַמְתָּ,פּוֹדֶה וְגוֹאֵל/ לָכֵן חַי אָנִי, נְאֻם יְיָ אֱלֹהֵי יִשְׂרָאֵל.

כִּי לְעוֹלָם זֹאת לָהֶם אֶשְׁמוֹרָה/ כִּי לָנֶצַח נְצָחִים חֶרְפָּתָם אֶזְכּוֹרָה
לְבַעֲבוּר לָעֲגוּ עַל סֵפֶר הַתּוֹרָה/ כִּי מוֹאָב כִּסְדוֹם תִּהְיֶה וּבְנֵי עַמּוֹן כַּעֲמֹרָה.

מַרְבִּית רָעָתָם מְזִימָּתָם נִזְמָמָה/ מְהֵרָה תִּרְאֶה צָרָתָם נֶעֱמָמָה

נאות שאונם אשית לקול דממה/ ממשק חרול ומכרה מלח שממה.
סתורי מטמונים אשר אכול אכלום/ ספוני מכמנים אשר גזול גזלום
על זאת נשבעתי כי שלולי ישללום/ שאר עמי יבזום ויתר גוי ינחלום.

פערו פיהם עליהם וגדפו את המונם/ פצו פיהם בגידופיהם ואכלו את הונם
צור אצרנה להם להשיב להם את אונם/ זאת להם תחת גאונם.

קשורה להם תפקוד חטאות/ קצץ אקצץ גאותם, אשימם למוצאות
רעות רבות אורישם, גם רובי תלאות/ כי חרפו בהגדילו על עם יי צבאות.

שמור יהי פעלם יום אגדור פרץ/ שמוד אשמידם כמו כליון וחרץ
תלאות גם אלות תסובבום במרץ/ נורא יי עליהם ביראה את יושבי הארץ.

יבינו וידעו שרידי פדוים/ ברית ראשונים רצוצים באיים
ויגידו צדקו חניטי קנוים/ וישתחוו לו איש ממקומו כל איי הגוים.

1 חמת בני עמון,--(יר' מ"א:י"ד), ישמעאל בן נתניה הלך בשליחותו של בעליס מלך בני עמון להרוג את גדליה בן אחיקם. פליטת וכו',--שארית ישראל, תופסי התורה (אמון, ע"פ משלי ח':ל'). 2 בוגדים,--ישמעאל הנ"ל ובני סיעתו, הש' יר' מ':ח' ואילך. 2ב, יש' ט':י"ג. 5 לקחו וכו',--ע"פ אגדת חז"ל (באיכ"ר, פתיח', ט' ובמקבילות): נכנסו עמהם עמונים ומואבים...לבית קדשי הקדשים ומצאו שם שני כרובים. נטלו אותם ונתנו אותם בכליבה (בתיבה), והיו מחזירים אותם בחוצות ירושלים ואומרים: 'לא הייתם אומרים שאין האומה הזאת עובדת ע"ז,--ראו מה מצינו להם ומה היו עובדים, הא כל אפיין שוין', הה"ד (יחז' כ"ה:ח'): יען אמר מואב ושעיר, הנה ככל הגוים בית יהודה. בכליבה,--שם. ונעקו וכו',--שם. 6 לענוש וכו',--(יש' מ"ז:ט'), לישראל הנענשים באבדן הבנים וכו'. 6ב, צפנ' ב':ח'. 7 מלולם,--דבריהם, (תהל' ק"ו:ב': מי ימלל וכו'), מלה מחודשת בשמות על משקל פִּעּוּל, מלול, הש' "אלה העדות" לקליר (ד.א' 4283): "קרב אתה ושמע מלולו". לא יבוא,--(דבר' כ"ג:ד'), בקהל ה'. 8ב, צפנ' שם. 9 אריאל,--(יש' כ"ט:א'), ירושלים. טרופים,--ישראל הדרוסים ומשוסעים ע"י אויב הדומה לחיה טורפת. אנופו המון,--המון עם ישראל בהם אנף(=כעס) הקב"ה, (יש' י"ב:א'). מרגיזי אל,--ישראל המרגיזים את הקב"ה בעוונותיהם. 10 יען וכו',--פי' יען "כי חרפו" בני עמון כנ"ל, אמרת להענישם, כשם שהענשת את ישראל על עוונותיו. 11 להם,--לבני עמון, הש' דבר' כ"ג:ז'. חרפתם,--יחז' כ"א:ל"ג: כה אמר ה'...אל בני עמון ואל חרפתם...חרב, חרב פתוחה וכו', והש' צפנ' שם: שמעתי חרפת מואב וכו'. 12 לעגו וכו',--הש' איכ"ר א'.ל"ח: בשעה שנכנסו שונאים לבית המקדש נכנסו עמונים ומואבים עמהם, והיו הכל רצים לבוז כסף וזהב, ועמונים ומואבים רצים לבוז את התורה וכו'. 12ב, צפנ' ב':ט'. 13 נזממה,--פי' הוברר שעדותם עדות שקר, ור"ל לא הצליחו לבצע את זממם להרע (מזימתם). צמרתם,--(יחז' י"ז:ג') פי' תפארת העם. נעממה,--(שם ל"א:ח'), נעשה כהה, כלו' תש כוחם. 14 נאות שאונם,--(יש' כ"ד:ח'), מקומות צהלם. לקול דממה,--איוב ד':ט"ז. 14ב, צפנ' שם. 15 סתורי מטמונים,--(יש' מ"ה:ג'), אוצרות יש-

ואל הטמונים במקום סתר; סתורי, על משקל פָּעוּל, וסדר המלים לצורך האקרוסטיכון הנ"ל(הש' סדר הסליחות, פולין, מהד' גולדשמידט, עמ' 16). ספוני מכמנים,--(דבר' ל"ג: כ"א, דני' י"א:מ"ג), במקום "מכמני ספונים" לצורך האקרוסטיכון,--ופירושו מקביל ל"סתורי מטמונים". 16 שלולי,--ישראל, שנשדד רכושם ע"י האויב. ישללום,--במדה כנגד מדה. 16ב, צפנ' שם. 17 פערו וכו',--אויבי ישראל. 18 את אונם,--(תהל' צ"ד:כ"ג), פי' מצודת דוד: עליהם ישיב את הגמול החמס שעשו בכח הזרוע. 18ב, צפנ' ב':י'. 19 תפקוד חטאות,--ל' "פוקד עון אבות"(שמ' כ':ה'). למוצאות,--מ"ב, י':כ"ז, ופי' רלב"ג: לבתי כסאות. 20ב, צפנ' שם. 21 יום אגדור פרץ,--יום אָביא(אגדור, ל' "מצוה גוררת מצוה", ע' אבות ד'.ב',) משיח הגואל מבני פרץ(הש' שמ"ר ל'.ב'). כליון וחרץ,--(יש' י':כ"ג), ל' השמדה וכליה. 22 תסובבם,--תכ-סיבה אותם, ובנוסח א: יְסכוכם. 22ב, צפנ' ב':י"א. 23 שרידי פזורים,--ישראל, שארית הפליטה. ברית ראשונים,--(ויק' כ"ו:מ"ה), ורומז לישראל, שכרת ה' ברית עמ-הם. נרצצים,--(יש' נ"ח:ו'), ישראל העשוקים. באיים,--שם נ"ט:י"ח: לאיים גמול ישלם, וייתכן שהפייטן רומז לאיי יוון, מקום מושבו, הש' לעיל, מבוא, עמ' 24, והש' צונץ, ל.ג., עמ' 171. 24 חניטי קנווים,--צאצאי(חניטי, ל' "התאנה חנטה פגיה", שה"ש ב':י"ג) ישראל, עדתך שקנית מקדם(ע' תהל' ע"ד:ב'), הש' "נשמת שאר יעקב" לרשב"ג(ד.נ' 803):"נשמת חניטי ישורון עבדיך יראיך". 24ב, צפנ' שם.

מ"ה. תחנון לצום גדליה לר' אהרן(בר אביי מקושטא?).

תחנון סטרופי בעל ארבע מחרוזות. לכל מחרוזת ארבעה טורים להוציא את הראשונה והאחרונה. כל מחרוזת מסתיימת במלת "חטאת". המשקל: ה' הברות לרוב בכל צלעית והשוואים הנעים והחטפים אינם במנין. החתימה: אהרן. המקור: א. (אין נד.).

אֱלֹהַי יוֹם גֶּשֶׁת/נְדוּדָה בְּרֹב חֲתָת
אֲשֵׁמִים,הֲבֹשֶׁת/כְּסוּת וּמְעִיל עֲטָת
אֲדֹנָי אַל נָא תָּשֵׁת/עָלֵינוּ חַטָּאת.

הֲלֹא יוֹם דְּאָבוֹן/גְּדַלְיָה בֶּן אֲחִיקָם
בְּבֹא רֹב עִצָּבוֹן/וְאֵלַי בָּא נָקָם
מְחֵה פְּשָׁעַי,נָבוֹן/וְעֵדְךָ אַל יְהִי קָם
בְּאִישׁ לְכָל עָוֹן/וּלְכָל חַטָּאת.

רְאֵה עָנְיִי,בּוֹנֶה/שְׁחָקִים מַעֲלוֹתָיו
בְּיוֹם קוּמִי הִנֵּה/לְבָבִי תוֹעֲבוֹתָיו
בִּפְנֵי בִּי יַעֲנֶה/וְרָבוּ צַעֲקוֹתָיו
קְרָא מִבֹּא לִפְנֵי/אֲדֹנָי חַטָּאת.

נְדִיבֵי עַם,חֶמְלָה/מְצָא הַיּוֹם נֶאֱסָף
תְּהִי נָא הַגּוֹלָה/אֲשֶׁר גָּלוּ וְסָפוּ
תְּמוּרָה לְעוֹלָה/לְמִנְחָה וּלְחַטָּאת.

1 נדודה,--כנסת ישראל הנודדת בארצות הגולה. חתת,--(איוב ו':כ"א), פחד. ור"ל כנסת ישראל מפחדת לקראת יום הדין. 2 אשומים,--מקביל ל"נדודה" ור"ל על האשמים הבושת כסות וכו'. הבושת כסות,--ל' "ובושת פני כסתני"(תהל' מ"ד:ט"ז). ומעיל,--וכמעיל, ומוסב על "הבושת". עטת,--במקום "עָטְתָה" לצורך החרוז, ודוגמת "העטית עליו בושה"(תהל' פ"ט:מ"ו). 3, במד' י"ב:י"א. 4 יום וכו',--יום מות גדליה בן אחיקם(יר' מ"א:ב'), יום דאבון(דאבון נפש, ע' דבר' כ"ח:ס"ה) הוא. 5 עצבון,--צער

ומכאוב,(בר' ג':ט"ז). ואלו בא נקם,--(יש' ל"ד:ח'),כלו' אלי ולא אל שונאי. 6 נבון,--הקב"ה. ועדך,--הכוונה לשטן המקטרג על הנאשמים, הש' פסיק' רבתי, מ"ו: השטן הולך להביא עוונות וליתן בכף המכריע. אל יהי קם וכו',--דבר' י"ט: ט"ו. 8 ברנה וכו',--(עמוס ט':ו'),הקב"ה,הבונה בשמים מעלותיו. 9 ביום קומי ,--ביום הדין בו אני עומד לפני הקב"ה. הנה לבבי,--מחשבות לבי **הלא** נגלות לפנ-יו. תועבותיו בפני וכו',--**דוגמת** "ויקם בי כחשי בפני יענה"(איוב ט"ז:ח'), ור"ל תועבות לבי מעידות עלי. 10 ודבר צעקותיו קרוא,--והנה מרבה בתפלה ובצע-קה לפני קונו. 11 מבוא וכו',--תמורת קרבן חטאת,הש' הושע י"ד:ג':ונשלמה פרים שפתינו. 12 נדיבו וכו',--ר"ל יהי רצון ונדיבי עם הנאספים היום(הש' תהל' מ"ז: י')ימצאו חמלה וכפרה. 13 תהי נא הגולה וכו',--כלו' סבלות הגולה בה נדדו בין העמים ומתו(וספו,ע' יר' י"ב:ד')על ידיהם, תהיינה לכפרה על עוונות ישראל תמו-רת קרבן המזבח(לעולה וכו'), והש' מכילתא,יתרו י': "היסורין מרצין יותר מן הקרבנות שהקרבנות בממון והיסורין בגוף", והש' תפלת ר' ששת(בברכות י"ז,א).

מ"ו. "סליחה רביעית" לפייטן עלום-שם.

סליחה סטרופית בעלת תשע-עשרה מחרוזות. לכל מחרוזת ד' טורים והטור הרביעי הוא שבר-פסוק. כל מחרוזת מתחילה ומסתיימת במלת "ישראל". מספר המלים הוא בלתי קבוע(3-9 בכל טור). החתימה: א"ב(נוטה למרובע). המקור: א. (אין נד.).

ישראל איומה עזובה, בכף צרים נתונה גולת אריאל/אמלה גולה וסורה ביד עריץ ונואל
אתה תנחם, תבשר, פודה וגואל/ אל תיראי תולעת יעקב מתי ישראל.

יש' בחרתו מקדם ולשמך יעדתו/בזדו ושפל מכל אמה ולצמיתות מכרתו
בוגדים, זרים חבלו שללו יקר חמדתו/בשבט יכו על הלחי את מושל יש'.

יש' גוי קדוש קראתו ומראש לך נבדל/געול ונעזב, ושדוד וגיל מנהו חדל
גורש מנוה אדמתו ושד ושאון בגבולו גדל/ גלה כבוד מיש'.

יש' דרוש דרש דר מעוני/ דגלי המוניו ינשאון בימי קדמוני
דובר משמיע טוב תבשר תביא בי אדני/דבר טוב על יש'.

יש' העלומי לבבות וכל סתרה/ החיש הלל במורא וקול תודה וזמרה
הזך והנקי מכל חטא ועולה סורה/ הכון לקראת אלהיך יש'.

יש' ועמך נקרא והמה בנים ידועיך/וימינך סעדתו בהושע לו זרועך
ועתה הוסר ורחב להם נגעך/ ויתנצלו בני יש'.

יש' זה תנך בכורך ביד עובדי אליל/זרום אויביהם מהר הכרמל והגליל
זך, קחה נדבות פימו יעלו כעולה וכליל/ זכרון לבני יש'.

יש' חמק עבר דודו ולשונו בצמה צחה/חנון חנון עם דל בל יהי שיו נדחה
חסדם יליץ בעדם וצדקתם כתבה/פתחי חותם על שמות בני יש'.

ישׁ' טֶרֶם יִקְרָאוּ אַתָּה יְיָ תַּעֲנֶה/ טוּבְךָ בַּל תִּמְנַע עֵת יְשׁוּעָה תְּנָה,בַּל יְשׁוּגֶּה
טְהוֹר עַיִן,בְּרְכוֹתֶיךָ תַּצְפִּין לָהֶם בַּתֹּאמֶר הִנֵּה/תִּהְיֶינָה עַל שְׁמוֹת בְּנֵי ישׁ'.

ישׁ' יָחוּ יַחַן לִשְׁבָטָיו וְאוֹיְבֵי וּמִתְקוֹמְמַי/יְכַל מִנַּחֲלָתִי וְיַשֵּׁד מִזְבַּחֲךָ וְנִגַּע אֶלְמַי
יְשַׁוֵּעַ קִוָּה,אִוָּה,מִיַּחֵל, מִי/יִתֵּן מִצִּיּוֹן יְשׁוּעוֹת ישׁ'.

ישׁ' כָּבוֹד וְהָדָר לָבֵשׁ בְּחֲמִים אֵלָיו הַשֵּׁה/ בַּמְּעִיל קִנְאָה,בֹּשֶׁת וּכְלִימָּה אוֹיְבָיו יַעֲטֶה
בִּרְאוֹת גָּדְלוֹ בְּעֵינָיו בִּשְׂפָתָיו יְבַטֵּא/ כִּי לֹא אַלְמָן ישׁ'.

ישׁ' לָחוּק,מְחוּק עֹמֵד נֶגְדְּךָ רוֹעֵד נִכְנָע/לִשְׁפֹּךְ שִׂיחוֹ בְּבֵית אֵל קָרֵב וּמַגְמָתוֹ נָד וָנָע
לְבוֹ טִיהֵר וַחֲטָאִים הֶעֱבִיר וּמִפֶּשַׁע וְאַשְׁמָה נִמְנַע/לֹא הִתְפָּקְדוּ בְּתוֹךְ בְּנֵי ישׁ'.

ישׁ' מִיהֵר פָּנֶיךָ לְחַלּוֹת,לְצַעֲקוֹ אֹזֶן הַטֵּה וְעַיִן פְּקַח/מִבְטָא שְׂפָתָיו תִּרְצֶה וּבְבַד תִּקַּח
מֵרֵיחַ כָּלִיל עוֹלוֹת יְפִיחוּן אֲמָרָיו וּמִבְּוּסְמֵי רוֹקַח/מִזִּבְחֵי שַׁלְמֵי בְּנֵי ישׁ'.

ישׁ' נוֹדֵד מֵאָהֳלוֹ בְּכָל קַצְוֵי אֲדָמָה נִפְזָר/נָשְׂיוּ בְּגָלָיו שׁוֹפְכוּ אַחֲרָיו וְלֹא נֶעֱזָר
נִכְבַּת הֲמוֹן רְגָלִים מֵחֲגוֹג פַּעַם נִגְזָר/ נָתַן לִמְשִׁסָּה יַעֲקֹב וְישׁ'.

ישׁ' סְגֻלָּתְךָ,נְשָׂא עֲלֵיהֶם אוֹר פָּנֶיךָ/ שַׁבַּע נַפְשׁוֹת עֲגוּמוֹת מִדֶּשֶׁן בַּחֲלֵי עֲדָנֶיךָ
סוֹב חַדֵּשׁ כְּקַדְמָתָהּ מִשְׁמַרְתֶּיךָ כֹּהֲנֶיךָ/ יוֹרוּ מִשְׁפָּטֶיךָ לְיַעֲקֹב וְתוֹרָתְךָ לְישׁ'.

[ישׁ' ע........................./ע.........................
ע........................./ע.........................ישׁ']

ישׁ' פְּדֵה תִּפְדֶּה מֵעוֹל נוֹגְשָׂיו,מַלְכִּי/ פוּרָה דְּרוֹךְ בָּם אַתָּה תְּגִיחַ חָשְׂכִּי
פִּתְאוֹם תַּשְׁמִיעַ בִּצְבָאוֹת הֲמוֹנָי כִּי/פָּקַד יְיָ אֶת בְּנֵי ישׁ'.

ישׁ' צָרְפוּ בְּכוּר עוֹנִי בְּמַעֲמַקֵּי-מַיִם מְעוֹנָי/צָמוּת מֵאֵת בְּלַבַּת אֵשׁ גָּלָה כָבוֹד מֵהֲמוֹנָי
צוֹפֶה,עַד מָתַי תִּלְבַּשׁ בִּגְדֵי נָקָם הָאָדוֹן אֲדֹנָי/ צְבָאוֹת אֲבִיר ישׁ'.

ישׁ' קֹדֶשׁ רֵאשִׁית תְּבוּאָתֶךָ/ כָּל אוֹכְלָיו יֶאְשָׁמוּ תָּבוֹא אֲלֵיהֶם רָעָתֶיךָ
קוֹמֵם דְּבָרְךָ עַל עַמְּךָ וְנַחֲלָתֶךָ/ קָדוֹשׁ יוֹשֵׁב תְּהִלּוֹת ישׁ'. אל מלך

1 אירמה,--כנסת ישראל שהיתה אירמה כנדגלות(ע"פ שה"ש ו':ד',והש' פי' ראב"ע: שיש אימה ממנה לכל הרואיה כמחנות בעלות הדגלים),הִנָּה עזובה בין העמים. גולת אריאל,--ישראל אשר הגלה מירושלים(אריאל,ע' ישׁ' כ"ט:א')ומיהודה,ע"פ יר' מ': א',והש' "שביה עניה" לרשב"ג(ד.ש'273): הקולך זה הקול גולת אריאל. אמולה,--אומללה,בתוגה בצער,הש' "איכה אשפתי" לקלירי(ד.א'2881): הם שגבו חיל וְאוּיְיךָ אָמְלַל. גולה וסורה,--ישׁ' מ"ט:כ"א. ערוך,--יר' ט"ו:כ"א. ונואל,--ואויל,ל' "אשר נואלנו ואשר חטאנו"(במד' י"ב:י"א,ות"א: דאטפשנא ודי סרחנא). 2ב, ישׁ' מ"א:י"ד. 3 יעדתו,--להיות לו עם סגולה. ולצמיתות וכו',--ויק' כ"ה:כ"ג,ות"א: לחלוטין. 4 חבלו,--(שה"ש ב':ט"ו),השחיתו. 4ב, מיכה ד':י"ד, "מושל ישראל" (במקום "שו-פט ישראל" כבמקרא), רמז לגדליה בן אחיקם. 5 ומראש וכו',--הש' בר"ר א'.ד': מחשבתן של ישראל(להבראות)קדמה לכל דבר. געול,--יר' י"ד:ט'. וזעוף,--(בר' מ': ו'),שרוי בצער. מנהו,--ממנו. חדל,--במקום "חדלו" לצורך החרוז. 6 גדל,--במקום "גדלו". 6ב, ש"א,ד':כ"א,כ"ב. 7 דו מעוני,--(יר' כ"ה:ל'),הקב"ה. 8 משמיע וכו'

,--יש' נ"ב:ז'. 8ב, במד' י':כ"ט. 9 העלומי וכו',--פי' מעומק הלב תן שיר ותו-
דה לבורא. 10 סורה,--הרחק מחטא ועולה,ובל' נקבה לטובת החרוז. 10ב,עמוס ד':
י"ב. 11 ידועיך,--שם ג':ב': רק אתכם ידעתי. 12 הוסר,--מוסב על "זרועך". 12
וירב וכו',--דוגמת "וירב אמריו לאל"(איוב ל"ד:ל"ז). 12ב, שמ' ל"ג:ו'. 13
בנך וכו',--(שם ד':כ"ב),ישראל. עובדי אליל,--כנוי לנוצרים,הש' צונץ <u>ס.פ.</u>,
עמ' 467. 14 זך,--הקב"ה. קחה וכו',--הושע י"ד:ג'. 14ב, שמ' כ"ח:י"ב ופי' רש"י:
"שיהא רואה הקב"ה את השבטים כתובים לפניו ויזכור צדקתם. 15 חמק עבר דודו,--
(שה"ש ה':ו'),הקב"ה(דודו)נסתר ממנו,והש' שהש"ר שם: בקשתיהו ולא מצאתיהו,קרא-
תיו ולא ענני. ולשונו,--של ישראל. בצמא צחה,--(יש' ה':י"ג),נחר מצמאון. חנון
,--במקום "חוץ",בקיום הנו"ן בפעלי ל"נ,ע"פ הסגנון הקלירי,אפי' כשאינו פוגע
בנו"ן הכנוי, הש' מ.זולאי,<u>האסכולה</u>,עמ' י"ז. שיר נדחה,--יר' נ':י"ז. 16 כתבה
,--יש' ל':ח'. פתוחי חותם,--(שמ' כ"ח:ל"ו),פי' לעולם. על שמות וכו',--(שם),
הכוונה לי"ב שבטי ישראל שהיו לזכרון לפני ה' שבזכותם יפקוד את בניהם לשלום,
הש' פי' ספורנו לשמ' כ"ט:כ"ח. 17 בל ישונה,--כנוי להקב"ה ע"פ מלאכ' ג':ו':
אני ה' לא שניתי. 18 טהור עין,--(חבק' א':י"ג),הקב"ה. תצפין,--תהל' ל"א:כ'.
תהרינה וכו',--(שמ' כ"ח:כ"א),מוסב על "ברכותיך". 19 יכל,--איוב ל"ג:כ"א. ונו-
גה,--יחז' י':ד'. 20ב, תהל' י"ד:ז'. 21 כמעיל וכו',--(יש' נ"ט:י"ז)יְנַקם באו-
יבי ישראל. 22 כראות וכו',--כראות האויב את גדלו של ישראל יאמר: כי לא אלמן
ישראל. הנוסח בא: גֹּדְלוֹ. 22ב, יר' נ"א:ה',ופי' רש"י: לא שכחו מלנקום נקמתו.
23 מחוץ עומד,--כעני בפתח, או ייתכן ר"ל: מחוץ לארץ,כלו' בגולה. ומתנודתו נע
ונד,--כלו' קם משנתו ללכת לבית-התפלה בלילי אשמורות. 24ב, במד' ב':ל"ג ומו-
סב על "וחטאים". 26 אמריו,--תפלותיו של ישראל. ומבוסמי,--ע' סנהד' ק"ח,א,--
כמו בושם. רוקח,--שמ' ל':כ"ה. 26ב, ויק' י':י"ד,מקביל ל"מריח כליל עולות".
27 מאהלו,--מארצו. נשיו וכו',--תהל' ע"ג:ב' ופי' ראב"ע: אשורי כמו רגלי...
שנשפכו כמים...ואין לו במה ילך. 28 רגלים,--הכוונה לשלוש רגלים,ע' דבר' ט"ז:
ט"ז. פעם,--כפעם בפעם שהיו נוהגים לבקר בירושלים בג' רגלים. נגזר נתן וכו'
,--יש' מ"ב:כ"ד. 29 עגומות,--(איוב ל':כ"ה),עצובות. 30 סוב,--פנה אליגו. 30ב,
דבר' ל"ג:י'. 33 פורה וכו',--יש' ס"ג:ג'. 34ב, שמ' ד':ל"א. 35 צרפתו וכו',--
יש' מ"ח:י',ופי' רד"ק: לא רציתי להכריתך בעונותיך אבל צרפתיך על ידי עבויים
בחרב ובשבי ובדבר. צמות,--ל' "צמתו בבור חיי"(איכה ג':נ"ג). מוצת,--נשרף.
36 צופה,--(משלי ט"ו:ג'),הקב"ה הצופה כל הנסתרות. בגדי נקם,--להנקם מישראל
על עוונותיו. 36ב, יש' א':כ"ד. 37א, יר' ב':ג'. 38ב, תהל' כ"ב:ד'.

מ"ז. תחנון לרמב"ע.

תחנון כעין שיר-איזור בעל מדריך בן ארבעה טורים ושלוש מחרוזות בנות ד' טורים
כל אחת. המשקל: ד' הברות בכל צלע(הקצרות אינן במנין). החתימה: משה. המקורות
במ"ר: א. ב,עמ' 156. ג,עמ' רס"ז. ד,א' 37. מקורות אחרים: <u>רמב"ע,שירי הקדש</u>,מהד'
ש. ברנשטיין, עמ' ע"ט(מ). (ד.ל' 508).

לְהוֹדוֹת בָּאתִי/עַל חֵטְא סְתָרַי
כִּי נִטְמֵאתִי/בִּדְמֵי בְחוּרַי
אֵיךְ נַעֲוֵיתִי/וְלָעוּ דְבָרַי
כִּי נָשָׂאתִי/חֶרְפַּת נְעוּרַי.

מִצְוֹת שַׁדַּי/לֹא חֲפַצְתִּי
וּמוּסַר יוֹלְדַי/לֹא לָקַחְתִּי
וְגַם לִמְלַמְּדַי/לֹא הִשְׂכַּלְתִּי
וְלֹא שָׁמַעְתִּי/אֶל קוֹל מוֹרָי.

שְׁחוֹחַ שַׁבְתִּי/בִּכְלִמָּתִי
וְדִין עָרַכְתִּי/עִם תַּאֲוָתִי
וְעָלַי שַׂמְתִּי/אֶת אִוַּלְתִּי
אֵיךְ הוּכַחְתִּי/אָדָם אַחֲרַי.

הֵן שַׂמְתַּנִי,/נַפְשִׁי, לְדַאֲבָה
וּנְתַתַּנִי/ לְעֵין כֹּל לְזַעֲוָה--
וְהִשְׁבַּרְתַּנִי/ בְּיֵינֵי תַאֲוָה
עֲבַרְתַּנִי/ וְהָיִית בְּעֹבְרַי. כ"ל ע"ז

שו' 1 חמא, ב:חט. 2-3, א: איך בעויתי/ולעו דברי, כי בטמאתי/בדמי בחורי. 3 איך, ב:אַךְ. 6-7, א: וגם למלמדי/לא השכלתי, ומוסר יולדי/לא לקחתי. 7 למלמדי, ב: ממלמדי. 8 אל קול, אב: לקול. 9 בכלמתי, א: לכלמתי. 12 איך, א: ולא. 14 לעין, ב: בעין.

1 להודות וכו',--תהל' ל"ב:ה'. חטא סתרי,--חטא שחטאתי בסתר. 2 בדמי בחורי,--בדמי ימי בחורי,ע"פ יש' ל"ח:י': אמרתי בדמי ימי אלכה בשערי שאול, ור"ל באמצע ימי בחורי. 3 ולעו,--(איוב ו':ג'),ל' מגומגם ובשחת. 4 יר' ל"א:י"ח. 6 יולדי,--הורי. 6 תהל' קי"ט:צ"ט. 8 משלי ה':י"ג. 9 שחוח,--יש' ס':י"ט. 10 ודין וכו',--באתי בדין ודברים עם יצרי הרע. 11 ועלי,--ועל גופי, כמבואר להלן מתשובת הגוף, והש' אגדת חז"ל(בסנהד' צ"א,א,ובויק"ר ד'.ה')על הנשמה והגוף שנגשו למשפט לפני קונם וכל אחד האשים את חברו, והש' לעיל,שירים י"ט ול"ט. 12 הלא חוטא ופושע אני, הש' משלי כ"ח:כ"ג. 13 שמתיני נפשי,--תשובת הגוף לתלונת הנשמה. 16 שופ' י"א:ל"ה.

מ"ח. "חטאנו" לר' חנניה ברבי שלחיה.

"חטאנו" סטרופי בן י"ח מחרוזות.לכל מחרוזת ד' טורים. כל טור רביעי הוא פסוק מן המקרא ומסתיים במלת "רעים". מספר המלים רופף(2-8 בכל טור).החתימה:חנניה ברבי שלחיה חזק בצדק. הנושא העיקרי: עשרת הרוגי מלכות. המקור: א. (אין בד.)

חֶטְאִי כְּנִפְקַד מִתְּנֵי מַלְאוּ/חִילָה וְצָרֵי אָמְצוּ וְנִפְלָאוּ
וּמִדַּת הַדִּין תְּבָעָה, וְנִקְרָאוּ/וַיָּבוֹאוּ הָרֵעִים.

נִתְפְּשׂוּ בְּיַד שָׂעִיר בְּהַגִּידָם מִשְּׁאָלוֹ:/'וּמַת גּוֹנֵב נֶפֶשׁ מִקְּהָלוֹ.'
וּבִזְדוֹנוֹ הֵשִׁיב לְמַגִּיד לוֹ:/'הֲלֹא אָחִיךָ רֵעִים!'

נוֹעַץ רָשָׁע בְּגוֹבַהּ אַפּוֹ/ מֵעֲשָׂרָה חֲבֵרִים לְמַלֹּאת כַּפּוֹ
וְסוֹד הָעֵרִים בִּשְׁאַל בְּזַעְפּוֹ /'אֵיפֹה הֵם רֵעִים.'

יָזְמוּ וְאָמְרוּ: 'אִם אָיוֹם גְּמָלָנוּ/בַּעֲלֶה מְשַׁמֵּשׁ לִפְנִים מִקָּלָנוּ
לֵידַע, וְאִם לֹא נִגְזַר לָנוּ/הַצִּילֵנוּ מִיַּד הָרֵעִים.'

הִזְכִּיר שֵׁם וְעָלָה כּוֹפֶר אֶשְׁכּוֹל/ יְפֵה מַרְאֶה וְזִיווֹ דּוֹמֶה לַכֹּל

לְשַׂר הַפָּנִים יֵדְעוּ כִּי יִהְיֶה קוֹל/יִלְלַת הָרֹעִים.

בָּכֶם בָּחַר אֵל מִנְּבִיאִים וְחוֹזִים/ שְׁקוּלִים אַתֶּם לִפְנֵי חֲכַם הָרָזִים
בְּאַחֵי יוֹסֵף וּמִכֶּם גּוֹזְזִים/ לָךְ עַתָּה הָרֹעִים.

רָחַשׁ לַחֲבֵרָיו מִלִּין וְהֶחְבִּיר/עֲלֵיהֶם לְקַבֵּל דִּין, חֲרִילִים לְהַגְבִּיר
וְנִלְכַּד רִאשׁוֹן נָשִׂיא וְזָן וּמַשְׁבִּיר/בְּאַבִּיר הָרֹעִים.

בְּמִשְׁפַּט אַכְזָר לְכֹהֵן גָּדוֹל הִבְדִּילוּ/ וּמִפָּנָיו לְהַפְשִׁיט עוֹרוֹ הִתְחִילוּ
וּמְאוֹרִים חָשְׁכוּ וְאוֹרָם לֹא יָהֵלּוּ/וְאָבְלוּ נְאוֹת הָרֹעִים.

יְגוֹנִי רַבּוּ וְחֶטְאִי הִפְחִיד/לְבָבִי בְּנִמְסַר רַבִּי עֲקִיבָא רַךְ וְיָחִיד
וְדִיק בְּשָׂרוֹ,עָרִיץ,וְהִכְחִיד/אֶת שְׁלֹשֶׁת הָרֹעִים.

שְׁדָדוּנוּ הֶלְאָנוּ לֹא רִחֲמָנוּ/ הֵכִין מוֹקְשָׁיו בָּא וְקִדְּמָנוּ
וּמִבְחַר חוֹבֵי לָקַח לְהַשְׁחִית בְּהַקְמָנוּ/עָלָיו שִׁבְעָה רֹעִים.

לִבִּי חָלַל בְּקִרְבִּי בְּהַסִּיקוּ/אֲצוּלַת יוֹם יוֹם עִם בֶּן תְּרַדְיוֹן וְשָׁחֲקוּ
עַמִּי בָּאֵפֶר הִתְפַּלְּשׁוּ, זַעֲקוּ/הֵילִילוּ הָרֹעִים.

חוּקֵּי חָשַׁב יָהִיר לְהַשְׁבִּיתָם/ חָרְשׁוּ מְרֵעִים עַל גַּבִּי הֶאֱרִיכוּ לְמַעֲנִיתָם
וּפִקּוּדִים יְשָׁרִים בַּעַל מְהֻגוּתָם/ בְּיָשֵׁם אוֹתָם בִּכְלִי הָרֹעִים.

יְהוּדָה בֶּן בָּבָא רַב הַנִּכְבָּד/ בְּנִמְסַר לַהֶרֶג תַּאֲנִיָּה תִּכְבַּד
וְרַבִּי יְשֵׁבָב הַסּוֹפֵר עִמּוֹ נִזְבַּד/ וְאָבַד מָנוֹס מִן הָרֹעִים.

הַרְבּוּ נְהִי וְהַגְדִּילוּ מִסְפַּדְכֶם/ עַל בֶּן חֲכִינַי וּבֶן דָּמָה וּבֶן שַׁמּוּעַ אַלּוּפְכֶם
וְעַל הַתּוּרְגְּמָן אַחְדוּ אִתָּם בְּקִינַתְכֶם/ וּבְנֵיכֶם יִהְיוּ רֹעִים.

חֲבָלִים סַבּוּנִי וִיגוֹנַי גָּבְרוּ/ צִירִים אֲחָזוּנִי וְלִבִּי דָקְרוּ
מֵעַי חֳמַרְמָרוּ דִּמְעַי נִגָּרוּ/ כִּי נִבְעֲרוּ הָרֹעִים.

זֵדִים נוֹסְדוּ הָרְגוּ אַבִּירִים/ הֵמָּה תּוֹפְשֵׂי הַתּוֹרָה וְהַמּוֹרִים
שָׁפְכוּ דָמָם כִּשְׁנֵי עֳפָרִים/ תְּאוֹמֵי צְבִיָּה הָרֹעִים.

קַבֵּל דָּמָם הַשָּׁפוּךְ אֱיָלוּתִי/ כְּדַם זִבְחֵי קָדְשִׁי וְעוֹלָתִי
וְקַנֵּים נְחוּמִים הַבְטָחַת עֵדָתִי/ בַּהֲקִימוֹתִי עֲלֵיכֶם רֹעִים.

בְּצֶדֶק לִרְעוּתֵךְ וְאֶסְלַח חַטֹּאתַיִךְ/ וְעוֹד לֹא תִזָּכְרִי חֶרְפַּת אַלְמְנוּתַיִךְ
וְאוֹשִׁיבֵךְ בֶּטַח אֶת גְּדוּדוֹתַיִךְ/ עַל מִשְׁכְּנוֹת הָרֹעִים. אל מלך

1 מתני וכו',--יש' כ"א:ג'. ונפלאו,--יצאו מגדר הרגיל הרשעם. 2 ומדת הדין תבעה,--הש' מדרש אלה אזכרה,(=מא"א),אוצר מדרשים,ב',עמ' 441: מדת הדין מקטרגת בכל יום לפני כסא הכבוד ואומרת: כלום כתבת בתורתך אות אחת לבטלה,--הרי השבט-ים שמכרו את יוסף ולא פרעת עדיין מהם או מזרעם. 2ב, שמ' ב':י"ז, והכוונה לעשרה הרוגי מלכות, רועי ישראל. 3 שעיר,--(צפנ' ח':כ"א),אדום,והש' צונז,ס.פ. עמ'458. כהיגידם משאלו,--הש' מא"א, עמ' 440: שלח(קיסר רומי)לקרא לעשרה חכמי

ישראל...אמר להם: עומק הדין יש לי לשאול מכם. 3ב, שמ' כ"א:ט"ז,ר"ל הלא גונב
נפש ומכרו חייב מיתה? 4 השיב,--הקיסר הנ"ל. למגיד לו,--למשיב לו שאכן גונב
נפש ומכרו דינו למות. 4ב, בר' ל"ז:י"ג, והש' מא"א,שם: אמר להם(הקיסר): א"כ
אתם חייבים מיתה...על מכירת יוסף שמכרוהו אחיו. 5 נועץ וכו',--במלך הקיסר
בעשרה הנ"ל. למלאת כפו,--לבצע מזמתו. 6 וסוד הערים,--תהל' פ"ג:ד'. 6ב, בר'
ל"ז:ט"ז,והש' מא"א,שם: אמר להם(הקיסר): ואם הם7כלו' אחי יוסף/היו בחיים היי-
תי דן אותם, ועתה שאינם בחיים אתם תשאו עון אבותיכם. 7 אירם,--הקב"ה. יעלה
,--השמימה. משמש לפנים וכו',--הכוונה לר' ישמעאל כהן גדול המשרת לפני השכי-
נה והנכנס לפני ולפנים בקדשי הקדשים במקדש,הש' ברכ' ז',א. 8 לידע,--אם אכן
נגזרה הגזירה עליהם מאת הקב"ה, הש' מא"א,שם. 8ב, ע"פ מש' ב':י"ט. 9 שם,--שם
המפורש,הש' מא"א,שם: הזכיר(ר' ישמעאל)שם המפורש בפירושו. כופר אשכול,--(שה"ש
א':י"ד),הכוונה לר' ישמעאל כהן גדול הנכנס אל קדשי הקדשים ביום הכיפורים ועל
ידו באה סליחה וכפרה לישראל,הש' משנה יומא פ"ג.ח' ופ"ו.ב'. והש' שהש"ר א'.
י"ד, שם דרשוהו חז"ל "אשכול הכופר" על יצחק אבינו "שמכפר עונותיהם של ישראל"
ע"י העקדה. יפה מראה,--היה יפה מראה כדמות המלאך גבריאל,הש' מא"א,שם. דומה
לכל,--שם: "אמרו עליו על ר' ישמעאל כ"ג שהיה משבעה יפים שהיו בעולם." 10 לשר
הפנים,--לסוריאל שר הפנים, הש' ברכ' נ"א,א: א"ר ישמעאל...ג' דברים סח לי סור-
יאל שר הפנים. ידעו,--הודיעו. 10ב, זכר' י"א:ג'. 11 בכם וכו',--הנה דברי סור-
יאל. חכם הרזים,--הקב"ה היודע מה שבלבו של אדם, הש' ברכ' נ"ח:א'. כאחי יוסף
,--הש' מא"א,שם: מיום שמכרו השבטים את יוסף לא מצא הקב"ה בדור אחד עשרה צדי-
קים וחסידים כמו השבטים, לפיכך הקב"ה פורע מכם. והש' שם: שקלם הקב"ה(את העשרה
הנ"ל)בצדקות ובחסידות נגד השבטים. גרזנים וכו',--(ש"א,כ"ה:ז'),ר"ל לך עתה אל
הרעים(העשרה)ואמור להם כי אכן נגזרה הגזירה עליכם. 13 מלין והחביר וכו',--ל'
"אחבירה עליכם במלים"(איוב ט"ז:ד'),והש' מא"א,שם: מיד ירד ר' ישמעאל לארץ
והגיד לחבריו שכבר נגזרה גזירה ונכתב ונחתם. להגביר,--(קהלת י':י')לאמץ כו-
חם(חיילים), ונא: חיילים מהגביר. 14 נשיא וכו',--נשיא ופרנס הצבור(זן ומשב-
יר),ור"ל ר' שמעון בן גמליאל, הש' מא"א,שם. 14ב, ש"א,כ"א:ח'. 15 במשפט וכו'
,--אחרי שכל אחד מהעשרה אמר: אני אהרג תחלה ואל אראה במיתת חברי הכריעו במש-
פט הגורל שהפילו במצורת הקיסר, הש' מא"א,שם. ומפניו,--של ר' ישמעאל כ"ג,הש'
שם. 16 ומאוררים וכו',--יש' י"ג:י'. 16ב, עמוס א':ב'. 17 רבי עקיבא,--מא"א,
שם. רך ויחיד,--משלי ד':ג'. 17 ודיק,--ל' הארמית(ע' שבת קנ"ה:א),כלו' וכתת,
הש' מא"א,שם: וסרקו את בשרו וכו'. י"ג:ודיקק. והכחיד וכו',--(זכר' י"א:ח')
והשמיד וכו'. 19 הלאנו,--שם לאל. 20 חורי,--אצילי ושרי. 20ב, מיכה ה':ד'. 21
אצולת יום יום,--(משלי ח':ל'),הכוונה לתורה הנאצלת מאצל הבורא, הש' רמב"ם,
מורה נבוכים,תרגום ר"י אלחריזי,(ווארשא,תרס"ד),א',כ"ז: החומר הראשון הנאצל
מאצל הבורא. בן תרדיון,--ר' חנניה בן תרדיון, הש' מא"א,שם: וצוה הקיסר לכרכו
בספר תורה ולשרפו. ושחקו,--ולעגו אנשי הקיסר. 22 התפלשו,--(ירמ' ו':כ'),התגו-
ללו. 22ב, שם כ"ה:ל"ד. 23 יהיר,--(משלי כ"א:כ"ד),קיסר רומי. להשביתם,--גזירת

הקיסר על תלמוד תורה(הש' ברכ' ס"א,ב, רמא"א,שם) ועל המצוות(הש' מעילה י"ז, א). 23ב, תהל' קכ"ט:ג'. 24ב, ש"א, י"ז:מ',כלו' האשים הקיסר את העשרה בתלמוד תורה ובקיום המצוות למרות גזירתו עליהם. 25 יהודה וכו',--מא"א,שם, הוציאוהו להורג אחרי שהמיתו את רחב"ת. תאניה וכו',--תהל' ל"ב:ד'. 26 ורבי ישבאב,--מכ-אן ואילך סוטה הפייטן מסדר המדרש, בו באו ההרוגים בסדר זה: ר' יהודה בן דמא, ר' חוצפית,ר' חנינה בן חכינאי,ר' ישבב,ור' אלעזר בן שמוע. 26 נזבד,--(בר' ל': כ'),בקרב כמתנת קרבן מזבח לה'. 26ב, יר' כ"ה:ל"ה. 28 התורגמן,--ר' חוצפית המתורגמן. בקינכם,--מן קין,כמו קינה,מלה מחודשת בל' הפייטנים, הש' צונץ, ס.פ.,עמ' 398. 28ב, במד' י"ד:ל"ג וע"פ המשך הפסוק: רועים במדבר ארבעים שנה, ופי' רשב"ם: כלו' שיטלטלו במדבר לכאן ולכאן. והפייטן מתכוון לבדודי ישראל בארצות פזוריהם, ור"ל בקינכם בגולה(שם בביכם יהיו רועים). 30 נגרו,--בזלו, הש' איכה ג':מ"ט. כי נבערו וכו',--(יר' י':כ"א),ורומז לאחי יוסף שבעוונם בע-בשו העשרה. 31 נרסדו,--נועדו. 32 כשני עפרים,--(שה"ש ד':ה'),כמשה ואהרן שגם עליהם נגזרה הגזירה למות בירח אחד, הש' שהש"ר,שם. 33 אילותי,--(תהל' כ"ב: כ'),הקב"ה,כוחי. 34ב, יר' כ"ג:ד'. 35 לראותך,--מוסב על כנסת ישראל. 35ב, יש' ב"ד:ד'. 36 את גדירותיך וכו',--שה"ש א':ח'.

מ"ט. תוכחה לרשב"ג.

תוכחה בת כ"ג מחרוזות. לכל מחרוזת ג' טורים וכל טור שלישי הוא שבר-פסוק. המשקל: ו' תנועות בכל טור(פרט לפסוק),והשוואים והחטפים אינם במנין. החתימה: שלמה,א"ב. המקוררות במ"ר:א. ג,עמ' רע"ז. ד,ב'3. פורסם: שירי הקדש לרשב"ג, מהד' ד.ירדן, עמ' 287. (ד. ש' 655).

שׁוֹמְמִי בְּרֹב יְגוֹנִי/ לְיוֹם יִפָּקֵד זְדוֹנִי/ מָה אֹמַר לַאדוֹנִי?
אֻמְלַלְתִּי וְנֶאֱלַמְתִּי/ בְּזָכְרִי אֲשֶׁר אָשַׁמְתִּי/ בֹּשְׁתִּי וְגַם נִכְלַמְתִּי.
בְּהֶבֶל כָּלוּ יָמַי/ מִפְּנֵי בֹשֶׁת עֲלוּמַי/ אֵין שָׁלוֹם בַּעֲצָמָי!
גַּחַלְתִּי קוֹדַחַת/ כִּי מְגִלָּה נִפְתַּחַת/ וְהַנּוֹשֶׁה בָּא לָקַחַת.
דָּבַקְתִּי בְמַחְשַׁבִּי/ וְנַפְשִׁי לֹא יָדְעָה כִּי/ גֵר וְתוֹשָׁב אָנֹכִי.
הוֹי כִּי יָבוֹא יוֹמִי/ אָנָה אִיקַץ מֵחֲלוֹמִי/ וְאָשׁוּבָה אֶל מְקוֹמִי.
וְעַל חֲטָאַי אֲשֶׁר עָבַר/ וְעַל פְּשָׁעַי אֲשֶׁר גָּבָר/ מָה אָשִׁיב שׁוֹלְחִי דָבָר?
זְדוֹן לִבִּי הִשִּׁיאַנִי/ וְעָווֹן אֲשֶׁר הֶלְאָנִי/ מִבֶּטֶן קְרָאָנִי.
חוֹשֵׁב בְּנַפְשׁוֹ נָבָל/ כְּעֵץ שָׁתוּל עַל יוּבַל/ וְהוּא לִקְבָרוֹת יוּבָל.
טָפַל שֶׁקֶר בְּתוֹכוֹ/ וְנָטָה מִמַּהֲלָכוֹ/ בְּיִפֶן כֹּה וָכֹה.
יֻשְׁלַךְ כְּאֶבֶן דּוּמָה/ וְלֹא יִשָּׂא לְבֵית מְהוּמָה/ מִכֹּל אֲשֶׁר לוֹ מְאוּמָה.
כֹּחוֹ לֹא סְמָכַתְהוּ/ עֵת נַפְשׁוֹ נְשָׂאַתְהוּ/ אַף כִּי אֵשׁ אֲכָלַתְהוּ.
לְכָדַתְנִי אַשְׁמָתִי/ הֲלֹא זֶה דְבַר נִשְׁמָתִי/ עַד הֱיוֹתִי עַל אַדְמָתִי.
מְשׁוּגָתִי נָשָׂאתִי/ וּבִלְבָבִי קָרָאתִי/ אָנֹכִי חָטָאתִי.
נְכוֹחָה לֹא חָשַׁקְתְּ/ וּבִשְׁרִירוּת דָּבַקְתְּ/ מַה-לָּךְ כִּי נִזְעַקְתְּ?
שְׂאִי בְנַפְשִׁי אַשְׁמָתֵךְ/ רְאִי חֶטְאֵךְ לְעֻמָּתֵךְ/ גַּם אַתְּ שְׂאִי כְלִמָּתֵךְ:
עֵת אֶדְאַג מֵעֲווֹנַי/ הֱשִׁיבוּנִי בְעִירוֹנַי/ נִפְּלָה-נָּא בְיַד אֲדֹנָי.

פְּנֵה מִמְּכוֹן שִׁבְתְּךָ/ וּפְתַח לִי דְּלָתֶיךָ/ כִּי אֵין בִּלְתֶּךָ.
צוּר הָגֵן בַּעֲדֵנִי/ וּמֵעֲוֹנוֹתַי פְּדֵנִי/ אָרְחוֹתֶיךָ לַמְּדֵנִי.
קוֹלִי שְׁמַע בְּחַסְדֶּךָ/ בְּיוֹם אֶעֱמוֹד נֶגְדֶּךָ/ אַל תַּט בְּאַף עַבְדֶּךָ.
רְאֵה עָנְיִי בַּעֲגֵנִי/ אֲנִי בְּיָדְךָ הִנֵּנִי/ וְאַתָּה יְיָ חָנֵּנִי.
שְׁלַח אֲמִתְּךָ וְחַסְדֶּךָ/ לְעַם צוֹעֲקִים נֶגְדֶּךָ/ וְלִי אֲנִי עַבְדֶּךָ.
תִּסְלַח לַאֲשָׁמֵינוּ/ וְאַל תִּפְקוֹד עֲלוּמֵינוּ/ כִּי צֵל יָמֵינוּ.

שנויים בנוסח א. שו' 2 וגם: חסר. 7 חטאי: פשעי. 10 ונמס: ונטה. 11 ישא לבית: יקח ביום. 12: כצלם מתואר ורקום/ פתע פתאום עקום/ ואיש שכב ולא יקום. 13: לזאת נפשי בשמה/ כאיש שכב בלב ימה/ ואין בידו מאומה. 14 משוגתי: משובתי. 15: בכוחה לא חשקת/ ובשרירותך דבקת/ מה לך כי נזעקת. 17 מעורבי: לעורבי. השיבובי: ישובבוני. 20 ביום: ליום. 21 ועגבי: וחלצני. 22 צועקים נגדך: סובלי פחדך. 23 כי צל ימינו: כי רוח חיינו.

1 שוממתי,--איכה א':ט"ז. 1ג, בר' מ"ד:ט"ז. 2ג, יר' ל"א:י"ט. 3א, תהל' ע"ח: ל"ג. 3ב, יש' נ"ד:ד'. 3ג, תהל' ל"ח:ד'. 4א, דבר' ל"ב:כ"ב וז"ל אש בוערת בקר-בי מפני אימת יום הדין. 4ב, רשימת חטאי, והש' ירוש' ר"ה א'.ג': שלש פינקסיות וכו'. 4ג, מ"ב,ד':א'. 5א, בעולם הזה הדומה לחושך. ונפשי וכו',--(בר' כ"ג:ד') לא ידעתי שבעולם הזה אני גָר זמן מוגבל בלבד.6 מחלומי,--מחיי שעברו עלי כחלום. 6ג, הושע ה':ט"ו, כלו' אל העפר ממנו נוצרתי. 7ג, ש"ב,כ"ד:י"ג, במה אצטדק בפני קוני. 8 הלאני,--התיש כוחי. 8ג, יש' מ"ט:א',פי' החטא קרא אותי מבעורי,הש' בר' ח':כ"א. 9ב, על יובל,--יר' י"ז:ח'. 9ג, איוב כ"א:ל"ב. 10 טפל וכו',--תהל' קי"ט:ס"ט, הולך אחרי השקר. 10ג, שמ' ב':י"ב. 11 כאבן,--הש' ויק"ר ד'.ה' וסנ-הד' צ"א,א: הגוף מוטל כאבן דומם בקבר. לבית מהומה,--לקבר. 11ג, ש"א,כ"ה:כ"א. 12ג, יחז' ט"ו:ה' 13ב, כך מדברת נשמתי(ש"לכודתני אשמתי"). 13ג, יונה ד':ב'. 14 משוגתי,--(איוב י"ט:ד'),שגגתי. 14ג, יהושע ז':כ'. 15ג, שופ' י"ח:כ"ג. 16ג, יחז' ט"ז:נ"ב. 17ג, ש"ב,כ"ד:י"ד, נשען על רחמי קוני. 18ג, ש"א,ב':ב'. 19 בעדני,--במקום "בעדי" בסיומת -ני במקום -י,ועי"פ תהל' ג':ד', והש' <u>גס"ל</u>, עמ' 15. 19ג, תהל' כ"ה:ד'. 20ג, שם כ"ז:ט'. 21ג, שם מ"א:י"א. 22ג, מ"א,א': כ"ו. 23 עלומינו,--עוונותינו הנסתרים. 23ג, איוב ח':ט'.

נ'. סליחות של ליל ששי. פתיחה לר' ישעיהו(בן יוסף מיסיני).

מסתג'אב בעל י"ב מחרוזות בנות ג' טורים כל אחת. בראשן הפסוק "במה יזכה וכו'"(תהל' קי"ט:ט'),הקובע את נושא הפיוט. החתימה: אני ישעיהו חזק. המקור: א. (אין נד.).

בַּמֶּה יְזַכֶּה-נַּעַר אֶת-אָרְחוֹ לִשְׁמוֹר כִּדְבָרֶךָ ?
אֱנוֹשׁ נִדְכֶּה/ נָגוּעַ וּמוּכֶּה/ בַּמֶּה יְזַכֶּה ?
נִסְכַּל וְנִבְעָר/ עָנִי בְּשַׁעַר/ יְזַכֶּה נָעַר !
יה......חוֹ/ יְדַכֶּה בְּרוּחוֹ/ נַעַר אֶת אָרְחוֹ.
בַּעֲנֵה לֵאמֹר/ אָחֵל וְאֶגְמוֹר/ אֶת אָרְחוֹ לִשְׁמוֹר.

שׁוֹקֵד חֲדָרֶיךָ/ יֵאוֹר בְּאוֹרֶךָ/ לִשְׁמוֹר בִּדְבָרֶיךָ.
עוֹלְלוֹתָיו יִזְמוֹר/ יָשִׁיר מִזְמוֹר/ כִּדְבָרְךָ לִשְׁמוֹר.
יִשְׁפּוֹךְ שִׂיחוֹ/ לַיְיָ וְנִבְחוֹ/ לִשְׁמוֹר אֶת אָרְחוֹ.
הַשָּׂטָן יִגְעַר/ לְבַל פִּיו יִפְעַר/ אֶת אָרְחוֹ נַעַר.
וְלָאֵל יְחַכֶּה/ יִתְחַנֵּן וְיִבְכֶּה/ נַעַר יְזַכֶּה.
חָרֵד וְהוֹמֶה/ לְיִשְׁעוֹ צָמֵא/ יְזַכֶּה בַּמֶּה?
זָכְרָה אֱלֹהֵינוּ/לִבְרִית אֲבוֹתֵינוּ/לֹא עַל צִדְקוֹתֵינוּ.
קֶרֶן עַמְּךָ/ רוֹמֵם בִּשְׁמֶךָ/ עַל רַחֲמֶיךָ.

2ב, יש' נ"ג:ד'. 3 ונבער,--יר' י':י"ד. 3ב, משלי כ"ב:כ"ב. 4א, לקוי בכה"י. ונדכה,--תהל' נ"א:י"ט. 5 אחל ואגמור,--דוגמת "אחלי יכונו דרכי לשמור חקיך" (תהל' קי"ט:ה'),אחל ל' בקשה, ור"ל אבקש מה' לסייע אותי בהחלטתי(ואגמור, כלו' בגמירת אומר שלי),"את ארחו לשמור". 6א, מזרז לבוא לבית-התפלה. יאור באורך,--דוגמת "לאור באור החיים"(איוב ל"ג:ל'). 7א, עוֹלְלוֹת, ל' ילדות(כלו' ימי העולל) יזמור, פי' יכרות, ור"ל יעזוב איש את חטאות נעוריו, ע"פ תהל' כ"ה:ז'. 7ב, יתן שבח לה'. 8א, יתפלל. ונבחן,--ל' "נכח יי דרככם אשר תלכו בה"(שופ' י"ח:ו'). 9א, זכר' ג':ב': "יגער ה' בך השטן",ופי' ראב"ע: שהשם יסיר כל שטן שוטן וכו'. 9ב, לבל יפתח פיו לקטרג על בני אדם ומעשיהם(את ארחו נער). 11 חרד,--(יש' ס"ו: ב'),חרד על דבר קונו לעשותו. והומה,--בתפלה. 12ג, דני' ט':י"ח. 13אב, תהל' קמ"ח:י"ד. 13ג, דני' שם.

נ"א. תחנון לר' ישעיהו(בן יוסף מיסיני).

תחנון בצורת שיר-איזור בעל מדריך בן ששה טורים ושש מחרוזות בנות חמשה טורים וטור איזור. החריזה: אאאאאא//בבבבב/א//וכו'. המשקל: השלם ג':--ס- --ס- ---. החתימה: ישעיהו חזק. המקורות: א. ב,עמ' 220. (ד.י' 1601).

יוֹם אֶחְשְׁבָה דַּעַת מְצִיאוּתֶךָ
מִצַּד יְדִיעַת סוֹד אֱלָהוּתֶךָ
מַה-בָּעֲרָה נַפְשִׁי מְצוֹא אוֹתָכָה
אֵדָעֲךָ מִצַּד פְּעֻלּוֹתֶיךָ
מִי זֶה יְמַלֵּל אֶת גְּבוּרוֹתֶיךָ
יוּכַל לְהַשְׁמִיעַ תְּהִלּוֹתֶיךָ.

שְׂפָתַי רְנָנוֹת אֶפְתְּחָה נֶגְדֶּךָ
אַגִּיד וְאוֹדִיעַ יְקַר הוֹדֶךָ
לֹא כַּאֲחֻדּוּת אֶחָד, וּבִלְעָדֶיךָ
אֵין עוֹד אֱלֹהִים חַי וְצוּר בִּלְתֶּךָ
כָּל פֶּה וְכָל שָׂפָה הֲלֹא יוֹדֶךָ
כָּל לֵב יְסַפֵּר אֶת גְּדֻלָּתֶךָ.

עוֹשֶׂה גְּדוֹלוֹת אָב וְרוֹב נִפְלָאוֹת
חָכָם וְכֹל תּוּכַל בְּלִי שׁוּם לֵאוּת
קַדְמוֹן בְּלִי רֵאשִׁית לְכָל צָבָא אוֹת
הָעוֹז וְהַמִּמְשָׁל לְבַד לְךָ יָאוֹת
עִם עַבְדְּךָ תַּעַשׂ לְרוֹב טוֹבָה אוֹת
וּלְעַמְּךָ תִּשְׁלַח יְשׁוּעָתֶךָ.

יָדְךָ מְאֹד רָמָה וּבַל יֶחֱזָיוּן
עַמִּים אֲשֶׁר מֵעַבְדְּךָ יִנְשָׁיוּן
וּבְטוּב אֲשֶׁר צָפוּן לְבַד יֶחְסָיוּן
בַּל יִרְאוּ אַךְ יִשְׂבְּעוּן יִרְוָיוּן
עִם בָּךְ לְבַד בָּטְחוּ וּמַר יִבְכָּיוּן
קָרְעוּ סְגוֹר לִבָּם לְעֻמָּתֶךָ.

הַלְבֵּן חֲטָאֵיהֶם מְחֵה פִּשְׁעֵיהֶם
כָּעָב וְכַפֵּר אֶת זְדוֹנוֹתֵיהֶם

וּסְלַח עֲוֹנוֹתָם וְשִׁגְגוֹתֵיהֶם
הַעֲבֵר וְהָסֵר אֶת כְּלִימּוֹתֵיהֶם
וּשְׁמַע תְּפִלָּתָם וְתַחֲנוּנֵיהֶם
יַעֲלוּ לְרָצוֹן בִּמְכוֹן שִׁבְתֶּךָ.

וִיהִי רְצוֹנְךָ אֵל בְּרוֹב חַסְדֶּךָ
לִקְרוֹא שְׁנַת רָצוֹן פְּדוּת עַמֶּךָ
כִּי עַל יְשׁוּעָתְךָ וְעַל רַחֲמֶיךָ
הִנָּם הֲלֹא קוֹוִים בְּצִדְקוֹתֶיךָ

בַּאֲנִי בְּצֶדֶק אֶחֱזֶה פָנֶיךָ
אֶשְׂבַּע בְהָקִיץ אֶת תְּמוּנָתֶךָ.

חוּסָה אֱלֹהִים עַל שְׁאֵרִיתֵנוּ
זָכְרָה-בְּרִית אָבוֹת וְהוֹשִׁיעֵנוּ
קָרֵב וְהָחֵשׁ קֵץ פְּדוּת אוֹתָנוּ
וּסְלַח חֲטָאֵינוּ אֲשֶׁר חָטָאנוּ
וּמְחוֹל פְּשָׁעֵינוּ אֲשֶׁר פָּשָׁעְנוּ
וּלְעַמְּךָ בָּרֵךְ בְּבִרְכָתֶךָ.

1 דעת,--לדעת. מציאותך,--ל' הֲוָיָה וְיֵשׁוּת, הש' "כתר מלכות" לרשב"ג(ד.כ'581), 14: לך המציאות אשר מצל מאורו נהיה כל הוה. סוד אלהותך,--הש' רמב"ם, מורה הנבוכים, פתיח': והם(העניינים הטבעיים)ג"כ סוד מסודות החכמה האלהית. 3 בערה נפשי,--דוגמת "צמאה לך נפשי"(תהל' ס"ג:ב'). מצוא,--למצוא. 4, הש' בחיי אבן בקודה, חובות הלבבות, היחוד י': כי קרוב מכל קרוב מצד פעולותיו. 5, תהל' ק"ו: ב'. 9 לא באחדות אחד,--הפילוסופים הרחיבו את הדיבור בעניין אחדותו המוחלטת של הקב"ה והורו שהוא אחד ואין-סוף יחד, ולזה מתכוון הפייטן ור"ל לא באחדות האחד הקנוי ומנוי, כי לא ישיגוהו רבוי ושנוי, הש' "כתר מלכות",שם,25. 13 אב,--בנוסח א: אַף. 14 וכל תוכל,--איוב מ"ב:ב'. לאות,--עייפות. 15 קדמון בלי ראשית,--פי' הקב"ה קדמון בהחלט,כלו' ראשון שאין ראשית לראשיתו, הש' רמב"ם, הקדמה לפי' המשנה,הקדמה לפרק חלק,היסוד הרביעי. לכל צבא אות,--מוסב על "קדמון" ור"ל קדמון הוא לכל צבא השמים שהיו לאותות ולמועדים,ע"פ בר' א':י"ד. 16 יאות,--נאים לו,--והשינוי לצורך החריזה. הש' הנוסח בא: העוז והממשלה לבד לך תיאות. 17,תהל' פ"ו:י"ז. 20 עמים,--אומות העולם. ינטיון,--סרו. 21 ובטוב וכו',--(תהל' ל"א:כ') ובטוב אשר צפנת ליראיך אשר בך לבד יחסיון. 22 כל יראו,--אומות העולם הנ"ל. 23 עם,--ישראל. 24 קרוע סגור לבם,--הושע י"ג:ח',ופי' רש"י: את לבם הסגור מלהבין לשוב אלי. והכוונה לישראל החוזרים בתשובה,ע"פ יואל ב':י"ג: קרעו לבבכם ואל בגדיכם. 25, יש' א':י"ח. 32 שנת רצון,--יש' ס"א:ב'. 36,35, תהל' י"ז:ט"ו. 37 שאריתנו,--שארית ישראל. 39 קץ,--דני' י"ב:ד'.

נ"ב. "סליחה א'" לר' משה בר חייה.

סליחה סטרופית בעלת כ"ה מחרוזות. לכל מחרוזת ד' טורים והיא פותחת במלת "יי" ומסתיימת במלת "רוח". כל טור ד'--שבר-פסוק. מספר המלים רופף בכל טור: 3-5. החתימה:אני משה ברבי חייה חזק ואמץ אמן. המקורות: א. ב,עמ'10. (אין בד.).

יְיָ אַזְכִּיר שְׁמוֹ בְּהֶגְיוֹנָי/ הַפּוֹתֵחַ דַּלְתֵי פָנָי
וֵאלֹהַי בִּדְבַר יְיָ/שָׁמַיִם נַעֲשׂוּ וּבְרוּחַ.

יְיָ נָטַע אָהֳלֵי מְסִבָּה/ וְנִבְרָאִים עוֹלִים בִּקְרוּבָה
כִּי מֵיָיו הָיְתָה סִבָּה/ וְאֶת כֻּלָּם יִשָּׂא רוּחַ.

יְיָ יָשָׁר עוֹז אַפַּדְנוֹ/ וּכְעֵין הַבְּדֹלַח עֵינוֹ
וְעַל סְבִיבוֹת חֶבְיוֹנוֹ/ סוֹבֵב סוֹבֵב הוֹלֵךְ הָרוּחַ.

יְיָ מוֹשֵׁל בְּגֵיאוּת הַיָּם/ וְהֵנִיד פְּלָגָיו חֶצְיָם
וַנְּשְׂאוּ נְהָרוֹת דָּכְיָם/ וַיּוֹלֶךְ יְיָ אֶת הַיָּם בְּרוּחַ.

יְיָ שַׁפְרִירוֹ עֲלֵיהֶם נָטָה/ בְּלִי יְתָרִים וּמוֹטָה
וְאוֹר כַּשַּׂלְמָה עָטָה/ וַיַּעֲבֵר אֱלֹהִים רוּחַ.

יְיָ הָאָרֶץ יְסָדָהּ לַהֲדוֹמִים/ וּבְלִבָּהּ הֶחְבִּיא תְּהוֹמִים
וְכַעֲשָׁשִׁית מְלֵאָה בְּלֵב יַמִּים/ כְּקַשׁ לִפְנֵי רוּחַ.

יְיָ בְּעָזוֹ פּוֹרֵר יַמָּיו/ יִתְגָּעֲשׁוּ מִפְּנֵי אֵימָיו
יֶהֱמוּ יֶחְמְרוּ מֵימָיו/ כְּנוֹעַ עֲצֵי יַעַר מִפְּנֵי רוּחַ.

יְיָ רְכוּבוֹ בְּסַעֲרוֹת הוֹדוֹ/ וְתֵימָן מִשְׁלַחַת יָדוֹ
הֶעֱבִיר בֶּן גֵּץ לְהַעֲמִידוֹ/ לִכְלוֹא אֶת הָרוּחַ.

יְיָ בְּסוּפָה דְּרָכָיו יְדוּעוֹת/ וְרוּחַ מִלְּפָנָיו יַעֲטוֹף בַּדֵּעוֹת
וּמֶמְשַׁלְתּוֹ בֶּהָרִים וּבִגְבָעוֹת/וְעַל סְבִיבוֹתָיו שָׁב הָרוּחַ.

יְיָ יָשַׁב עַל גַּפֵּי מְעוֹנָיו/ וַעֲלֵיהֶם פֵּרֵשׂ עֲנָנָיו
וַיִּרְכַּב עַל כְּרוּב אוֹפַנָּיו/ וַיֵּדֶא עַל כַּנְפֵי רוּחַ.

יְיָ חָקַר בִּתְבוּנוֹת כַּפָּיו/ וְצָפַן רוּחוֹת בְּאַמּוֹת סִיפָּיו
וּמִמְּזָרִים נָפַח מִנִּשְׁמַת אַפָּיו/ וַיְמַלֵּא אוֹתוֹ רוּחַ.

יְיָ יָחִיד מֵאַיִן תְּמוּרוֹת/ שָׂם מִשְׁקָל לְסוּפוֹת וּסְעָרוֹת
וּבְחָכְמָתוֹ לָהֶם אוֹצָרוֹת/עָשָׂה, וַיּוֹצֵא רוּחַ.

יְיָ יְדִיד יָצְרוּ יַבֶּשֶׁת/ שְׁלִישָׁהּ בְּסוּף נֶחְבֶּשֶׁת
וְהַנִּשְׁאֶרֶת תְּלוּיָה כְּנִבְרֶשֶׁת/ יְיָ מָסַךְ בְּקִרְבָּהּ רוּחַ.

יְיָ הַנּוֹתֵן רוֹזְנִים לְאָיִן/ וְנֶעְלַם מֵרְאוּת עָיִן
הַמְצִיא יֵשׁ מֵאַיִן/ וַיֹּאמֶר וַיַּעֲמֵד רוּחַ.

יְיָ חָתַם בְּסוֹד אָמֶשׁ/ גְּבוּלָם וִיסוֹדָם לֹא מָשׁ
וּבָרָא מִתּוֹהוּ מַמָּשׁ/ וַיָּאצֶל מִן הָרוּחַ.

יְיָ זַרְזִיף רְבִיבֵי טְלָיו/ מוֹרִיד מַפְּתַּח מַנְעוּלָיו
וְהֶעֱלָה מֵהֲדוֹם רַגְלָיו/ נְשִׂיאִים וְרוּחַ.

יְיָ קָדוֹשׁ וְנִקְדַּשׁ בַּשֵּׁמוֹת/ רוֹכֵב עַל עָב קַל בַּמְּרוֹמוֹת
וְשָׁט בִּשְׁמוֹנָה עָשָׂר אֶלֶף עוֹלָמוֹת/ הַמְהַלֵּךְ עַל כַּנְפֵי רוּחַ.

יְיָ וֵאלֹהַי נַעֲלָה וְנִסְתָּר/ וּבְאַרְבָּעִים וּשְׁנַיִם נִכְתָּר
רַק בְּיוֹד הֵא נִפְתָּר/ יוֹצֵר הָרִים וּבוֹרֵא רוּחַ.

יְיָ אוֹרַח מִשְׁפָּטָיו מִי יִסְכּוֹן/ וּמִי בְּאָהֳלָיו יִשְׁכּוֹן

וּמִי בְמַעֲשָׂיו יִתְבּוֹן/ מִי תִכֵּן אֶת רוּחַ.

יְיָ מִי תְּהִלּוֹתָיו יְאַלֵּף/ הָאֱנוֹשׁ הַנִּסְפֶּה וְחוֹלֵף
וְאִלּוּ יִחְיֶה אֶלֶף/ אֵין אָדָם שַׁלִּיט בָּרוּחַ.

יְיָ צָדְקוּ כָּל מִפְעֲלוֹתָיו/ וּמִי יַשִּׂיג מַעֲלוֹתָיו
וְכָל תְּהִלּוֹת נֶגֶד תְּהִלּוֹתָיו/ הֶבֶל וְרַעְיוֹן רוּחַ.

יְיָ אֱמֶת גָּבְהוּ פְלָאָיו/וּמִי יַבִּיט אֶל מַרְאָיו
רַק שׁוֹכֵן בְּלֶב נְבִיאָיו/ וְאֶת דַּכָּה וּשְׁפַל רוּחַ.

יְיָ מְרוֹמָם וְגֵאֶה עַל גֵּאִים/ וּמַבִּיט אֶל עָנִי וּנְכֵאִים
וְאֵין זֶבַח לְפָנָיו כִּי אִם/ זִבְחֵי אֱלֹהִים רוּחַ.

יְיָ נִקְדַּשׁ בְּמִינֵי קְדוּשׁוֹת/ הַחוֹצֵב מִכִּסְאוֹ נְפָשׁוֹת
יְבַשֵּׂר לַעֲצָמוֹת הַיְבֵשׁוֹת/ הִנְנִי נוֹתֵן בָּכֶם רוּחַ.

יְיָ נַעֲרָץ בְּסוֹד קְהָלֵנוּ/ יְקַבֵּל שִׂיחֵנוּ וְלֹא יָבוּז מִלֵּינוּ
וִיהִי נוֹעַם יְיָ אֱלֹהֵינוּ עָלֵינוּ/ יְעָרֶה עָלֵינוּ רוּחַ. אל מלך

שו' 2,ב מוסיף: יי אמיץ ומי יבוא בסודו/והעולם ברוח פיו יסדו/האלהים אשר בידו נפש כל חי ורוח. 5 ישר, א: יִישַׁר. 7 והביד, ב: והגיד. 11 תהומים, ב: תחומים. 21 חקר, : חתר. 27 רוזבים, ב: רוזבם. עין, א: העין. 31 מפתח, א: בפתוח. 33 במרומות, ב: באימות. 34 בשמונה עשר אלף, א: ביה.

1 דלתי פני,--(איוב מ"א:ו'),שפתי. 2ב, תהל' ל"ג:ו'. 3א, יש' מ':כ"ב; דני' י"א:י"ב, הכורבה לשמים. כקובה,--הש' __ברייתא דשמואל הקטן__,א': הרקיע עשוי כקו-בה, והש' "שיר יחודש" לפייטן עלום-שם(ד.ש'987): דוק/פי' שמים/מתח כמין קובה. 4ב, יש' ב"ז:י"ג, והכוונה לרוח אלהים, הש' __ס.יצירה__,א'.ט'. 5 אפדנו,--(דני' י"א:י"ב),היכלו בשמים. 5ב, במד' י"א:ז', עיבו, פי' מראהו כתרגומו: וחזוה כחזו בדלחה. 6א, חבק' ג':ד' ופי' רש"י: כתרגומו, שם נגלה עזו שהיה חבוי למפ-רע בסתר עליון. 6ב, קהלת א':ו' והש' "כתר מלכות" לרשב"ג,י': מי ימלל גבורו-תיך ...והקפת על המים גלגל הרוח, סובב סובב הולך הרוח ועל סביבותיו ישוב. 7א, תהל' פ"ט:י'. פלגיו חצים,--הבדיל בין פלגי מים, ע"פ בר' א':ו'. 8א, תהל' צ"ג:ג',פי' ראב"ע: דכים, הם המשברים. 8ב, שמ' י"ד:כ"א. 9א, יר' מ"ג:י',שפריר, פי' שמים. בלי וכו',--(איוב כ"ו:ז'),בלי משען. 10א, תהל' ק"ד:ב'. 10ב, בר' ח':א'. 11 להדרומים,--(יש' ס"ו:א'),לבבי אדם. 11ב, תהל' ל"ג:ז'. 12 וכעששית ,--כעין בית קטן עשוי זכוכית,הש' תוספת' ברכ' ו'.י'. בלב ימים,--דוג' "בלב ימים גבוליך"(יחז' כ"ז:ד'). 12ב, תהל' פ"ג:י"ד. 13א, תהל' ע"ד:י"ג, פורר, פי' זעזע. 14א, שם מ"ו:ד', יחמרו, פי' רתחו. 14ב, יש' ז':ב'. 15 ותימן,-- (תהל' ע"ח:כ"ו),פי' רוח סערה. 16א, איוב ל"ט:כ"ו, ועפ"פ דרשת חז"ל(בגיטין ל"א,ב): ד' רוחות מנשבות בכל יום...ורוח דרומית קשה מכולן,ואילמלא בן נץ /פי' מלאך הדומה לדמות נץ/ מעמידה,מחרבת כל העולם מפניה. 16ב, קהל' ח':ח'. 17א, בחרם א':ג'. ורוח...יעשוף,--יש' ב"ז:ט"ז,ופי' רש"י: והוא בכבע. בדעות

,--בכוונה, לעשות רצון קונו. 18ב, קהל' א':ד'. 19 על גפו,--על פני. מעוניו
,--שמים. 19ב, איוב כ"ו:ט', פרשז, פי' פרש. 20א,ב, תהל' י"ח:י"א, וידא, פי'
ויעף. 21 בתבונות כפיו,--כלו' באדם, יציר כפיו של הקב"ה. 21ב, ע"פ מאמר חז"ל
(בשבת קנ"ב,ב) שנשמתן של צדיקים גנוזות תחת כסא הכבוד בשמים(אַמות סיפיו,ע'
יש' ו':ד'. 22 וממזרים,--(איוב ל"ז:ט'),כלו' מאוצר בשם מזרים, הש' רש"י,שם.
נפח וכו',--בר' ב':ז'. 22ב, שמ' ל"ה:ל"א, רוח, ר"ל נשמה. 23 תמורות,--פי'
שנוי וחלוף, הש' ר"י ישראלי, ס.היסודות,ע"א: השנוי והתמורה לא ישיגוהו. 23ב,
איוב כ"ה:כ"ה. 24א, שם ל"ח:כ"ב. וירוצא רוח,--(יר' י':י"ג),מאוצרותיו. 25 של-
ושה,--(יש' מ':י"ב),מידת הלח והיבש. בסוף וכו',--יונה ב':ו'. 26 בנברשת,--
כמנורה התלויה בתקרה. 26ב, יש' י"ט:י"ד. 27א, שם מ':כ"ג. 28 יש מאין,--ע'
ס.יצירה,ב'.ה': יצר מתהו ממש ועשה את איננו ישנו, והש' "כתר מלכות",ט': אתה
חכם...למשוך משך היש מן האין. 28ב, תהל' ק"ז:כ"ה. 29 אמש,--כן מנוקד באב,
וע"פ ס.יצירה,א'.י"ג: בוו שלש אותיות מן הפשוטות(בסוד שלש אמות אֹמֹשׁ)...וחתם
בהן שש קצות, והש' שם,ג'.ב'. גבולם ויסודם,--של מים(ע"פ יר' ה':כ"ב)וארץ(ע"פ
משלי ח':כ"ט). 30א, ס.יצירה, ב'.ה', וע"פ בר' א':א-ב. 30ב, במד' י"א:כ"ה,
והש' ס.יצירה,א'.י': רוח מרוח חקק. 31א, תהל' ע"ב:ו'. מוריד וכו',--מוריד
גשם דרך ארובות השמים,הש' בר' ז':י"א. 32א, תהל' קל"ה:ז'. 32ב, משלי כ"ה:
י"ד, נשיאים, פי' עננים. 33 ונקדש בשמות,--הש' ס.יצירה, ו'.א',שם מזכיר את
שמותיו של הקב"ה--ואומר: ומשרתיו קדושים ולו אומרים...קדוש. רוכב וכו',--
י"ט:י'. במרומות,--במרומים, הש' "יקר אדון" לרי"ה(ד.י' 3628): עושה שלומות
במרומות. 34א, הש' ע"ז ג',ב: (הקב"ה) רוכב על כרוב קל...ושט בי"ח אלף עולמות.
34ב, תהל' ק"ד:ג'. 35ב, רומז לשם בן מ"ב אותיות, הש' מאמר ר' יהודה אמר רב
(בקידוש' ע"א,א),והש' יסוד מורא לראב"ע(בסוף הספר),שם כתב שהשם הנ"ל מורכב
ממשפטים אחדים על השם. רש"י(לקידוש' שם)כתב: שם...בן מ"ב לא פירשו לנו. אבל
ר' טודרוס אבולעאפיה(באוצר הכבוד,ל',ב')סבר שאותו שֵם: ידוע...ומקובל אצל
החכמים. 36א, פי' סוד שם בן מ"ב אותיות נפתר ע"י שם המפורש("ביוד הא"),הש'
מאמר ראב"ע,ביסוד מורא,שם. 36ב, עמוס ד':י"ג. 37 יסכון,--ישמור, כלו' כי
אדם אין צדיק בארץ אשר יעשה טוב ולא יחטא. 37ב, תהל' ט"ו:א'. 38 יתכון,--
יבדוק. 38ב, יש' מ':י"ג. 40 אלף,--שנים. 40ב, קהל' ח':ח',פי' ברוח אלהים.
42 נגד תהלותיו,--של הקב"ה,האמיתיות והמתאימות לו. 42ב, קהל' ד':ט"ז. 44ב,
יש' ב"ז:ט"ו. 46ב, תהל' ב"א:י"ט והמשך הפסוק: רוח נשברה. 47 **במיני** קדושות
,--בפיהם של דרי מעלה ודרי מטה. 47ב, רומז לנשמות(נפשות)הגנוזות תחת כסא
הכבוד, הש' שבת קנ"ב,ב, חוצב, פי' בורא ויוצר, הש' "כתר מלכות",כ"ט: עשי-
תה(הנשמה)מלהבות אש השכל חצובה. 48א, יחז' ל"ז:ד',ה', כלו' לישראל בגולה.
48ב, מ"ב,י"ט:ז'. 50א, תהל' צ':י"ז. 50ב, יש' ל"ב:ט"ו.

נ"ג. רשות לנשמת ליום הכפורים(בכה"י א: "סליחה שבית") לרשב"ג.
רשות בעלת עשרים מחרוזות בנות ד' טורים כל אחת. הטורים א' וג' מתחילים במלות
הקבע,הבאות מתוך המקרא: בתהל' ס"ג:ב':אלהים אלי אתה(אא"א),ובתהל' ד':ב':בקראי

עבני,ירם(בע"י,הפייטן הוסיף את המלה האחרונה). החתימה:אני שלמה הקטן ברבי יהודה(אבן גבירול,ע' בהוספות ותיקונים,להלן). המקורות במ"ר: א. ב,עמ' 153. ג,עמ' שמ"ז. ד,ב'54. פורסם: שירי הקדש לרשב"ג,מהד' ד.ירדן,עמ'71(ד.א'4649).

אא"א אֲשַׁחֶרְךָ בְּסוֹד סְגֻלָּתֶךָ
אֱמוּנָתְךָ אוֹדִיעַ וְאַגִּיד גְּדֻלָּתֶךָ
בע"י אָקוּם בְּקֶרֶב קְהִלָּתֶךָ
אֲדֹנָי שְׂפָתַי תִּפְתָּח וּפִי יַגִּיד תְּהִלָּתֶךָ.

אא"א נֶגְדְּךָ עֲלוּמַי נֶחְשָׂפוּ
נַפְשִׁי וְעַצְמוֹתַי מִפַּחְדְּךָ שֻׁסָּפוּ
בע"י נְבוּכִים לְיֶשְׁעֲךָ נִכְסָפוּ
נְדִיבֵי עַמִּים נֶאֱסָפוּ.

אא"א יוֹעֵט צְדָקָה לִלְבּשׁ
יְהָאֶיךָ הִרְשׁוּנִי וְאָרוּץ וְאֵין בּשׁ
בע"י יָקְשִׁי תִּכְבּשׁ וְעַצְּבִי תַחֲבשׁ
יְהִי לִבִּי תָמִים בְּחֻקֶּיךָ לְמַעַן לֹא אֵבוֹשׁ.

אא"א שְׁמֹר שַׂרְעַפַּי לְבַל יַזְנִיחוּנִי
שְׁגִיאוֹת שְׂפָתַי בַּל יַדִּיחוּנִי
בע"י שְׁבָחֶיךָ עֲצָבַי יְשַׁבְּחוּנִי
שְׁלַח אוֹרְךָ וַאֲמִתְּךָ הֵמָּה יַנְחוּנִי.

אא"א לְךָ אֲצַפֶּה צוּר מִשְׂגַּבִּי
לְאַמְּצֵנִי וּלְחַזְּקֵנִי כִּי כֹחַ אֵין בִּי
בע"י לְבָהֵר וְלִצְרוֹף חֻבִּי
לֵב טָהוֹר בְּרָא לִי אֱלֹהִים
וְרוּחַ נָכוֹן חַדֵּשׁ בְּקִרְבִּי.

אא"א מָרוֹם הַשּׁוֹכְנִי גְבוֹהִים
מִמַּעֲמַקִּים אֶקְרָא נֶגְדְּךָ וְאָהִים
בע"י מִלְּלְתִּי בְּסוֹד תְּמֵהִים
מִי יוֹדֵעַ יָשׁוּב וְנִחַם הָאֱלֹהִים.

אא"א הִנְנִי לְפָנֶיךָ בְּאַשְׁמִי
הָעֲוֹנוֹת אִם תִּשְׁמָר יָהּ אֲדֹנָי מִי יַעֲמֹד מִי
בע"י הַזֶּה אַל תָּבוֹא בְמִשְׁפָּט עִמִּי
הֵן בְּעָווֹן חוֹלָלְתִּי וּבְחֵטְא יֶחֱמַתְנִי אִמִּי.

אא"א הִקְדַּמְתָּ מָזוֹר לְיַשְּׁרֵנִי
הֲכִינוֹתָ יוֹם כּוֹפֶר רָצוֹן בּוֹ לְעַשְּׁרֵנִי
בע"י הַנָּתֵק עֲבוֹת עָווֹן יַאַסְרֵנִי
הֶרֶב כַּבְּסֵנִי מֵעֲוֹנִי וּמֵחַטָּאתִי טַהֲרֵנִי.

אא"א קֵרַבְתָּךָ יַחְפְּצוּן בַּעֲיוֹנָי
קְדוֹבֵנִית שַׁחוֹתִי מִפְּנֵי זְדוֹנָי
בע"י קָרָאתָ לְגֶזַע אֱמוּנָי
קְחוּ עִמָּכֶם דְּבָרִים וְשׁוּבוּ אֶל יְיָ.

אא"א טַהֲרוּ לְבָבָם לְהוֹקֶיךָ
טַעַם אֹכֶל וּמַשְׁקֶה חָשְׁכוּ חֲשׁוּקֶיךָ
בע"י טָבוּס לְעַנּוֹת נֶפֶשׁ דְּבֵקֶיךָ
טוֹב לִי כִי עֻנֵּיתִי לְמַעַן אֶלְמַד חֻקֶּיךָ.

אא"א נָשָׂאנוּ נֶגְדְּךָ עַפְעַפַּיִם
נִכְחֲךָ נִצַּבְנוּ בְּשַׁחוּת אַפַּיִם
בע"י נְבָהֵר שַׁקְרוּת שַׂרְעַפַּיִם
נִשָּׂא לְבָבֵנוּ אֶל כַּפַּיִם אֶל אֵל בַּשָּׁמָיִם.

אא"א בָּאתִי הַיּוֹם לַהְגוֹת צִדְקֶךָ
בֵּאַרְתִּי חֻקֶּיךָ בְּקֶרֶב חֶלְקֶךָ
בע"י בִּשַּׂרְתָּ צֶדֶק בִּקְהַל דְּבֵקֶיךָ
בָּרוּךְ אַתָּה יְיָ לַמְּדֵנִי חֻקֶּיךָ.

אא"א רָם לְכָל שׁוֹאֵל נִדְרָשׁ
רְצֵנִי בְּהִתְעַשְּׁפִי כְעָנִי וָרָשׁ
בע"י רֶגֶשׁ דְּמָעַי נִגְרָשׁ
רָאִיתָה יְיָ אַל תֶּחֱרָשׁ.

אא"א בְּצִדְקָתְךָ עֲוֹנַי יִדָּחוּ
בְּמֵימֵי דְמָעַי פְּשָׁעַי יִמָּחוּ
בע"י בְּשׂוֹרוֹת יִשְׁעִי יִצְמָחוּ

בִּיָּ תִּתְהַלֵּל נַפְשִׁי יִשְׁמְעוּ
עֲנָוִים וְיִשְׂמָחוּ.

אא"א יָגֹרְתִּי מְאֹד מֵחֲמַת מִגְעַרְתֶּךָ
יָדַעְתִּי כִּי חֶסֶד וֶאֱמֶת אִמְרָתֶךָ
בע"י יָזַמְתִּי לִשְׁמֹר מִשְׁמַרְתֶּךָ
יִמָּלֵא פִּי תְּהִלָּתֶךָ כָּל הַיּוֹם
תִּפְאַרְתֶּךָ.

אא"א יְחִידִי יְצוּרָיו יְעִידוּהוּ
יְבָרְכוּהוּ קְרָבַי וַעֲצָמַי יְהוֹדוּהוּ
בע"י יָדַעְתִּי יְחִידִים יְיַחֲדוּהוּ
יִרְאֵי יְיָ הַלְלוּהוּ כָּל זֶרַע
יַעֲקֹב כַּבְּדוּהוּ.

אא"א הֲגוֹת צִדְקְךָ שְׂפָתַי פִּתַּחְתִּי
הִנֵּה עִמִּי דְּבָרִים לָקַחְתִּי
בע"י הִלַּלְתִּיךָ וְכַפַּי שִׁטַּחְתִּי

הַשְׁמִיעֵנִי בַבֹּקֶר חַסְדֶּךָ
כִּי בְךָ בָטָחְתִּי.

אא"א וְעָדֶיךָ יִצְדְּקוּ עֵדֶיךָ
וְיַגִּידוּ כִּי אֶפֶס צוּר בִּלְעָדֶיךָ
בע"י וְעַדְתּוֹ לְטַהֵר יְדִידֶיךָ
וַאֲקַוֶּה שִׁמְךָ כִּי טוֹב נֶגֶד
חֲסִידֶיךָ.

אא"א דְּבַשְׁתִּי קִרְבָתְךָ הַקְרִיבֵנִי
דְּלָתֶיךָ בְדָפְקִי חַסְדְּךָ יְסוֹבְבֵנִי
בע"י דְּלוֹתִי יֶשְׁעֲךָ יְשַׂגְּבֵנִי
כָּלוּ עֵינַי לַמָּרוֹם יְיָ עָשְׁקָה
לִּי עָרְבֵנִי.

אא"א הַנּוֹצֵר נֶפֶשׁ וּפוֹעֲלָהּ
הַיּוֹדֵעַ רָעָהּ מַעֲלָלָהּ וּמַעְגָּלָהּ
בע"י הִתְוַדּוֹת נַפְשִׁי מַעֲלָה
הֵן יְיָ יָדַעְתָּ כֻלָּהּ. אל מלך

שו' 1 אשחרך, אב: אשחרך אעמוד. 6 מפחדך שספו, אב: רחפו. 10 הרשוני, ב: דרשוני. 11 ועצבי, אב: ושברי. 13 שרעפי, אב: סעיפי. 18 לאמצני, אב: למדני. 23 בסוד, א: בקהל, ב: בקהל גבוהים. 25 לפניך, אב: נצב לפניך. 26 יה, א: חסר. יה אדני, ב: חסר. 29 מזוד, א: מזון. 30 יום כופר, אב: תשובה. 33 רעיוני, אב: קרבי. 38 אכל, א: חסר. חשוקיך, אב: דבקיך. 39 לעבות, אב: לטהר. 41 עפעפים, אב: עינים. 42 בשחות, אב: שטוחי. 45 להגות, אב: להגיד. 50 רם, א: רחום. 65 הגות צדקך, ב: הלובש צדקה. 71 לטהר ידידיך, אב: לחנן נגדך ולטהר וכו'. 78 ומעגלה, אב: ומפעלה. 79 מעלה, אב: סלה. **(עד כאן במ"ר).**

4, תהל' נ"א:י"ז. 5, עוונותי הנסתרים גלויים לפניך. 6 שספו,--נבקעו. 7 נבוכים,--ישראל הנבוכים מאימת יום הדין. 8, תהל' מ"ז:י'. 9, יש' ס"א:י'. 10 יראיך,--ישראל. הרשוני,--להתפלל בעדם. וארוץ וכו',--ולכן אזרז ולא אתמהמה. 11, תסתיר(תכבוש)את עוונותי שהם למוקש לי(יקשי). ועצבי וכו',--תהל' קמ"ז:ג'. 12, שם קי"ט:פ'. 14 ידיחוני,--יכשילוני. 16 תהל' מ"ג:ג'. 19, יום הנועד לטהר את האדם מחטא. 20, תהל' נ"א:י"ב. 24 כמהים,--ישראל הכמהים להקב"ה, ע"פ תהל' ס"ג:ב'. 24, יונה ג':ט' ות"י שם, כלו' מי שיודע שיש בידו עוונות ישוב מהם וירחמהו ה'. 28, תהל' נ"א:ז'. 29, בראת תשובה קודם שנברא העולם, הש' פסח' נ"ד,א. 30 בו לעטרני,--להקיפני בסליחתך. 32, תהל' נ"א:ד'. 34, נכנע הלכתי מפני עוונותי. 35 לגזע אמוני,--לבנ"י הנאמנים עם קונם. 36, הושע י"ד:ג'. 37 להוקיך,--קהליך, ישראל. 38 חשנו,--מנעו מעצמם. חשוקיך,--ישראל, בהם חשק ה'. 39 טנוס,--מתוקן. 40 תהל' קי"ט:ע"א. 41, תהל' קכ"ג:א'. 43 שקרות שרעפים,--מרמת המחשבות. 44, איכה ג':מ"א, אֶל כפים, במשמע' עם כפותינו. 46 חלקך,--ישראל חלקך, ע"פ דבר' ל"ב:ט'. 47 דבקיך,--ישראל, הדבקים בה', הש' דבר' ד':ד'. 48, תהל' קי"ט:י"ב. 50 בהתעטף כעני,--(תהל' ק"ב:א') ל' עטיפה ולבישה, ופי' רש"י שם: בהתעטף בפ-

שם בצרה. 51 רגש,--המון. נגרש,--פרץ. 52, תהלי ל"ה:כ"ב. 56, שם ל"ד:ג'. 59 רזמתי,--חשבתי. 60, שם ע"א:ח'. 64, שם כ"ב:כ"ד. 68, שם קמ"ג:ח'. 69, ישראל הנועדים לבית התפלה(ועדיך), הם עדים צודקים לך(יצדקו עדיך). 71 ועדתו,--יעדתו. 72, תהלי נ"ב:י"א. 73 קרבתך,--דוג' "קרבת אלהים יחפצון"(ישי נ"ח:ב'). 76,ישי ל"ח:י"ד, פיי עיני בשואות לשמים(דלו עיני למרום) יען כי אני עשוק, ובכן פדני והיה ערב לי(ערבני). 78,הידדע את מעשה(מעללה)ואת דרכה(מעגלה), והוא עד לה(ועד, ירי כ"ט:כ"ג,). 79 מעלה,--פשעיה. 80, תהלי קל"ט:ד'.

נ"ד. "סליחה שלישית" לרמב"ע.

סליחה סטרופית בת ט"ז מחרוזות. כל מחרוזת מתחילה ב"מי כמוך" ומסתיימת במלת "יה". כל טור רביעי הוא פסוק מן המקרא. החתימה: משה ברבי יעקב (אבן עי בהוספות ותיקונים,להלן) ן עזרה. המקורות:א. ב,עמ'172. פורסמה: מ.יצחקי ב"על שירה וסיפורת"(תשל"ז),עמ' 186. (ד.מ' 1185).

מִי כָמוֹךָ מוֹשֵׁל בְּגָבְהֵי מְעוֹנָי
דּוֹרֵךְ עַל בָּמֳתֵי עֲנָנַי
אֲסַפְּרָה אֶל חֹק יְיָ
אֶזְכּוֹר מַעַלְלֵי-יָהּ.

מִי כָמוֹךָ שׁוֹכֵן אַפַּדְנֵי דֵעָה
נוֹטֶה שָׁמַיִם כִּירִיעָה
מֵאָז הָיָה לִי לִישׁוּעָה
עָזִּי וְזִמְרָת יָהּ.

מִי כָמוֹךָ הַיּוֹדֵעַ לְחַזֵּק הַבֶּדֶק
וְלִלְקוֹט שׁוֹשָׁן מֵחֶדֶק
פִּתְחוּ לִי שַׁעֲרֵי צֶדֶק
אָבוֹא בָם אוֹדֶה יָהּ.

מִי כָמוֹךָ בְּטֶרֶם כָּל הָיָה וְיִהְיֶה
יְיָ מֵמִית וּמְחַיֶּה
כִּשְׁרָנִי, לֹא אָמוּת כִּי אֶחְיֶה
וַאֲסַפֵּר מַעֲשֵׂי יָהּ.

מִי כָמוֹךָ רַחֲמָן בְּעִתּוֹת שֶׁבֶר
מַחְסֶה וּמִסְתּוֹר וָסֵבֶר
לְקַבֵּל שָׂכָר, וְאַשְׁרֵי גֶבֶר
אֲשֶׁר תְּיַסְּרֶנּוּ יָהּ.

מִי כָמוֹךָ בּוֹחֵר בִּבְנֵי בְרִיתוֹ
וְחוֹמֵד בִּבְנֵי בֵיתוֹ
וְיִשְׂרָאֵל לִסְגֻלָּתוֹ
כִּי יַעֲקֹב בָּחַר לוֹ יָהּ.

מִי כָמוֹךָ יִיעַד בְּחִירָיו לְהַצְמִיד
וְלָגוּר בְּבֵיתוֹ תָּמִיד
וְאֶת כָּל הָרְשָׁעִים יַשְׁמִיד
וַאֲנַחְנוּ נְבָרֵךְ יָהּ.

מִי כָמוֹךָ יוֹשֵׁב עַל כִּסֵּא, עָצְמָה
דֶּלֶת לְעַמּוֹ וְחוֹמָה
יוֹם צָרָיו יָגוּרוּ מִלְחָמָה
וַיֹּאמְרוּ לֹא יִרְאֶה יָהּ.

מִי כָמוֹךָ עוֹזֵר נַחֲלָה נְעִימָה
מִפֶּרֶךְ אֱדוֹם וְדוּמָה
אוֹמְרִים בְּרִדְתָּם דּוּמָה
לֹא הַמֵּתִים יְהַלְלוּ יָהּ.

מִי כָמוֹךָ קוֹרֵא דוֹרוֹת נְשִׁיָּה
שׁוֹמֵעַ אֶנְקַת שְׁבוּיָה
תַּעַן מִן הַמֵּצַר קָרָאתִי יָהּ
עָנָנִי בַמֶּרְחַב יָהּ.

מִי כָמוֹךָ בּוֹרֵא עֲתִידוֹת וְצוֹפֶה
חוֹלַת אַהֲבָה תְּרַפֵּא
אֲשֶׁר בִּלְבָבָהּ רִשְׁפֵּי
אֵשׁ שַׁלְהֶבֶת יָהּ.

מִי כָמוֹךָ נוֹצֵר שְׁכוּרָה בְּלִי יָיִן
נְשׂוּאָה מֵעַבְדוּת יָוָן
מְקַוָּה לָאוֹר וְאַיִן
בְּאֶרֶץ מַאְפֵּלְיָה.

מִי כָמוֹךָ עֶזְרָה בִּימִין חֶמְלָתֶךָ
הַרְאֵה עוֹז נִפְלְאוֹתֶיךָ
וְיָשְׁבָה בְּמֵאָז בְּבֵיתֶךָ
וְהֵסִירָה אֶת שִׂמְלַת שִׁבְיָהּ.

מִי כָמוֹךָ זוֹכֵר שְׁבוּיִים אוּמְלָלוּ
מְקוֹם גְּבוֹהִים נָפְלוּ
יַחַד לְבֵית קָדְשְׁךָ יַעֲלוּ
שְׁבָטִים שִׁבְטֵי יָהּ.

מִי כָמוֹךָ רַחֵם לְבָנִים תִּצְמוֹד
כְּפִשְׁעָם אֶל חֵיקָם אַל תָּמוֹד
כִּי מִי לְפָנֶיךָ יַעֲמוֹד
אִם עֲוֹנוֹת תִּשְׁמָר יָהּ.

מִי כָמוֹךָ הַמְהוּלָּל בְּפִי כָל בְּרִיָּה
הַמְפוֹאָר בֵּין גָּרֵי נְשִׁיָּה
הַלְלוּ אֵל הַלְלוּ יָהּ
כָּל הַנְּשָׁמָה תְּהַלֵּל יָהּ הַלְלוּיָהּ.

אל מלך

1 מערני,--שמים, הש' תהל' צ"א:י"ט, וחגיג' י"ב,ב. 2, יש' י"ד:י"ד. 3-4, תהל' ב':ז'. 5, דבי' י"א:מ"ה, כלו' שוכן בהיכלות(אפדני)שבָנה בחכמה(דעה). 6, תהל' ק"ד:ב'. 7-8, שמ' ט"ו:ב'. 9 להזק הבדק,--(מ"ב,י"ב:י"ג),לתקן את מקדש החרב. 10, חדק, ממיני הקוצים. שושן, כנוי לכנסת ישראל ע"פ "כשושנה בין החוחים" (שה"ש ב':ב') שדרשוהו חז"ל(בויק"ר כ"ג.א'): מה שושנה זו כשהיא בתונה בין החוחים היא קשה על בעלה ללקטה כך היתה גאולתן של ישראל לפני הקב"ה לגאל. 11-12, תהל' קי"ח:י"ט. 13, תהל' צ':ב'. 14, ש"א, ב':ו'. 15-16, בשרני, א: בַּשֵּׂר. תהל' קי"ח:י"ז. 17, שם ט':י'. 18, יש' ג':ו'. 19-20, תהל' צ"ד:י"ב, ור"ל, הגבר אשר תיסרנו ה' בעולם הזה,יקבל שכר בעולם הבא, ולכן מאושר הוא. 21 בני בריתו,--ישראל,ע' משנה ב"ק,א'.ג'. בבני ביתו,--ישראל, הש' "אור ישע" לר' שלמה הבבלי(ד.א'1962): בני ביתך...הבם(ישראל). 23-24, תהל' קל"ה:ד'. 25 בחירוו,--שם ק"ה:ו'. 27, שם קמ"ה:כ'. 28, שם קמ"ו:י"ח. 29-30 עצמה וכו',--למבצר מפני התקפת האויב. 3, יגוררו,--(תהל' ק"מ:ג'),יקבצו. 32 שם צ"ד:ז'. 33 נחלה נעימה,--(דבר' ל"ב:ט'),ישראל. 34, משעבוד לעשו(אדום,בר' כ"ה:ל') ולישמעאל (דומה,שם כ"ה:י"ד),הש' צונץ,ס.פ., עמ' 462-465. 35-36, ישראל האומרים וכו', ע"פ תהל' קמ"ו:י"ז, ומוסב על "עוזרו". 37, יש' מ"א:ד', נשיה, פי' ארץ,הש' תהל' פ"ח:י"ג,וס. יצירה, ד'.ט"ז: שבע ארצות: אדמה...נשיה.., חמשה בתים הבאים מכאן ואילך חסרים בנוסח א. 39-40, תהל' קי"ח:ה'. 41 בורא עתידות,--דבר' ל"ב:ל"ה. רצופה,--משלי ט"ו:ג'. 42, שה"ש ב':ה' שדרשוהו חז"ל(בשהש"ר שם): אמרה כנסת ישראל לפני הקב"ה: כל חלאים שאומות העולם מביאין עלי בשביל שאני אוהבת אותך.43-44, שה"ש ח':ו' ופי' מצודת דוד: אהבָתי אליך שמורה לעולם כחמימות הגחלת המתקיימת זמן מרובה. 45 שכורה בלי יין,--(יש' נ"א:כ"א),כנסת ישראל. 46, הפייטן מרחיב את הדיבור על "בלי יין",לעיל, ור"ל מפני סבלה בגולה, כנסת ישראל מורמה מעל(בשואה)התאווה ליין ולהוללות(מעבדות יין). 47, איוב ג':ט'. 48, ירו' ב': ל"א. 52, דבר' כ"א:י"ג. 54 מקום וכו',--ממקום וכו', בהשמטת אותיות בכל"ם,הש' גס"פ,עמ' 17. 56, תהל' קכ"ב:ד'. 57 תצמוד,--תקרב. 59-60, שם ק"ל:ג'. גרי נשיה,--יושבי ארץ. 63 הללו אל,--הנוסח בא: הללויה. 64, תהל' ק"נ:ו'.

נ"ה. סליחה לרשב"ג.

סליחה סטרופית בעלת ארבע מחרוזות. לכל מחרוזת ד' טורים והיא מסתיימת במלת

"יי". החתימה: שלמה(ברבי יהודה, ע' בהוספות ותיקונים,להלן). המקורות במ"ר: א. ג,עמ' רס"ח. ד.א'37. פורסם ע"י ד.ירדן,**שירי הקדש לרשב"ג**,עמ'538.(ד.ש'336).

שָׁבַת מְשׂוֹשִׂי וְרַבּוּ יְגוֹנַי
גָּבַר שׁוֹסִי וְעָצְמוּ מוֹנַי
נִמְשַׁךְ קִצִּי עַל רֹב עֲוֹנַי
הַלְעוֹלָמִים יִזְנַח יְיָ?

לְשִׁמְךָ יְקַוּוּ בְּנֵי אֵיתָנִים
בִּבְכִי יָבוֹאוּ וּבְתַחֲנוּנִים
תָּשׁוּב תְּרַחֲמֵם וְתִכְבּשׁ זְדוֹנִים
זְכוֹר לִי צִדְקַת שׁוֹמֵר אֱמוּנִים
פָּנִים בְּפָנִים יָדְעוּ יְיָ.

מָרוֹם תְּכֵן זְבוּל בַּגֶּרֶת
מִידֵי שִׁפְחָה תַּצִּיל גְּבֶרֶת
וְרַבַּת בָּנִים תּוֹשִׁיב עֲקֶרֶת
זְכוֹר לִי צִדְקַת מַלְאַךְ עֲתֶרֶת
נָתַן אֶת הַקְּטֹרֶת לִפְנֵי יְיָ.

הַבֵּט עַמְּךָ נְגַשׂ וְנַעֲנֶה
בָּזוּז וְשָׁסוּי אָנָה וְאָנֶה
בְּעֵילָם וְאַשּׁוּר וּבִקְצֵה דְדָנֶה
זְכוֹר לִי צִדְקַת מַלְאָךְ מְקַנֵּא
הַבָּא לִפְנֵי בּוֹא יוֹם יְיָ. כ"ל ע"ז

שו' 2 גבר, א: וגבר. 6 יבואו, א: יבואון. 10 זבול, א: שמים. 14 נתן, א: ונתן. 15 עמך, א: כי עמך.(עד כאן במ"ר).

2 שוסי,--שופ' ב':י"ד. מוני,--אויבי, ע"פ יש' מ"ט:כ"ו. 3 קצי,--זמן שעבודי. 4, תהל' ע"ז:ח'. 5 בני איתנים,--בני האבות הנקראו "איתני עולם",הש' ר"ה,י"א, א. 7, מיכה ז':י"ט. 8 שומר אמונים,--מרע"ה,נאמן בית ה',ע' במד' י"ב:ז'. 9, דבר' ל"ד:י'. 10, יש' מ':י"ב. 11, מידי בני ישמעאל(בני הגר שפחת שרה,ע' בר' ט"ז:א-ד), תציל בני ישראל(בני הגברת שרי,ע' שם), והש' צונץ,ס.פ., עמ' 461. 12, ראת העקרה(=שרה)תושיב רבת בנים, ע' תהל' קי"ג:ט'. 13 מלאך עתרת,--אהרן שהתפלל בעד ישראל,ע' במד' י"ז:י"ב-י"ג, ות"י,שם: וקם ליה אהרן בצלוי. 14, במד' שם. 15 נגש ונענה,--יש' נ"ג:ז'. 17, בר' י':כ"ב, יחז' כ"ה:י"ג. 18, רומז לאליהו הנביא שקנא ליי, ע"פ מ"א,י"ט:ט-י. 19, מלאכי ג':כ"ג.

נ"ר. "סליחה רביעית" לרי"ה.

מסתג'אב בעל י"א מחרוזות. לכל מחרוזת ד' טורים והטור הרביעי פסוק מן המקרא המסתיים במלה "אנחנו". בראש הפיוט עומד הפסוק "אבל אשמים אנחנו"(בר' מ"ב: כ"א)הקובע את בושאו העיקרי. מספר מלים בלתי קבוע: 3-5 בכל טור. החתימה: אני יהודה הלוי. המקורות במ"ר: א. (ד.א' 1920).

אֲבָל אֲשֵׁמִים אֲנַחְנוּ,

אָוֶן זָרַעְנוּ וְעָמָל קְצַרְנֻהוּ
וּמַה-לַּעֲשׂוֹת כִּי אִם-לָשׁוּב אֶל-יֹצְרֵנוּ
כִּי הוּא יָדַע יִצְרֵנוּ
זָכוּר כִּי-עָפָר אֲנָחְנוּ.

נִבְהַל עֶבֶד עֹמֵד עַל-אֲדֹנָיו
כִּי יִרְאֶה שָׁמַיִם לֹא-זַכּוּ בְעֵינָיו
וְהַמַּלְאָכִים לֹא עָמְדוּ לְפָנָיו
וְאֵיךְ נַעֲמֹד אֲנָחְנוּ?

יָדַעְנוּ רִשְׁעֵנוּ כִּי-רַם וְגָבַר
וְנִמְשַׁךְ קִצֵּנוּ וְאֵין-קֵץ לַדָּבָר
קַיִץ כָּלָה וְקָצִיר עָבָר
וְלוֹא נוֹשַׁעְנוּ אֲנָחְנוּ.

יְסוֹדֵנוּ עָפָר וּבֶעָפָר נִקְבָּרִים

וּמַה-יִּתְרוֹן לְהִתְגָּאוֹת בְּמַשְׂכִּיּוֹת חֲדָרִים
וּמָחָר לְצַלְמָוֶת וְלֹא סְדָרִים
נוֹסְעִים אֲנָחְנוּ.

הוֹרֵינוּ חָטְאוּ וְהִכָּם אַרְיֵה
אֲנַחְנוּ עַד-אָנָה אֲסִירֵי חֶטְאָם נִהְיֶה
עֲשֵׂה-עִמָּנוּ אוֹת לְטוֹבָה וְנִחְיֶה
וְלֹא נָמוּת גַּם-אֲנָחְנוּ.

וְאָמְנָם נִשְׁמוֹתֵינוּ בְּיַד אֵל מְחוֹלְלֵנוּ
וְכֹפֶר מִשְּׁאוֹל לֹא-יִמָּצֵא לָנוּ
יַחַד עָשִׁיר וְאֶבְיוֹן כֻּלָּנוּ
בְּנֵי אִישׁ-אֶחָד אֲנָחְנוּ.

דַּלּוֹנוּ מְאֹד וְכִמְעַט נִגְדַּעְנוּ
וְכִי מִדֵּנוּ הָיְתָה-זֹּאת יָדָעְנוּ
וּבְכָל-זֹאת לֹא נִכְנָעְנוּ
כִּי מַשְׁחִתִים אֲנָחְנוּ.

הַמַּחֲזִיקִים בְּאֵל וְאַחֲרָיו נִנְהִים
יַכִּירוּ וְיֵדְעוּ כִּי יֵשׁ אֱלֹהִים
וְכִי אֲדֹנָי הוּא אֱלֹהִים
הוּא עָשָׂנוּ וְלוֹ אֲנָחְנוּ.

לֹא יִתְגַּדֵּל מַשּׂוֹר עַל-מְנִיפוֹ
וְחָכְמַת-מָה לְבֶן-אָדָם וְהוּא לֹא-יֵדַע סוֹפוֹ
וּמַה-נַּשִּׂיג לָדַעַת אֵיפֹה וְאֵיפֹה
כִּי-תְמוֹל אֲנָחְנוּ.

וְעֵד לַעֲנוֹת קוֹרְאָיו בְּצָרָה
וְלָכֵן קִדַּמְנוּהוּ בְּצוֹם וַעֲצָרָה
כִּי רוּחֵנוּ בְּבוֹר גָּלוּת קָצָרָה
וּבְצָרָה גְדֹלָה אֲנָחְנוּ.

יַחֲלָנוּ תַנְחוּמֶיךָ וּבְזֹאת נִתְנֶחָם
כִּי רַחוּם אַתָּה וְעַל-הָרָעָה תִּנָּחֵם
וּמוֹדֶה וְעֹזֵב תְּרַחֵם
וְעַתָּה אֱלֹהֵינוּ מוֹדִים אֲנָחְנוּ.

אל מלך

שנויים בנוסח א. שו' 1: חסר. 2 קצירנו: קצרנו. 6 על: אל. 10 רם: רב. 15 יתרון: יתארנו גבר. במשכיות: חסר. 19 עד...חטאם: בחטאם עד אנה. 20 לטובה: חסר. 25 בני...אחד: כנים. 27 ידענו: לנו. 31 יכירו: יאמינו. 35: וחכמת תהלוכו איש לא ידע סופו. 43 תנחם: תתנחם. 44 תרחם: ירוחם.

4-5, תהל' ק"ג: י"ד. 6 עבד,--אדם. 7 שמים וכו',--אפי' צבא השמים לא זכו בדין בעיני הקב"ה. 8, הש' איוב ד':י"ח: הן בעבדיו לא יאמין ובמלאכיו ישים תהלה. 9, מ"ב,י':ד'. 11 קצנו,--זמן השעבוד בגולה. 12-13, יר' ח':כ'. 14, בר' ג':י"ט, והש' "ונתנה תוקף"(ד.ו'451): אדם יסודו מעפר וסופו לעפר. 15 במשכיות חדרים,--יחז' ח':י-י"ב ופי' רש"י: משוכה ברצפת אבני שיש. 16, איוב י':כ"ב, רמז לקבר. 17, במד' י':כ"ט. 18 אריה,--(יר' ה':ו'),מלכות בבל. 20,תהל' פ"ו:י"ז. 21, בר' מ"ג:ח'. 23 משאול,--דוגמת "משאול מי יודה לך"(תהל' ו':ו'). 24, הש' איוב ג':י"ט: קטן וגדול שם הוא ועבד חפשי מאדוניו, ור"ל אל יתהלל עשיר בעשרו ע"פ יר' ט':כ"ב. 25, בר' מ"ב:י"א. 27, כלו' ידענו כי מפני חטאינו נענשנו. 28, פי' לא קבלנו עלינו את עול מלכות שמים. 29, בר' י"ט:י"ג, כלו' כי חוטאים ופושעים אנחנו. 30 ואחריו נוהים,--(ש"א, ז':ב'),נכספים אליו. 32-33,תהל' ק': ג'. 34, יש' י':ט"ו. 36 לדעת איפה ואיפה,--לא הובנו, וייתכן שר"ל איפה, כלו' "איה מקום כבודו"(ע"פ קדושת "כתר") ואיפה פי' "ואיפה ישרים נכחדו"(איוב ד': ז'),כלו' לבעיית 'צדיק ורע לו, רשע וטוב לו', והש' רי"ה, <u>הכוזרי</u>,ה'.כ"ב: טוב לאדם להודות כי הוא בער ולא יבין את הסבות הנגלות,--ואת הנסתרות עאכו"כ. 37, איוב ח':ט'. 38 ועד,--קבע עת רצון בין כסה לעשור. 39, יואל א':י"ד,ועוד. 40 קצרה,--ל' "מקצר רוח ומעבודה קשה"(שמ' ו':ט'). 41, נחמ' ט':ל"ז. 43, שמ' ל"ב:

י"ב. 44, משלי כ"ח:י"ג. 45, דבה"א כ"ה:ג'.

נ"ז. תחנון לרמב"ע.

תחנון כעין שיר-איזור בעל מדריך בן חמשה טורים כשבכל טור: שלוש צלעיות. בשתי הצליעות הראשונות יש חרוז פנימי, פרט לטור האחרון שהוא פסוק מקראי. אחרי המדריך שלוש מחרוזות בנות שמונה טורים, משולשים, בחרוז פנימי כבמדריך (פרט למחרוזת השנייה בת שבעה טורים) ומעין טור-איזור. החריזה: אאב,גגב, דדב,ההב,פסוק//ווז,חחז,וכו'/בב//וכו'. המשקל: י"ב הברות בכל טור והשוואים והחטפים אינם במנין. החתימה: משה. המקורות במ"ר: א. מקורות אחרים: <u>רמב"ע, שירי הקדש</u>, מהד' ש. ברנשטיין, עמ' קי"ז(מ); (ד.מ' 2158).

מְצִיּוֹן/ אֵל עֶלְיוֹן/ אֲשֶׁר לוֹ נִתְכְּנוּ עֲלִילוֹת
צוּר קוֹנֶה/ הַבּוֹנֶה/ בַּשָּׁמַיִם מַעֲלוֹת
תְּנָה יֶשַׁע/ לְשָׁבֵי פֶשַׁע/ וּזְבַח חֵטְא וּמְעִילוֹת
וְלִמְהַלְלִים/ בְּמַקְהֵלִים/ נוֹשְׂאִים בְּפִיהֶם תְּהִלּוֹת
עַבְדֵי אֲדֹנָי הָעוֹמְדִים בְּבֵית אֲדֹנָי בַּלֵּילוֹת.

מַה-יְּדִידוֹת/ נִכְבָּדוֹת/ לְדַבֵּר בְּבֵית מְעוֹנֶיךָ!
וְלִנְטֹשׁ מְחוֹז/ יָם וְלֶאֱחֹז/ בְּשׁוּלֵי פַעֲמוֹנֶיךָ
וְלִנְעוֹר זְמָן/ לֹא נֶאֱמָן/ וְלִשְׁמוֹר מְאוֹד רְצוֹנֶךָ
וְיוֹם תְּפִלָּה/ וְעֵת תְּהִלָּה/ לִבְקוֹעַ עֲנָנֶיךָ
וְכָל בְּלֵיל/ כְּנַף לַיִל/ יֶאֱחֹז כְּנַף אֲרוֹנֶךָ
וְאַשְׁמוּרוֹת/ עֵת שְׁמוּרוֹת/ עֵינָיו יַזִּיל לְפָנֶיךָ
וּלְךָ יִכְסֹף/ כִּי תֶאֱסֹף/ תְּהִלָּתְךָ בַּחֲפָנֶיךָ
וְשָׂם בִּלְבוֹת מְסִלּוֹת/ אֶל הַשְּׁחָקִים לַעֲלוֹת.

שְׁחַרְתִּיךָ/ וְשַׁרְתִּיךָ/ בְּעִינֵי לִבִּי וְשִׂכְלִי
לְהַחֲזִיק בָּךְ/ בְּמִסְבָּךְ/ בְּשַׁסְּתִּי נְוֵה אָהֳלִי
וְהוֹן חָרוּץ/ וְאָרוּץ/ אַחַר עִקְּבוֹת אֵלִי
וְלֹא נוֹדְעוּ,/ אֲבָל פָּגְעוּ/ בַּעֲוֹנַי לְצוּר גּוֹאֲלִי
וְכִי אֶעֱטֹף/ יוֹם תְּטֹף/ מִלָּתִי בְּמַהֲלָלִי
אֶשְׁתָּאֶה/ וְלֹא אֶרְאֶה/ וְהוּא יֹשֵׁב מִמּוּלִי!
וְאָמְנָם עַל/ יְדֵי פֹעַל/ גְּבוּרוֹתָיו אֲשֶׁר הִפְלִיא
אֲנִי רוֹאֶה/ וְלֹא בְמַרְאֶה/ אֲבָל בְּחִידוֹת נִרְאָה לִי
וְהוּא רוֹכֵב עַל עֲגָלוֹת/ וְיוֹשֵׁב עַל הַתְּהִלּוֹת.

הֲיֵשׁ יִתְרוֹן/ לְבֶן מָרוֹן/ וְאִם יַרְבֶּה תַחֲנוּנָיו?
וְאַפָּתוֹ/ בְּהַבָּתוֹ/ וְחֶטְאוֹ מָלְאוּ עֲטִינָיו
וְאֵין זוֹכֵר/ לֵב עוֹכֵר/ לְיוֹם יִקְרוּהוּ אֲסוֹנָיו
לְיוֹם רָחוֹק/ יִרְחַק חֹק/ אֲשֶׁר בּוֹ יַעַלוּ עֲשָׁנָיו
וְכִי יִסְחַר/ לְיוֹם מָחָר/ תְּשׁוּפֶנּוּ לְשׁוֹן פְּתָנָיו

וְאֵיךְ יִגְאֶה/ וְלֹא יִרְאֶה/ זְמַן יִשְׁכּוֹן בֵּית עֲנָנָיו
וְהוּא יִצְבֹּר/ וְהוּא יַעֲבֹר/ וְאָסַף רוּחַ בְּחָפְנָיו
וְאֵיךְ יִרְכַּב/ וְאֵיךְ יִשְׁכַּב/ תַּחַת נַחֲלֵי עֲדָנָיו
וְיוֹם יָבֹא בִמְחִלּוֹת/ בְּיַד יַחְתּוֹם עַל מְגִלּוֹת?   כ"ל ע"ז

שו' 3, תבה, א: חזה. 7 מחוז ים, מ: מְחוֹזִים. 8 ולבעור, א: ולגעור. מאד, א: עת. 9אב, מ: ועת תהלה/ועת תפלה. לבקוע, א: לקרע. 9ג, א מוסיף: ואיש אהליו/אשר עליו/יהי בא במחניך. 10אב, א: וכל ליל/כבף חיל. 10ג, יאחוז, מ: ואחוז. 11 עת, א: אֶת. יזיל, א: יגל. 14ג, א: בעין לבי וסוד שכלי. 15 בך, מ: חסר. 16 והון, א: זמן. 17 בודעו, א: ידעו. 18 וכי, א: ולך. 21 במראה, מ: במסוה. 23 מרון, א: חרון. 25ב, א: ביום נכר. 28 ישכון בית, א: ישכין בו. 31 יחתום, א: יכתוב.

1 מצירן,--תן ישע(שו' 3 להלן),וע"פ תהל' י"ד:ז': מי יתן מציון ישועת ישראל. 1ג, ש"א,א':ג', פי' הוא עושה כאשר ירצה. 2בג, עמוס ט':ו'. 3 וזנח,--ועזוב. 4ג, תהל' ס"ג:ה'. 5, שם קל"ד:ב'. 6א, שם פ"ד:ב'. לדבר,--להתפלל. 7 ולנשוש מחוז ים,--כלו' להפליג באניה ממבוא ים בגולה בדרך לארץ ישראל. בשולי פעמוניך ,--בבגדי הכהן הגדול(ע' שמ' כ"ח:ל"ג-ל"ד),ובהוראה כוללת יותר רומז לירושלים, ור"ל ולהגיע(ולאחוז)לעיר הקדש. 8אב, לבעור, פי' לגעור,(ע' יר' ב"א:ל"ח)ור"ל לצעוק בקול של חרטה על הזמן שלא היה באמן לקונו. 9ג, איוב כ"ו:ח',לבקוע את עבי שמים ע"י תפלתו בדרכה אל כסא הכבוד, הש' מאמר חז"ל(יומא פ"ו,א): גדולה תשובה שמגעת עד כסא הכבוד. 10אב, כל אחד מישראל קם משנתו בשעות שלאחר חצות הלילה (בכַיל, פי' במדה, כלו' במדת חצי, ורומז לחצות הלילה)בעשי"ת כדי לערוך "מעמד"(הש' <u>גס"ל</u>,עמ' 5)של אמירת הסליחות עד לפני עלות השחר(כבף ליל, ל' "אשא כבפי שחר",תהל' קל"ט:ט'). 10ג, יבוא להתפלל לפני ארון הקדש בבית התפלה. 11א, ובלילי אשמורות. 11ב, עת רצון. יזיל,--דמעות, ובמקום "יזילו" לטובת המשקל. 12בג, דוגמת "מי אסף רוח בחפניו"(משלי ל':ד'). 13ג, הש' מאמר חז"ל הב"ל(ביו-מא פ"ד,א). 14ג, בכח הבינה, הש' רמב"ם,<u>משנה תורה</u>,"יסודי התורה", ד'.ז': הצו-רות שאין להם גולם אינן נראות לעין אלא בעין הלב הן ידועות. 15ב, במושבך. 15ג, כלו' קמתי משנתי בחדר ביתי כנ"ל, שו' 10. 16א, ר"ל לרדוף אחרי כסף(הון) וזהב(חרוץ,הש' זכר' ט':ג'), ומוסב על "בטשתי",לעיל שו' 15. 17א, כלו' לא נוד-עו "עקבותיו" של הקב"ה(ע"פ תהל' ע"ז:כ'),פי' אינם נראים לעין,הש' רמב"ם,<u>שם</u>. 17בג, כלו' אבל בעין הלב(רעיוני)הם ידועים, הש' רמב"ם,<u>שם</u>. 18א, אתחנן לפניך. 18בג,ל' "ועלימו תטוף מלתי"(איוב כ"ט:כ"ב), במהללי, בשבח שנתתי לו. 19א, בר' כ"ד:כ"א, משתומם ומחריש לדעת את דרכי ה'. 19ב, ולא הצלחתי. 19ג, במד' כ"ב: ה', כלו' ובכל זאת הוא קרוב אלי. 21בג, ל' "ומראה ולא בחידות"(במד' י"ב:ח'), בחידות מקביל ל"פועל גבורותיו", ור"ל דרך שכלי הוא נראה לי, והש' "הקיצותי תנומת רעיוני" לרמב"ע(ד.ה'1016): ואחז מחזה שדי בשכלי ואבין כי בקרבי יש אדני. 22 והוא רוכב,--יש' י"ט:א'. עגלות,--כוכבים, הש' פסחי' צ"ד,ב. 22ב, תהל' כ"ב:ד', ופי' רש"י: ויושב לשמוע תהלות ישראל. 23ב, ע"פ משנה ר"ה א'. ב': כל באי עולם עוברין לפניו כבני מרון. 24ב, מזימה רעה ומחשבת עול,ע' תהל' ל"ח:י"ג. עשרניו,--(איוב כ"א:כ"ד),במשמע' לבוֹ. 25ג, ירום מתחו. 26אב, מיכה ז':

י"א, רומז ליום המיתה שבראה כיום רחוק שזמנו יארך ולא יבוא לעולם, (ירחק חק, הש' פי' רש"י למיכה שם). 26ג, ל' "כי כלו בעשן ימי" (תהל' ק"ב:ד'). 27א, ל' סבוב ובדידה, הש' יר' י"ד:י"ח. 27ג, בר' ג':ט"ו, ר"ל חטאיו (=פתגיו) יעידו בגדו ביום הדין. 28 יגאה,--יתנשא. בית ענניו,--(איוב ג':ה'), הכוונה לקבר. 29א, אדם היצבור כסף. 29בג, ילך אל הקבר ולא יקח מכל אשר לו מאומה, (הש' משלי ל': ד'), רוח, במשמע' דבר שאין בו ממש, הש' יש' מ"א:כ"ט. 30, הייתכן שאדם ימצא שלוה בתבל בין אם רודף אחריה (ירכב) או שוכן על מי מנוחות (ישכב), הש' תהל' ל"ו: ט'. 31א, הלא מחר יבוא אל הקבר (=במחלות). 31ב, ובשעת פטירתו מן העולם יחתום על מעשיו בספר הזכרונות (=על מגלות), ע"פ איוב ל"ז:ז': ביד כל אדם יחתום, שדר- שוהו חז"ל (בספרי, דברי' ש"ז) שבשעת פטירתו מן העולם החוטא בעצמו חותם על מעשיו.

נ"ח. "חטאנו" לר' יוסף קלעי (בר יעקב).

"חטאנו" בן תשע מחרוזות בנות ד' טורים כל אחת. הפיוט הוא משורשר ורו"ל, כי כל טור מתחיל בתיבה שבה מסתיים הטור שלפניו, פרט לטור האחרון שהוא שבר-פסוק, לרוב. מספר מלים: 2-4 בכל טור. החתימה: אני יוסף חזן קלעי חזק. המקורות: א. ב, עמ' 170. ג, עמ' רע"ד. ד, ב' 6. (ד.א' 7738).

אֶשָּׂא אִשׁוֹן/ אִשׁוֹן בְּרִגְשׁוֹן
בְּרִגְשׁוֹן וְלַחֲשׁוֹן/ לַמָּרוֹם מֵרִאשׁוֹן.

מֵרִאשׁוֹן נוֹצְרִי/ נוֹצְרִי וְעוֹזְרִי
וְעוֹזְרִי מִצָּרִי/ יְיָ אוֹרִי.

אוֹרִי יָאִירָה/ יָאִירָה וְבַצְּהִירָה
וְבַצְּהִירָה וּבַצָּרָה/ מִמִּי אִירָא.

אִירָא רוֹמוֹ/ רוֹמוֹ וְזַעְמוֹ
וְזַעְמוֹ בְּקוּמוֹ/ לָדִין עַמּוֹ.

עַמּוֹ חָבְלוֹ/ וְחֶבְלוֹ לִזְבוּלוֹ
לִזְבוּלוֹ יִנְחָלוֹ/ וְשָׁב וְרָפָא לוֹ.

לוֹ סָעוֹד/ סָעוֹד מִלְּרְעוֹד
מִלְּרְעוֹד וּמִלְּמְעוֹד/ אֵין עוֹד.

עוֹד פָּנָיו יֶחֱזֶה/ יֶחֱזֶה וְיֵרָצֶה
וְיֵרָצֶה בּוֹזֶה/ וְקָם הָעָם הַזֶּה.

הַזֶּה חוֹמְלִי/ חוֹמְלִי עַל מַעְלִי
מַעְלִי וְסִבְלִי/ מַיִם חַיִּים אֶל בֶּלִי.

בְּלִי זַעְמְךָ הָסֵר/ הָסֵר וְיֵאָסֵר
וְיֵאָסֵר וְיֵחָסֵר/ יִסְּרַנִּי וָאִוָּסֵר.

וָאִוָּסֵר נִהְיֵיתִי/ נִהְיֵיתִי וְנֶחֱלֵיתִי
וְנֶחֱלֵיתִי כִּי חָטָאתִי/ וְיָשָׁר הֶעֱוֵיתִי.

הֶעֱוֵיתִי קַבְּלֵנִי/ קַבְּלֵנִי וּגְאָלֵנִי
וּגְאָלֵנִי בַּעֲנָנִי/ פְּדֵנִי וְחָנֵּנִי.

וְחָנֵּנִי לְהוֹדוֹת/ לְהוֹדוֹת נִכְבָּדוֹת
נִכְבָּדוֹת עֲתִידוֹת/ אֲשַׁלְּמָה תוֹדוֹת.

תּוֹדוֹת עַל עֲוֹנָי/ עֲוֹנַי וּזְדוֹנָי
וּזְדוֹנַי בִּרְנָנָי/ נֹכַח פְּנֵי יְיָ.

יְיָ דָּרִים/ יָרִים קְבוּרִים
קְבוּרִים בְּזָרִים/ וְנִבְנוּ הֶעָרִים.

הֶעָרִים חֲרֵבוֹת/ חֲרֵבוֹת לְאוּבוֹת
לְאוּבוֹת עֲזוּבוֹת/ מְלֵאוֹת וְטוֹבוֹת.

טוֹבוֹת זוֹבְדֵנוּ/ זוֹבְדֵנוּ וְעוֹנְדֵנוּ
וְעוֹנְדֵנוּ מְעוֹדְדֵנוּ/ אֵין לְאֵל יָדֵינוּ.

יָדֵינוּ קָצְרוּ/ קָצְרוּ וְנֶעֶצְרוּ
וְנֶעֶצְרוּ, נִבְצְרוּ/ מִשְׁפָּטֶיךָ יוֹרוּ.

יוֹרוּ הוֹרֵם/ הוֹרֵם וְזָכְרֵם
וְזָכְרֵם וְנָצְרֵם/ אַתָּה יְיָ תִּשְׁמְרֵם.

אל מלך.

שו' 31 זובדבו, גד: זכרבו. 33 רבעצרו, אגד: רעצרו. 36 רבצרם, בגד: רפארם.

1א,אשא תפלה באשון לילה, ורומז ללילי אשמורות. 1ב, אישון,--(דברי' ל"ב:י'),
ישראל. ברגשון,--ל' "בבית אלהים נהלך ברגש"(תהל' נ"ה:ט"ו), מלה מחודשת בתו-
ספת -וֹן, הש' צונץ,ס.פ.,עמ' 410. 2א, ולחשון,--ובתפלה בלחש, מלה מחודשת כנ"ל,
הש' צונץ,שם. 2ב, אל הקב"ה(=למרום), בורא עולם מבראשית(מראשון). 3א, מרחם אמי
(=מראשון)שומרני(=נוצרי). 4א, תהל' ס':י"ג. 4ב, שם כ"ז:א'. 5ב, בהוספת ה"א בשל
השירשור והחריזה, ודוגמת "והוצא כאור צדקך ומשפטיך כצהרים"(תהל' ל"ז:ו'),והש'
"תמים פעלך" לר' שמעון בר יצחק(ד.ת'332): דיבנו הצהר ולא נצא נכלמים. 6ב,
תהל' כ"ז:א'. 7א, יום הדין. 8ב, יש' ג':י"ג. 9א, דבר' ל"ב:ט': יעקב חבל נחל-
תו. 9ב, וחבלו, במשמע' אגודה(ע"פ ש"א:י':י'),ורומז לכנסת ישראל, למקדשו(לזב-
ולו, ע' מ"א:ח':י"ג) יבוא. 10א, ינחלו,--ינהלהו. 10ב, יש' ו':י'. 11א, סעוד,
פי' תמיכה ועזרה. מלרעוד, מלפחוד, ור"ל עזרה מפחד. 12א, ומלמעוד,--ל' "תרחיב
צעדי תחתי ולא מעדו קרסלי"(תהל' י"ח:ל"ז). 12ב, אין עוד מלבדו, דבר' ד':ל"ה.
13א, את פני האדון ה' בירושלים הבנויה, ע"פ שמ' כ"ג:י"ז. 13ב, אז יחזה אויב
ישראל ונעשה צנום ודל(=ורזה). 14א, ש"א,ב':ל': ובזי יקלו. 14ב, דבר' ל"א:
ט"ז, והכוונה לתקומת ישראל ביום ההוא. 15א, הַזֵה עלי מי חטאת לטהרני(במד' ח':
ז'), קרבי החומל עלי(חומלי). 15ב הקב"ה היושב על כסא רחמים בעשי"ת(=חומלי,הש'
ויק"ר כ"ט.כ"ד, וגס"ל, עמ' ז') עובר על פשע(=על מעלי)בעת רצון. 16א, וסבלי,--
וירוציאני מגולה. 16ב, במד' י"ט:י"ז, ויטהרני. 17א, יש' י"ג:ה', השמד את אויבי
ישראל. 18ב, יר' ל"א:י"ז. 19א, בעבשתי. 20ב, איוב ל"ג:כ"ז. 21א, קבלני,--קבל
תפלתי. 22ב, תהל' כ"ו:י"א. 23ב, להודות לך בירושלים(בכבודות, כנוי לציון,ע"פ
תהל' פ"ז:ג')הבנויה. 24א, דבר' ל"ב:ל"ה, ורומז לזמן הגאולה. 24ב, תהל' נ"ו:
י"ג. 25א, ודודי והודאה על החטא(=תודות, ע' יהושע ז':י"ט). 26א, את זדוני אני
מזכיר בתפלותי(=ברננו). 26ב, איכה ב':י"ט. 27ב, הכוונה לתחיית המתים לעתיד
לבוא, הש' משנה סנהד' י'.א'. 28א, מֵתֵי ישראל בארצות הגויים(=בזרים). 28ב, ערי
ישראל החרבות, ע"פ יחז' ל"ו:ל"ג. 29ב30א, ערים חרבות ועזובות למתים(=לאובות).
30ב,תהיֶנה מלאות אנשים וטובות לשבת,(בר' מ"א:כ"ב). 31א, בר' ל':כ'. 31ב, ועו-
נדנו,--משלי ו':כ'. 32א, מודדנו,--הקב"ה. 32ב, דבר' כ"ח:ל"ב, אזל כוחנו. 33א,
יש' נ"ט:א'. 34א, ונעצרו,--נאסרו בגולה. נבצרו משפטיך יורו,--משחרב בית המק-
דש נמנעו בני ישראל(=נבצרו)מללמוד תורה מפי כהן ונביא(=משפטיך יורו, ע' דבר'
ל"ג:י'). 35 הודם,--כלו' הודם אתה,הקב"ה, מה שיודו הם, כיון שאין לנו כהן
ונביא בזמננו. 36ב, תהל' י"ב:ח'.

נ"ט. וידוי לר' מרדכי בר יצחק

וידוי בן כ"ב מחרוזות. לכל מחרוזת שלושה טורים החורזים ביניהם. כל טור
שלישי הוא פסוק מן המקרא. מספר מלים רופף: 2-8 בכל טור. החתימה: אני
מרדכי הקטן ברבי יצחק. המקורות: א. ג,עמ' רע"ח. ד,ב'4. ו,עמ' 76. הנושא
העיקרי: דין וחבוט הקבר, הש' לעיל,עמ' 20-22. (ד.א' 6642).

אֲנִי הַגֶּבֶר בְּזָכְרִי זְדוֹנָי
נַפְשִׁי בוֹכָה וְנִבְהֲלוּ בַעֲוֹנָי
לְרֶגֶל הַמְּלָאכָה אֲשֶׁר לְפָנָי.

נוֹקַשְׁתִּי בְּרוֹעַ מַעֲלָלִים בְּמֶרֶץ
כִּי יֵצֶר זוֹנֶה פְּרָצַנִי פֶּרֶץ
הוּא הַמַּשְׁבִּיר לְכָל עַם הָאָרֶץ.

יָחִיד שׁוֹכֵן זְבוּלָה
פּוֹקֵד כָּל חֵטְא וּמְעִילָה
גְּנוּבְתִי יוֹם וּגְנוּבְתִי לָיְלָה.

מְאֹד יָרֵא לִבִּי מִבֹּשֶׁת עֲלוּמַי
כִּי בַהֶבֶל כָּלוּ יָמַי
אֵין שָׁלוֹם בַּעֲצָמַי.

רוֹב עֲוֹנַי בְּזָכְרָם מַר אֲשַׁוֵּעַ
וּבְיוֹם בֹּאוֹ הֱיוֹתוֹ בָם תּוֹבֵעַ
וְהָיִיתִי בְעֵינָיו כִּמְתַעְתֵּעַ.

דָּוֶה לִבִּי מִפַּחַד וָפַחַת
יוֹם מְגִלָּתִי נִפְתַּחַת
וְהַנּוֹשֶׁה בָּא לָקַחַת.

בִּכְלוֹת רוּחִי נִשְׁכַּח שְׁמִי
אוֹ כִּי יָבֹא יוֹמִי
וְאָשׁוּבָה אֶל מְקוֹמִי.

יוֹם תִּסַּע מִבֵּיתָהּ, הַיְחִידָה
אֲזַי תְּהִי שְׁכוּלָה וְגַלְמוּדָה
וְכָתַב לָהּ סֵפֶר כְּרִיתֻת וְנָתַן בְּיָדָהּ.

הָהּ עַל פְּשָׁעַי אֲשֶׁר גָּבַר
וּלְמַעְלָה רֹאשׁ עָבַר
מָה אָשִׁיב שׁוֹלְחִי דָּבָר.

קוֹל קוֹרֵא חֶרֶב סוֹבֵל
וּמִגַּעֲרָתוֹ אָדָם מִתְחַבֵּל
כִּי נֶפֶשׁ הוּא חוֹבֵל.

טוֹרֵף רוּחַ חַיָּתוֹ
בְּבֹא עֵת פְּקוּדָתוֹ
יִפְרֹשׂ כְּנָפָיו יִקָּחֵהוּ יִשָּׂאֵהוּ עַל אֶבְרָתוֹ.

נִבְלָתוֹ תּוּשְׁלַךְ כְּאֶבֶן דּוּמָה
וְלֹא יִקַּח מִמְּקוֹם חָרְמָה
מִכָּל אֲשֶׁר לוֹ מְאוּמָה.

בּוֹנִים לוֹ תֵּל בְּאֶרֶץ זָרָה
כִּי נִמְאַס וְיָצָא מִן הַבִּירָה
בִּיקָּחֵהוּ בַּבִּשְׁלְכוּ אוֹתוֹ הַבּוֹרָה.

רְכוּשׁוֹ יַעֲזֹב וְיִחָבֵר אֶל אֶרֶץ יְלָדַתִיהוּ
וּבֶעָפָר יְכַסּוּהוּ
שָׁם שָׂם לוֹ חֹק וּמִשְׁפָּט וְשָׁם נִסָּהוּ.

בְּעֵת יִשָּׁאֵר לְבַדּוֹ
וּמַלְאַךְ הַשָּׁלוּחַ עוֹמֵד לְנֶגְדּוֹ
וְחַרְבּוֹ שְׁלוּפָה בְיָדוֹ.

יַחְבְּטֵהוּ בְקַרְקַע וְיִקְרָא עִנְיָנָיו
וְאִם יוּרְשַׁע בְּדִינָיו
וְהִפִּילוֹ הַשּׁוֹפֵט וְהִכָּהוּ לְפָנָיו.

יוֹם שְׁלֹשֶׁת יָמִים לְמוֹתֵהוּ
תִּבָּקַע כְּרֵסוֹ וְיַאֲכִילוּהוּ
כָּל עֲמַל הָאָדָם לְפִיהוּ.

צִבְאֵי צְבָאוֹת תּוֹלָעִים עַל גַּבּוֹ
סוֹבְבִים עַל נְתָחָיו וְעַל קִרְבּוֹ
עוֹלִים וְיוֹרְדִים בּוֹ.

חֵלֶק בְּחֵלֶק יֹאכְלוּ חֶלְקֵיהֶם
בְּחַלְּקָם אֵיבָרָיו כְּפִי מַעַלְלֵיהֶם
בַּדָּבָר אֲשֶׁר זָדוּ עֲלֵיהֶם.

קְחָה אֲמָרַי אֱנוֹשׁ נִבְזֶה
בְּטֶרֶם מוֹשַׁב אֲבָנִים תֶּחֱזֶה
גָּדֵר מִזֶּה וְגָדֵר מִזֶּה.

אֱמֶת אַשְׁמָה הִרְבִּינוּ
וְרָבוּ מְאֹד זְדוֹנֵינוּ
וַאֲנַחְנוּ לֹא נֵדַע מַה-נַּעֲבֹד אֶת יְיָ אֱלֹהֵינוּ.

צַדִּיק הוּא וּבְצֶדֶק בָּדַק
פְּעוּלוֹת אָבָק דַּק
מַה-נֹּאמַר לַאדֹנִי מַה-נְּדַבֵּר וּמַה-נִּצְטַדָּק.

שו' 4 במרץ, גדר: בארץ. 15 אגד: אולי ימרשבי אבי והייתי וכו'.

3, בר' ל"ג:י"ד, ומתכוון למאמר ר' טרפון(באבות ב'.ט"ו): היום קצר והמלאכה
מרובה. 4 במרץ,--בזריזות, כלו' רצתי לעשות את הרע בעיני ה'. 5 יצר זונה,--
יצרי הרע הזונה אחרי עבירה. פרצני פרץ,--(איוב ט"ז:י"ד), הביאני לידי האסון.
6, בר' מ"ו:ו', הוא המביא עד משבר. 7, הקב"ה(=יחיד)השוכן בשמים(=זבולה,ע' יש'
ס"ג:ט"ו). 9, בר' ל"א:ל"ט. 10 מבשת וכו',--מחטאות בעורי. 12, תהל' ל"ח:ד',
והש' "שוממתי" לרשב"ג(לעיל שיר מ"ט, שו' 3): בהבל כלו ימי/מפני בשת עלומי/
אין שלום בעצמי. 13 רוב עוונו,--אם עוונותיו של אדם מרובים על זכיותיו,מיד הוא
מת ברשעו,(הש' רמב"ם,משנה תורה, הל' תשובה ג'.ב') שנא' :"על רוב עוונך"(יר'
ל':י"ד). 14 בואו,--הקב"ה, ביום בו אדם נידון לפי רוב עוונותיו. 15, בר' כ"ז:
י"ב. 17, ביום מגלתי(=ספרי,בו חתמתי בעצמי על מעשי, הש' ספרי,דבר' ש"ז, וירוש'
ר"ה, א'.ג': שלש פינקסיות הם וכו')בפתחת(במתחת). 18, מ"ב,ד':א', והקב"ה בא
להפרע מן האדם על חטאותיו, והש' "שוממתי",שם,שו' 4: גחלתי קודחת/כי מגלה בפ-
תחת/והנרשה בא לקחת. 19, דוגמת "נשכחתי כמת מלב"(תהל' ל"א:י"ג). 20, כי יבוא
יומי למות. 21, הושע ה':ט"ו,אל העפר ממנו לוקחתי. 22, ביום תסע הנשמה(היחידה,
הש' בר"ר י"ד.ט')מהגוף(=מביתה). 23, הש' שבת קנ"ב,א: נפשו של אדם מתאבלת עליו
וכו'. 24, דבר' כ"ד:א'. 26, עזרא ט':ו'. 27, ש"ב,כ"ד:י"ג, פי' מה אשיב לה'
ביום הדין. 28, מלאך המות,נושא חרב(הש' ע"ז,כ',ב),קורא לאדם: קום הגיע קצך,
הש' מסכת חבוט הקבר(מח"ק),אוצר מדרשים,א',עמ' 93, והש' לעיל,מבוא,עמ' 20-22.
29, אדם מת מגערת מלה"מ,הש' מבוא,שם. 30, דבר' כ"ד:ו'. 33, שם ל"ב:י"א, מלה"מ
מעלה את האדם השמימה לראות את פני השכינה לפני ממתו, הש' מבוא,שם. 34, הש'
סנהד' צ"א,א: מיום שפירשה ממני(הנשמה)הריני מוטל כאבן דומם בקבר. 35, אחרי
מותו לא יקח אדם מכל אשר בא לידו דרך עבירה(חרמה, מן חרם,ע"פ דבר' י"ג:י"ח)
מאומה, והש' "שוממתי",שם,שו' 11: ירושלך כאבן דומה/ולא ישא לבית מהומה/מכל
אשר לו מאומה. 36, ש"א,כ"ה:כ"א. 37, בונים לאדם קבר(תל, יר' מ"ט:ב')מחוץ לעיר
(בארץ זרה). 38 כי נמאס,--המת, כלו' הוא מטמא במגע ובמשא ובאהל,(ע' משנה אהל'
ב'.א'),ולכן מוציאים אותו מחוץ לעיר לקבורה,(ויצא מן הבירה). 39, בר' ל"ז:
כ"ד. 42, שמ' ט"ו:כ"ה, שָׂם, פי' בקבר, ומתכוון לדין וחבוט הקבר כמבואר להלן.
43, בזמן שהמת נשאר לבדו בקבר. 44, מלה"מ עומד לפני המת, הש' מח"ק,שם: בזמן
שנפטר האדם מן העולם בא מלה"מ ויושב לו על קברו, והש' ספר זהר חדש,ח"ב, מדרש
רות,פ"ג,ע"ב: ההוא מלאך הממונה על בית הקברות,נכנס לקבר בשעה שנפטר, עומד
עליו וכו', והש' מבוא,שם. 45, במד' כ"ב:כ"ג. 46 יחבטהו בקרקע,--המלאך מעניש
(=יחבטהו)בחרבו השלופה בידו בזמן שהוא עומד על המת בקבר(בקרקע), הש' מח"ק,שם,
בו מסופר על המלאך המכה את המת בקבר בשלשלת,חציה של אש וחציה של ברזל,אשר
בידו,והש' מבוא,שם. ויקרא ענייניו,--המלאך קורא ממגלתו של אדם(הש' לעיל שו'
17), הש' מדרש הנעלם, בראשית קכ"ד,ע"א, שם מסופר על המלאך הנקרא "עפרון",
בידו הופקדו את המגלות והפינקסיות בהן נרשמו את מעשי בני אדם. חולקים בו חז"ל
אם המת יודע מה שאומרים בפניו(הש' בר"ר,הוצ' תיאודור-אלבק, ברלין,תרס"ג-תרפ"ט,
ויחי,צ"ו,עמ' 1237), יש סוברים שידע עד סתימת הגולל, ואחרים אומרים שידע עד
יתעכל הבשר(הפייטן,כנראה,הולך לפי שיטתם),ויש דעה אחרת שאין המת יודע מאומה,

הש' בר"ר,שם. 47, אם נידון לעונש. 48, דבר' כ"ה:ב', והש' מח"ק,שם: ביום ג' (אחרי מיתתו)דנין אותו במכות. 49-50, הש' ירוש' מועד קטן ג'.ה': לאחר ג' ימים הכרס נבקעת על פניו, והש' מבוא,שם. 50-51 ויאבילוהו וכו',--(קהלת ו': ז'),מודדים לו מדה כנגד מדה, והש' המשך מאמר חז"ל(בירוש' מ"ק,שם): ואומרת לו(הכרס): הא לך מה שגזלת וחמסת ונתת בי. 52-53, הש' מבוא,שם. 54, בר' כ"ח: י"ב, והש' מבוא,שם. 55 ויאכלו,--התולעים הנ"ל, הש' מבוא,שם. 56, בחלקם,--ל' "בחלקם שלל"(יש' ט':ב'). כפו מעלליהם,--של בני אדם, במדה כנגד מדה, והש' מח"ק,שם: מכהו(המלאך את אדם הנענש)מנ' עיניו מפני שלא ראה ואמר, ומאזניו מפני שלא שמע ואמר ומשפתיו מפני וכו'. 57, שמ' י"ח:י"א. 59, בטרם תבוא אל הקבר. 60, במד' כ"ב:כ"ד. 63, שמ' י':כ"ו. 65, פעולות אדם(ע' יש' כ"ט:ה'). 66, בר' מ"ד:ט"ז.

ס'. סליחות של ליל שביעי. פתיחה לר' אהרן (בר אבין מקושטא?).

מסתג'אב בן שבע מחרוזות בנות ג' טורים כל אחת. בראש הפיוט הפסוק "במה יזכה וכו'"(תהל' קי"ט:ט') הקובע את נושא הפיוט ובסופו הפסוק "ברחמיך הרבים"(ע"פ דני' ט':י"ח), הש' הפתיחות,לעיל, מס. א',כ',ל',מ',נ'. החתימה: אהרן חזק. המקורות: א. ג,עמ' רל"ח. ד,א'9. (ד.א' 6464).

בַּמֶּה יְזַכֶּה נַּעַר אֶת אָרְחוֹ לִשְׁמוֹר כִּדְבָרֶיךָ?

אֱנוֹשׁ יְצִירָךְ וְלַדְמֵי/טוּמְאָה לֶאֱכוֹל הוּמֶה/ יְזַכֶּה בַּמֶּה?
הִנֵּה מִשְׁפַּט מְחַכֶּה/ יָתוֹם,וְעָנִי מְדֻכֶּה/ בַּמֶּה יְזַכֶּה?
רַק כָּל הַיּוֹם בַּעַר/ הַיְצוֹר,אֵין בַּשַּׁעַר/ יְזַכֶּה נַּעַר!
נִפְתָּה לְחַטְאוֹ/ כָּרָה לְפָנָיו שִׁיחוֹ/ נַעַר אֶת אָרְחוֹ.
חַי דוֹדִי צְרוֹר הַמּוֹ/ אַשְׁרֵי בְּשִׁירוֹ יְזַמּוֹר/ אָרְחוֹ לִשְׁמוֹר.
זַךְ, חַדֵּשׁ בְּעֶזְרֶךָ/ לֵב טָהוֹר לְבָרֶכְךָ/ לִשְׁמוֹר כִּדְבָרֶיךָ.
קוּם וּמְחֵה עֲווֹן רַבִּים/ בְּנֵי אֵיתָנִים נְדִיבִים/ מַהֵרָה בְּרַחֲמֶיךָ הָרַבִּים. כי על רחמיך וכו'.

שו' 3 הנה,גד: הן. מדוכה,גד: מדוכא. 5 שיחו,גד: שוחו. 6 אשרי, א: אשר.

2 יצירך,--יציר כפיו של הקב"ה, ואע"פ כן הוא חוטא. ולדמי...הומה,--משתוקק (הומה) לדבר עבירה. 3 משפט מחכה יתום,--(יש' ה':ז': ויקו למשפט והנה משפח), ור"ל היתום מחכה לדין צדק והנה עִוּות ועוול. ועני מדכה,--משלי כ"ב:כ"ב. במה יזכה,--כלו' איך יזכה אנוש בדין, הלא הוא חוטא בעוות הדין כלפי היתום והוא מדכא את העני. 4 רק...היצור,--אנוש(היצור)מתנהג כאיש בער,שונא תוכחת(ע' משלי י"ב:א'), והש' בר' ו':ה': וכל יצר מחשבות לבו רק רע כל היום. אין...נער,-- אין בכל העיר(בשער)אדם אשר יעשה טוב ולא יחטא, הש' קהלת ז':כ'. 5 נפתה,--(יר' כ':ז'),הלך שולל. 5ב, תהל' נ"ז:ז'. 6א, שה"ש א':י"ג, הכוונה להקב"ה. 7 לברך ,--לבנך ישראל, ע"פ שמ' ד':כ"ב, וע' משלי ל"א:א-ב. 8 בני איתנים,--ישראל, בני האבות(איתני העולם, ע"פ ר"ה י"א,א).נדיבים,--(תהל' מ"ז:י'),ישראל.

ס"א. "סליחה ליסלח לנו" לר' ישעיהו (בן יוסף מיסיני).

סליחה סטרופית בת שמונה מחרוזות. לכל מחרוזת ד' טורים המסתיימים במלות הקבע מדבי' ט':י"ט; החתימה: ישע/י/הו חזק. המקור: א. (אין בד.)

אָנָּא עֵת אֲשַׁוֵּעָה — יְיָ שְׁמָעָה
שִׂיחָה — יְיָ סְלָחָה
וּלְקוֹל בַּת שׁוֹבֵבָה — יְיָ הַקְשִׁיבָה
כִּי גְרוֹנָהּ נִחַר — וַעֲשֵׂה אַל תְּאַחַר.

יוֹם אֶשְׁפּוֹךְ רְנָנַי — יי"ש
בְּחַטַּאי בַּעֲוֹנַי — יי"ס
וּלְקוֹל תַּחֲנוּנַי — יי"ה
וּגְאַל הֲמוֹנַי — ר"א"ת.

שַׁוְעַת מְחַנְּנֶיךָ — יי"ש
בַּעֲוֹנוֹת בָּנֶיךָ — יי"ס
וּתְפִלַּת אֱמוּנֶיךָ — יי"ה
וּבְנֵה אַרְמוֹנֶךָ — ר"א"ת.

עֱרֹךְ תְּפִלָּתִי — יי"ש
וּפִשְׁעִי וְחַטָּאתִי — יי"ס
וּלְבַרְכָתִי וְשַׁוְעָתִי — יי"ה
וּגְאַל עֲדָתִי — ר"א"ת.

ה........ — יי"ש
.... — יי"ס
.... — יי"ה
.... — ר"א"ת.

הָרוֹכֵב עֲרָבוֹת — יי"ש
פְּשָׁעִים רְחוּבוֹת — יי"ס
וּלְבַעֲלֵי תְשׁוּבוֹת — יי"ה
וְהַשְׁפִּיעֵם טוֹבוֹת — ר"א"ת.

וּלְאוֹתְךָ יַאֲמִירוּ — יי"ש
וְאֵת כָּל אֲשֶׁר מָרוּ — יי"ס
נוֹרְאוֹתֶיךָ יֹאמֵרוּ — יי"ה
הֶאֱמִירֵם וְיִתְאַמָּרוּ — ר"א"ת.

חִין עֶרְכִּי יָהּ הָאֵל — יי"ש
זְדוֹן עַמְּךָ יִשְׂרָאֵל — יי"ס
קוֹל צַעֲקָתָם הוֹאֵל — יי"ה
וּבָא לְצִיּוֹן גּוֹאֵל — ר"א"ת.

1 אשועה,--תהל' קי"ט:קמ"ז. 2 שיחה,--תפלה, הש' ירוש' ברכ' ד'.א': אין שיחה אלא תפלה. 3 בת שובבה,--(יר' ל"א:כ"ט ומ"ט:ד'),כנסת ישראל. 4א, תהל' ס"ט: ד'. 5א, תהל' קמ"ב:ג', רבני, פי' תפלותי. 8 המוני,--ישראל. 9 מחנניך,--משלי כ"ו:כ"ה. 10 בניך,--ישראל, ע' שמ' ד':כ"ב. 11 אמוניך,--(ש"ב,כ':י"ט),ישראל. 12 ארמונך,--הכוונה למקדש, הש' תהל' מ"ח:י"ג-י"ד. 13א, תהל' ה':ד'. 15א, איכה ג':ב"ו. 21א, הקב"ה ע"פ תהל' ס"ח:ה'. 23א, ולבעלי תשובה. 24א, ל' התל-מוד, הש' ברכ' ל"ב,א: כסף וזהב שהשפעת להם לישראל. 25 יאמירו,--הכירו לטובה, ל' "את יי האמרת היום להיות לך לאלהים"(דבר' כ"ו:י"ז). 26 מרו,--פרקו עול, הש' איכה ג':מ"ב. 27א, תהל' קמ"ה:ו'. 28 האמירם,--(דבר' כ"ו:י"ח), בחר בהם. ויתאמרו,--ויתפארו בהקב"ה. 29 חין ערכי,--(איוב מ"א:ד'),פי' תפלתי, הש' "באש-מורת הבקר" לר"י אבן גיאת(ד.ב'70): יערב לך חין ערכי, יום לבי לך סולל. 31א, התרצה לתפלתם. 32א, יש' נ"ט:כ'.

ס"ב. "סליחה ראשונה" לר' שבתי ברבי דוד ברנה.

סליחה סטרופית בעלת י"ח מחרוזות. לכל מחרוזת ד' טורים והיא פותחת במלת "יי". מספר המלים בלתי קבוע: 2–6 בכל טור. החתימה: שבתי ברבי דוד ברנה חזק. **המקור:** א. (אין בד.).

יְיָ שָׁמַיִם נָטִיתָ וְנֶאְדַּרְתָּ/ וְיָרֵחַ וְכוֹכָבִים כּוֹנַנְתָּ
וְאֶרֶץ עַל מַיִם הִרְקַעְתָּ/ אֵין כָּמוֹךָ בָאֱלֹהִים יְיָ.

יְיָ בְּמַאֲמָר וְלֹא בְיֶגַע/ בָּרָאתָ עוֹלָם בְּרֶגַע
בְּפֶה וְלֹא בְּפֶגַע/ אֵל אֱלֹהִים יְיָ.

יְיָ אֶבֶל פָּעַלְתָּ בְּלִי מִסְעָד/ נֶצַח נְצָחִים עֲדֵי עַד
הַמַּבִּיט לָאָרֶץ וַתִּרְעָד/ אַתָּה הוּא יְיָ.

יְיָ יְקָרְךָ לְעֵינֵי כָל בָּרוּי וְנוֹצָר/ וְכָל בְּעִיּוּן וּמַחֲשָׁב מִמְּךָ לֹא נִבְצָר
מִדַּעַת זֹאת מִמְּךָ לֹא תִקְצָר/ הֲיָ לֹא קָצְרָה יַד יְיָ.

יְיָ בָּהִיר בַּשְּׁחָקִים מִי יִדְמֶה לָּךְ/ וּמִי יַעֲרוֹךְ צָבָא לְמוּלָךְ
וּמִי יַגִּיד שֶׁבֶל מַהֲלָלָךְ/ מְהוּלָּל אֶקְרָא יְיָ.

יְיָ רָם וְגֵאֶה עַל גֵּאִים/ מַעֲשֶׂיךָ נוֹרָאִים וְנִפְלָאִים
וְהַכֹּל מִמְּךָ יְרֵאִים/ אַשְׁרֵי אִישׁ יְרֵא אֶת יְיָ.

יְיָ בְּאוֹר הֲכִינוֹתָ תֵּבֵל / וּזְרוֹעֲךָ עוֹלָם סוֹבֵל
בְּלִי יְתָרִים וְחֶבֶל/ הִנֵּה יַד יְיָ.

יְיָ יְקָרוּ אוֹתוֹתֶיךָ וְנִכְשָׁרוּ/ וְיַבֶּשֶׁת יָדֶיךָ יָצָרוּ
וְרוּחוֹת וּנְשָׁמוֹת אָצָרוּ/ מִי תִכֵּן אֶת רוּחַ יְיָ.

יְיָ דַּעַת דְּרָכֶיךָ הוֹדַעְתָּ/ חֲסִין יָהּ מִמְּרוֹמֶךָ הוֹפַעְתָּ
וְעַל הַר סִינַי יָרַדְתָּ/ לְמַעַן דַּעַת צִדְקוֹת יְיָ.

יְיָ וְצִבְאוֹתֶיךָ מָרוֹם נִגְלוּ/ וּמִפָּנֶיךָ הָרִים נָזוֹלוּ
וְאֵימוֹת מָוֶת נָפְלוּ/ עָלֵינוּ מִפְּנֵי פַּחַד יְיָ.

יְיָ דִּגְלֵי מַחֲנוֹתֶיךָ הֶרְאִיתָ לְנֶאֱמָנַי/ בְּקֹדֶשׁ חֲזִיתִיךָ לְעֵינַי
רִבְבוֹת קֹדֶשׁ יְשַׁבְּחוּנְךָ לְפָנַי/ שָׁם יְתַנּוּ צִדְקוֹת יְיָ.

יְיָ בָּנֶיךָ אִם יִשְׁמְרוּ תוֹרָתֶךָ/ וְיֵדְעוּ וְיָבִינוּ אוֹתוֹתֶיךָ
וְיוֹדוּ וְיַגִּידוּ מִפְעֲלוֹתֶיךָ/ וִיהִי נוֹעַם יְיָ.

יְיָ וּשְׁנוֹתֶיךָ לֹא יִתַּמּוּ אֵל אֶחָד/ קָדוֹשׁ נִקְדָּשׁ בַּשֵּׁמוֹת לֹא נִכְחָד
כָּל מְתֵי סוֹדְךָ שְׁכֶם אֶחָד/ לִקְרוֹא כֻלָּם בְּשֵׁם יְיָ.

יְיָ נִשְׂגָּב וְנַעֲרָץ בִּקְדוֹשִׁים/ וְנִמְרָץ בְּאֵילֵי תַרְשִׁישִׁים
כִּי כָל הָעֵדָה כֻּלָּם קְדוֹשִׁים/ וּבְתוֹכָם יְיָ.

יְיָ הַיּוֹם מְגִלַּת סֵפֶר/ לְפָנֶיךָ אֶשְׁכּוֹל הַכּוֹפֶר
הַנּוֹתֵן אִמְרֵי שֶׁפֶר/ כִּי אֵל דֵּעוֹת יְיָ.

יְיָ חֵטְא וָפֶשַׁע יוּחְקַר/ וְאָדָם כַּל יָלִין בִּיקָר
וּזְכוּת אָבוֹת הַיּוֹם תּוּזְכַּר/ חַנּוּן וְרַחוּם יְיָ.

יְיָ צַר, בְּסֵפֶר הַיָּשָׁר חָקְקֵנוּ/ וּמֵרֶדֶת שַׁחַת פְּדָעֵנוּ
וּבְכֹחֲךָ הַגָּדוֹל לְהַצִּילֵנוּ/ וְעַתָּה יִגְדַּל נָא כֹּחַ יְיָ.

יְיָ קוֹלֵנוּ שְׁמָעָה, אַל תַּעְלֵם אָזְנְךָ/ וְאַל יֵבוֹשׁוּ עַם סְגֻלָּתְךָ וְקִנְיָנֶיךָ
תּוֹצִיא לָאוֹר צִדְקֵנוּ וּבַשֵּׂר אֱמוּנֶיךָ/ חַיִּים כֻּלְּכֶם הַיּוֹם לִפְנֵי יְיָ.   אל מלך

1א, יש' מ"ד:כ"ד. 1ב, תהל' ח':ד'. 2א, שם קל"ו:ו'. 2ב, שם פ"ו:ח'. 3א, הש' בר"ר י"ב.ט"ז: לא בעמל ולא ביגיעה/ביגע/ברא הקב"ה את עולמו אלא בדבר יי וכבר נעשו(הש' תהל' ל"ג:ו'), והש' אבות ה'.א'. 3ב, ברגע,--תוך כדי דבור. 4א, פי' העולם נברא על פי יי ולא במקרה וגורל(בפגע, ל' "כי עת ופגע יקרה את כלם", קהלת ט':י"א), כדעת אפיקורוס היווני ובני סיעתו, הש' רס"ג, האמונות והדעות, א'.ט'; ריה"ל, הכוזרי,ה'.כ' ורמב"ם, מורה נבוכים,ב'.י"ג. 5א, בלי מסעד,--בלי תמיכה ועזר. 6א, תהל' ק"ד:ל"ב. 7א, יקרת לעיני,--ל' "יקרת בעיני נכבדת ואני אהבתיך"(יש' מ"ג:ד'). ברור,--מן ברה(ש"א,י"ז:ח'),במשמע' נבחר וכנראה זה רמז לצבא מרום, כלו' לדרי מעלה. ונוצר,--פי' דרי מטה. 7ב, וכל רעיון ומחשב,--פי' עצם כוח החושב, הש' ריה"ל,שם,ג'.ה': היצר והרעיון והמחשב והזכרון. ממך לא נבצר,--(בר' י"א:ו'),לא נשגב מיכלתך. 8א, יש' י"ב:ח', והנה גלויה וידועה לפניך. 8ב, שם נ"ט:א'. 9א, תהל' פ"ט:ז'. 9ב, מי מעז פנים להלחם בך. 10א, שכל מהלך,--(משלי כ"ז:כ"א),שבחך. 10ב,ש"ב,כ"ב:ד' ועוד. 12ב,תהל' קי"ב:א'. 13א,לא ברור אם הכוונה היא לאור הנברא או לאור הנאצל מהמאציל עצמו, של אלוה ממעל, הש' ג.שלום ראשית הקבלה וספר הבהיר,עמ' 258 ואילך. 13ב, ע"פ ירוש' חגיג' ב'.א': וסערה עשאה הקב"ה כמין קמיע ותלויה בזרועו שנ'(דבר' ל"ג:כ"ז): 'ומתחת זרועות עולם', והש' צונץ,ס.פ.,עמ' 509 ואילך. 14א, כלו' תולה ארץ על בלימה, ע' איוב כ"ו:ז'. 14ב, שמ' ט':ג'. 15א, אותותיך,--סימנים המעידים על גדולתך,ע"פ בר' א':י"ד,והכוונה ל"מאורות ברקיע השמים." 15ב, תהל' צ"ה:ה'. 16א, אצור, מוסב על "ידיד", הש' חגיג' י"ב,ב: "ורוחות ונשמות",פי' רש"י: חדא היא, והפייטן רומז למאמר חז"ל(בשבת קנ"ב,ב):נשמתם של צדיקים גנוזות תחת כסא הכבוד. 16ב, יש' מ':י"ג. 17ב, חסין יה,--תהל' פ"ט:ט'. 18ב, מיכה ו':ה'. 19א, כלו' במתן תורה ירדו עם הקב"ה עשרים ושנים אלף מלאכי השרת(צבאותיך),הש' פסיקתא רבתי כ"א. 19ב, שופ' ה':ה': הרים נזלו מפני יי, זה סיני וכו', והש' שמ' י"ט:י"ח: ויחרד כל ההר, שדרשוהו חז"ל(במכילתא,"דבחודש")על כל ההרים(ע"פ שופ' הנ"ל) ולא רק על הר סיני. 20א, תהל' נ"ה:ה', וע"פ שמ' כ':י"ט: ואל ידבר עמנו אלהים פן נמות. 20ב,יש' ב':י' ועוד. 21א, הכוונה למחנות מלאכי השרת שירדו עם הקב"ה על הר סיני בזמן מתן תורה, הש' לעיל,שו' 19. 21ב, תהל' ס"ג:ג'. 22א, דבר' ל"ג:ב'; תהל' ס"ג:ד'. 22ב, שופ' ה':י"א. 23ב, אותותיך, פי' ראיות והוכ-

חות על מציארת האלוה, בורא העולם במאמר,ונגד הדעות של אפיקורוס ובני סיעתו שהדברים הווים ונפסדים כפי המקרה ושאין שם מנהיג ולא מסדר מציאות, הש' לעיל שו' 4א, והש' רמב"ם שם, ב'.י"ג, וע"פ אבות ב'.י"ט: ודע מה שתשיב לאפיקורוס. 24ב, תהל' צ':י"ז. 25א, שם ק"ב:כ"ח. 25ב, נקדש בשמות,--הש' ס.יצירה,ו'.א' שם מזכיר את שמות הקב"ה וגומר: וקדוש שמו שהו קדוש ומשרתיו קדושים ולו אומ-רים...קדוש, והש' לעיל שיר נ"ב, שו' 33: יי קדוש ונקדש בשמות. לא נכחד,--לא נשמד, והש' ס.יצירה,שם: שוכן עד שמלכותו עדי עד ואין לו הפסק. 26א, כל מתי סודך,--(איוב י"ט:י"ט),כנוי לישראל. שכם וכו',--צפנ' ג':ט'. 27א, לנקדשים,--(תהל' ל"ד:י'),רומז לישראל. 27ב, ונמרק,--איוב ו':כ"ה. באילו תרשישים,--בפירת מלאכי השרת, הש' סדר אליהו רבה,ב': אין אלים אלה מלה"ש. תרשיש, תואר למלאכים, ע"פ יחז' א':ט"ו, הש' סדר גן עדן,באוצר מדרשים,א',עמ' 86: אותם המלאכים משר-תי עליון הנקראים תרשישים, והש' "תסתר לאלם תרשישים מרן" לקלירי(ד.ת' 410). 28, במד' ט"ז:ג'. 29א, ספר הזכרונות נפתח, הש' ירוש' ר"ה א'.ג': שלש פינקס-ית הם וכו'. 29ב, אשכול הכופר,--(שה"ש א':י"ד), הקב"ה,ע"פ דרשת חז"ל(בשהש"ר, שם): אשכול,איש שהכל בו...הכופר שמכפר עוונותיהם של ישראל. 30א, רומז לתורה, ע"פ ברי מ"ט:כ"א. 30ב, ש"א,ב':ג'. 31א, ירחקו,--במקום "ירחקרו" לצורך החרוז. 31ב, תהל' מ"ט:י"ג ופי' ראב"ע: ביקר זה היקר שלו שהוא הממון לא ילין עמו במו-תו רק יעזבנו...והנה האדם במשל כבהמות שימותו גם הם וכו'. 32ב, תהל' קי"א:ד'. 33א, כָתְבֵנוּ(=חקקנו) בספר החיים עם הצדיקים, והש' ירוש' ר"ה,שם. 34ב, במד' י"ד: י"ז. 35ב, וקנינוך,--(שמ' ט"ו:ט"ז),ישראל. 36א, תהל' ל"ז:ו', לאור, כן בא. אמונוך,--(ש"ב,כ':י"ט),ישראל. 36ב, דבר' ד':ד'.

ס"ג. "סליחה ב'" לפייטן עלום-שם.

סליחה בת עשר מחרוזות. לכל מחרוזת ד' טורים החורזים חריזה מבוחת(=אחידה). כל טור רביעי הוא פסוק מן המקרא. מלות הקבע "קדוש","מקודש","קדוש ומקודש" ו"ברוך","מבורך","ברוך ומבורך" מופיעות לסרוגין בראש שלושת הטורים הראשונים של כל מחרוזת. מספר המלים רופף:3-10 בכל טור. המקור: א. (אין בד.).

קָדוֹשׁ   יָדוֹ יָסְדָה אֶרֶץ וִימִינוֹ טִפְּחָה שָׁמָיִם
מְקֻדָּשׁ   אַדִּיר קוֹלוֹ עַל הַמָּיִם
קָדוֹשׁ וּמְקֻדָּשׁ   בְּסוֹד מְנֻבָן שְׂרָפִים רָמֵי כְתֵפָיִם
שְׂרָפִים עוֹמְדִים מִמַּעַל לוֹ שֵׁשׁ כְּנָפַיִם שֵׁשׁ כְּנָפָיִם.

בָּרוּךְ   הֵכִין כִּסְאוֹ בְּגַבּוֹת מְלֵאוֹת עֵינָיִם
מְבוֹרָךְ   לְחַיָּה חִבֵּר אוֹפָן וְגַלְגַּל כְּעֵין קַרְסֻלָּיִם
בָּרוּךְ וּמְבוֹרָךְ   בְּמִסְפַּר מַלְאֲכֵי הַשָּׁרֵת וְכִפְלֵי כִפְלָיִם
רֶכֶב אֱלֹהִים רִבּוֹתָיִם.

קָדוֹשׁ   בְּרוּב וְחַשְׁמַל גֶּבֶר לְמַעְלָה מִמָּתְנָיִם
מְקֻדָּשׁ   בְּנוֹגַהּ וּבָרָק וּבָזָק וְאֵשׁ מִתְלַקַּחַת בֵּינָיִם
קָדוֹשׁ וּמְקֻדָּשׁ   הֵשִׂים בְּכַנְפֵי לַהַב אוֹתִיּוֹת עֶשְׂרִים וּשְׁתָּיִם

בָּאֵשׁ עַד לֵב הַשָּׁמָיִם.

בָּרוּךְ הָעֲשׁוּפִים הַזִּיו וְהַמָּה הָעַיִן וְהַלֵּב וְהַיָּדָיִם
מְבוֹרָךְ אֲחָזָם פְּנֵי כִסֵּא וּמִיָּדוֹ לָמוֹ קַרְנָיִם
בָּרוּךְ וּמְבוֹרָךְ אַךְ עִמָּם יִתְיַחֵד לְלַמֵּד אֱמוּנַת יוֹמָיִם
גְּמוּלֵי מֵחָלָב עַתִּיקֵי מִשָּׁדָיִם.

קָדוֹשׁ הִשְׁלִיט חֲנַבַּ"ל שְׁצַ"ם עַל טְשַׁ"ת סַאַ"ב עַ"ק גְּדַ"ד וּמֹאזְנָיִם
מְקוּדָּשׁ מְפִיר הַתְּלִי בְּכֻלָּם עוֹשֶׂה מְלָאכָה עַל הָאָבְנָיִם
קָדוֹשׁ וּמְקוּדָּשׁ פְּקָדָם לְהָמִית וּלְהַחֲיוֹת לְהַכְשִׁיל וּלְאַמֵּץ בִּרְכָּיִם
טוֹב מְלֹא כַף נַחַת מִמְּלֹא חָפְנָיִם.

בָּרוּךְ יָצַר אוֹרַח וְהִסְפִּין רוֹבַע לְמִסְפַּר דְּרָכָיִם
מְבוֹרָךְ יָצַר דְּיוֹקְנוֹ לְהַלְלוֹ וְהַנֶּפֶשׁ וְהַקְּרָבָיִים
בָּרוּךְ וּמְבוֹרָךְ יְהַלְלוּהוּ הַלֵּב וְהַפֶּה וְהַלָּשׁוֹן וְהַשְּׂפָתָיִם
הַגֻּלְגֹּלֶת וְהָרַגְלַיִם וְכַפּוֹת הַיָּדָיִם.

קָדוֹשׁ הַנִּקְדָּשׁ בְּאֵיבָרִים אַרְבָּעִים וּשְׁמֹנֶה וּמָאתָיִם
מְקוּדָּשׁ קִדֵּשׁ עַם אֶחָד מִשִּׁבְעִים מֵאָז מִמִּצְרָיִם
קָדוֹשׁ וּמְקוּדָּשׁ בָּנִיו קְרָאָם נְשָׂאָם כְּמֵרֶחֶם וּכְמִשָּׁדָיִם
עַל הַבִּרְכַּיִם וְעַל הַשּׁוֹקָיִם.

בָּרוּךְ אֱלֹהֵי אַבְרָהָם הָאָתוּי מֵאֲרַם נַהֲרָיִם
מְבוֹרָךְ אֱלֹהֵי יִצְחָק עָקוּד יָדַיִם וְרַגְלָיִם
בָּרוּךְ וּמְבוֹרָךְ אֱלֹהֵי יַעֲקֹב קָרָא מַחֲנָיִם
כֶּסֶף צָרוּף בַּעֲלִיל לָאָרֶץ מְזוּקָּק שִׁבְעָתָיִם.

קָדוֹשׁ זִכְרוֹן שְׁמוֹתָם אָהַב מִדָּם קַרְנוֹת וּשְׁוָרִים
מְקוּדָּשׁ מֵחֵלֶב הַקֳּדָשִׁים רָצָם וּמִמִּנְחַת הַבֹּקֶר וְהָעַרְבָּיִם
קָדוֹשׁ וּמְקוּדָּשׁ שְׁמוֹ בִמְנַשֶּׁה וְנַעֲרָץ בְּאֶפְרָיִם
לוֹ בְּמִצְבַיִם גֶּפֶשׁ שְׁנָיִם.

בָּרוּךְ הַשּׁוֹכֵן בְּצִיּוֹן וּבוֹחֵר בִּירוּשָׁלָיִם
מְבוֹרָךְ בַּעֲנוֹתוֹ לְמִתְפַּלְלָיו יַטֶּה אָזְנָיִם
בָּרוּךְ וּמְבוֹרָךְ נְחַלֶּה פָנָיו עֶרֶב וָבֹקֶר וְצָהֳרָיִם
נִשָּׂא לְבָבֵנוּ אֶל כַּפָּיִם אֶל אֵל בַּשָּׁמָיִם.

1, יש' מ"ח:י"ג. 2, תהל' צ"ג:ד'. 3, הקב"ה בערץ על מלאכי מעלה בעלי כנפים (רמי כתפים). 4, יש' ו':ב'. 5, הקב"ה הכין את כסא הכבוד שלו בתוך המלאכים בעלי גבות מלאות עינים, ע"פ יחז' א':י"ח. 6, הקב"ה חבר את כסא הכבוד אל המל- אכים (הנקראים חיה,אופן וגלגל) המסובבים את הכסא מארבע רוחות(הש' "וחיות אשר הנה" לקלירי, ד.ו'189: וחיות אשר הנה מרבעות כסא) כמו חבור שורש-הרגל(במקום הקרסול)אל השוק, והש' יחז' א':ט"ו ואילך ושם י':ב' ואילך. 8, תהל' ס"ח:י"ח.

9, ע"פ יחז' א':כ"ז: וארא כעין חשמל כמראה-אש בית-לה סביב ממראה מתניו ולמע-
לה. 10, ע' שם א':י"ג,י"ד. 11, הקב"ה הפריח באויר את כ"ב אותיות הא"ב(הש'
בר"ר מ"ז,א': [ארת] יו"ד...היה טס ופורח לפני כסאו של הקב"ה) בעלי כנפי אש
(בכנפי להב) בהן נברא שמים וארץ, הש' ברכ' נ"ה,א: יודע היה בצלאל לצרף אות-
יות שנבראו בהן שמים וארץ, והש' ס.יצירה,ב'.ב'. 12, דבר' ד':י"א. 13 העטיפס
,--ל' "כי רוח מלפני יעטוף"(יש' נ"ז:ט"ז). הזין,--שמו של הקב"ה הזן ומפרנס
כל יצורי כפיו מקרני ראמים ועד ביצי כנים, הש' מדרש א"ב דר' עקיבא(אב"ע),ז',
באוצר מדרשים,ב',עמ' 414. והמה,--האותיות. העין,--הש' אב"ע,ע': לא נאמר אלא
עין של תורה שהיא עין לכל עין והיא אורה לכל אורה. והלב,--שם,ל': אל תקרי
למ"ד אלא ל'ב מ'בין ד'עת, מלמד ששקול הלב כנגד כל האברים. והידים,--שם,י':
אל תקרי יו"ד אלא יד, מלמד שזהו יד ושם טוב שעתיד הקב"ה ליתן להם לצדיקים.
14 אחזם...כסא,--(איוב כ"ו:ט'),הכוונה לכסא הכבוד. ומידו וכו',--(חבק' ג':
ד'), האותיות קבלו את קרני האור מידו של הקב"ה. 15 עמם יתיחד,--הקב"ה מתיחד
עם האותיות, הש' ר' יוסף ג'קטיליא,שערי אורה,שער ה',מ"ו,א': כל השמות הקדוש-
ים מתאחזין בו[בהקב"ה]...הם[השמות]כדמיון כלים ומלבושים שהמלך[הקב"ה]מתלבש
ומזדיין בהם...ולפעמים המלך מתיחד מכל בני הבית ולא נשאר עמו...כי עם המלכה
לבד. אמונת יומים,--(משלי ח':ל'), הכוונה לתורה,הש' בר"ר, ח'.ב', והש' אב"ע,
ה': בה"א...נתנה תורה לישראל. 16, ר"ל ללמד את התורה לישראל(גמולי וכו',יש'
כ"ח:ט')בגולה הנעקר מארץ זבת חלב ודבש, א"י. 17, הקב"ה השליט על שבעה כוכבי
לכת: חמה,נוגה,כוכב,לבנה,צדק,מאדים, הש' פר"א, ו'. על וכו';--ועל י"ב מזלות:
טלה,שור,תאומים,סרטן,אריה,בתולה,עקרב,קשת,גדי,דלי,דגים,מאזנים, הש' ברכ' ל"ב,
ב. 18 מפיו,--בשליחותו של הקב"ה. התלי,--קבוצת הכוכבים בדמות נחש. בכלם,--
כלו' בקבוצות אחרות כגון בדוב הגדול הסמוכה לו. עושה וכו',--יר' י"ח:ג',ופי'
רד"ק: כלי היוצר שעושה עליו הכלים מחומר אשר בידו, והש' ס.יצירה,ו'.ז': תלי
בעולם כמלך על כסאו, והפייטן ר"ל שבפקודת הקב"ה(מפיו) התלי משפיע על "כולם".
19, הקב"ה צוּוה את הכוכבים ואת המזלות להשפיע על הדברים הארציים, הש' מאמר
ר' חנינא(בשבת קנ"ו,א): מזל מחכים,מזל מעשיר, והש' ברייתא דשמואל הקטן,ט':
ואע"פ שהם(הכוכבים)ממונים על הרעה ועל הטובה אין להם רשות לא להטיב ולא להרע
מדעת עצמן אלא הכל...בצווי,הכל במאמר יוצר הכל. והש' רשב"ג,"כתר מלכות",כ"א:
ומכוח המזלות ההם,נאצל כוח כל ברואי מטה למיניהם. והש' רי"ה,הכוזרי,ד'.ט':
מודים אנחנו(שיש לעולם העליון השפעה על הדברים הארציים). 20, קהלת ד':ו',
וע"פ המשך הפסוק: ממלא חפנים עמל ורעות רוח, ובהשפעת העולם העליון. 21, ע"פ
תהל' קל"ט:ג': ארחי ורבעי זרית וכל דרכי הסכנתה. 22 יצר דיוקנו,--הקב"ה יצר
את האדם הנברא בצלמו(דיוקנו,ל' התלמוד, הש' חולין,צ"א,ב). להללו וכו',--הש'
ילקוט שמעוני,תהל' תתנ"ו: בשר ודם צר צורה ואין צורתו מקלסו, אבל הקב"ה צר
צורה וצורתו מקלסו, שנא' 'כל הנשמה תהלל יה'. והנפש וכו',--תהל' ק"ג:א'. 23,
שם נ"א:י"ז. 24, מ"ב,ט':ל"ה. 25, הקב"ה נקדש ברמ"ח איבריו(הש' אהלות א'.ח')
של אדם, הש' תהל' ל"ה:י': כל עצמותי תאמרנה, יי מי כמוך, והש' ר' משה די

ליאון,<u>שקל הקדש</u>, עמ' 107: כי סוד כל קרית שמע הוא בגיר האדם והם סוד ר'מ'ח' איברים שבאדם. 26 קדש את ישראל,גוי אחד בארץ(ש"ב,ז':כ"ג), משבעים אומות העו־לם, בזמן שהוציאם ממצרים. 27, בגיר קראם,--ע"פ שמ' ד':כ"ב: בני בכורי ישראל. נשאם וכו',--בר' מ"ט:כ"ה: ויברכך...ברכות שדים ורחם. 28, דבר' כ"ח:ל"ה. 29 האתרי,--הבא. מארם וכו',--בר' כ"ד:י'. 30, שם כ"ב:ט'. 31, שם ל"ב:ג': ויקרא שם המקום ההוא מחנים. 32, תהל' י"ב:ז', כלו' "אמרות ה'...כסף צרוף וכו'". 33 זכרון שמותם,--של האבות, בתפלות ישראל. מדם וכו',--מדם קרבנות המזבח ומקרבן המזבח. 34, הקב"ה מעדיף את תפלות ישראל בהן מזכירים את זכות האבות מקרבן המז־בח. 36, בר' מ"ו:כ"ז, אשר יולד לו(ליוסף)במצרים וכו'. 40, איכה ג':מ"א.

ס"ד. "סליחה שלישית" לר' דויד בר אלעזר אבן-בקודה.

מסתג'אב בעל י"ט מחרוזות. לכל מחרוזת ד' טורים. המדריך והצלעית האחרונה בכל מרובע(טורי האיזור)הם מובאות מן המקרא המסתיימות במלה "ארץ". החתימה: אני דויד בר אלעזר בקודה חזק. המקור במ"ר: א. מקורות אחרים: <u>אגרות שד"ל</u> (ל),עמ' 513(ע"פ כה"י אוכספורד 1080: מחזור קלבריה, והש' <u>ידיעות</u>,ד',עמ' רפ"ג). פורסם: <u>פיוטי דויד אבן בקודה</u>,מוגשים ע"י יהושע ילין,(תשל"ד), (עבודת גמר לקבלת תואר מוסמך). (ד.א' 1114).

יְיָ אֲדֹנֵינוּ מָה אַדִּיר שִׁמְךָ בְּכָל הָאָרֶץ

אַדִּיר נוֹטֶה שְׁחָקִים
וְיוֹסֵד מִמַּדֵּי אֲרָקִים
בְּמִבְטָא הַכֹּל הֵקִים
יְיָ בְּחָכְמָה יָסַד אָרֶץ

נָאוֹר הַשָּׂם עָבִים לְבוּשׁוֹ
וּשְׂרָפִים עוֹמְדִים מִמַּעַל
לְהַקְדִּישׁוֹ
יְיָ בְּהֵיכַל קָדְשׁוֹ
הַס מִפָּנָיו כָּל הָאָרֶץ

יָחִיד וְאֵין עוֹד מִלְּבַדּוֹ
אֲשֶׁר חֶסֶד וֶאֱמֶת מִדּוֹ
כִּסָּה שָׁמַיִם הוֹדוֹ
וּתְהִלָּתוֹ מָלְאָה הָאָרֶץ.

דּוֹבֵר צֶדֶק וְהַכֹּל עֲדָיו
כִּי אֶפֶס צוּר בִּלְעָדָיו
וְכִי גְבוּרוֹ בַחֲמָיו בַחֲסָדָיו
כִּגְבוֹהַּ שָׁמַיִם עַל הָאָרֶץ

וְהוּא הַיּוֹצֵר יְצוּרִים כֻּלָּם
הַמֵּכִין טֶרֶף וּמָזוֹן לְכֻלָּם
הוּא אֱלֹהִים חַיִּים וּמֶלֶךְ
עוֹלָם
מִקִּצְפּוֹ תִּרְעַשׁ הָאָרֶץ.

יוֹשֵׁב קֶדֶם עוֹשֶׂה נוֹרָאוֹת
גְּדוֹל הָעֵצָה וּמַפְלִיא פְלָאוֹת
הַמַּשְׁפִּילִי לִרְאוֹת
בַּשָּׁמַיִם וּבָאָרֶץ

דָּרֵי תֵבֵל מִפַּחְדּוֹ יֵחָפֵזוּן
וְצִירִים כַּחֲבָלִים יֹאחֵזוּן
וּמוֹסְדוֹת הָרִים יִרְגָּזוּן
מִלִּפְנֵי אֲדוֹן כָּל הָאָרֶץ

בִּזְרוֹעוֹ עוֹלָם נָשָׂא
וְהוֹדוֹ שָׁמַיִם כִּסָּה
כָּל אֲשֶׁר חָפֵץ עָשָׂה
בַּשָּׁמַיִם וּבָאָרֶץ

רָמָה יָדְךָ צוּר פּוֹדֶה
וְגוֹאֵל
וְאַתָּה מְרוֹמָם עַל כָּל אֵל
וּמִי כְעַמְּךָ כְּיִשְׂרָאֵל
גּוֹי אֶחָד בָּאָרֶץ

אֲמוּנִים לִסְגֻלָּה לְקַחְתָּם
וּמַמְלֶכֶת כֹּהֲנִים קְרָאתָם
וְהִגְדַּלְתָּ שִׁמְךָ וְהֶאֱמַרְתָּם
תְּשִׁיתֵמוֹ לְשָׂרִים בְּכָל
הָאָרֶץ

לָמָּה אוֹתָם זָנַחְתָּ
וְכִסְאָם לָאָרֶץ מִגַּרְתָּ
וְצָרִים לְרֹאשָׁם הִרְכַּבְתָּ
שָׂרְפוּ כָּל מוֹעֲדֵי
אֵל בָּאָרֶץ

עוּרָה לִקְרָאתָם נֶאְזָר
בִּגְבוּרָה
וְיֵדְעוּ כָּל דּוֹבְרֵי סָרָה
כִּי יְיָ עֶלְיוֹן נוֹרָא
וּמֶלֶךְ גָּדוֹל עַל
כָּל הָאָרֶץ

זְרוּיִים הָשֵׁב לְמַרְבֵּץ
וּמִשְׁפָּחוֹת לוּבְשֵׁי תַּשְׁבֵּץ
וּנְפֻצוֹת יְהוּדָה תְּקַבֵּץ
מֵאַרְבַּע כַּנְפוֹת הָאָרֶץ

רוֹמֵם לַהֲקַת דְּבֵקִים
וּבַשֵּׂר יוֹנַת אֵלֶם
רְחוֹקִים
וְעַמֵּךְ כֻּלָּם צַדִּיקִים
לְעוֹלָם יִירְשׁוּ אָרֶץ

בַּלַּע רָשָׁע מַכְתִּיר אֶת
הַצַּדִּיק
וּבְהִשָּׁפְטוֹ אַל יְהִי צַדִּיק
וְיֹאמַר אָדָם אַךְ-פְּרִי
לַצַּדִּיק
אַךְ יֵשׁ-אֱלֹהִים
שֹׁפְטִים בָּאָרֶץ

קַוֹּה קִוִּיתִי שׁוֹכֵן מְעוֹנַי
כִּי בְּכָל עֵת יְשִׁיבוּנִי
רַעְיוֹנָי
עֶזְרִי מֵעִם יְיָ
עֹשֵׂה שָׁמַיִם וָאָרֶץ

וְעַד אָן אֲשַׁוַּע אֵלֶיךָ וְאַעְתִּיר
וּמִמֶּנִּי פָּנֶיךָ תַּסְתִּיר
וְאוֹיֵב עָלַי יַכְתִּיר
לֶאֱכֹל עֲנִיִּים מֵאֶרֶץ

דַּכֵּה צָרִים הֲמָמוּנוּ
וְכִמְעַט חַיִּים בְּלָעוּנוּ
אֲשֻׁרֵנוּ עַתָּה סְבָבוּנוּ
עֵינֵיהֶם יָשִׁיתוּ לִנְטוֹת
בָּאָרֶץ

הֲמוֹנֶיךָ הָרֵם קַרְנָם
כִּי אַתָּה עֶזְרָם וּמָגִנָּם
בַּהֲפוֹךְ רְשָׁעִים וְאֵינָם
יִתַּמּוּ חַטָּאִים מִן הָאָרֶץ

חַזֵּק עַם דַּל וְחֵלֶךְ
מְרוֹמָם בִּמְחוֹז וָפֶלֶךְ
וְהָיָה יְיָ לְמֶלֶךְ
עַל כָּל הָאָרֶץ   אל מלך

שו' 18 ל מוסיף: והוא. 42 וכסאם, ל: וכבודם. 47 יי, ל: בא. 62 ישיבוני, ל: השיבוני.

1,יש' נ"א:י"ג. 2,(איוב ל"ה:ה')קובע מדות הארץ. 3,במאמר ברא את עולמו,הש'
אבות ה'.א'. 4, משלי ג':י"ט. 5,תהל' ק"ד:ג'; באור,כנוי להקב"ה. 6,יש' ו':
ב-ג. 7-8,חבק' ב':כ'. 9,דבר' ד':ל"ה. 10,תהל' פ"ט:ט"ו. 11-12,חבק' ג':ג'.13
עדיו,--יש' מ"ג:י'. 14,שם מ"ה:ו'. 15-16,תהל' ק"ג:י"א. 18 טרף,--(משלי ל"א:
ט"ו),אוכל. 19-20,יר' י':י'. 23-24,תהל' קי"ג:ו'. 25,שם ק"ד:ז'. 28,שם קי"ד:
ז'. 29,הש' ירוש' חגיג' ב'.א': סערה עשעה הקב"ה כמין קמיע ותלויה בזרועו,שנא'
(דבר' ל"ג:כ"ז):מתחת זרועות עולם,והש' צונץ,ס.פ.,עמ'509. 31-32,תהל' קל"ה:ו'.
35-36,ש"ב,ז':כ"ג. 37,ישראל(אמונים,הש' שם,כ':י"ט)לקח לו לעם סגולה,הש' שמ'
י"ט:ה'. 38,שם י"ט:ו'. 39 והאמרתם,--(דבר' כ"ו:י"ח),בחר בהם. 40,תהל' מ"ה:
י"ז. 42 מגרת,--(תהל' פ"ט:מ"ו),הפלת. 43,שם ס"ו:י"ב. 44,שם ע"ד:ח',מוסב על
"צרים". 45,תהל' נ"ט:ה',-עורה כתרגומו(שם):אתגבר, והש' הנוסח בכה"י אוכספורד
1163,עמ' 83א(המובא בידיעות,ד',עמ' רפ"ג):עורה לקראתי. הנוסח בא:לקראתם,למל-
חמה,הש' ש"א,ד':א'. 46 דוברי סרה,--דבר' י"ג:ו'. 47-48,תהל' מ"ז:ג'. 49 זרו-
רים,--ישראל המפוזרים בגולה. למרבץ,--(צפנ' ב':ט"ו),לציון,והש' רשב"ג(ד.ש'
358): שדודים בדודים לציון תקבץ/מכורים בלא הון תשובב למרבץ. 50,(שמ' כ"ח:ד')
והכהנים. 51-52,יש' י"א:י"ב. 53 להקת וכו',--(דבר' ד':ד')כנוי לישראל. 54
יונת וכו',--כנוי לכנסת ישראל,ע"פ תהל' נ"ו:א' ות"א,שם: לשבחא על כנשתא דיש-

ראל דמתילא לירבה שתוקא בעדן די מתרחקין מן קרויהון. 55-56,יש' ס':כ"א. 57 מכתיר,--חבק' א':ד' ופי' רש"י:סובב אותו, והפייטן ר"ל: מתנהג עמו בערמה ובאכזריות. 58,תהל' ק"ט:ז': בהשפטו יצא רשע. 59-60,שם ב"ח:י"ב ופי' רש"י: ואז יאמרו הבריות ודאי יש פירות ותשלום שכר במעשה הצדיקים שבקם הקב"ה בקמתם. 61 שוכן מעוני,--(תהל' צ"א:ט'),הקב"ה השוכן בשמים. 62 ישיבוני רעיוני,-- כ':ב' ופי' רש"י: מחשבותי ישיבוני מענה לפי. 63-64,תהל' קכ"א:ב'. 68,משלי ל':י"ד. 69 הממוני,--יר' ב"א:ל"ד. 70, תהל' קכ"ד:ג'. 71-72, תהל' י"ז:י"א ופי' ראב"ע: סבבונו לפאת אשורנו(עקבנו)ועיניהם ישיתו אולי יבטו אשורנו בארץ. 73, פי' הרם קרן ישראל(המגיד,הש' מ"ב,ז':י"ג). 75 והפוך,--משלי י"ב: ז'. 76, תהל' ק"ד:ל"ה. 77 וחלך,--ומסכן, הש' תהל' י':י' ופי' רש"י,שם: דל וחלך. 79-80, זכר' י"ד:ט'.

ס"ה. תחנון לר' יהודה (הלוי?).

תחנון בעל חמש מחרוזות. לכל מחרוזת ה' טורים להוציא המחרוזת הראשונה שהיא בת ו' טורים. בכל טורי המחרוזת חורזות שתי הצלעיות הראשונות ובסופי הטורים החרוז הוא מבריח. המשקל: י"ב הברות לרוב בכל טור וההברות הקצרות אינן במנין. החתימה: יהודה. המקור: א. (אין בד.).

יְדִידֶיךָ/ נְדוּדֶיךָ/ אֱסוֹף נָא צוּר סְנֶה שׁוֹכְנִי
וְדוֹדֶיךָ/ לְדוֹדֶיךָ/ תְּנָה שַׁמָּה בְּקַדְמוֹנִי
וּבָנֶיךָ/ צְפוּנֶיךָ/ פְּדֵם נָא מִן יְדֵי שׂוֹטְנִי
וְצֹאנְךָ/ בְּשִׁכְנְךָ/ בְּנוֹס מֵאַרְצוֹת מְעַנִּי
וְעַמְּךָ דָּךְ/ וְלִי עַבְדְּךָ/ יְהִי חַסְדְּךָ לְנַחֲמֵנִי
שְׁלַח אוֹרְךָ/ וַאֲמִתְּךָ/ הֵמָּה יַנְחוּנִי.

הֲרוֹג זָרִים/ וְאַכְזָרִים/ יַשְׁפִּימוּ לְהָרְגֵנִי
וַעֲוִילִים/ פְּתַלְתּוֹלִים/ וּכְלָבִים סְבָבוּנִי
וְגַם פָּרִים/ וַאֲבִירִים/ בְּנֵי בָשָׁן כִּתְּרוּנִי
וְגַם תְּדוּף/ וְגַם תֶּהְדּוֹף/ בְּבוֹר חָפְרוּ בַּעֲדֵנִי
וְגַם תְּזָרֶה/ כְּמוֹ מְזָרֶה/ עֲווֹן עֲקֵבַי יְסוּבֵּנִי.

וּמָה אֶעֱנֶה/ לְךָ קוֹנֶה/ אִם תָּרִיב בִּזְדוֹנִי
וּמָה אֶפְעַר/ אֲנִי בַעַר/ אִם תָּדִין בַּעֲווֹנִי
וְאָן אֶבְרַח/ לְמִי אֶאֱרַח/ רָעָתְךָ תַּפְרִישֵׁנִי
וְאֵי אָגוּר/ לְלֹא אָגוּר/ אִם שׁוּדְךָ יְחִיתֵנִי
וְאִם סוֹף יָם/ אֱהִי קַיָּם/ גַּם שָׁם יָדְךָ תַּנְחֵנִי.

דְּבַשְׁתִּיךָ/ שְׁאַלְתִּיךָ/ אֱלֹהֵי הוֹשִׁיעֵנִי
זְכַרְתִּיךָ/ שְׁחַרְתִּיךָ/ וּמִתְּהוֹמוֹת הַעֲלֵנִי
בְּחַרְתִּיךָ/ קְרָאתִיךָ/ וּמִמַּיִם תַּמְשֵׁנִי
תְּאַבְתִּיךָ/ חֲשַׁקְתִּיךָ/ וּמִשַּׁחַת תְּמַשְּׁכֵנִי
אֲהַבְתִּיךָ/ רְחַמְתִּיךָ/ וּמֵחַטָּאתִי טַהֲרֵנִי

הֲלֹא עֶזְרָה/ לְךָ אֶקְרָא/ וְאֵיכָה לֹא תַעַזְבֵנִי
וְגַם חוֹמָה/ לְעֵת חֵימָה/ וְאֵיכָה לֹא תִבְגְּדֵנִי
וְעֵת אֶדָּל/ שְׁמָךְ מִגְדָּל/ וְאֵיכָה צוּר תְּהָרְסֵנִי
וְעֵת אָחִיל/ לְךָ אוֹחִיל/ וְאֵיכָה אֵל תְּקַטְּלֵנִי
בְּיוֹם בַּעַד/ הֱיֵה מִסְעָד/ חֲסָדְךָ יָהּ יִסְעָדֵנִי.   כ"ל ע"ז

1א, ישראל, ע"פ מבחרת ב"ג,ב: ידידים, אלו ישראל. 1ב, ישראל הבודד בגולה, הש' רשב"ג(ד.ש'358): שדודים,בדודים תקבץ. 1ג, צוד,סנה שוכני,--הקב"ה הנגלה למרע"ה בסנה,הש' דבר' ל"ג:ט"ז: ורצון שכני סנה. 2א, ואהבתך. 2ב, לישראל,ע"פ שה"ש א':ב' שדרשוהו חז"ל(בשה"ש רבה,שם): 'כי טובים דודיך' אלו ישראל. 3א, ישראל ע"פ שמ' ד':כ"ב. 3ב, ישראל, ע"פ תהל' פ"ג:ד' והש' פי' מצודת דוד,שם: ישראל הצפונים ונסתרים בצלך לבטוח בך. 3ג, שוטני,--(תהל' ע"א:י"ג),אויבי ומחרפי. 4א, ישראל ע"פ יחז' ל"ד:י"א-י"ב. 4ב, במקדש בירושלים,ע"פ דבר' י"ב: ה'. 4ג, מעני,--לוחצי,ע' יש' ס':י"ד. 5א, ולעמך הנכנע. 5ג, תהל' ע"ד:כ"א. 6, שם "ג:ג'. 7, הרוג...ישכימו להרגני,--ע"פ ל' התלמוד(בברכות נ"ח,א): האי רודף הוא והתורה אמרה(שמ' כ"ב:א'): אם בא להרגך השכם להרגו. 8א, איוב ט"ז: י"א ופי' רש"י שם: עויל, לץ עולל ללוץ בי. 8ב, דבר' ל"ב:ה', ורומז לאויבי ישראל. 8ג, תהל' כ"ב:י"ז. 9, שם כ"ב:י"ג והש' יש' ל"ד:ז' ופי' רד"ק שם, שלפי דעתו רומז למלכי עכו"ם. 10, תהל' ז':ט"ז. 11אב, יר' ט"ו:ז'. 11ג, תהל' מ"ט: ו'. 12ג, אם תריב,--במדת הדין. 13א, ומה אפער פי בהתנצלות. 13ב, תהל' צ"ב: ז'. 14א, שם קל"ט:ז'. 14ב, למי אתחבר, הש' איוב ל"ד:ח'. 14ג, רעתך,--הרעה שבאה עלי כעונש על חטאי. תפרישני,--ל' "כנחש ישך וכצפעוני יפריש[פי' רש"י: ל' עקיצה]"(משלי כ"ג:ל"ב). 15א, אֵי אשב(אגור). 15ב, בלי פחד, הש' דבר' ל"ב: כ"ז. 15ג, שודך,--(יש' י"ג:ו'),עונש מן השמים. וחיתני,--איוב ל"א:ל"ד. 16ב, קירם,--שוכן,הש' תהל' קל"ט:ט': אשכנה באחרית ים. 16ג, שם קל"ט:י'. 20א, שם קי"ט:קע"ד. 20ב, שם צ"א:י"ד. 21ב, מקביל ל"אהבתיך",ע"פ תהל' י"ח:ב': ויאמר ארחמך[פי' אאהבך, כתרגומו: אחבבך] יי חזקי. 22א, פי' הלא עזרה מצרה אתה. 23א, הלא מגן ומחסה(חומה), מקביל ל"הלא עזרה". 24א, ע"פ יש' י"ז:ד': ידל כבוד יעקב. 24ב, אתה אֵל ולא שָׁנִיתָ, הש' מלאכ' ג':ו', וע"פ משלי י"ח:י': מגדל עוז שם יי. 25א, תהל' נ"ה:ה'. 25ב, מיכה ז':ז'. 25ג, איוב י"ג:ט"ו: הן יקטלני לו[קרי] איחל. 26א, ביום הדין. 26ב, התנהג עמי במדת הרחמים. 26ג, תהל' צ"ד:י"ח.

ס"ו. "סליחה רביעית" לר' יוסף בר משה(קלטי, ממודריאה).

סליחה סטרופית בעלת י"ג מחרוזות המתחילות ומסתיימות את טוריהן במלת "בפשי". כל טור רביעי הוא פסוק מן המקרא. מספר המלים רופף: 2–8 בכל טור. החתימה:א"ב, יוסף בר משה חזק ואמץ. המקור במ"ר: א. מקורות אחרים: <u>סדור התפלות כמנהג הקראים</u>,(ווילנא,1890),(קו). (ד.נ' 478).

נַפְשִׁי אֶשְׁפְּכָה לְךָ אֱלֹהַי בַּעֲטוֹף לִבִּי/ בְּצָרָה אֲשַׁחֲרֶךָּ כִּי גָבַר חוֹבִי

גַּם בְּרוֹב שַׂרְעַפַּי בְּקִרְבִּי/ תַּנְחוּמֶיךָ יְשַׁעַשְׁעוּ נַפְשִׁי.

נַפְשִׁי דָּבְקָה אַחֲרֶיךָ וְלִבִּי מִשְׁתָּאָה/ הַבֵּט בְּעֵינֶיךָ וּכְלִמָּתִי תִּרְאֶה
וְיֵדְעוּ כָּל הָעַמִּים גָּדְלְךָ בְּאַסְפְּרָה כָּל יִרְאַי/אֱלֹהִים אֲשֶׁר עָשָׂה לְנַפְשִׁי.

נַפְשִׁי זֹאת מִנְחָתֶךָ לְעַבְדּוֹ וּבְאֵילֶךָ מִפַּחַת/ חַיֵּי עוֹלָם יְבַשְּׂרֶךָ לְבִלְתִּי תַּחַת
טְהוֹר עֵינַיִם רָאָה כִּי טָמְנוּ אוֹיְבַי לִי שַׁחַת/ רִשְׁתָּם חִנָּם חָפְרוּ לְנַפְשִׁי.

נַפְשִׁי יַשְּׁרִי דַּרְכֵּךְ וּמַעֲלָלֵךְ לִפְנֵי צוּר גּוֹאֲלִי/כִּי הוּא מְרַוֶּה צְמֵאִים יָהּ אֱלֹהִים חֵילִי
לִבִּי וּבְשָׂרִי יְרַנְּנוּ כִּי אֱלֹהִים עוֹזֵר לִי/ יָהּ בְּסוֹמְכֵי נַפְשִׁי.

נַפְשִׁי מֵאַנְשֵׁי דָמִים תַּצִּיל וּמְסוֹדָם/ נוֹעֲדוּ כֻלָּם וְלֹא יָרְאוּ מֵאֱלֹהִים וְאָדָם
סְגָרוּנִי בְּיַד אוֹיֵב וּמָגוֹר מִסָּבִיב בְּהִוָּסְדָם/עָלַי יַחַד לָקַחַת נַפְשִׁי.

נַפְשִׁי עִנֵּיתִי בַצּוֹם לִשְׁבּוֹר עָרְפִּי וּמֶרְיִי/ פְּנֵה נָא אֶל תְּפִלָּתִי וּרְפָא חָלְיִי
צַמְתּוּ בַבּוֹר חַיַּי וְאַתָּה רָאִיתָ אֶת עָנְיִי/ יָדַעְתָּ בְּצָרוֹת נַפְשִׁי.

נַפְשִׁי קִוְּתָה לָאֵל אֲשֶׁר גָּמַל טוֹב אֵלַי/ רוֹמְמוּתֶיךָ אֲסַפֵּר וְקַבֵּל מִלַּי
שְׁעֵה שַׁוְעִי כִּי חַסְדְּךָ גָּדוֹל עָלַי/ וְהִצַּלְתָּ נַפְשִׁי.

נַפְשִׁי תִּקְרַב לְמוּלֶךָ לְהִתְחַנֵּן נֶגְדֶּךָ/ אֵלֶיךָ בָּטְחָה כִּי אֵין בִּלְעָדֶיךָ
לְיֶשְׁעֲךָ אֲקַוֶּה שַׂמַּח נֶפֶשׁ עַבְדֶּךָ/ כִּי אֵלֶיךָ יָהּ נַפְשִׁי.

נַפְשִׁי יִצְרָהּ הָרַע הִטְעָה לְדַבֵּר מִרְמָה/ וּמְסֻפֶּקֶת בְּכָל תְּבוּנָה וְחָכְמָה
וְאַתָּה יוֹצְרִי גְּעוֹר בְּיִצְרִי כִּי לָמָה/ יָהּ תִּזְנַח נַפְשִׁי.

נַפְשִׁי בָּהּ רָדְפוּ רוֹדְפִים וּנְתָנוּהָ לְשַׁמָּה/ בָּעֲרוּ וְנִכְסָלוּ וְהִפִּילוּהָ עַד עֲפַר-אֲדָמָה
יִשְׁלַח מִמָּרוֹם דְּבָרוֹ וְיִרְפָּאֵנִי כִּי הֵמָּה/ לְשׁוֹאָה יְבַקְשׁוּ נַפְשִׁי.

נַפְשִׁי מֵרוּם שָׁמֶיךָ הַשְׁקֵף וְהֵטִיב לְכָל דַּל וְעָלֵב/תַּחֲרִיךָ קַבֵּל נִיבִי כִּי אַתָּה יוֹדֵעַ
תַּעֲלוּמוֹת לֵב
הַיּוֹדֵעַ וָעֵד בְּחַסְדּוֹ יַשְׁקִיף וִירַוֶּה כְּמוֹ חֵלֶב/וָדֶשֶׁן תִּשְׂבַּע נַפְשִׁי.

נַפְשִׁי חִישׁ לָהּ אֵל גְּאֻלָּה וּלְכָל סוֹבְלֵי עֻלָּךְ/זַמֵּן יְשׁוּעוֹת לְמַפִּילֵי תְּחִנּוֹת מוּלָךְ
קַיֵּם נִיבָךְ בְּאַשְׁלָמָה תּוֹדוֹת לָךְ/ כִּי חִלַּצְתָּ נַפְשִׁי.

נַפְשִׁי וְאִמְרָתְךָ חָפְצָה וְעָמְדָה בְּסִפִּי/ מִמְּכוֹן שִׁבְתְּךָ תַּשְׁגִּיחַ לְלַמֵּד חָכְמָה אֶת פִּי
צוּרִי יַחֲבוֹשׁ צִירִי וְאָז תָּמִיד תְּהִלָּתוֹ בְּפִי/בַּיָּהּ תִּתְהַלֵּל נַפְשִׁי.

שו' 9 יראו, ק1: יִירְאוּ. 16 לישער, ק1: לישועתך. 24 חלצת, ק1: הצלת.

1 בעטוף לבי,--תהל' ס"א:ג' ופי' מצודת דוד: כאשר מעוטף לבי בצרות אקרא אליך שתנחה אותי. חובי,--עוונבי. 2, תהל' צ"ד:י"ט, שרעפי: מחשבותי. 3 משתאה,--משתומם. 4 ואספרה וכו',--תהל' ס"ו:ט"ז. 5 חיי עולם,--ל' התלמוד(בביצה ט"ו,ב): מניחים חיי עולם[פי' חיים הרוחניים שיש להם חשיבות לעולם]ועוסקים בחיי שעה, והפייטן ר"ל חיי עולם, פי' חיי נצח, והש' ירוש' כלים ל"ב,ב': יהא מבושר מחיי העולם הבא. 6 כי טמנו וכו',--תהל' ל"ה:ז'. 8 לבי...ירננו,--תהל' פ"ד:ג'. כי וכו',--שם נ"ד:ו'. 9א, שם נ"ט:ג', ומסודם, שם ס"ד:ג'. הפייטן,בדברו על "אנשי

דמים" אשר "לא יראו מאלהים" והנועדים לקחת את נפשי, התכוון לבעלי חכמת הפילוסופיה(הש' להלן שו' 17: יצרה הרע הטעה לדבר מרמה ומסופקת בכל תבונה וחכמה)המביאה לכפירה במציאות האלוה כדעת אפיקורוס וסיעתו(הש' רמב"ם, מורה נבוכים,ב'.י"ד), ואשר נותנים אותי בידו של יצרי הרע(שו' 10: סגרוני ביד אויב), והש' שו"ת הרשב"א,ח"א,סי' תי"ח,קס"ב,ע"ב, שם קרא תיגר על בני עמו "אשר אהבו חכמות נכריות אשר על הטבע לבד בנויות." 10ב, תהל' ל"א:י"ד. 11א, שם ל"ה:י"ג,--רמז למנהג לצום בעשי"ת,הש' מבוא, לעיל,עמ' 18, לשבור וכו', ע' דבר' ל"א:כ"ז. 12א, איכה ג':נ"ג. 12ב, תהל' ל"א:ח'. 14א, בר' ד':ד-ה. 14ב, תהל' פ"ו:י"ג. 16ב, שם פ"ו:ד'. 18א, ע"פ זכר' ג':ב': יגער יי בך השטן, והש' ב"ב ט"ז,א: הוא שטן,הוא יצר הרע,הוא מלאך המות. 18ב, תהל' פ"ח:ט"ו. 19א, מוסב על "אנשי דמים" לעיל, שו' 9. 19ב,בערו ונכסלו,--יר' י':ח' ופי' רד"ק: חכמי העכו"ם כאחת יבערו ויכסלו שהם מיסרים העם לעבוד הפסילים, והש' לעיל הע' לשו' 9. 20א, תהל' ק"ז:כ'. 20ב, שם ס"ג:י'. 21א, ועלב,--כן מנוקד במקור-ות הנ"ל, מלה מחודשת בניבוני על משקל פָּעֵל לצורך החרוז, במשמע' מִסְכֵּן, הש' ברכ-ות ההפטרה: ולעלובת-נפש תושיע. 22א, הירודע ועד,--הש' אבות ד'.כ"ב. 22ב, תהל' ס"ג:ו'. 23א, סובלי עולך,--ישראל המקבלים עליהם את עול מלכות שמים. 23ב, מלולך,--שה"פ מן מְלֵל על משקל פְּעוּל. 24ב, תהל' קט"ז:ח'. 25א, בספו,--בבית התפלה, סף כבודי למקדש, ע"פ יר' נ"ב:י"ט: ואת הספים ואת המחתות, והש' "שִׂכְרַת ולא מיין" לר' שלמה בן יצחק גירונדי(ד.ש' 1158): וצעקי לפני יי על חורב סִפָּיִךְ. 25א, תהל' ל"ג:י"ד. 26א, צירו,--כאבי. 26ב, תהל' ל"ד:ב-ג.

ס"ז. תחנון לר' שבתי(בן יוסף).

סליחה בצורת שיר-איזור בעל מדריך בן חמשה טורים וחמש מחרוזות בנות ארבעה טורים כל אחת וטור איזור. החריזה: אאאא//בבבב//א//גגגג/א//וכו'.המשקל: המרנין,ס---/ס---//ס---/ס---. החתימה: אני שבתי חזק. המקורות: א. ב,עמ'197. ג,עמ' רס"ה. ד,א'35. ו,עמ'7. כ,עמ'14(נשתמר רק במ"ר). (ד.א' 6513).

אֱנוֹשׁ רִמָּה בְּחַיֶּיךָ/וְתוֹלֵעָה בְּמוֹתֶךָ
נְהֵה וּסְפוֹד וְהֵאָנַח/לְרוֹעַ מִפְעָלוֹתֶיךָ
יְרָא מָוֶת וְיוֹם הַדִּין/ צְפֵה מַה אַחֲרִיתֶךָ
עֲזוֹב יֵצֶר מְסִיתֶךָ/ מְבַקֵּשׁ לַהֲמִיתֶךָ
וּזְכוֹר אֶת בּוֹרְאֶךָ/ בִּימֵי בְּחוּרוֹתֶיךָ.

שְׁנוֹת עוֹלָם וְאִם תִּחְיֶה/ הֲלֹא רֶגַע לְךָ נֶחְשָׁב
בְּבוֹא מַלְאָךְ לְנֶגְדֶּךָ/ וְרוּחַ קִרְבְּךָ נָשָׁב
וְתַעֲזֹב אֶת יְגִיעֲךָ/ וְלַאֲחֵרִים אֲזַי הוּשָׁב
וְלָמָּה תֶּאֱהַב חָמָס/ וְהַשֶּׁקֶר בְּךָ נִקְשָׁב
וְחָשְׁקָה שְׂאוֹר הָרַע/ לְהַחְמִיץ מִשְׁאֲרוֹתֶיךָ.

בְּטֶרֶם בּוֹא יְמֵי רָעָה/ יְמֵי הֶבֶל אֲשֶׁר תִּסְחַר
וְהַשֶּׁמֶשׁ אֲזַי תֶּחְשַׁךְ/ וְתִמְאַס כָּל אֲשֶׁר תִּבְחַר
שְׁמַע נָא אֶת דְּבַר אֵל חַי/ לְבַל תִּנָּהוֹם בְּיוֹם מָחָר
וְלָמָּה תֶּאֱהַב רֶשַׁע/ וּבַמְּרֵעִים הֲלֹא תִתְחָר
וְחָמַדְתָּ לְלֵב אָוֶן/לְחַלֵּל אֶת בְּרִיתֶךָ.

מַהֵר לַעֲשׂוֹת טוֹבָה/ בְּטֶרֶם נֵרְךָ יִכְבֶּה
וְהַמַּלְאָךְ בְּאַכְזָר רַךְ/ עֲדֵי אֶת נַפְשְׁךָ יִשְׁבֶּה
וְאֵין מַצִּיל לְךָ מִיָּד/ אֲשֶׁר מַכְאוֹב בְּךָ יַרְבֶּה
וְלָמָּה תֶּאֱהַב עָוֶל/ צְבוֹר אָוֶן כְּמוֹ אַרְבֶּה
וְחָפַצְתָּ דְּבַר אֵל זָר/ לְעַקֵּל מַעְגְּלוֹתֶיךָ.

יְלֵיל לִבְּךָ מָחָר/ פְּנֵי דַיָּן אֱמֶת תַּעֲמוֹד
וּמַה תַּעֲנֶה בְּלֹא תְקוּם/ וְלֹא תָשׁוּר וְלֹא תַחְמוֹד
וְעַל חָמוּר וְעַל הַקַּל/ בְּמִדָּתְךָ לְךָ יָמוֹד
וְלָמָּה תֶּאֱהַב פֶּשַׁע/ עֲדֵי הִשָּׁמְדְךָ שָׁמוֹד
וְחָדַלְתָּ נְתִיב מִכְשׁוֹל/ לְהִנָּצֵל אֱמוּנָתֶךָ.

חָפוֹץ עֵצָה לְקַח מוּסָר/ עֲבוֹדַת בּוֹרַאֲךָ לִנְצוֹר
זְכוֹר כִּי אַתְּ כְּמוֹ גֶפֶן/וּמָוֶת אוֹתְךָ יִבְצוֹר
קְרַב וּקְשׁוֹב לְקוֹל קוֹרֵא/אֲשֶׁר קוֹמָתְךָ יִקְצוֹר
וְלָמָּה תֶּאֱהַב מֶרִי/ קְשֵׁה עָרְפְּךָ לְבַל תִּבְצוֹר
שְׁמַע אֵלַי לְקוֹל מִלַּי/ וְשׁוּב יוֹם לִפְנֵי מוֹתֶךָ.   כ"ל ע"ץ

שו' 9 בך, א:לך. 10 וחשקת, ו:וחמדת. 15 ארן, גדוכ: אבן. 17 יך, א: הרא. 19 עול, ב: זדון. 29ב א: וקש לבך לך יפצור. ערפך, ב: לבך.

1 איוב ל"ה:ו'. 2 והאנח,--יחז' כ"א:י"א. 3ב, דבר' ל"ב:כ"ט. 4א, עזוב יצרך הרע המביא אותך לדבר עבירה. 4ב, אדם שעוונותיו מרובין על זכיותיו--מיד הוא מת ברשעו, ע' רמב"ם, <u>משנה תורה,</u> הלכ' תשובה,ג'.ב'. 5 קהלת י"ב:א',בטול המשקל הנ"ל. 6א, אם יוסיפו לך שנות חיים, עולם במשמע' זמן רב. 6ב, דע שלא תחיה לעולם ועד, הלא קבוע מראש(=נחשב)זמנך למות(=רגע לך). 7א, בבוא מלאך המות, הש' ע"ז כ',ב, והש' לעיל,מבוא, עמ' 20-22. 7ב, (יש' מ':ז'), ורוח בקרבך נָשב,פי' בשמתך יוצאת ממך. 8א, איוב ל"ט:י"א. 8ב, ע"פ תהל' מ"ט:י"א: ועזבו לאחרים חילם. 9א, כל טור ד' בסטרופות מתחיל במלות "ולמה תאהב", וע"פ תהל' י"א:ה'. 9ב, בקשב, פי' בשמע. 10 שאור הרע,--יצר הרע הנקרא שאור שבעיסה, הש' ירוש' ברכ' ד'.ב' ובבלי שם י"ז,א,ופי' רש"י שם: שאור שבעיסה: יצר הרע שבלבבנו המחמיצנו. 10ב, שמ' י"ב:ל"ד. 11 ימי רעה,--(קהלת י"ב:א' והש' שבת קנ"א,ב), ימי הזקנה. ימי הבל,--ל' "מספר ימי חיי הבלו"(קהלת ו':י"ב). אשר תסחר,--פי' בהם(בימי חיי הבל)תסתובב(ל' "סחרו אל ארץ ולא ידעו",יר' י"ד:י"ח)על האדמה. 12א, בימי הזקנה, ע"פ קהלת י"ב:ב', ודרשוהו חז"ל(בשבת קנ"א,ב): זו פדחת (מֵצח), ופי' רש"י: שהיא מאירה ומצהבת באדם בחור וכשמזקנת היא מעלת קמטין

קמטין ואין מצהבת. 13ב, דוגמת "ונהמת באחריתך בכלות בשרך ושארך"(משלי ה': י"א). 14ב, שם כ"ד:י"ט, תתחר, פי' תתערב. 16ב, בטרם תמות. 17א, מלאך המות מכה את האדם, הש' לעיל,מבוא,שם. 17ב, בזמן שנוטל את נשמת האדם. הש' שם. 18א, אין מציל לך מיד מלה"מ. 19ב, לצבור, פי' לאסוף. "צָבור" לצורך המשקל. 20ב, שופ' ה':ו'. 21 ויליל,--יש' ט"ו:ב'. דיין אמת,--הקב"ה, הש' ברכ' מ',ב. 22, מה תענה כשהדיין יפתח את ספר הזכרונות נו חתמת על מעשיך הרעים(הש' ספרי,דבר' ש"ז: כשאדם נפטר מן העולם...אומרים לו חתום[על כל מעשיך שעשית])כגון נקימה, נטירה וכו',(הש' ויק' י"ט:י"ח; שמ' כ':י"ד ועוד, והש' ירמא כ"ג,א). 23א, ל' התלמוד "והוה זהיר במצוה קלה כבחמורה"(אבות ב'.א'). 23ב, במדה כנגד מדה, הש' במד"ר י"א.א'. 25א, ר"ל וחדלת מנתיב מכשול,(בהשמטת אותיות בכל"ם לצורך המשקל, הש' <u>גס"ל</u>, עמ' 17) מדרך הרע, כלו' חדל ממנו(שמ' י"ד:י"ב),פי' הניחו. 25ב, ואז לא ימעדו (=להכשל, הש' "אמיך בשאתי" לר' משלם בר קלונימוס(ד.א' 2976): צור תמוך אשורי מֵהִנָּשֵׁל,)רגלי כנסת ישראל(אמונתך, הש' ש"ב,כ':י"ט: שלומי אמוני יש-ראל). 26ב, תורת ה' לשמור. 27ב, ינצור,--יקטוף. 28א, לקול קורא,--לקולו של מלה"מ הקורא לך: קום הגיע קצך, הש' <u>מסכת חבוט הקבר</u>,עמ' 93. 28ב, קומתך,--הת-רברבתך. 29ב, תנצור,--(תהל' ע"ו:י"ג),תכניע. 30א, איוב ל"ד:ט"ז. 30ב, אבות ב'.ט"ו: ושוב יום אחד לפני מיתתך.

ס"ח. "חטאנו" לרמב"ע.

"חטאנו" בן שש מחרוזות. לכל מחרוזת ד' טורים החורזים ביניהם והטור הרביעי הוא שבר-פסוק. כל הפיוט הוא משורשר. 6–8 הברות לרוב בכל טור והשוואים והח-טפים אינם במנין. החתימה: משה. המקורות במ"ו: א. ב,עמ'194. מקורות אחרים: <u>רמב"ע,שירי הקדש</u>, מהד' ש.ברנשטיין, עמ' קנ"ב(מ). (ד.מ' 926).

מֵחַטָּאתַי אֶדְאַג תָּמִיד/ וּלְשׁוֹנִי עֲוֹנוֹתַי תַּצְמִיד
אַךְ בְּבֹאִי עֲלֵיהֶם לְהָעִיד/ עָמַדְתִּי מַרְעִיד.

מַרְעִיד עָמַדְתִּי בַחֲרָדָה/ כִּי יִצְרִי לְהָבַע לִי צָדָה
וְנַעַו פָּרַשׂ לְרַגְלַי מְצוּדָה/ פַּחַד קְרָאַנִי וּרְעָדָה.

שְׁחוּנִי לְבָבוֹת מִפַּחַד/ שָׁפְכוּ שִׂיחָם יַחַד
וּבְזָכְרוּ עֲוֹנוֹתֵיהֶם מִימֵי עַד/ יֹאחֲזֵמוֹ רָעַד.

רַעַד יֹאחֲזֵמוֹ בְּמוֹקְשָׁם/ הָכְלְמוּ וְחָפוּ רֹאשָׁם
וְכִי אַרְצָם מָלְאָה אָשָׁם/ רְעָדָה אֲחָזָתַם שָׁם.

הָמוּ לְפָנֶיךָ בַּמַּעֲבָר/ דָּמוּ הַיּוֹם לְקָאַת מִדְבָּר
וּפֶן פִּשְׁעָם יִגְאֶה וְיִתְגַּבָּר/ מַרְעִידִים עַל הַדָּבָר.

הַדָּבָר וְהַבְּרִית לָהֶם מִסְעָד/ כּוֹנֵן אֲשֻׁרָם לְבַל יִמְעָד
וּפֶן נַט מַנְתִּיב צֶדֶק לָעַד/ הַמַּבִּיט לָאָרֶץ וַתִּרְעָד.   אל מלך

שו' 1 עורבותי, א: עוורבי. 3 לי, אב: חסר. 6 מימי עד: א: עדי עד. 9 במעבר,

אב: במחבר. היום, א: חסר. ב: להידת. 11 הדבר, מ: חסר. מסעד, א: למסעד. לבל ימעד, א: עדי עד. 12 יט, ב: יטה. צדק, אב: חסר.

1א, תהל' ל"ח:י"ט. 1ב, עורובתי מדביקים אל לשובי וע"פ שם: כי עוני אגיד. 2ב, דבי' י':י"א. 3ב, צדה,--ארב. 4א, פרש רכו',--איכה א':י"ג. 4ב, אירב ד':י"ד. 5א, שחריר,--דכויי. 6ב, שמ' ט"ו:ט"ו. 7א, במוקשם,--בזכרו את עוונות-יהם שהיו למוקש להם. 7ב, ירי' י"ד:ג'. 8ב, תהל' מ"ח:ז'. 9א, התלובבו אחרי עברם את ים סוף. 9ב, תהל' ק"ב:ז'. 10ב, עזרא י':ט'. 11 הדבר,--דבר ה', התורה. 11ב, תהל' מ':ג'; שם ל"ז:ל"א. 12א, יט,--יטה, בביטול ה"א סופית, הש' גס"ל, עמ' 15. 12ב, תהל' ק"ד:ל"ב.

ס"ט. "חטאנו" לר' אברהם בר יצחק(בר משה)

"חטאנו" בן י"ב מחרוזות. לכל מחרוזת ד' טורים והטור הרביעי הוא פסוק מן המקרא ומסתיים במלת "שמים". מספר מלים: 2-3 בכל טור. החתימה: אברהם ברב יצחק(מרובע). המקורות: א. ב,עמ' 163. ג,עמ' רע"ב. ד,א' 41. (ד.א' 3258).

אכין קרב ורעפים/אכבע אקד אפים
אשא לב וכפים/אל אל בשמים.

בקרב עלי מגי/באתי בערך תחנוני
ברכי נפשי את יי/ בורא השמים.

בחם עדתך קוה/ רעם מכד מנה
רוממם על פני/רקיע השמים.

הנשא הנקם הופיע/השב גמול מרשיע
היכלון הועיל הושיע/הבורי שמים.

מרום החיה מימים/מבחדיך היום
פעמים

מתה פשעיהם בבמים/מתחת השמים.

בער חטאם והמש/באר צדקם וחמש
ברר בצאת השמש/בחצי השמים.

רבו פוצי פרץ/רחקו דברי מרץ
רעדה רגזה ארץ/ רעשו שמים.

בהיר מבטח ומסעד/בריתך הקם עדי-עד
בל תופר עד/בלתי שמים.

רשב ערים נשמות/רשר עשקים במהמות
ירודים בעמקי תהומות/יעלו שמים.

צעקים אליך חמס/צוחים מכבד המס
צבאתו היו למרמס/צבא השמים.

חלץ עדתך ופדה/ חתמים קצי סודיה
חזה ידעה מועדיה/חסידה בשמים.

קרב קץ חזיון/קרוב ומחסה לאביון
קדוש אל עליון/ קונה שמים.

אל מלך

שו' 1ב, ב: אקוד אכף אפיים. גד: אכף ואקוד אפים. 5 עדתך, א: עדרך. 9 החיה, גד: החייבו. היום, ב: ביום. גד: בכל יום. 10 מתחת, גד: מפני רקיע. 12 ברר, גד: בהר. 14א, גד: רעשה רגזה ארץ.

1 אכין קרב,--דוגמת "רוחי בקרבי אשחרך"(יש' כ"ו:ט'). ורעפים,--תהל' קל"ט: כ"ג, וברבוי זוגי לצורך החרוז. 1ב, ש"א,כ"ד:ט' ועוד. 2אב, איכה ג':מ"א והש' לעיל שיר נ"ג "אלהים אלי" לרשב"ג,שו' 42: בכחך בצבבו בשחות אפים...בברר שק-רות שרעפים, בשא לבבנו אל כפים אל אל בשמים, והש' "אליכם אישים" לר' לוי אבן אלתבאן(ד.א' 5105): ישאו לבב וכפים, אל אל בשמים חוקר שרעפים, יתודו את

עורכם ויקדו לו אפים. 3א, מונו,--(יש' מ"ט:כ"ו),אויבי, דוגמת "בקרוב עלי
מרעים"(תהל' כ"ז:ב'). 3ב, באתי בתפלה(איוב מ"א:ד': חין ערכו). 5א, ע"פ תהל'
ע"ד:ב': זכור עדתך קנית מקדם. 5ב, רעם,--(תהל' כ"ח:ט'),ל' מרעה. 6ב, בר'
א':כ'. 7א, תהל' צ"ד:א-ב. 7ב, דוגמת שם: השב גמול על גאים. 8א, יש' מ"ז:
י"ב. 8ב, שם שם:י"ג: הוברי שמים החוזים בכוכבים, ופי' רד"ק: גוזרי משפט
העתידות ע"פ הכוכבים. 8א, הקב"ה(מרום), חזקנו משתי פורענות שעברו עלינו
משתי מקדשות שחרבו, ע"פ הושע ו':ב' והש' פי' רש"י שם. 9ב, ישראל המיחדים
את שמו פעמיים בכל יום, הש' ברכות השחר. 10א, כבמים,--יש' א':ט"ז: רחצו
הזכו הסירו רוע מעלליכם. 10ב, בר' א':ט' ועוד. 11א, בער חטאם,--ל' "ובערת
הרע מקרבך"(דב' י"ג:ו'). והמש,--והסר, ל' "ומשתי את עון הארץ ההיא"(זכר'
ג':ט'). 11ב, באר,--חֲקוֹק, ל' "כתב חזון ובאר על הלוחות"(חבק' ב':ב'), ור"ל
כתב זאת זכרון בספר. צדקם,--זכות האבות. וחמש,--(שמ' י"ג:י"ח),וחַזֵק את
ישראל בניהם. 12א, ברר,--(דב' י"א:ל"ה),טהר אותם. כצאת השמש,--(שופ' ה':
ל"א), כלו' טהרם עד שיהיו כצאת השמש בגבורתו שהוא הולך ומתחזק עד שמגיע
לשיאו בחצי היום. 12ב, בחצי היום, ע"פ יהוש' י':י"ג. 13א, רבו פושעים וחט-
אים(ע"פ איוב ט"ז:י"ד)העוברים על תקנות חכמים שהן כגדר וכסיג לעולם, הש'
תוספת' חולין ב'.כ"ג. 13ב, כלו' אין לנו קרבן מזבח לכפר, ומתכוון לתפלתם
של הכהנים הגדולים(=דוברי מרץ)בצאתם מבית קדש הקדשים, הש' ירוש' יומא ה'.ג'
ובבלי שם נ"ג,ב. 14אב,יואל ב':י'. 15א, כבויים להקב"ה. 16ב, פי' לעולם,ע"פ
איוב י"ד:י"ב. 17א, עמוס ט':י"ד. 17ב, ישר דרכם(משלי ג':ו')של ישראל בגולה
(=עשוקים במהומות). 18א, תהל' ק"ל:א'. 18ב, שם ק"ז:כ"ו, ור"ל יהי רצון ויעלו
"העשוקים" וה"יורדים" מבור הגלות. 19א, צורחים,--(צפנ' א':י"ד),צורחים. מכובד
המס,--היהודים המשועבדים לנוכרים היו חייבים לשלם מסים לאוצר המלכות תמורת
ה"חסות" הניתנת להם בארצות מגוריהם, הש' "אקרא צור" לר' צדקיה בר בנימין(בח.
שירמן <u>איטליה</u>,עמ' ק'): צרות כמה מסים איך אוכל שאת,מדי שנה בשנה מתן אשא
משאת. 20א, צומתו,--(איוב כ"ג:י"ז),נחרבו, והש' "אהלי" לקלירי(ד.א'1432):
למה לנצח צומת ביד צרים. היו למרמס,--יש' ה':ה'. 20ב, שם ל"ד:ד': ונמקו כל
צבא השמים, ופי' רד"ק: זה על דרך משל כי למי שתבוא לו צרה גדולה כאלו נהפכו
השמים והארץ עליו...וכאלו אין צבא השמים כי אין לו אורה והעולם חשך עליו.
21ב,(דני' י"ב:ט'),במקום "סודות קצה"--היפוך סדר התיבות בצורה של יחסי קנין,
הש' לעיל, מבוא,עמ'23. "סודיה" **לצורך** החרוז. 22א, חזה,--(איוב ח':ט"ז),הקם
וכונן. ידעה...בשמים,--(יר' ח':ז'),הכוונה לכנסת ישראל. 23א, קרב הגאולה
(דני' י"ב:י"ג: קץ הימין),עליה נבאו הנביאים(חזיון, זכר' י"ג:ד'). 23ב, כבו-
ים להקב"ה. 24, בר' י"ד:י"ט.

ע'. "ודודי" לר' אלנתן הכהן(בר משה מארשה).

רידרי סטרופי בעל י"ב מחרוזות. לכל מחרוזת שלושה טורים החורזים ביניהם.
כל טור שלישי--שבר-פסוק. מספר מלים: 5-2 בכל טור. החתימה: אלנתן הכהן חזק.

המקורות: א. ג,עמ' ר"פ. ד,ב'5. ו,עמ' 76. (ד.א' 5325).

אִם יֹאמַר לִי קוֹנִי
עַל פְּשָׁעַי בַעֲוֹנִי
סוּרָה שְׁבָה פֹּה פְּלוֹנִי אַלְמוֹנִי.

לְיוֹם יֹאמַר לִי: קְרָא אֱמֶת
וּרְאֵה חֲתִימָתְךָ מְקוּיֶּמֶת
הַכֵּר נָא לְמִי הַחוֹתֶמֶת.

נוֹרָא, מַעֲשַׂי כְּתוּבִים בִּסְפָרִים
וּמָה אוֹמַר כִּי מִשְׁפָּטֶיךָ יְשָׁרִים
אֵין אוֹמֶר וְאֵין דְּבָרִים.

תַּעַן לְשׁוֹנִי כִּי מִיִּצְרִי
נִכְשַׁלְתִּי וְהִכְעַסְתִּי לְךָ יוֹצְרִי
אֵין מְתֹם בִּבְשָׂרִי.

בִּקְנִי מִנִּסְתָּר וְאִם גָּבַר
לֹא יָדַעְתִּי כִּי אֵלֶיךָ גָּלוּי וּבָר
אָכֵן נוֹדַע הַדָּבָר.

הָהּ לַיּוֹם אֲשֶׁר יוּלַּדְתִּי
וּמַה לִּי לָאָרֶץ כִּי יָצָאתִי
כָּל הַיּוֹם קוֹדֵר הָלָכְתִּי.

כָּל יוֹמַי וְלֵילַי
הָיִיתִי עָמֵל בַּעֲמָלִי
וְכָל זֶה אֵינֶנּוּ שֹׁוֶה לִי.

הִנֵּה בְּעוֹד בִּי נִשְׁמָתִי
בֹּשְׁתִּי כְלִמָּתִי
וְאַף כִּי אַחֲרֵי מוֹתִי.

נוֹרָא, מַחְשְׁבוֹתַי נִמְעָטוֹת
בְּיוֹם בּוֹאִי בַּעֲלָטוֹת
מָקוֹם אֲשֶׁר אֵין דֶּרֶךְ לִנְטוֹת.

חֲזֵק חֶבְלְךָ בַּדִּין, מְרוֹמִים שׁוֹכֵן
נָא אִם תְּכַבֵּר עֲוֹן מִסְכֵּן
וְאַף לַאֲמָתְךָ תַּעֲשֶׂה-כֵּן.

זַךְ, לְיוֹם הַדִּין זַכֵּנִי
וּכְמֵזִיד אַל תְּדִינֵנִי
מִנִּסְתָּרוֹת נַקֵּנִי.

קָדוֹשׁ, לְיוֹם תּוֹכֵחוֹת
לְךָ אֱלֹהֵי הָרוּחוֹת
הָרַחֲמִים וְהַסְּלִיחוֹת. מה נדבר וכו'

שו' 2, א: על עוני וזדוני. 7, מעשי, א: מחשבותי. 11,נכשלתי,א: הרגזתי. 25, נורא, גד: באור. 28,חזק, ו: חזה. 28–30, גד: חזק ואמץ יישר העקוב/ואותי שטן אל יעקוב/משגב לנו אלהי יעקב. 31, זכני, גד: צדקני. 35,גד: צדקני כי לאלהי הרוחות.

1–3, כאשר יאמר לי הקב"ה(קוני)ליתן דין וחשבון לפניו(סורה שבה וכו',ע"פ רות ד':א')על מעשי הרעים(על פשעי וכו'). 4–5, אז יאמר לי לקרוא מִסֵּפֶר הזכרונות בו חתמתי על מעשי, הש' ספרי דבר' ש"ז. "חתימתך מקויימת" ע"פ ל' המשנה, גיטין, א'.א': המביא גט בא"י...אם יש עליו עוררים יתקיים בחותמיו. 6, בר' ל"ח:כ"ה. 7 נורא,--הקב"ה. 9, תהל' י"ט:ד'. 10 תען,--עניה בדבור או בתפלה, הש' "ויאהב אומן" לקליר(ד.ו' 197): דלתי צור כְּבֵסָה דפק וחִנן, דגלים לשַׁלש תַּעַן ולחַנן. מיצ-רי,--יצרי הרע פִּתְּני. 12, תהל' ל"ח:ד'. 13 נקני מנסתר,--שם י"ט:י"ג. ואם גבר,--אם יצרי הרע מתגבר עלי. 14, הלא ידוע אני כי אתה בוחן כליות ולב ואתה ידוע את יצרי. 15, שמ' ב':י"ד. 16, ירמ' כ':י"ד. 17, דוגמת "למה זה מרחם יצא-תי"(שם,שם:י"ח). 18, תהל' ל"ח:ז'. 20, בעמלי,--ברדף עם אָוֶן, הש' במד' כ"ג: כ"א: לא הביט און ביעקב ולא ראה עמל בישראל. 21, אסתר ה':י"ג. 23, תהל' מ"ד: ט"ז. 24, דבר' ל"א:כ"ז. 25, נורא,--הקב"ה. מחשבותי נמעטות,--מקביל ל"ומה אומר כי משפטיך ישרים",לעיל שו' 8. 26, ביום בואי אל הקבר ואז אני נדון על מעשי, ורומז לדין וחבוט הקבר, הש' מסכת חבוט הקבר,עמ' 93,שם: אמר ר"מ משום ר"א קשה

ידם הדין שהקב"ה דן את האדם בקבר יותר מדין של גיהנם שאין דבין בתוכו אלא רשעים...אבל דין הקבר אפי' צדיקים נדונין בו, והש' לעיל,מבוא,עמ' 20-22. 27, במד' כ"ב:כ"ו. 28 חבלך,--ישראל חבל נחלתך,ע"פ דבר' ל"ב:ט'. מרומים שוכן ,--הקב"ה השוכן במרום. 29 מסכן,--ישראל הדל במעשים טובים. 30, דבר' ט"ו:י"ז. 31 זך,--הקב"ה. 32, תהל' י"ט:י"ג. 34 ליום תוכחות,--הושע ה':ט': אפרים לשמה תהיה ביום תוכחה. 35, במד' ט"ז:כ"ב. 36, דבי' ט':ט'.

ע"א. סליחות של ליל שמיני. פתיחה לר' ידידיה שלמה(בן יוסף רך מרודוס).

מסתג'אב בעל שש מחרוזות. לכל מחרוזת ג' טורים החורזים ביניהם. בראש הטור-ים--הפסוק "יהי חסדך וכו'"(תהל' ל"ג:כ"ב)הקובע את נושאו העיקרי של הפיוט. החתימה: ידידיה שלמה. המקור: א. (אין בד.).

יְהִי חַסְדְּךָ יְיָ עָלֵינוּ כַּאֲשֶׁר יִחַלְנוּ לָךְ.

יוֹשְׁבֵי בְצִלְּךָ/שָׁבוּ אֶצְלְךָ/וּמִתְפַּלְּלִים לָךְ.
דָּמִים הִנְחַלְנוּ/לָכֵן זָחַלְנוּ/וְעוֹד לָךְ יִחַלְנוּ.
יָסִיר מַעֲלֵנוּ/מְהוּמוֹת הֶעֱלֵנוּ/וְרַחֵם עָלֵינוּ.
דִּבְרֵי נְבוֹנָי/הַקְשֵׁב לְפָנָי/לְמַעַן יְיָ.
יָגֵל הוֹדְךָ/עָלֵימוֹ וּכְבוֹדְךָ/ כִּי טוֹב חַסְדְּךָ.
הָאָדָם חָטָאִי/וְחָשַׁךְ נָגְהִי/וָאֹמַר לְבָבִן לוֹ יְהִי. כי על רחמיך וכו'

2א, (הושע י"ד:ח'),ישראל היושבים בצלו של הקב"ה. 3א, דמים,--(שמ' כ"ב:א-ב), פורענויות. הנחלנו,--דוגמת "הָנחלתי לי ירחי שוא"(איוב ז':ג'). 3ב, לכן פחדנו ע' שם ל"ב:ו'. 4א, מעלנו,--(ויק' ה':ט"ו),חטאינו. 4ב, תהל' ע"א:כ'. 5א, תפלות ישראל(נבוני, כנוי לישראל ע"פ דבר' ד':ו'). 6אב, דוגמת "ונגלה כבוד יי וראו כל בשר יחדו כי פי יי דבר"(יש' מ':ה'). 7א, ל' "אם יאדימו כתולע כצמר יהיו" (שם א':י"ח). 7ב, איכה ד':ח'. 7ג, לו יְהי חטאי,ע"פ יש' שם.

ע"ב. "פתיחה שנית ליסלח לנו'" לר' שלמה שרביט הזהב.

"פתיחה" בעלת תשע מחרוזות. לכל מחרוזת ששה טורים. כל טור שישי הוא שבר-פסוק ומסתיים במלת "מלך". המשקל: השלם ג':--ס- --ס- ---. החתימה: שרביט הזהב. המקורות: א. ב,עמ' 221. (ד.ש' 2097).

שְׁפַל וְגוֹוֵעַ אֲנִי דַּל אֶבְיוֹן
נִבְזֶה חֲדַל אִישִׁים כְּדֵי בִזָּיוֹן
בְּיַעֲמִידוּנִי נְשִׂיאֵי צִיּוֹן
כִּי טוֹב לְהוֹדוֹת לָךְ לְזַמֵּר עֶלְיוֹן
יִהְיוּ לְרָצוֹן אִמְרֵי פִי הֶגְיוֹן
לִבִּי לְפָנֶיךָ אֲדֹנִי מֶלֶךְ.
רָחַב וּפַחַד אָז לְבָבִי נִבְעַת

גֶּשֶׁת אֲרוֹן קָדְשְׁךָ וְשָׁם לָגַעַת
פֶּן לִי בְּתוֹסֶפֶת תְּהִי מִגְרַעַת
אֵשׁ שָׁם וְאָנֹכִי כְּמוֹ תוֹלַעַת
חֶרְפַּת אֱנוֹשׁ בָּזוּי בְּעֶרֶךְ דַּעַת
הַמְשָׁרְתִים רֹאֵי פְּנֵי הַמֶּלֶךְ.
בּוֹאִי עֲמוֹד הֵיכָלְךָ צוּר מַלְכִּי
לָבַשׁ בְּשָׂרִי גוּשׁ בְּדַעְתִּי עֶרְכִּי

נפשי ששון ישע ועיני בכי
יופי יחידתי גויתי כי
בושה וחפרה על פעליה כי
לא עשתה את מאמר המלך.

יום טוב ועת זמיר ונשמע קול תור
כי אין בצאן רצון ביונה או תור
כי אם עשות משפט ולכת מסתור
לכן עדתי החפצה נעתור
לא בקשה דבר בהגיע תור
כי אם דבר הגי סריס המלך.

טוב לאנוש עוז לו בך ומסלות
שם בלבבו על תמורת עולות
העיר יעירוהו בבית אל לעלות
קום מה לך נרדם קרא בתפלות
עבדי אדני עומדים בלילות
עשי מלאכה מאשר למלך.

הנה בכורך חרפוהו שכניו:
אי בית אלהיך ואי בניניו
על כן מאד הוא נעצב על דיניו
ראשו מקור מים ודמעה עיניו
בזכור כבוד עשרו ואת רב בניו
את כל אשר אז גדלו המלך.

זכרה ברית אב ונקום נקמתם
ושמור עקדת בן ויעקב איש תם
להיות סגלה כאשר הבטחתם
אז: ואני זאת היא בריתי אותם.
וראה והכר-נא למי החותם
וכתב אשר נכתב בשם המלך.

הרפו בני יעקב שנת העצלה
וקחו דברים אתכם בתפלה
תמיד ושובו, אל תהי עוד עולה
בלבבכם אמרו ודומו סלה
עורו ועל משכבכם בלילה
ההוא כבר נדדה שנת המלך.

בקשו פני אל רם ורוכב חשמל
כי עם סליחותיו עליכם גמל
עוון יבוקש פה ואמלל קמל
ייבש למטה ומעל ימל
אכן לבל יביט ביעקב עמל
עמו אלהיו ותרועת מלך. אל מלך

שו' 4 ב: כי טוב לזמר לך להודות עליון. 24 הגי, א: הגה.

1, תהל' פ"ח:ט"ז, גווע מנוער(הש' לעיל,מבוא,עמ' 18)ודל במעשים טובים. 2, יש' כ"ג:ג;אסתר א':י"ח. 3, רומז לייעודו כשליח הציבור מטעם ראשי העדה, הש' מבוא,שם. 4, תהל' צ"ב:ב'. 5-6, שם י"ט:ט"ו. 7, יש' ס':ה',בבהל(בבעת,הש' אסת' ז':ו')לבי. 8, בזמן שנגש להתפלל ומתקרב אל ארון הקודש(ושם לגעת, עזרא ג':א'). 9, כלו' אם ירבה בדברים יבוא לידי חטא, הש' משלי י':י"ט. מגרעת, פי' חסרון. 10 אש,--(ויק' י':א'),הכוונה לאש שיצאה מלפני ה' ואכלה את נדב ואביהו אחרי שהקריבו אש זרה לפני ה'. תולעת,--תהל' כ"ב:ז'. 11, שם, ור"ל בזוי ושפל אני נחשב בעיני מלאכי מרום(=המשרתים ראו וכו', שו' 12)והנני מעז פנים לגשת אל הקודש בדומה להם. 12, אסתר א':י"ד, ור"ל אדם נחשב כבזוי ושפל בעיני מלאכי השרת(=בערך דעת המשרתים וכו'). 13, הנני בא(=בואי)לעמוד בבית התפלה(=בהיכלך) כש"ץ. 14, איוב ז':ה': לבש בשרי רמה וגוש עפר. ור"ל הן יודע אני את ערכי כבשר ודם שיסודו מעפר וסופו לעפר. 15, הנני בוכה על נפשי,ששון ישע(תהל' נ"א: י"ד). 16, הנני בוכה על נשמתי(=יופי יחידתי,ע"פ שם כ"ב:כ"א)בגופי(=גויתי), בכפל עניין. 17, כי בושה וחפרה נשמתי(=יחידתי)על מעשיה הרעים. 18, אסת' א': ט"ו. 19, קול ישראל(=תור, כנוי לישראל)נשמע בתפלה בבית הכנסת בעת רצון בין

כסה לעשור(יום טוב ועת זמיר). 20, מיכה ו':ז': הירצה ה' באלפי אילים ברבבות בחלי שמן, ור"ל הקב"ה לא חפץ את קרבן מזבח(בצאן...בירבה או תור). 21, והוא כן חפץ בעשית משפט ובהַצְנֵעַ לכת עמו (=ולכת מסתור, בסתר,בצנעה),ע"פ שם ו':ח'. 22, ולכן קהלי החפץ שהקב"ה נעתור להם(הש' דבה"א ה':כ'). 24-25, אסת' ב': ט"ו, ור"ל כנסת ישראל(=עדתי)לא בקשה דבר כי אם לעשות את מצוות הקב"ה(דבר... המלך). 25, תהל' פ"ד:ו' ופי' ראב"ע: שאין בלבם חפץ ולא מחשבה רק המסלות שהולכים שם בית השם. 26, שם בלבו תפלה ותחנון במקום קרבן מזבח,ע"פ הושע י"ד: ג': ונשלמה פרים שפתינו. 27, כוונתו ורצונו(רעיו,ע"פ תהל' קל"ט:ב': בנתה לרעי מרחוק)מזרזים אותו לבוא לבית התפלה. 28, ע"פ יונה א':ו'. 29, ב"י עומדים בבית ה' בתפלה בלילי אשמורות. 30, אסתר ט':ג'. 31, שונאי ישראל(בכורך, ע"פ שמ' ד':כ"ב)חרפוהו(הש' תהל' מ"ב:י"א). 32, אויב ישראל חֵרֵף את עם ה' באמרו: הלא בית ה' חרב וארצך שממה. 33, ישראל שרוי בצער מאימת יום הדין כיון שאין לו מזבח לכפר במקדש החרב. 34, ירו' ח':כ"ג. 35, בזכור את עשרו ורוב בניו בזמן שבית המקדש היה קיים. 36, אסת' ה':י"א. 37, זכור(זכרה,ע' נחמ' ה':י"ט)את הברית שכרת עם אברהם,אב המון גוים(בר' י"ז:ד-ה),ונקום את דם בניו השפוך. 38, וזכור את עקדת יצחק(והש' ירוש' תענית ב'.ד': נזכר להם עקידתו של יצחק ומתמלא עליהם רחמים)ואת יעקב,איש תם יושב אהלים(בר' כ"ה:כ"ז). 39, דבר' ז':ו'. 40 יש' נ"ט:כ"א. 41, ישראל פונה אל קונו ואומר: קיים את הבטחתך אלי, ע"פ בר' ל"ח:כ"ה. 42, ובכפל עניין, ע"פ אסת' ח':ח'. 43, קומו משנתכם ללכת לבית התפלה בלילי אשמורות, הש' שו' 28,לעיל. 44-45, הושע י"ד:ג'. 46-47, תהל' ד':ה'. 48, אסת' א':ו' ור"ל בלילי אשמורות(בלילה ההוא)הקב"ה יושב על כסא רחמים ומאזין לתפלות עמו, הש' ויק"ר כ"ט.כ"ד. 49 ורוכב חשמל,--(יש' י"ט:א': ה' רוכב על עב קל, והפייטן מתכוון לכַת המלאכים הנקראים בשם "חשמל" (ע' חגיג' י',א, והש' יחז' א':כ"ז),נושאי כסא הכבוד. 50, הקב"ה יתן לכם סליחה וכפרה. 51 עוון...פה,--ע"פ יר' נ':כ': בימים ההם...יבוקש את עוון ישראל ואיננו...כי אסלח לאשר אשאיר. ואמלל קמל,--ואין אומלל בישראל, קמל פי' נָבֵל. 52, איוב י"ח:ט"ז, מוסב על "עוון" ובכפל עניין. 53, במד' כ"ג:כ"א. 54, שם.

ע"ג. "סליחה ראשונה" לרשב"ג.

בתים בני ב' טורים מחריזים המתחילים במלת "יי". בנוסח ו(ע' להלן)עומדת מעל הסליחה הכותרת "ובכן יי מעון אתה"(תהל' צ':א') והמהדיר שם מביח שהפירט הוא והיט ראשון מסדרת הרהיטים המיוסד על מלת "יי". החתימה: א"ב(כפול),שלמה. המקורות א. י,(<u>שירי הקדש לרשב"ג</u>, הוצ' ד.ירדן,עמ' 149). (אין בד.).

יְיָ אֵל רִאשׁוֹן וְאַחֲרוֹן בְּלִי בַחַד
יְיָ אֱלֹהֵינוּ יְיָ אֶחָד.

יְיָ אָצַר בְּשֶׁתֶר יְסוֹדוֹת הַכֹּל גָּלוֹתָ
יְיָ אֱלֹהִים אַתָּה הַחִלּוֹתָ.

יְיָ בֵּאֵר שָׁלֹשׁ לְהַרְאוֹת עוֹז פִּלְאוֹ
יְיָ בַּשָּׁמַיִם הֵכִין כִּסְאוֹ.

יְיָ גִּלְגַּלְתָּ אַרְבַּע בְּצוּרָה בְצוּרָה
יְיָ גָּדוֹל אַתָּה וְגָדוֹל שִׁמְךָ בִּגְבוּרָה.

יְיָ דָּגוּל חָמֵשׁ גְּבוּלוֹת בְּמֶרֶץ
יְיָ דִּבֵּר וַיִּקְרָא אָרֶץ.

יְיָ הִפְאִיר בְּעֻזּוֹ שֵׁשׁ פְּשׁוּטוֹת בַּיַּבָּשָׁה
יְיָ הוּא הַטּוֹב בְּעֵינָיו יַעֲשֶׂה.

יְיָ וַעַד שִׁבְעָה נְגוֹהִים גְּבוֹהִים
יְיָ וּמֶלֶךְ גָּדוֹל עַל כָּל אֱלֹהִים.

יְיָ זִקַּקְתָּ שְׁמוֹנָה זְקוּפֵי מָדוֹר
יְיָ זִכְרְךָ לְדוֹר וָדוֹר.

יְיָ חִקַּקְתָּ תִּשְׁעָה עַד לֹא הֲרָרֵי טֶרֶף
יְיָ חַסְדְּךָ לְעוֹלָם מַעֲשֵׂי יָדֶיךָ אַל תֶּרֶף.

יְיָ טִבַּסְתָּ עֲשָׂרָה בְּאֵין סוֹף יְסוֹד
מְבָרְאֶיךָ
יְיָ טוֹב וְסַלָּח וְרַב חֶסֶד לְכָל קוֹרְאֶיךָ.

יְיָ יָחִיד בְּאֶחָד הַכֹּל אוֹמֵר וְסוֹעֵד
יְיָ יִמְלֹךְ לְעוֹלָם וָעֶד.

יְיָ כְּרוּבֵי כוֹכְבֵי זְרוּתִים יַמְלִיכוּךָ
יְיָ כָּל מַעֲשֶׂיךָ וַחֲסִידֶיךָ יְבָרְכוּךָ.

יְיָ לָבַשְׁתָּ הוֹד וּבְפַרְשֵׁז שַׁפְרִיר מָדוֹר
יְיָ לְעוֹלָם תֵּשֵׁב כִּסְאֲךָ לְדוֹר וָדוֹר.

יְיָ מָרוֹם בְּאַרְבַּע צוּרוֹת כִּי גֵאוּת חוֹבֵשׁ
יְיָ מָלָךְ גֵּאוּת לָבֵשׁ.

יְיָ נִשָּׂא קֶרֶן עֲמוּסָיו לְהָרִים נֵס
יְיָ נִדְחֵי יִשְׂרָאֵל יְכַנֵּס.

יְיָ שֹׂגֵב מְצוּדוֹת סְלָעִים לְמִקְדַּשׁ עֲדָתִי
יְיָ סַלְעִי וּמְצוּדָתִי.

יְיָ עֹשֵׂר צְפִירַת אוֹמֶן מְחוֹקֵק בְּתֶרֶץ
יְיָ עוֹשֵׂה שָׁמַיִם וָאָרֶץ.

יְיָ פֵּאֵר אֶשְׁדַּת מְתוּקָה מְגוּפֶת צוּפִים
יְיָ פּוֹקֵחַ עִוְרִים יְיָ זוֹקֵף כְּפוּפִים.

יְיָ צְדָקָה הֵכִין לְחוֹסָיו לְהָאִיר עֵינֵימוֹ
יְיָ צְדָקוֹת אָהֵב יָשָׁר יֶחֱזוּ פָנֵימוֹ.

יְיָ קִדֵּשׁ לְקוֹרָיו מְנוּחָה הִנְחַלְתִּי
יְיָ קִוִּיתָה נַפְשִׁי וְלִדְבָרוֹ הוֹחָלְתִּי.

יְיָ רוֹמֵם קַרְנִי לְעֵין כָּל בָּשָׂר
יְיָ רוֹעִי לֹא אֶחְסָר.

יְיָ שִׁבְטָיו יִרְעֶה וְעַמִּים תַּחְתָּם יְרוֹדֵד
יְיָ שׁוֹמֵר אֶת גֵּרִים יָתוֹם וְאַלְמָנָה
יְעוֹדֵד.

יְיָ תְּחִנָּתִי בְּקַשִּׁיב וְעֵינָיו יִפְקַח
יְיָ תְּפִלָּתִי יִקָּח.

יְיָ שַׁדַּי לְחֶלְקוֹ מֵאָז הִבְדִּילָנוּ
יְיָ מָעוֹן אַתָּה הָיִיתָ לָּנוּ. אל מלך

שו' 1 אל, ו: חסר. 5–6 ו: חסר. 7 בצורה, א: חסר. 9 גבולות, ו: קבועות.
15 זקקת, א: זקפת. 17 חקקת, ו: חקרת. 19 באין...מבראיך, א: באין יסוד וסוף
מפלאיך. 23 כוכבי, א: בכרובי. 27 צורות, א: יסודות. כי גאות, א: גאוה. 41
לעין, ו: לעיני. 43 שבטיו, א: שבָטי. ועמים...ירודד, א: ותחתם עמים רודד.
45 ועיניו, ו: ועינַי.

1 יי...ואחרון,--יש' מ"ד:ו'. בלי כחד,--באין הכחש, והש' "מתי שכל" לרמב"ע (ד.מ'2758): והוא אחד ומיוחד מלא כל הארץ כבודו, בכן יחד בלי כחד בפחד במתיק סודו. 2, דבר' ו':ד'. 3 בשתי יסודות,--במדת הדין ובמדת הרחמים, הש' בר"ר י"ב.ט"ו: אמר הקב"ה...הרי אני בורא אותו(את העולם)במדת הדין ובמדת הרחמים. 4, דבר' ג':כ"ד. 5 שלש,--הש' _ס.יצירה_ א'.י"ג: בירר שלוש אותיות מן הפשוטות וקבען בשמו הגדול יוד הי ויו. להוראות וכו',--תהל' פ"ט:ו'. 7 ארבע,--רומז לארבעת היסודות אש,רוח,מים,עפר, הש' ד.ילין,_לחקר השירה העברית בספרד_,ג',עמ' 193,הע' 114. בצורה בצורה,--בצורה חזקה. 8, יר' י':ו'. 9 חמש גבולות,--הכוונה לגבולי אלכסון,ע"פ ס.יצירה ה'.ב': חמש חתם רום וכו'. 10,

תהל' ב':א'. 11 הפאיר,--פאר. שש פשוטות,--ששת הצרופים יהו,יוה,הוי,היו,ויה,
והי משלוש האותיות הפשוטות(שאין להן מבטא כפול)יהו, והש' לעיל שו' 5, והש'
ס.יצירה,ו'.א'; ושם א'.י"ד. ויכסה,--והעלים את מבטאם הנכון של שמות האל
היוצאים מן הצרופים הנ"ל. 12, ש"א,ג':י"ח. 13, הקב"ה קבע(וָעֶד)שבעת כוכבי
הלכת שבתי,צדק,מאדים,חמה,נוגה,כוכב,לבנה, והש' ס.יצירה ד'.י"ב. 14, תהל'
צ"ה:ג'. 15 זקקת,--(מלאכ' ג':ג'),טהרת. שמונה וכו',--הכוונה לשמונה שומרי
פתח היכל(מדור)השביעי, הש' היכלות רבתי,כ"ג,באוצר מדרשים,א',עמ' 119. 16,
תהל' קל"ה:י"ג. 17 חקקת,--יצרת,הש' ס.יצירה ד'.ו': ומהן חקק שבעה רקיעים.
תשעה,--הכוונה למאמרות, הש' רשב"ג מקור חיים,ב',י"א;ג',א';ג',ז': העצם חבו-
שא למאמרות התשע. עד...טרף,--(משלי ח':כ"ה-כ"ו;תהל' ע"ו:ה'),בטרם נברא העו-
לם. 18, תהל' קל"ח:ח'. 19 טכסת,--סדרת. עשרה,--עשר ספירות בלימה, ע"פ ס.
יצירה א'.ד-ו. באין סוף יסוד מבראיך,--במדתן שאין להן סוף(הש' שם,א'.ה':
עשר ספירות בלימה ומידתן עשר שאין להן סוף)ובאין יסוד(ע"פ איוב כ"ו:ז':
תולה ארץ על בלימה, ופי' רש"י: אין כלום ביסוד כי הם עומדים באויר על חוזק
זרועותיו של הקב"ה),ברואיך(=מבראיך). 20, תהל' פ"ו:ה'. 21, הקב"ה שהוא יחיד
יוצר ותומך את עולמו בכוח שמו "אחד", והש' ס.יצירה א'.ז': דע וחשוב וצור
שהאדון יחיד והיוצר אחד. 22, שמ' ט"ו:י"ח. 23, מלאכי כוכבי השמים(=כרובי כוכ-
בי זרותים,ע"פ יש' מ':י"ב: ושמים בזרת תכן)ימליכוך. 24, תהל' קמ"ה:י'. 25,
לבשת הוד ותפרש את אהל השמים(ע"פ איוב כ"ו:ט;יר' מ"ג:י'; יש' מ':כ"ב). 26,
איכה ה':י"ט. 27, הקב"ה,רם בארבע צורות המרכבה כי גאות וכו', ובנוסח א: יסו-
דות,--כלו' בארבעת היסודות, והש' לעיל שו' 7. 28, תהל' צ"ג:א'. 29, הקב"ה
הרים את קרן ישראל(=עמוסיו, יש' מ"ו:ב'). להרים נס,--שם ס"ב:י'. 30, תהל'
קמ"ז:ב'. 31 שגב,--חזק. מצודות סלעים,--יש' ל"ג:ט"ז. 33, הקב"ה הכתיר בעטרה
(=צפירה,יש' כ"ח:ה')את מרע"ה(=אומן,במד' י"א:י"ב)מחוקק(דבר' ל"ג:כ"א)במישרים
(=בתרץ, הש' ת"א לתהל' ט':ט'). 34, תהל' קט"ו:ט"ו. 35 אשדת,--(דבר' ל"ג:ב'),
התורה. 36, תהל' קמ"ו:ח'. 38, שם י"א:ז'. 39 מנוחה הנחלתי,--דבר' י"ב:ט'.
40, תהל' ק"ל:ה'. 42, שם כ"ג:א'. 43 ירודד,--(שם קמ"ד:ב'),יכניע. 44, שם
קמ"ו:ט'. 45, יש' ל"ז:י"ז. 46, תהל' ו':י'. 47 לחלקו,--(דבר' ל"ב:ט')לישו-
אל. הבדילנו,--מ"א,ח':נ"ג: כי אתה הבדלתם לך לנחלה. 48, תהל' צ':א'.

ע"ד."סליחה שנית" לר' מנחם(בן אליה מקשטוריה).

סליחה בעלת כ"ג מחרוזות. לכל מחרוזת ב' טורים החורזים ביניהם והטור האחרון הוא פסוק מן המקרא(מתהל' קמ"ה:ב-כ"א,-פרט לבתים י"ד וכ"ג). מספר המלים בלתי קבוע: 5-14 בכל טור. החתימה: א"ב(כפול),מנחם. המקור: א. (אין בד.).

אֲיַחֶדְךָ בְּמוֹרָא נוֹרָא בִּגְבוּרָה וְאֶבְרָה סוֹמֵךְ עוֹלָם וְרוֹעֵד
אֲרוֹמִמְךָ אֱלֹהַי הַמֶּלֶךְ וַאֲבָרְכָה שִׁמְךָ לְעוֹלָם וָעֶד.
בִּזְמִירוֹת הֲדוּרוֹת וּבְשִׁירוֹת יְקָרוֹת אָקוּם אֶקַּח מוֹעֵד

בְּכָל יוֹם אֲבָרְכֶךָּ בַּאֲהַלְלָה שִׁמְךָ לְעוֹלָם וָעֶד.

גָּדַר גְּבוּלוֹת סֵדֶר פְּעוּלוֹת מְעוּלוֹת וּבַהֲדַר תְּהִלוֹת נִכְבַּד וְיָקָר
גָּדוֹל יְיָ וּמְהֻלָּל מְאֹד וְלִגְדֻלָּתוֹ אֵין חֵקֶר.

דַּעַת וּתְבוּנָה חוֹזֶה תְמוּנָה בְּצֶדֶק וֶאֱמוּנָה הֵעִידוּ
דּוֹר לְדוֹר יְשַׁבַּח מַעֲשֶׂיךָ וּגְבוּרֹתֶיךָ יַגִּידוּ.

הַמַּפְלִיא פְלָאוֹת וְנִקְדַּשׁ בִּצְבָאוֹת בְּמַרְאוֹת נוֹרָאוֹת אוֹת לְטוֹבָה הַצְמִיחָה
הֲדַר כְּבוֹד הוֹדֶךָ וְדִבְרֵי נִפְלְאוֹתֶיךָ אָשִׂיחָה.

וּלְנֶגְדְּךָ בְּפַחְדְּךָ עַם דַּךְ נוֹאֲמִים: בְּחַסְדְּךָ חַטָּאָה תְכַפֵּרְנָה
וֶעֱזוּז נוֹרְאוֹתֶיךָ יֹאמֵרוּ וּגְדוּלָּתְךָ אֲסַפְּרֶנָּה.

זֵרִיתָ עַמְּךָ יוֹם זַעַמְךָ וְלֹא סָרוּ מִמְּךָ אַךְ לְשִׁמְךָ יְחַלְּנוּ
זֵכֶר רַב טוּבְךָ יַבִּיעוּ וְצִדְקָתְךָ יְרַנֵּנוּ.

חַדֵּשׁ זְבוּלְךָ חַיֵּי פָעֳלֶךָ וּלְמַעַן הִלּוּלְךָ אֱמוֹר לְהֵיכָלְךָ מוּסָד
חַנּוּן וְרַחוּם יְיָ אֶרֶךְ אַפַּיִם וּגְדָל חָסֶד.

טְלָאֵי כְבָשָׂיו קְרוּאֵי עֲמוּסָיו יֹאמְרוּ לְעָשָׂו: יִשְׂרָאֵל לְעוֹשָׂיו יְחַכֶּה לְנִסָּיו
טוֹב יְיָ לַכֹּל וְרַחֲמָיו עַל כָּל מַעֲשָׂיו.

יָרוֹעוּ יָנוּעוּ יִגְוְעוּ בַּל יִשְׁמְעוּ אֲשֶׁר בְּדִמְיוֹן יַעַרְכוּךָ
יוֹדוּךָ יְיָ כָּל מַעֲשֶׂיךָ וַחֲסִידֶיךָ יְבָרְכוּכָה.

כָּשְׁרֵי פְעָלִים יִשְׁרֵי מְסֻלְּלִים אַשּׁוּרֵי מַעְגָּלִים שִׁירֵי מְהַלְלִים לְשִׁמְךָ יְסַדֵּרוּ
כְּבוֹד מַלְכוּתְךָ יֹאמֵרוּ וּגְבוּרָתְךָ יְדַבֵּרוּ.

לְגֹבַהּ תְּמִימִים לֵילוֹת וְיָמִים הוֹגִים מַנְעִימִים סוֹד נְסִיבָתוֹ
לְהוֹדִיעַ לִבְנֵי הָאָדָם גְּבוּרֹתָיו וּכְבוֹד הֲדַר מַלְכוּתוֹ.

מַחֲנוֹת קְדוֹשִׁים אֵילִים תַּרְשִׁישִׁים שִׁירִים חֲדָשִׁים לוֹחֲשִׁים בְּלִי לַעֲדוֹר
מַלְכוּתְךָ מַלְכוּת כָּל עֹלָמִים וּמֶמְשַׁלְתְּךָ בְּכָל דּוֹר וָדוֹר.

נְבוּאָה נוֹרָאָה תְּלוּיָה בִּקְרִיאָה נָאָה מוּפְלָאָה מִפִּי דּוֹרֵשׁ וְשׁוֹאֵל
נָפְלָה לֹא תוֹסִיף קוּם בְּתוּלַת יִשְׂרָאֵל.

סְחוּפִים דְּחוּפִים שְׁחוּפִים שְׁפוּפִים שׁוֹמֵם סְפוּפִים בֵּין שְׂרָפִים צוֹפְפִים
סוֹמֵךְ יְיָ לְכָל הַנֹּפְלִים וְזוֹקֵף לְכָל הַכְּפוּפִים.

עֶזְרָה בְּצָרוֹת נִמְצָא לַדּוֹרוֹת תֵּבֵל לְהַפְרוֹת בַּצּוּרוֹת יְאוֹרִים בֶּקַע רוֹקַע הָאָרֶץ מֵאִתּוֹ
עֵינֵי כֹל אֵלֶיךָ יְשַׂבֵּרוּ וְאַתָּה נוֹתֵן לָהֶם אֶת אָכְלָם בְּעִתּוֹ.

פֶּלֶג מְרוֹמוֹ פַּרְנֵס עוֹלָמוֹ דְּבַר יוֹם בְּיוֹמוֹ אוֹצְרוֹת נְעָמוֹ מָסַךְ וְעַצְמוֹ בַּאֲנַחְנוּ עַמּוֹ כְּמוֹ צֹאן
פּוֹתֵחַ אֶת יָדֶךָ וּמַשְׂבִּיעַ לְכָל חַי רָצוֹן.

צְמָצוּם עֲנָיוּת וּפְתַיּוּת גַּם נְקִיּוּת דַּעַת וְחַיּוּת אַף מָסַר בְּסִדְרָם בְּכוֹכְבֵי מִפְרָשָׂיו
צַדִּיק בְּכָל דְּרָכָיו וְחָסִיד בְּכָל מַעֲשָׂיו.

קַשֶּׁבֶת אָזְנוֹ לְמִתְחַנְנוֹ אִם בְּעֵינוֹ מְבִינוֹ וּכְאֵינוֹ בְּעֵינוֹ נֶחְשַׁב וּבָא בֶּאֱמֶת

קָרוֹב יְיָ לְכָל קוֹרְאָיו לְכֹל אֲשֶׁר יִקְרָאֻהוּ בֶאֱמֶת.

רִקְמַת קְדוּמַּת שָׂרִים בִּמְזִמַּת תּוּמַּת יְשָׁרִים וְחָכְמַת נְבָרִים מְחוּמַּת נְבָרִים תְּפַדְּעֵם
רְצוֹן יְרֵאָיו יַעֲשֶׂה וְאֶת שַׁוְעָתָם יִשְׁמַע וְיוֹשִׁיעֵם.

שְׁלוּמַּת נִקְמַת אַשְׁמַת נִשְׁמַת חַטָּאִים עֵת צוּמַּת לְעוּמַּת זֵבָאִים אֲשֶׁר חֲמַת אַפָּם מְלֵאִים תָּמִיד
שׁוֹמֵר יְיָ אֶת כָּל אֹהֲבָיו וְאֵת כָּל הָרְשָׁעִים יַשְׁמִיד.

תְּהִלָּה חוֹזֶרֶת חֲלִילָה תְּחִלָּה וַאֲנִי בְּרִיָּה קַלָּה מְמוּלָּה בְּקֶרֶב קְהִלָּה אֲהוֹדֶנּוּ בְּחִילָה
פּוֹחֵד וְרוֹעֵד
תְּהִלַּת יְיָ יְדַבֶּר פִּי וִיבָרֵךְ כָּל בָּשָׂר שֵׁם קָדְשׁוֹ לְעוֹלָם וָעֶד.

מַה נִּכְבְּדוּ חִדּוּשֵׁי מִדְרְשֵׁי דַּת מֹשֶׁה מִפִּי קְדוֹשֵׁי תַּלְמִידֵי רַב אַשֵׁי אַנְשֵׁי אֱמֶת הַזְּכִירוּם
לְטוֹבָה וְלִתְחִיָּה
וַאֲנַחְנוּ נְבָרֵךְ יָהּ מֵעַתָּה וְעַד עוֹלָם הַלְלוּיָהּ.　　　　אל מלך

1 אייחדך,--ע"פ ברכות השחר: ומיחדים שמך וכו'. ואברה,--תהל' צ"א:ד'. סומך עולם,--הקב"ה נושא את עולמו, הש' ירוש' חגיג' ב'.א', והש' צונץ,<u>ס.פ.</u>,עמ' 509. 3 אקום...מועד,--אקום במועד לילי אשמורות בחודש אלול ובעשי"ת. 5 גדר גבולות,--תהל' ע"ד:י"ז. סדר וכו',--סדר במעשה בראשית מקביל ל"גדר וכו'". ובהדר תהלות,--מפיות דרי מעלה ודרי מטה. נכבד ויקר,--דוגמת "מאשר יקרת בעיני נכבדת"(יש' מ"ג:ד'), ור"ל הקב"ה נכבד בתהלות של הוד ויְקָר(יְקָר, הש' "עת שערי רצון",ד.ע' 1053: ויורא דמות כבוד והוד יְקָר) ובהפרדה בין נסמך לסומך ע"י תיבה אחרת, הש' <u>גס"ל</u>,עמ' 16. 7 דעת וכו',--הש' "אל אדון" בשחרית לשבת ויו"ט: "דעת ותבונה סובבים אותו". בצדק וכו',--דוגמת "צוית צדק עדותיך ואמונה מאד" (תהל' קי"ט:קל"ח). 9 ונקדש בצבאות,--נקדש בפיות צבא השמים. אות לטובה,--תהל' פ"ו:י"ז: עשה עמי אות לטובה. הצמיחה,--יש' ס"א:י"א. 11 עם דך,--(תהל' ט':י'), ישראל עם דך. 13 זרית עמך,--יחז' כ"ב:ט"ו. יום זעמך,--(שם כ"ב:כ"ד),ביום זעם ועברה. ולא סרו ממך,--(דבה"ב ל"ד:ל"ג),בכל זאת ולא סרו. אך וכו',--תהל' ל"ג:כ"ב. 15 חדש זבולך,--חדש(איכה ה':כ"א)את מקדשך(זבולך,ע' מ"א,ח':י"ג. חיו פעלך,--מוסב על "חדש";הכוונה לעבודה במקדש ולקרבן מזבח. ולמען הלולך,--למען שירת הלויים הנותנים שבח והלל להקב"ה. אמור...מוסד,--זמן יסוד(הש' דבה"ב ח': ט"ז: מוסד בית ה')למקדש. 17 טלאי כבשיו,--(יש' מ':י"א; יר' נ':י"ז),ישראל. קרואי עמוסיו,--(יש' מ"ו:ג'),ישראל העמוסים מני בטן. יאמרו לעשו,--כלו' יא-מרו לנוצרים הבאים להסיתם בדברים ולהשפיע עליהם שיכחישו את דתם, ורומז לגזי-רות השמד, והש' צונץ,<u>ס.פ.</u>,עמ' 471 ואילך. ישראל לעושיו,--ישראל נאמן להקב"ה, עושיו. 19 ירועו,--(יש' ח':ט'),ירועו ישראל מאימת האויב. ינועו,--(בר' ד': י"ד),היו נעים ונדים בארצות הגולה. יגועו,--מתו בגזירות השמד. בל ישמעו... יערכון,--ולא שמעו לקול הנוצרי המסית ומדיח,אשר נדמיונו של יֵשׁוּ יערכוו(הש' תהל' פ"ט:ז' והש' "ארוכה מארץ" לר' בנימין בר שמואל, <u>באנתולוגיה</u>, עמ' 42: לא יהיה לך גיעול סמלים,בתבנית איש עמולים). 21 אשורי מעללים,--אשור במשמע'

קיום ור"ל מקיימי מצוות התורה. לשמך יסבוו,--(תהל' קמ"ח:ט"ו),ישבחו, ור"ל
מיחלים לשועתך. 23 מנעימים סוד **נסיכתו**,--פי' מקבלים עליהם את עול מלכות
שמים(סוד בסיכתו,כלו' שלטונו של האל, ומתכוון לאמירת "שמע ישראל"). 25
מחנות וכו',--ר"ל דרי מטה מקבלים עליהם את מלכותו בדומה לדרי מעלה(מחנות
קדושים). אילים,--הש' <u>סדר אליהו רבה</u>,ב': אין אילים אלא מלאכי השרת. תרשי-
שים,--מלאכי ה'. בלי לעדור,--יש' ל"ד:ט"ז. 27 נבואה וכו',--ייתכן שרומז
לחורבן ירושלים(בבואה בוראה)שבא בעקבות מעשה קמצא ובר קמצא(גיטין נ"ה,ב).
קריאה, במשמע' הזמנה והכוונה להזמנת בעל הסעודה לבר קמצא. תלדיה, פי' על
קמצא ובר קמצא חרבה ירושלים. והפייטן בא להזהיר על חטא של שנאת חנם. 28,
ע"פ עמוס ה':ב', מקביל לעניין החורבן,--בטור שלפניו. 29 סחופים,--יר' מ"ו:
ט"ו והכוונה לישראל בגולה. שחופים,--רזה גופו של ישראל **בגולה**,**והש' ר' משה
חיים** לוצאטו <u>חוקר ומקובל</u>,52: וישראל שחופים וסחופים באורך הגלות. שפופים,--
משעבדים לנכרים. ספופים,--ל' "האף תספה צדיק עם רשע"(בר' י"ח:כ"ג). בין שר-
פים צופפים,--ישראל יושב בין הגויים הדומים לנחש ארסי(שרפים,במד' כ"א:ו')
והלוחצים אותו(=צופפים). 31 תבל להפרות,--ל' פרו ורבו, ע' בר' א':כ"ח. בצור-
ות...בקע,--איוב כ"ח:י'. רוקע וכו',--מאתו,פי' בגבורתו, ע"פ יש' מ"ד:כ"ד
וכת"א שם והש' רד"ק: ומאתי ומכוחי היה הכל. 33 פלג מרומו,--הש' מאמר ר'
יהודה(בחגיג' י"ב,ב): שני רקיעים הן שנא'(דבר' י':י"ד): הן לה' אלהיך השמים
ושמי השמים. אוצרות...מסך,--ל' "חכמות בנתה ביתה...מסכה יינה אף ערכה שלחנה"
(משל' ט':ב'). ועצמו,--מוסב על "עולמו", פי' עשה שיהיה עָצם, בראהו. ואנחנו
וכו',--תהל' ק':ג'. 35, הקב"ה נתן(מסר)לכוכבים המתפשטים בשמים(=בכוכבי מפר-
שיו, ל' "מפרשי עב",איוב ל"ו:כ"ט)את הכוח להשפיע על בני אדם(הש' לעיל שיר
ס"ג,שו' 19: פקדם[את הכוכבים ואת המזלות]להמית ולהחיות להכשיל ולאמץ ברכים)
כל **אחד** לפי תכונתו(=בסדרם),--אם לעוני(צמצום עניות),אם לתמימות(פתיות...נקיות
דעת),ואם לחיים(וחיות אף,ע"פ בר' ז':כ"ב). 37, הקב"ה שומע אל התפלה(=קשבת אז-
נו למתחננו)אם האדם מתפלל בכוונה(=אם רעיונו מכינו, הש' ירוש' ברכ' ה'.א')
ומגיע למדרגת התפשטות הגשמיות(וכאינו...כמת, והש' פי' ר' אברהם **אבולעאפיה**
ל"הכון לקראת אלהיך ישראל",עמוס ד':י"ב: הכן עצמך לייחד לבבך וטהר גופך...
הנ מחשבותיך האמיתיות לצייר את השם ית'...ואחר ציור זה כלו הנ שכלך ולבך
להבין...ודע כי כל מה שיחזיק אצלך השפעת שכלי הנכבד,יחלשו איבריך החיצוניים
והפנימיים ויתחיל כל גופך להשתער שערה[להסתער סערה]חזקה עד מאד עד שתחשוב
עצמך שעל כל פנים תמות בעת ההיא,כי תפריד נפשך מגופך מרוב שמחתה בהשגתה.
ע' ר"א **אבולעאפיה**,<u>חיי עולם הבא</u>,עמ' 44-45). 39, למען שירת הלויים במקדש
(=רקמת קדומת שרים, ע"פ תהל' ס"ח:כ"ו),ולמען מעשים טובים של הישרים והתמימים
(=במזמת תומת ישרים, הש' משל' י"א:ג'),ולמען חכמת הטהורים(=רחכמת נברים,ע'
ש"ב,כ"ב:כ"ז),פדנו משעבוד לנכרים(מחומת נוכרים תפדעם, ע' איוב ל"ג:כ"ד).
41 שלומת...חטאים,--ע"פ תהל' צ"א:ח': ושלומת רשעים תראה, ור"ל הקב"ה ינקם
מחטאים. **עת**...זכאים,--ינקם מחטאים על הזמנים שהרסו את הזכאים(צומת, פי'

בחרב). חמת אפם,--של החטאים, והכוונה לשלטונות המדינה בגולה, הש' לעיל שו' 29. 43 תהלה...תחלה,--ישראל חוזרים ואומרים(חוזרת חלילה,הש' משנה סוכה ה'. ד')שירי שבח ותהלה להקב"ה בראשית השנה,בעשי"ת(תחלה). בריה קלה,--עבד ושפל רוח. ממולה,--מוסב על "תהלה" והש' תפלה לש"ץ "הנני העני ממעש"(ד.ה' 912): באתי לעמוד ולחנן לפניך..ואף על פי שאינני כדאי והגון לכך. 45 רב אשר,-- מסדר התלמוד הבבלי. 46, תהלי קט"ו:י"ח.

ע"ה. "סליחה שלישית" לר' משה בר חייה.

סליחה בת י"ג מחרוזות. לכל מחרוזת ד' טורים החורזים חריזה סטרופית משתנית והמתחילה במלת "ואתה" ומסתיימת בשבר-פסוק שיש בו המלה "ואתה". ייתכן שהפיוט הוא חלק מסדרת הרהיטים המיוסדים על הפסוק "ואתה קדוש וכו'"(תהלי כ"ב:ד'). מספר מלים:3-6 בכל טור. החתימה:משה ברבי חייה ח/ז/ק. המקור:א. (אין בד.).

/ואתה קדוש יושב תהלות/

וְאַתָּה מַלְכִּי מִקֶּדֶם בִּמְעוֹנָי/ אֵלֶיךָ נָשָׂאתִי אֶת עֵינָי
יְשַׁבְּחוּנְךָ הַיּוֹם בְּעִיּוּנָי/ וְאַתָּה מָרוֹם לְעוֹלָם אֲדֹנָי.

וְאַתָּה שְׁחָקִים שִׁפַּרְתָּ לַעֲרוֹךְ/ וְכִמְעַט לֹא עָמְדוּ מֵרוֹךְ
עַד אֲשֶׁר נֶחְרְכוּ חֲרוֹךְ/ וְאַתָּה עַל בָּמוֹתֵימוֹ תִּדְרֹךְ.

וְאַתָּה הֲכִינוֹתָ הֲדוֹם מִקֶּדֶם/ וְעַפְרוֹת תֵּבֵל עָמַדְתָּ בַּתְּמוּדְדֵם
פַּעַם תַּעֲלֵם וּפַעַם תְּנִידֵם/ וְאַתָּה אֱלֹהִים תּוֹרִידֵם.

וְאַתָּה בָּהִיר וּרְגָעִים תְּחַשֵּׁב/ וּמִפִּי גַלְגַּלֶּיךָ תְּהִלּוֹת קוֹשֵׁב
וְהַכִּסֵּא מְעוֹפֵף בְּרוּחַ נוֹשֵׁב/ וְאַתָּה אֲדֹנָי לְעוֹלָם תֵּשֵׁב.

וְאַתָּה רוּחַ תְּפַלֵּס וְתִשְׁקוֹל/ וּבִמְזִמּוֹתֶיךָ תּוּבַל כֹּל
וְכִפּוֹת תִּקְשׁוֹר בְּאֶשְׁכּוֹל/ וְאַתָּה מוֹשֵׁל בַּכֹּל.

וְאַתָּה בְּשִׁמְךָ כְּנָפוֹת נִכְתָּמוּ/ וּבַעֲזוּז תְּהוֹמוֹת נִסְתָּמוּ
וּבְשָׁלוֹשׁ פְּשׁוּטוֹת נֶחְתָּמוּ/ וְאַתָּה הוּא וּשְׁנוֹתֶיךָ לֹא יִתָּמוּ.

וְאַתָּה יִסַּדְתָּ עֶשֶׂר בְּעֶשֶׂר יַעֲלוּ/ וְהַתְּמוּרוֹת בְּשֶׁבַע נִכְפָּלוּ
וּבִשְׁתֵּים עֶשְׂרֵה פְּשׁוּטוֹת נִגְבָּלוּ/ וְאַתָּה תַעֲמוֹד וְכֻלָּם כַּבֶּגֶד יִבְלוּ.

וְאַתָּה חֲקַרְתָּ אָדָם וְנִשְׁלָם/ וּבִשְׁנַיִם עָשָׂר נֶהֱלָם
וְאִם קָט יִמּוֹטוּ עַל עָפָר מֻשְׁלָם/ וְאַתָּה מְחַיֶּה אֶת כֻּלָּם.

וְאַתָּה יְצִירָה הָגִיתָ בְּשִׁנּוּן/ וְצֵרַפְתָּ אוֹתִיּוֹת עִם נוּן
וְהִמְלַכְתָּם לְשִׁמְךָ לָתֵת רִנּוּן/ וְאַתָּה אֲדֹנָי אֵל רַחוּם וְחַנּוּן.

וְאַתָּה יְצוּרֵי אַחֲרֶיךָ נִנְהִים/ וּמִפַּחְדְּךָ תְּמֵהִים וְרוֹהִים
יַחַד לִבִּי אֲשֶׁר לְפָנֶיךָ יָהִים/ וְאַתָּה תִּהְיֶה לוֹ לֵאלֹהִים.

וְאַתָּה הַיּוֹשְׁבִי בִּמְרוֹמֵי שַׁחַק/ וְגָבוֹהַּ תֵּרַע מִמֶּרְחָק

נָא צַדְּקִי בְּסֵפֶר יִצְחָק/ וְאַתָּה אֲדֹנָי אַל תִּרְחָק.

וְאַתָּה חַיֵּה נַפְשִׁי מִיּוֹמַיִם / וְשִׂיחִי אֶשְׁפּוֹךְ לְפָנֶיךָ כַּמַּיִם
בְּכָל יוֹם לְיַחֵד פַּעֲמַיִם/ וְאַתָּה תִּשְׁמַע הַשָּׁמַיִם.

25]ואתה ז......................./....................
..................../ ואתה.............[

וְאַתָּה קָנִיתָ כָּל פְּעֻלּוֹת/ וְהִצַּבְתָּ כָּל גְּבוּלוֹת
וּלְךָ נִתְּנוּ עֲלִילוֹת/ וְאַתָּה קָדוֹשׁ יוֹשֵׁב תְּהִלּוֹת.   אל מלך

1א, במעונו,--(תה' צ"א:ט'),בשמים. 2א, שם ס"ג:ד'. 2ב, שם צ"ב:ט'. 3א, ל' "ברוחו שמים שפרה"(איוב כ"ו:י"ג),ופי' רש"י: בדבורו וברוח פיו איהל כמו 'ונטה אהל שפרירו'(יר' מ"ג:י'). 3ב, מרוך,--מרכות הש' איוב כ"ו:י"א והש' בר"ר ד'.ז': לחים היו (השמים)בראשון ובשני קרשו. 4א, נחרכו חרוך,--(משלי י"ב:כ"ז),בעשו קשים כבשר צלוי על האש. 4ב, דבר' ל"ג:כ"ט. 5א, הדום,--(יש' ס"ו:א'),ארץ. 5ב, עפרות תבל,--משלי ח':כ"ו. עמדת ותמודדם,--ל' "עמד וימודד ארץ"(חבק' ג':ו'). 6א, כלו' הקב"ה ברא עולמות(=תעלם)ומחריבם(=תכידם,ע"פ תהל' ל"ו:י"ב),והש' בר"ר ג'.ט'. 6ב, תהל' נ"ה:כ"ד, אבל הרשעים,תמיד תורידם לבאר שחת. 7א, בהיו,--(איוב ל"ז:כ"א),הקב"ה. ורגעים תחשב,--תבחן, ל' "ותפקדנו לבקרים לרגעים תבחננו"(איוב ז':י"ח),ור"ל בר"ה(ורגעים)בדונו כל באי עולם, ע"פ משנת ר"ה א'.ב'. 7ב, הקב"ה מאזין לשירי שבח מפיות צבא מרום(גלגליך,ע' יחז' י':ב' ואילך והש' מסכת היכלות,ז',אוצר מדרשים,א',עמ' 111: ישמיעו גל-גל לגלגל ברעש וברעם קולות ורעמים, קולות לרוכב בערבות ביה לעלוז לפניו. 8א, כסא הכבוד מעופף(הש' מסכת היכלות,שם: כסאך מעופף משעה שתקעת יתד אריגת המסכת של שכלול העולם כולו)בכוח רוח גבורתו(הש' שם: ומסלולו/דרכו של הכסא המעופף] עומדים עליו שני הברכות רוחות). 8ב, תהל' ק"ב:י"ג. 9א, ל' "מי מדד בשעלו מים...ושקל בפלס הרים,"(יש' מ':י"ב). 9ב, יר' כ"ג:כ'. 10א, וכפות,--הרקיע,הש' בר"ר ד'.ה': הרקיע דומה לבריכה ולמעלה מן הבריכה כיפה. תקשור באשכול,--הש' ירוש' חגיג' ב'.א' ובלשון הפייטנים הש' צונץ ס.פ. ע'510. 10ב, דבה"א כ"ט:י"ב. 11א,בכח שמך נברא(נכתמו ביקר, הש' "צאן אובדות" לרי"ה/ד. צ' 29]: בכתמי יקר תרשישי יתעטר)מלאכי השרת,בעלי כנפים(כנפות,ע' יש' ו':ב', והש' ס.יצירה,א'.י"ב: חקק וחצב....שרפים ואופנים...ומלה"ש). 11ב, ע"פ משלי ח':כ"ח: באמצו שחקים ממעל בעזוז עינות תהום, ופי' רש"י: כשהגביר מעיינות תהום. 12א, ע"פ ס.יצירה,א'.י"ג: ברר שלוש אותיות מן הפשוטות/פי' שאין להן מבטא כפול]...וחתם בהן שש קצוות. 12ב, תהל' ק"ב:כ"ח. 13א, יסדת עשר,--פי' עשר ספירות,ע' ס.יצירה,א'.ב'. בעשר יעלו,--בעשר מדות יעלו,ע' שם,א'.ה': עשר ספירות בלימה מדתן עשר. 13ב, והתמורות,--שם,ב'.ב': המירן אחת(מן האותיות) עם כלן וצר בהן את כל היצור. בשבע נכפלו,--הכוונה לשבע כפולות, ע' שם,א'.ב' וב'.א'. 14א, ע' שם,שם: כ"ב אותיות יסוד, שלוש אמות ושבע כפולות ושתים עש-רה פשוטות. 14ב, תהל' ק"ב:כ"ז. 15א, חקרת אדם ביגוני ואיש צדיק(בשלם),הש'

איוב ד':י"ח. 15ב, הש' <u>ס.יצירה</u> ה'.ו': י"ב מנהיגים בנפש שתי ידים וכו'. הנוסח בא: בגלם,--אין לו שחר. 16א, ואם...ימוטו,--ואם עוד מעט נכשלו בדבר עבירה. על עפר וכו',--איוב מ"א:כ"ה, משלם פי' ממשלתם, כתרגומו שם, ור"ל אם נכשלו בדבר עבירה נתחייבו מיתה ובאו לקבר, והש' רמב"ם,<u>משנה תורה</u>,הלכ' תשובה,ג'.ב': אדם שעוונותיו מרובין על זכיותיו--מיד הוא מת ברשעו. 16ב, נחמ' ט':ו', ור"ל אתה מקבל תשובתם. 17א, בשנון,--בחזרת מאמרות, הש' אבות ה'.א'. 17ב, וצרפת את האותיות בהן נברא את השמים ואת הארץ(הש' ברכ' כ"ה, א: יודע היה בצלאל לצרף אותיות שנברא בהן שמים וארץ)עם ישראל(בנו ע"פ במד"ר י"ח.כ"א: נרמז...בנ"ו ליעקב). 18א, והמלכתם וכו',--הקב"ה קושר כתר-ים לאותיות(הש' שבת פ"ט,א)וקובע אותן בשמו הגדול(הש' <u>ס.יצירה</u> א'.י"ג),כדי להראות את גדלו(לתת רבון, במשמע' שמועה). 18ב, תהל' פ"ו:ט"ו. 19א, ישראל (=יצורי)במשכים(=בבהים,ש"א ז':ב')אחריך. 19ב, יש' מ"ד:ח'. 20א, יהים,--תהל' ב"ה:ג'. 20ב, שמ' ד':ט"ז. 21א, תהל' קכ"ג:א'. 21ב, ובעל גאוה(=וגבורה)תייסר (=תיידע)מן השמים(=ממרחק),ע"פ תהל' קל"ח:ו' ות"א ורש"י שם. 22א, בספר ירחק ,--(איוב י"ט:כ"ג),ייכתב בספר החיים עם הצדיקים, הש' ירוש' ר"ה,א'.ג': ג' פינקסיות הם וכו'. 22ב, תהל' כ':כ"ב. 23א, הקב"ה החיה אותי מכבר(מימים). 23ב, תהל' קמ"ב:ג'. 24א, ע"פ ברכות השחר. 24ב, דבה"ב ו':כ"ז. 27א, קנית,-- (בר' י"ד:י"ט),יצרת. פעולות,--במשמע' צורות הש' רש"י לתהל' ל"ט:י"א. 27ב, תהל' ע"ד:י"ז. 28א, ש"א,ב':ג' ופי' רש"י: כל מעשה האדם במבין לפניו. 28ב, תהל' כ"ב:ד'.

ע"ו. תחנון לפירשן עלום-שם.

תחנון בצורת שיר-איזור בעל מדריך בן ארבעה טורים, ארבע מחרוזות ושני טורי איזור. מספר הטורים במחרוזות בלתי קבוע: ז' בראשונה ובשלישית, ו' בשנייה וט' ברביעית. הפסוק "השיבנו ה' אליך וכו'(איכה ה':כ"א)הבא כטור הרביעי במדריך חוזר כפזמון בסוף כל מחרוזת(ע' שיר כ"ז). החריזה: אאאא// בבב וכו'/אא//גגג וכו'/אא//וכו'. המשקל: המרנין: ס---/ס---//ס---/ס---. המקורות במ"ר: א. מקורות אחרים: <u>סדור התפלות כמנהג הקראים</u>,(גוזלוו,1836), ח"ג,עמ' קל"ב(ק). <u>מחזור ארם צובה</u>, עמ' תקנ"א(ה). (ד.א' 8299).

אֲשֶׁר לוֹ יָם וְחָרָבָה/ וְכָל מוֹשָׁב וּמַצָּבָה
לְךָ אֶקְרָא בְּאַשְׁמוּרֶת/ וְעֵינַי מִן בְּכִי זָבָה
לְךָ אֹמַר פְּדֵנִי מִן/יְדֵי חַטָּאת וּמַחוֹבָה
הֲשִׁיבֵנוּ יְיָ אֵלֶיךָ וְנָשׁוּבָה.

בְּזָכְרִי אֶת עֲוֹנוֹתַי/ יְקוֹד יֵקַד בְּכִלְיוֹתַי
אֲנִי נַדְמִי אֲנִי לַצְּמִי/ וְעִוֵּיתִי נְתִיבוֹתַי
אֲהָהּ לִי מָה אֲדַבֵּר עַל/אֲשֶׁר גָּרְמוּ עֲוֹנוֹתַי
וְאִם אֶלּוֹן עֲלֵי נַפְשִׁי/לְבַדָּהּ כָּל תְּלוּנוֹתַי
לְהִתְאַחֵר לְיוֹם מָחָר/ אֱלֵי אֵלִי תְּשׁוּבָתִי

וְאֵין מֵלִיץ וְאֵין דּוֹבֵר/לְטוֹב כִּי אִם פְּעוּלּוֹתַי
וּמָה אַעַשׂ בְּיוֹם יִשְׁקוֹל/ בְּמֹאזְנַיִם חַטֹּאתַי
וּמָה אוֹמַר וְאֶצְטַדָּק/ וּמָה אַעַן וְאָשִׁיבָה
השיבנו וכו'.

גָּדוֹל עֵצָה תְּמִים דֵּעָה/ אֲנִי רִמָּה וְתוֹלֵעָה
וְגוּפִי מֵעֲפַר אֶרֶץ/ וְלֶעָפָר תְּהִי סֹעָה
לְךָ אֶרֶץ וְשָׁמַיִם/ לְךָ טוֹבָה לְךָ רָעָה
הֲתִפְקוֹד עַל עֲווֹן נַפְשִׁי/ אֲשֶׁר זָדָה וְהִרְשִׁיעָה
וְאֵיךְ יִפְקוֹד אֲבִיר רוֹעִים/ עֲלֵי רָזָה וְצוֹלֵעָה
הֲרֵעוֹתִי וְלֹא שַׁבְתִּי/ בְּהָלְכִי עַל נְתִיב תֹּעָה
אֱלֹהַי גַּל בְּסוּת מַעַל/שְׂאֵי עֵינַי וְאֵיטִיבָה
השיבנו וכו'.

אֲנִי חוֹטֵא בְּנִבְרָאִים/ וּבֵין רָעִים וְחַטָּאִים
וְאֵין לִי פֶּה וְלֹא מֵצַח/ לְהָרִים רֹאשׁ כְּמוֹ גֵּאִים
וְאֵין עִמִּי בְּשָׁקְדִי עַל/מְזוּזוֹת פִּתְחֲךָ כִּי אִם
נְפָשׁוֹת עַד תְּהוֹם שָׁחוּ/ בְּתַחֲנוּנִים מְנוּשָּׂאִים
לְקַחְנוּם כַּאֲשֶׁר שַׁחְתָּ/ וְהִנֵּנוּ לְךָ בָּאִים
וּמִתְנַדִּים בִּפְלוּלִים/ בְּפָז יָקָר מְסֻלָּאִים
וְגוּפֵיהֶם מְחוּלָּאִים/ וְחוֹלִי רַב מְמוּלָּאִים
רְפָא נִגְעָם סְלַח פִּשְׁעָם/שְׁמַע שַׁוְעָם וְהַקְשִׁיבָה
השיבנו וכו'.

אֲבוֹד נִצְחִי וְאֵין אֱיָל/וְאַתָּה אֵל אֱיָלוּתִי
סְגַרְתַּנִי בְּבוֹר גָּלוּת/ וְאֵין קֵצֶה לְגָלוּתִי
וְהָיִיתִי כְּלִי אוֹבֵד/ וְאֵין מֵשִׁיב אֲבֵדָתִי
וּבִי לָעֲגוּ אֲשֶׁר רָאוּ/חִכּוּתִי יוֹם גְּאוּלָּתִי
וְאָמְרוּ כִּי כָּעָב עָבַר/ וְבַטֵּל יוֹם יְשׁוּעָתִי
וְכִי אֵין סוֹף לְתִקְוָתִי/ וְאֵין תַּכְלִית לְצָרָתִי
וְאֶשְׁמָעֵם וְאֶכָּלֵם/ וְתִשְׁתַּפֵּךְ מְרֵרָתִי
וְאֵיךְ אֶשְׁקוֹט וְאֵיכָה לִי/תְּקוּמָה מִכְּלִמָּתִי
וְהִגָּלֵה וְהִנָּשֵׂא/ לְהַעֲבִיר אֵל לְחֶרְפָּתִי
זְכוֹר עַמְּךָ וּפָקְדֵהוּ/ וְהַעֲלֵהוּ בְּמַחֲשָׁבָה
השיבנו וכו'.

שו' 1 לד, ק: לך. 6 ועויתי, ק: וקלקלתי. 7 אהה, ה: אבוי. 9א, א: לשכחה כי ביום מחר. 15 סועה, א: בוסעה. 19 שבתי, א: סרתי. 25א, ק: לנפשות עמך שחו. 27 בפז, א: בפי. 33 כלי, ק: כשה. משיב, ק: דורש. 38 ואיכה לי תקומה, ק: ואיכה לא תבקה. 42 קה מוסיפים עוד בית: אלהי עמך יטהר וכו'.

1ב, כל יושב ועומד(מצבה ל' נצב). 2א, תהל' קי"ט:קמ"ח. 5ב, יקוד יקד,--יש'

י':ט"ז. בכלירתי,--מקום מרכז למצפון. 6אב, ע"פ נוסח הודוי הש' <u>גס"ל</u>, עמ' עמ' י'. 8א, אלון,--ל' "וילונו העם על משה וכו'"(שמ' ט"ו:כ"ד). עלי נפשו לבדה,--ולא גם על גופי, הש' סנהד' צ"א,א: גוף ונשמה יכולים לפטור עצמם מן הדין וכו'. 9א, להתאחר וכו',--לדחות את תשובתי לדיין עולם ביום הדין בזמן שעלי לתת דין וחשבון לפניו, הש' אבות ג'.א'. 11אב, ישקול במאזנים וכו',-- משלי ט"ז:י"א: פלס ומאזני משפט לה', והש' רש"י(לר"ה י"ז,א, ד"ה "מעביר ראש-ון"): שהקב"ה ממעט את משקל העוונות ע"י העברת הראשון שבהם הבא להשקל במאז-נים, והש' <u>פסיק' רבתי</u>,כ'. 14א, כבויים להקב"ה. 14ב, איוב כ"ה:ו'. 15אב, בר' ג':י"ט, סועה, תהל' נ"ט:ח'. 16ב, יש' מ"ה:ז'. 20א, גל,--גלה, פי' הסר. כסות וכו',--בר' כ':ט"ז. ואיטיבה,--את דרכי. 24אב, בשקדו וכו',--משלי ח':ל"ד. 25א, שחו,--יש' נ"א:כ"ג. 26א, לקחנום, מוסב על "תחנונים", שָׁחָה, פי' דברת, וע"פ דרשת חז"ל(בר"ה י"ז,ב): כל זמן שישראל חוטאים יעשו לפני כסדר הזה ואני מוחל להם. 27א, ומתודים בתפלה(=פלולים,הש' ספרי דבר' כ"ו). 27ב, איכה ד':ב'. 28א, מחולאים,--יש' י"ד:י'. 28ב, ובחולי רב גופיהם ממולאים. 31א, באבוד עולמי (=נצחי, ע"פ איכה ג':י"ח ופי' רש"י שם)אחרי חורבן המקדש ואין קרבן מזבח לכפר (אייל). 36ב, תכלית,--קצה,גבול. 37ב, (איוב ט"ז:י"ג),שבעתי רוגז ויגון. 39א, והגלה והנשא משיח הגואל.

ע"ז. "סליחה רביעית" לר' משה בר חייה.

סליחה סטרופית בעלת שמונה מחרוזות. לכל מחרוזת חמישה טורים וכל טור חמישי שבר-פסוק המסתיים במלת "אמן". מספר המלים רופף: 1–8 בכל טור. החתימה: משה ברבי חייה חזק ואמץ לעד אמן אמן. המקורות: א. ו,עמ' 354. (אין בד.).

מֵאֵין כָּמוֹךָ יָהּ בּוֹרֵא כֹּל בְּמַאֲמָר
שִׁקַדְתִּי וְאֶתְיַצְּבָה עַל מִשְׁמָר
הָגִיתִי בְּפָעָלְךָ בְּאַבְרָכָה שִׁמְךָ הַנֶּאֱמָר
וְאָמַר
כָּל הָעָם אָמֵן.

בְּקָרְאִי עֲנֵנִי הַנּוֹטֶה שְׁמֵי עֶרֶץ
רְפָא מְשׁוּבוֹתַי כָּל תִּפְרְצֵנִי פֶּרֶץ
בַּד יָהּ חַלְּצֵנִי וּפַצֵּנִי בְּחֶרֶץ
הַמִּתְבָּרֵךְ בָּאָרֶץ
יִתְבָּרֵךְ בֵּאלֹהֵי אָמֵן.

חִלִּיתִי פָנֶיךָ בְּשָׁכְבִּי וְאָרוּץ בְּמֶרֶץ
יָרִיתִי הַשֶּׁקֶץ וּפָרַשְׂתִּי מִטּוּמְאַת הַשֶּׁרֶץ
יָהּ צַוֵּה חֲסָדֶיךָ בְּמָשִׁיחַ בֶּן פֶּרֶץ
וְהַנִּשְׁבָּע בָּאָרֶץ
יִשָּׁבַע בֵּאלֹהֵי אָמֵן.

חֲטָאַי תִּשָּׂא וּפָנַי כִּי לְךָ אֲבַקְּשָׁה
זָדוֹן נְדוֹן הָפֵר וּמִפְלָט לִי הָחִישָׁה
קָנֵנוּ אֲרֶסְתָּךְ קַיֵּם יְבָרְכֶהָ אִישָׁהּ
וְאָמְרָה הָאִשָּׁה
אָמֵן אָמֵן.

וּפְתַח שְׁעָרֶיךָ לְעַמְּךָ וְעוֹרֵר יִשְׁעָם
אֱמֶץ בִּשְׁלוֹנָם וְשָׂא רִשְׁעָם וּפִשְׁעָם
מַהֵר תְּאַרְנִי בְּאַבְרֶכְךָ בְּשִׁיר נוֹעַם
וְעָנוּ כָל הָעָם
וְאָמְרוּ אָמֵן.

לְקַשּׁוּ רְנָנִים וְהֵשׁוּ שְׁכֶם אֶחָד לְעָבְדוֹ
עֲדָרוֹ יִגְאַל וְלֹא יְאַחֵר מִן הַמּוֹעֵד
אֲשֶׁר יְעָדוֹ
דִּפְקוּ דְלָתָיו כִּי כִסָּה שָׁמַיִם הוֹדוֹ
וְיִמָּלֵא כְבוֹדוֹ

אֶת כָּל הָאָרֶץ אָמֵן.

אֲתָיו יְדִידֶיךָ עָדֶיךָ וְהַקְשֵׁב קוֹלָם
מַגֵּר רִשְׁעָם וְשָׂא פִּשְׁעָם וּמַעֲלָם
בָּתְנוּ עוֹז לְשִׁמְךָ בְּמַהֲלָלָם
בָּרוּךְ יְיָ לְעוֹלָם
אָמֵן וְאָמֵן.

אֲשֻׁמִּים הַלְבֵּן וְהָבֵן פִּלּוּלָם
מִקְדָּשׁ יְחוּדַּשׁ וְאַרְמְנוֹת עַל תִּלָּם
נֶצַח יְבָרְכוּךָ וְיוֹדוּךָ עַמִּים כֻּלָּם
בָּרוּךְ יְיָ אֱלֹהֵי יִשְׂרָאֵל מִן הָעוֹלָם
וְעַד הָעוֹלָם
וְאָמַר כָּל הָעָם אָמֵן. אל מלך

שו' 1 מאין, א: מי אל. 2 שקדתי, א: שקדתי היום. 8 רפצבי, ר: רפדבי. 28 דלתיו, ר: בדלתו. 32 א: מגר פשעם והגר רשעם ומעללם. 36-40 א: חסר.

1 מאין וכו',--יר' י':ו'. במאמר,--הש' אבות ה':א'. 2, (חבק' ב':א'),ורמז בזה לייעוד הסליחה ללילי אשמורות. 3 הנאמר,--בשבח. 4-5, תהל' ק"ו:מ"ח. 6 הנוטה,--יש' מ':כ"ב. שמי ערץ,--כבודי לשמים ע"פ איוב ל"ז:י"ח. 7 רפא וכו' ,--יר' ג':כ"ב. בל וכו',--איוב ט"ז:י"ד. 8 בתרץ,--במישרים, ע"פ ת"א לתהל' ט':ט'. 9-10 יש' ס"ה:ט"ז. 11 בשכנך,--(דבר' י"ב:ה': לשכנו תדרשו),בבית התפלה. במרץ,--בזריזות. 12 השקץ,--יר' ד':א'. מטומאת השרץ,--ויק' י"א:ל"א, והכוונה לנוצרים, הש' צונץ,ס.פ.,עמ' 465. 13 צרה חסדיך,--תהל' מ"ב:ט'. במשיח וכו',--(בר' ל"ח:כ"ט),במשיח הגואל ממשפחת פרץ. 14-15, יש' ס"ה:ט"ז. 16 רפני,--מוסב על "תשא", הש' איוב י"א:ט"ו. 17 זדון נדון הפר,--הזדון עליו אבי נדון--הפר. קנין...קים,--קיים את שטר הקניין שעל ידו קנית את כנסת ישראל(ע"פ שמ' ט"ו:ט"ז,והש' אבות ו',י')ארוסתך(ע"פ הושע ב':כ"א).וברכה אישה ,--הושע ב':י"ח: ביום ההוא נאם ה' תקראי אישי וכו'. 19-20, במד' ה':כ"ב. 21 ופתח שעריך,--יש' כ"ו:ב'. 22 אמץ וכו',--שם ל"ה:ג'. 24-25, דבר' כ"ז: ט"ו. 26 לקשר רננים,--הדבר בתפלה. 27 עדרו,--ישראל,צאנו של הקב"ה. ולא יאחר וכו',--(ש"ב,כ':ה'), ולא יאחר מן המועד אשר קבע הקב"ה לגאולת ישראל. 28 דפק דלתיו,--בתפלה. כי כסה...הודו,--(חבק' ג':ג' ופי' מצודת דוד: אז נתפרסם גבורות ה'),ור"ל כי בעת רצון הקב"ה שומע אל תפלות ישראל. 29-30, תהל' ע"ב: י"ט. 31 אתיו וכו',--ישראל(ידידיך, הש' מנחות נ"ג,ב) באו(=אתיו)לפניך בתפלה. 32 מגר,--(תהל' פ"ט:מ"ה),מחה. 33 במהללם,--משלי כ"ז:כ"א. 34-35, תהל' פ"ט: נ"ג. 36 הלבן,--יש' א':י"ח. והבן,--ל' "בינה הגיגי"(תהל' ה':ב' ופי' רש"י: הבן הגיון לבי). פלולם,--תפלתם, הש' תהל' ק"ו:ל'. 39-40, דבה"א ט"ז:ל"ו.

ע"ח. תחנון לראב"ע.

הצורה: בתבנית שיר-איזור בעל מדריך בן שלושה טורים וארבע מחרוזות בנות חמשה טורים וטור איזור. החריזה: אאא//בבבבב/א//גגגגג/א//וכו'. המשקל: חמש תנועות בכל צלעית וההברות הקצרות אינן במניין. החתימה: אברהם. המקורות במ"ר: א. מקורות אחרים: ח.שירמן <u>השירה העברית בספרד ובפרובאנס</u>,עמ' 602(ז); <u>שירי הקדש של ראב"ע</u>, הוצ' י.לוין,עמ' 508(ק). (ד.א' 3503).

אֶל בֵּית הַמֶּלֶךְ/לָבוֹא נִקְרֵאתִי
רְעָדָה אֲחָזַתְנִי/כִּי פִּיו הִמְרֵיתִי
אֲדֹנָי,שָׁמַעְתִּי/שִׁמְעֲךָ, יָרֵאתִי!

בַּמֶּה,יְחִידָתִי/לְהִנָּצֵל תּוּכְלִי
יוֹם עַל כַּף מֹאזְנֵי/הַמִּשְׁפָּט תַּעֲלִי?
מַה תְּלוּנִי? וְאֵל/בְּיָדַיִךְ שָׂם כְּלִי
לְהֵיטִיב--וְאַתְּ תַּרְשִׁעִי/וּבְהֶבֶל תֶּהְבְּלִי
בִּלְבָבֵךְ לֹא תַחְשְׁבִי/בְּשִׂכְלֵךְ לֹא תַשְׂכְּלִי
לֵאמֹר:'מַה זֶּה לִי/וְלָמָּה נִבְרֵאתִי?'

רָצִית לָלֶכֶת/אַחֲרֵי תַאֲוָתֵךְ
תִּתְעַנְּגִי פֹה--וְלֹא/זָכַרְתְּ אַחֲרִיתֵךְ
יוֹם אֶל יַפְרִידֵךְ/מֵעַל גְּוִיָּתֵךְ
וְאֶל חֵיקֵךְ יָשִׁיב/תַּגְמוּל פְּעֻלָּתֵךְ
כִּי בְסֵפֶר רָשׁוּם/חֲקוּקָה אַשְׁמָתֵךְ

הַיּוֹם לְעֻמָּתֵךְ/נָתִיב תּם הוֹרֵיתִי.

הֵלֶךְ דְּבַשׁ רָאִית/בִּגְוִיַּת אַרְיֵה
אָכַלְתְּ בְּתַסְמִאי/וְלֹא אָמַרְתְּ: 'אַיֵּה
אֱלֹהֵי הַמִּשְׁפָּט/יוֹם יֵאָסֵף גּוֹיֵי
הָאֲרָצוֹת לַדִּין/וְהַמֵּתִים יְחַיֶּה?'
וְאָמַרְתְּ בִּלְבָבֵךְ:/'אוּלַי לֹא יִהְיֶה--
אֶדְרֹשׁ מַאֲוַיֵּי/לְבִי וּבָרִיתִי.

מַרְאוֹת עֵינַיִךְ/בִּשְׁאוֹל יַשְׁלִיכוּךְ
וְתַאֲוֹתַיִךְ לְדֶ-/רֶךְ רַע יַדְרִיכוּךְ
לֹא יוֹעִילוּךְ,אֲבָל/לְתֹפֶת יוֹלִיכוּךְ
מְקוֹם גַּחֲלֵי כִידוֹ-/דֵי אֵשׁ יַתִּיכוּךְ
וּמְאֵרוֹת חֶלְדֵּךְ/בְּמִשְׁפָּט יַחְשִׁיכוּךְ
תְּנַחֲמִי וְתֹאמְרִי:/'אוֹי כִּי מָרִיתִי'.

כ"ל ע"ץ

שו' 2ב ז: כי פיהו מריתי. אחרי הטור בוסף בא: ובהתודדות עובי שם בקרא בקראתי. 4 להבצל, ז: להתבצל. 6 בידיך, ז: בידך. 7 ואת תרשיעי, ז: ותרשיעי. 16 ראית, ק: מצאת. 19 הארצות, ק: הארץ. 21 ק: הוד עומד לבגדי/אתאו ובראתי. 21ב א: יצרי וברותי. 27 מריתי, ז: בטמאתי.

1א, המלך,--הקב"ה. 1ב, בקראתי לעמוד לפניו בדין. 2ב, איכה א':י"ח. 4א, יחידתי,--(תהל' ל"ה:י"ז),בפשי. 5א, יום,--ביום הדין. על כף וכו',--איוב ל"א:ו' והש' אבות ב'.ח'. 6א, תלוני,--(שמ' ט"ז:כ"ד),תתלונני ותתמרמרי. 6ב, כלי,--פי' ההכרעה,כלו' בידך להטיב לעשות אם רצונך בכך. 9, שאלת המהות,האיכות והכמות של קיומו. 11ב, אחריתך,--אחרי המוות. 13ב, תגמול,--גמול. 14, בספר בו רשומים מעשי אדם, הש' אבות ג'.ט"ז. 15 לעמתך,--לפניך,כי תלכי בו. 16א, דבש זב ובוזל ראית,ע"פ ש"א,י"ד:כ"ו. 16ב, כלו' בפגר, ור"ל שכל העולם וטובו דומה לדבש בפגר,ע' שופ' י"ד:ח'. 20ב, פי' אולי לא יהיה יום הדין הגדול כנ"ל. 21ב, ובריתי,--(ש"ב,י"ב:י"ז),ואכלתי. 24ב, לתפת,--למקום אשה של גיהינום. 25אב, כידודי,--(איוב מ"א:י"א),גיצי. יתיכוך,--ישרפוך. 26, יחשיכו עליך האורות שהאירו לך בעולם הזה(חלדך,ע' תהל' ל"ט:ו') בעמדך לדין(במשפט), יכבי-סוך לחשכת עולם(יחשיכוך)של התפת הנ"ל. "יחשיכוך" מוסב על "מראות עיניך" ו"תאוותיך" בשו' 24-25. 27ב, כי מריתי את פי ה',ע"פ איכה א':כ'.

ע"ט. "חטאנו" לר' אליעזר ברבי יהודה(מסלוניקי).

כ"ד בתים משׂרשרים בני ד' טורים כל אחד.הטור הרביעי--שבר-פסוק.מספר מלים:ג' מלים בכל טור. החתימה: א"ב,אליעזר ברבי יהודה חזק. המקורות: א. ג, עמ' רע"א. ד, א' 41. (הסליחה בשתמרה רק במ"ר). (ד.א' 7841).

אָשׁוּבָה עָדֶיךָ מִשְׂגַּבִּי/בְּכָל נַפְשִׁי וּלְבָבִי
וְאֶעֱרֹךְ לְפָנֶיךָ נִיבִי/בְּרֹב שַׂרְעַפַּי בְּקִרְבִּי.
בְּקִרְבִּי הָיָה מִבְטַחִי/כִּי עָלֶיךָ לְהַרְוִיחִי
לְקָרְבִי וְלֹא לְהַנִּיחִי/כִּי אַתָּה גוֹחִי.

גחי קומה לעזרתי/כי גדלה צרתי
ואף לחם בריתי/ היתה לי דמעתי.

דמעתי שימה בנאדך/וקבל אנקת מסלדיך
משוחחים שוחחים נגדך/הדר כבוד הודך.

הודך אבותינו כהביטו/מצרה נחלצו ונפלטו
ואם במוטו מטו/אליך זעקו ונמלטו.

ונמלטו משחת ומהומה/ונוצלו מיד רמה
מאנשי דמים ומרמה/אשר בידיהם זמה.

זמה אם עשיתי/ופשע אם הרביתי
אלהי צור ישועתי/לך לבדך חטאתי.

חטאתי והרביתי חובים/למענך יושב הכרובים
עשה ברחמיך הרבים/כי משפטיך טובים.

טובים המה למבין/דיניך רוכב עבים
פשעים תעביר ותלבין/שגיאות מי יבין.

יבין דברך ומגלה/ישעך לו תגלה
ואום עמך מכלה/כלה בחמה כלה.

כלה כל מכלי/ודושם תחת רגלי
כי אתה אלי/והיית מחסה לי.

לי אני סגלתך/תחיש אל ישועתך
ובלה גם בעברתך/ארורים השוגים ממצותיך.

ממצותיך בעת סרנו/ותורה לא נצרנו
אזי שטפת קמינו/ עבר על נפשנו.

נפשנו זוחלה הנחלה/מדיני בני עולה
אשר חמתם נתמלא/תחת שפתימו סלה.

סלה קוליך ידידיך/דורשיך מבקשיך מיחדיך
הראם ברב חסדיך/נקמת דם עבדיך.

עבדיך בני בחוניך/חסידיך בני אמוניך
פלטם מלטם מחרוניך/הסתירם בסתר פניך.

פניך חלינו נורא/בלב ובנפש שבורה
קבל הקשב עתירה/כי עת צרה.

צרה באתנו התפלטנו/ובעת רצון עניתנו
וקרוב היית לנו/אלהינו בכל קראנו.

קראנו לך הקשבת/בעזך ים פוררת
והן זו פעלת/עין לא ראתה.

ראתה בזכך לבבי/ואנפת כי בחובי
בכן תעגני תרי/אחרי שובי.

שובי נכספתי לחמלתך/גרסה נפשי לתאותך
בכן אהגה בצדקתך/כל היום תהלתך.

תהלתך אביעה לעלות/יחד עמך-זה במקהלות
רץ אחריך למלאות/ולא הלכתי בגדולות.

בגדולות רוממת בצעדיך/כיפה יקבת הודך
הגדלת בעז כבודך/מעל שמים חסדך.

חסדך זכרה לסגלה/קרנה תרים כבתחלה
ועת חיש לגאלה/ישועתנו ועזרתנו סלה.

שו' 2 לפניך, גד: לך. 4 להניחי, גד: להזניחי. 9 כהביטו, גד: כבטו. 10 במוטו מטו, א: כמעט קטו. 15 למענך, גד: ועתה. 17 עבים, א: ערבים. 27 הנחלה, א: הוללה. מדיני, גד: מריבי. 40א גד: רחן תעטי תוי. 41 לחמלתך, גד: לעזרתך.

1א, משגבי,--(ש"ב,כ"ב:ג'),הקב"ה. 2א, ניבי,--(יש' נ"ז:י"ט),תפלתי. 2ב, תהל' צ"ד:י"ט. 3א, מבטחי,--הקב"ה מבטחי. 3ב, עליך להצילני(להרויחי, ל' "רוח והצלה",ע"פ אסתר ד':י"ד)מאחר שאתה שומר ישראל, ובמקום "להרויחני" לצורך החרוז, בהשמטת בר"ן הכינוי,ע"פ הסגנון הקלירי, הש' מ.זולאי, האסכולה, עמ' י"ז והש' גס"ל,עמ' 15. 4א, לקרבני(במקום לקרבי, הש' שם) ולא להניחני(במקום להניחי,הש' שם), והש' ספרי במד' ע"ח: דמה אלו(גרים)שקירבו את עצמם כך קירבם

המקום, ישראל שעושים את התורה עאכ"ו. להביחי, פי' לעזבני,הש' ירי י"ד:ט'.
4ב, תהלי כ"ב:י'. 6א, ואף לחם שאכלתי(בריתי, ע"פ ש"ב,י"ב:י"ז). 6ב, תהלי
פ':ד'. 7א, שם ב"ו:ט'. 7ב, איוב ו':י' והש' "אבקת מסלדיך" בגס"ל,עמ' ק"ל.
8א, משרחחים,--לי "במעשה ידיך אשוחח"(תהלי קמ"ג:ה'),פי' מדברים במעשי ידיך
של הקב"ה. שוחחים,--משתחוים. 8ב, שם קמ"ה:ה'. 9א, כהבישר,--כאשר הביטר,הש'
האסכולה, עמ' י"ז. 10א, נמושו משו,--תהלי י"ז:ה' ומ"ו:ז', עניו המעדה ובטיה
לבפול. 10ב, שם כ"ב:ד'. 12ב, שם כ"ו:י'. 14ב, שם ב"א:ד'. 15א, חובים,--עורב-
רת. 15ב-16א, למעבך הקב"ה(יושב הכרובים, ש"א,ד':ד'),עשה וכו'. 16ב, תהלי
קי"ט:ל"ט. 17אב, למבין דיניך,--משלי ח':ט'. רוכב עבים,--(ישי י"ט:א'),הקב"ה.
18א, איוב ז':כ"א; ישי א':י"ח. 18ב, תהלי י"ט:י"ג. 19א, ומגלה,--כלוי מגלה
פנים בתורה כהלכה. 20א, ואדמה הרשעה המכלה את ישראל(עמך). 20ב, תהלי ב"ט:
י"ד. 21א, מכלי,--מכלבי,בהשמטת בו"ן הכיבוי,לצורך החרוז,הש' לעיל שו' 3-4.
21ב, חבקי ג':י"ב. 22ב, תהלי ס"א:ד'. 23אב, תחיש ישועתך לישראל(לי),עם סגל-
תך(שמי י"ט:ה'). 24ב, ארורים,--(תהלי קי"ט:כ"א),והש' "אהלי אשר תאבת" לקלירי
(ד.א' 1432): למה לבצה אופל ביד ארורים. 26א, כלוי אז מתגבבת עליבו שבאת
אויביבו כעובש על עורבותיבו. 26ב, תהלי קכ"ד:ה'. 27א, בפשבו הבחלה(לי "אוי
לי על שברי בחלה מכתי",ירי י':י"ט)פורחה(זוחלה,ע"פ איוב ל"ב:ו'). 27ב, פי'
מגזירדות השמד ומיתר ההגבלות שגזר השלטון(בבי עולה, הש' צובץ,ס.פ.,עמ' 461)
על ישראל בגולה. 28א, חמתם,--שבאתם של "בבי עולה" לישראל. 28ב, תהלי ק"מ:
ד'. 29א, קויך,--שם כ"ה:ג'. ידידיך,--ישראל,הש' מבחות נ"ג,ב. 30ב, תהלי
ע"ט:י'. 31א, בחוניך,--ישראל המבוסים בבסיובבות, הש' "אמרה גולה וסורה"
לרשב"ג(ד.א'5828): בחובה בגלות יושבת. 31ב, אמוניך,--ישראל הבאמבים עם ה',
ע"פ ש"ב,כ':י"ט. 32ב, תהלי ל"א:כ"א. 34א, עתירה,--בקשה. 34ב, דבי' י"א:
ל"ה. 35א, באתנו,--תהלי מ"ד:י"ח. 35ב, שם ס"ט:י"ד. 36ב, דברי ד':ז'. 37ב,
תהלי ע"ד:י"ג. 38א, שם ס"ח:כ"ט. 38ב, ישי ס"ד:ג': עין לא ראתה אלהים זול-
תך. 39ב, כעסת עלי(אבפת בי, שם י"ב:א')מפני עווני(בחובי). 40אב, ר"ל אחרי
מותי(אחרי שובי אל האדמה,ברי ג':י"ט)יעיד עלי ספר הזכרובות(תוי, פי' כתבי,
ע"פ איוב ל"א:ל"ה),בו חתמתי על מעשי, ע"פ דרשת חז"ל בספרי דברי ש"ז שבשעת
פטירתו מן העולם חותם החוטא בעצמו על מעשיו. 40ב, ירי ל"א:י"ט. 41א, שובו
,--בתשובה. 41ב, תהלי קי"ט:כ', משתברת בפשי מחמת תשוקה אליך. 42ב, שם ל"ה:
כ"ח. 44א, למלאות,--למלאות דבר ה', לקיים מצוותיו,הש' מ"א,ב':כ"ז. 44ב,
תהלי קל"א:א'. 45א, בצעדיך,--שופי ה':ד'. 46ב, תהלי ק"ח:ה'. 47א, לסגלה
,--לישראל,עם סגולה. 48א, ישי ס':כ"ב. 48ב, תהלי ס"ח:כ'.

פ'. "ודוי" לרי אברהם ברבי יצחק חזן.

ודוי בן עשרים מחרוזות. לכל מחרוזת שלושה טורים החורזים ביביהם והטור
השלישי--שבר-פסוק. מספר מלים: 3-5 בכל טור. החתימה: א"ב,אברהם ברבי
יצחק החזן חזק. המקור: א. (איו בד.).

אֶל יוֹם הַמְּהוּמָה
בְּעֵת לְבָבִי אָשִׂימָה
אָרִיד בְּשִׂיחִי וְאָהִימָה.

גָּדוֹל עֲוֹנִי בְּחָשְׁבִי
דִּינֶךָ, בְּזָכְרִי עַל מִשְׁכָּבִי
יִרְאָה וָרַעַד יָבֹא בִי.

הֵן בְּמַלְאָכֵי-רוּם תָּהֳלָה תִּשְׁלָח
וְשַׁחַק כֶּעָשָׁן נִמְלָח
אַף כִּי נִתְעַב וְנֶאֱלָח.

זָדוֹן לִבּוֹ מַשִּׁיאוֹ
חָבוּל תָּקוּעַ בְּמַשָּׂאוֹ
רוֹבֵץ תַּחַת מַשָּׂאוֹ.

טוֹרֵף נַפְשׁוֹ בְּפוֹעַל רֶשַׁע
יָמִיר נִמְעָט מִבְּלִי יֶשַׁע
כִּי יוֹסִיף עַל חַטָּאתוֹ פֶּשַׁע.

כָּל הַיּוֹם עָמֵל בְּמַעֲצָבוֹ
לֹא יָחִיל בְּיָדוֹ טוּבוֹ
וְלֹא יָשִׁיב אֶל לְבָבוֹ.

מְחוֹלָל מִפְּשָׁעוֹ וְנִגְדַּע
נַפְשׁוֹ מֵאִשּׁוֹ לֹא יִפְדַּע
בְּתַלְהֲטֵהוּ מִסָּבִיב וְלֹא יָדָע.

שַׂגִּיא-כֹחַ, לֹא מְצָאנוּהוּ בִּכְבֵדוּת
עֶלְיוֹן, נֶהֱגֵהוּ עַל מוּת
כִּי מוֹת נָמוּת.

פָּנֶיךָ הַסְתֵּר מֵחַטֹּאתֵינוּ
צָעַקְנוּ מֵרֹב אַשְׁמוֹתֵינוּ
יָבְשׁוּ עַצְמוֹתֵינוּ אָבְדָה תִקְוָתֵנוּ.

קְדוֹרַנִּית הָלַכְנוּ וְעַד אֶרֶץ שַׁחְנוּ
רוּדַּפְנוּ כְּמוֹץ הַר נִדַּחְנוּ
זָכוּר כִּי עָפָר אֲנָחְנוּ.

שַׁדַּי מַלֵּט מֵחֲמַת עַכְשׁוּב
תַּבְנִית תּוֹלַעַת חָשׁוּב
רוּחַ הוֹלֵךְ וְלֹא יָשׁוּב.

אָמוּל וְנָגוּעַ בְּכָל שֶׁבֶר
בְּעוֹדֶנּוּ חַי מוּסְגָּר לַדֶּבֶר
כְּמוֹ חֲלָלִים שֹׁכְנֵי קֶבֶר.

[ב...............
ה...............
...............]

מָתְקוּ לוֹ רִגְבֵי יוּבָל
בְּשָׂרוֹ יִכְאַב וְיוּנְבָל
וְנַפְשׁוֹ עָלָיו תֶּאֱבָל.

רַבִּיר יְסוֹבְבוּ נִכְחוֹ
יוֹצְרוֹ נִצָּב לְהוֹכִיחוֹ
וּמַגִּיד לְאָדָם מַה-שֵּׂחוֹ.

חֵקֶר דִּינוֹ לְפָנָיו יִתּוֹם
הוּא מוֹדֶה בְּיוֹשֶׁר וָתוֹם
בְּיַד כָּל אָדָם יַחְתּוֹם.

חַד מֵאֶלֶף בְּעָדֵהוּ
זְכוּת אִם יָלִיץ בִּרְעִידֵהוּ
וִיחֻנֶּנּוּ וַיֹּאמֶר פְּדָעֵהוּ.

נִמְלַט כְּצִפּוֹר מִפַּחַת
חֵלֶף זַעַם קוֹרֵא לוֹ נַחַת
יַחְשֹׂךְ נַפְשׁוֹ מִנִּי שָׁחַת.

אֵלֶיךָ נָשָׂא עַיִן לִשְׁאוֹל
פְּדֵה נַפְשֵׁנוּ מִיַּד שְׁאוֹל
כִּי אֵין זוּלָתְךָ לִגְאוֹל.

רָם שׁוֹכְנֵי שְׁמֵי עֶרֶץ
מַלְּטֵנוּ מִכָּלָה וְחֶרֶץ
כִּי צֵל יָמֵינוּ עֲלֵי אָרֶץ. מה נדבר

1 יום המהומה,--(יש' כ"ב:ה'),יום הדין. 2 לבבי אשימה,--(יחז' מ"ד:ה'), אתבונן. 3, תהל' נ"ה:ג'. 5-4 גדול...דינך,--אני מפחד מיום הדין כיון שעוונותי מרובים על זכיותי. 6, תהל' נ"ה:ו'. 7, ע"פ איוב ד':י"ח, תהלה, פי' פגם ודופי. 8, יש' נ"א:ו', ור"ל אפ' צבא השמים נדונו ונענשו. 9, איוב ט"ו:ט"ז ור"ל אם נתעורר חשד בצבא מרום בבני אדם עאכ"ו. 10, יר' מ"ט:ט"ז.

11, מוכה(חבול)ומשעבד ליצרו הרע שבא בתביעות כבעל חוב(משאר, השו' דברי
כ"ד:י). 12, שמו' כ"ג:ה'. 15, איוב ל"ד:ל"ז. 16 במעצבו,--ל' עצבון ודאגה,
השו' ישו' ב':י"א. 17 לא וכו',--(איוב כ':כ"א),לא יצליח עשרו(טובו)להתקיים
בידו. 18, ישו' מ"ד:י"ט,איבו בותן אל לבו לבחון בדבר. 19 מחולל מפשעו,--ישו'
ב"ג:ה'. ובגדע,--ובכרת. 20 מאשר,--מאשר של גיהבום. 21, ישו' מ"ב:כ"ה. 22,
איוב ל"ז:כ"ג, לא בוכל להשיג עצמותו והבהגת מדותיו של הקב"ה(שגיא-כח)אפי'
בכבדות,בקושי, והשו' פי' רלב"ג לאיוב שם. 23, הקב"ה(עליון) החי(בהגהו)לעולם
(על מות,ע' תהלי' מ"ח:ט"ו, ופי' ראב"ע: כמו עולמית). 24, ש"ב,י"ד:י"ד,אבחבו
בבי תמותה לא בשיג את דרכו הבצחי. 25, דברי' ט':כ"ז. 26,צעקבו מתוך היסודים
שסבלבו--בשל חטאיבו. 27, יחז' ל"ז:י"א. 28, מלאכי ג':י"ד, הלכבו בפבים קוד-
רים וברוח בכאה. 29, ישו' י"ז:י"ג, 30, תהלי' ק"ג:י"ד. 31 מחמת עכשוב,--משבאת
האויב,ע"פ תהלי' ק"מ:ד', עכשוב,שם חיה רעה בושכת(פי' ראב"ע שם). 32, תבבית
של ישראל במשלו לתולעת(ישו' מ"א:י"ד),לפי שהם חלשים בגלות כתולעת, ומוסב על
"מלט". 33, תהלי' ע"ח:ל"ט, ומקביל לשו' 30: זכור וכו'. 34 אמול,--ל' "מה אמו-
לה לבתך"(יחז' ט"ז:ל'),פי' גזור וכרות. 35, לדבר, כלו' למיתה, והשו' ר' שמואל
הבגיד "אוהבי ימים": אתם משורש מות--כל עבף ישוב אל שרשיו, השו' שירמן,השירה,
א',עמ' 133. 36, תהלי' פ"ח:ו'. 40, ע"פ איוב כ"א:ל"ג, יובל פי' בחל ל' "ועל
יובל ישלח שרשיו"(ירו' י"ז:ח'),כלו' ימתקו לו רגבי עפרו,--דבור של ברכה לזכרו
של המת, ור"ל עוד מעט ויבוא אל הקבר. 41 בשרו יכאב,--ע"פ איוב י"ד:כ"ב ופי'
ראב"ע: עביבו ימס וירקב וישחת. וינבל,--בעשה בבל,כלו' תש כוחו,השו' ישו' ס"ד:
ה': ובבל כעלה כלבו, ובקיום הבו"ן בפעלי פ"ב לטובת החרוז. 42, איוב י"ד:כ"ב
ופי' ראב"ע: עליו,על עצמו. 43, שם ט"ז:י"ג, רביו,פי' מורה חציו והכוובה
למלאך המות, השו' לעיל,מבוא,עמ' 20-22. 44, הקב"ה מוכיחו בזמן שעומד לפביו
בדין,השו' מסכת חבוט הקבר באוצר מדרשים,א',עמ' 93-94,והשו' מבוא,שם. 45, עמוס
ד':י"ג, פורטין לפביו את כל מעשיו ביום דיבו. 46 יתום,--בגמר. 47, אדם מודה
בידושו ותום של הקב"ה בעל דיבו. 48, כיון שהוא בעצמו חתם על כל מעשיו בשעת
פטירתו מן העולם,השו' ספרי דברי' ש"ז, וע"פ איוב ל"ז:ז'. 49-50, ע"פ איוב
ל"ג:כ"ג: אם יש עליו מלאך מליץ אחד מבי אלף להגיד לאדם ישרו,--שדרשוהו חז"ל
(בשבת ל"ב,א) שתשובה ומעשים טובים הן פרקליטין של אדם ומזוהים עם מלאך מליץ
טוב,ואפי' 999 מלמדים עליו חובה ואחד מלמד עליו זכות, בצול. 51, איוב שם.
53 קורא לו,--הקב"ה קורא לאדם לשוב אליו בתשובה. נחת,--כלו' כדי שיקבל שכר
תמורת עובש(חלף זעם). 54, איוב ל"ג:י"ח. 57, רות ד':ד' והכוובה להקב"ה
הגואל. 58, הקב"ה השוכן בשמים(שמי ערץ,ע"פ איוב ל"ז:י"ח). 59 מכלה וחרץ,--
מכליה והשמדה,ע"פ ישו' י':כ"ג. 60, איוב ח':ט'.

פ"א. "סליחות של ליל תשיעי". פתיחה לר' שלמה(שרביט הזהב).

פתיחה בצורת שיר-איזור בעל מדריך בן ארבעה טורים ושלוש מחרוזות בבות שלושה
טורים כל אחת וטור-איזור. החריזה: אאאא//בבב/א//גגג/א//וכו'. המשקל:

השלם ג': --ס- --ס- ---. החתימה: שלמה. המקור: א. (אין בד.).

שמך אלהי נקרא עלינו
מאז, ועל שם קדשך בטחנו
אנא יהי נא חסדך עלינו
תמיד, ושובך כאשר יחלנו.

לא נוכלה הסתר עלי כפים
החטא, אשר אם כסאך שמים
אזן הלא מעלה וגם עינים
יראו בני אדם וגם יבחנו.

מעו אמרינו קשוב ושמעה
רועה, והאזינה וגם הופיעה
כי את חטאינו לך נודיעה
ממך עוונינו בלי כסינו.

הנה לך אל חכתה נפשנו
נשמח בך גם נעלץ לבנו
אתה יי טוב וסלח לנו
ובכן סלח לנו אשר חטאנו.

1, דברי' כ"ח:י'. 2, תהל' ל"ג:כ"א. 3-4, שם ל"ג:כ"ב. 5, לא נוכל(נוכלה, ע' ירי' כ':י')להסתיר את חטאינו בכפינו כי רבים הם. הסתר, מקור מוחלט, דוגמת "כבוד אלהים הסתר דבר"(משלי כ"ה:ב'. עלי, במשמע' על ידי, הש' שמ' ר':כ"א: הרציאו את ב"י...על צבאותם. 6-8, ע"פ תהל' י"א:ד', ורו"ל אע"פ שאתה יושב בשמים הרחוקים אתה קרוב לאדם ושומע מה שהוא מוציא מפיו ורואה את מעשי ידיו, ובוחנו. 9 מען,--מענה(ע' משלי ט"ז:א'),בבטול ה' סופית המשקל, הש' גס"ל, עמ' 15. ושמעה,--דני' ט':י"ט. 10, תהל' פ':ב'. 11 נודיעה ,--ש"א, י"ד:י"ב, אנחנו מתודים על חטאינו. 12 בלי כסינו,--לא כסינו, דוגמת "על בלי הגיד לו"(בר' ל"א:כ'). 13, תהל' ל"ג:כ'. 14 נשמח בך,--שה"ש א':ד'. יעלץ לבנו,--ש"א, ב':א'. 15, תהל' פ"ו:ה'.

פ"ב. "פתיחה שנית ל'סלח לנו'" לר' שלמה שרביט הזהב.

פתיחה בצורת שיר-איזור בעל מדריך בן ארבעה טורים ושלוש מחרוזות בנות ארבעה טורים כל אחת וטור-איזור. החריזה: אאאא//בבבב/א//גגגג/א//וכו'. המשקל: השלם ג': --ס- --ס- ---. החתימה: שלמה שרביט הזהב. המקור: א. (אין בד.).

שדי זכרנוך במשכבנו
לילה, והגה על שמך אתאנו
מודים פשעינו לך מלכנו
הושע וגם תען ביום קראנו.

באנו לפניך בלי רוב מעשים
לא במרימי ראש ולא מתנוססים
אמנם דבר קדשך אנחנו גורסים
אנא יי טוב וסלח חוסים
בשמך, וסלחת לחטאתינו.

טובה שבירתי משבנותי רחם
רחום אשר תזכור ברוגז רחם
בנים נפוצים על זרועות קחם
ישוב חרון אפך ושוב הנחם
טרם נשבע האזן קולנו.

הוצא הדס מקוץ וסלון ממאיר
זירם וקרנם ייף ונרם תאיר
הבן שרפת אש אשר צר האיר
בדד, ותסלח לאשר אז תשאיר
עוד [..]אר והו אירנו.

1-2 שדי...לילה,--שה"ש ג':א': על משכבי בלילות בקשתי. על שמך,--למען שמך (הש' שופ' ט':י"ז),ע"פ תהל' כ"ה:י"א: למען שמך ה' וסלחת לעוונו. אתאנו,--

יר' ג':כ"ב: הנגו אתאנו לך. 3, הש' שיר פ"א,לעיל שו' 11: כי את חטאינו לך נודיעה. 4 תען,--תענה,ע' משלי כ"ו:ד'. 5 בלי...מעשים,--דלים במעשים טובים. 6 כמרימי ראש,--(תהל' כ"ז:ו'),בראש מורם ובקומה זקופה, ור"ל לא על צדקותינו אנחנו בשענים. מתגוססים,--ל' "גס להתגוסס"(שם ס':ו'),מקביל למרימי ראש. 7, אנחנו לומדים(=גורסים)בתורתך(=דבר קדשך)שאתה אל רחום וחנון. 10 שובה שביתי,-- תהל' קכ"ו:ד'. משכנותי רחם,--יר' ל':י"ח. 11, חבק' ג':ב': ברוגז רחם תזכור, ופי' ראב"ע: בעת הרוגז שאנו בפחד...תזכור רחמיך. 12 בנים נפוצים,--ישראל (בנים,ע' שמ' ד':כ"ב)הנפוצים בגולה. על זרועות קחם,--הושע י"א:ג'. 13, שמ' ל"ב:י"ג. 14, יש' ס"ה:כ"ד: טרם יקראו ואני אענה. 15 הוצא...מקוץ,--הוצא יעקב(=הדס)מגלות עשו(=קוץ)ועי"פ דרשת חז"ל(בבר"ר ס"ג.ט')על הפסוק 'ויגדלו הנער- ים'(בר' כ"ה:כ"ז): משל להדס ועצבונית(=קוץ)שהיו גדילים זה על גבי זה,כיוון שהגדילו,הפריחו,--זה ריחו וזה חוחיו. וסלון ממאיר,--יחז' כ"ח:כ"ה: ולא יהיה עוד לבית ישראל סלון ממאיר וקוץ מכאב. 16 ויף,--שם ל"א:ז': וייף בגדלו; ל' יופי. ור"ל יהי רצון וישתפר מצבם של ישראל. ונרם תאיר,--תהל' י"ח:כ"ט. 17-18, שלם את הצר כגמול ידיו על אשר שרף את ישראל(בדד, ע"פ במד' כ"ג:ט': עם לבדד ישכון)באש, וסלח לכנסת ישראל--,שארית הפלטה. 19, מחה עורנותיהם של ישראל עד לא נשאר בהם אף אחד(=והן איננו).

פ"ג. "סליחה ראשונה" לר' יהודה בן יעקב.

סליחה סטרופית בת י"ח מחרוזות בנות ד' טורים כל אחת. כל מחרוזת פותחת ומסיימת במלת "ייי"--וכל טור רביעי שבה הוא פסוק מן המקרא. מספר מלים בלתי קבוע(2-6 בכל טור). החתימה: אני יהודה בן יעקב חזק ואמץ. המקור: א.(אין בד.).

יְיָ אֱלֹהִים אַתָּה הַחִלּוֹתָ לְהַרְאוֹת/ מְאֹד נוֹרָאוֹת וְנִפְלָאוֹת
וְהָיוּ לְךָ לְמוֹפֵת וּלְאוֹת/ וְיוֹדוּ שָׁמַיִם פִּלְאֲךָ יְיָ.

יְיָ נַעֲלֵיתָ וְנִפְלֵאתָ מְאֹד/ וּמַיִם בְּשָׁעֳלְךָ תָּמוֹד
צִוִּיתָ מְאֹד בְּיַעֲמוֹד/ מָה רַבּוּ מַעֲשֶׂיךָ יְיָ.

יְיָ יָסַד שְׁחָקִים בִּירִיעָה/ בְּלִי לֵאוּת וִיגִיעָה
בְּרוּחוֹ שִׁפֵּר שְׁחָקִים שִׁבְעָה/ הַשָּׁמַיִם שָׁמַיִם לַייָ.

יְיָ הוּא דִּבֶּר בְּיִקְרָא/אֶרֶץ וְאָדָם עָלֶיהָ בָּרָא
בַּעֲלִיּוֹתָיו בַּמַּיִם קֵרָה/ גְּדוֹלִים מַעֲשֵׂה יְיָ.

יְיָ הֶחְבִּיא בִמְצוּלָה מֵימוֹת/ נָתַן בְּאוֹצָרוֹת תְּהוֹמוֹת
וּמִשֶּׁלֶג הִקְפִּיא אֲדָמוֹת,/--רַבּוֹת עָשִׂיתָ אַתָּה יְיָ.

יְיָ דִּיבֶּשֶׁת יְצָרוּ יָדָיו/ וְרוֹכֵב עַל בָּמֳתֵי מִמַּדָּיו
שִׂגֵּיהֶם קָרְבוּ, עָמְדוּ בְּיַחְדָּו/ בְּהִבָּרְאָם בְּיוֹם עֲשׂוֹת יְיָ.

יְיָ דְּבָרוֹ מְהֵרָה קַל יָבֹא/ וְאֵשׁ מִתְלַקַּחַת סְבִיבוֹ
עָבִים שָׁת סֵתֶר רְכוּבוֹ/ וּמַרְאֵה כְּבוֹד יְיָ.

יְיָ הֶעֱמִיד בִּמְצוּלָה יַבֶּשֶׁת/ אֶבֶן לְמַלְּאוֹת וּבַחֲרוֹשֶׁת
וְהִיא תְּלוּיָה כְּנִבְרֶשֶׁת/ בּוֹרֵא עוֹלָם יְיָ.

יְיָ בְּעָזְךָ פּוֹרַרְתָּ יָם/ וּנְהָרוֹת יִשְׂאוּ דָכְיָם
וּבְעֵת יִזַּל מַיִם מִדָּלְיָם/ אֵל הַכָּבוֹד הִרְעִים יְיָ.

יְיָ נָטָה אֶרֶץ בְּאַבְנֵי בֹהוּ/ וּמִסְפָּרוֹת שָׂת קַו תֹהוּ
יְצוּרִים יֶחֱזוּ וְיִתְמָהוּ/ לְכוּ חֲזוּ מִפְעֲלוֹת יְיָ.

יְיָ יָסַד שַׁחַק וְאַפִּרְיוֹן/ עָרַךְ עֲלֵיהֶם כָּל צְבָא עֶלְיוֹן
קְרָטוֹן רְהָטוֹן וְלִגְיוֹן/ רֶכֶב רִבֹּתַיִם אַלְפֵי שִׁנְאָן יְיָ.

יְיָ עָמַד וַיְמוֹדֶד אֶרֶץ/ תֵּבֵל בִּתְבוּנָה בָּרָא וָעֶרֶץ
הִשְׁרִיץ עָלֶיהָ חַיָּה וָשֶׁרֶץ/ כָּל מוֹצָא פִּי יְיָ.

יְיָ קֵרָה בַמַּיִם עֲלִיּוֹת/ הִבְדִּיל בֵּין עֶלְיוֹת וּבֵין תַּחְתִּיּוֹת
וְרָכַב כִּסֵּא בְּאַרְבַּע חַיּוֹת/ בַּיִּגְבַּהּ יְיָ.

יְיָ בְּכָל יוֹם יִיחוּדוֹ נֶאֱמַר/ קָדוֹשׁ מְשַׁלְּשִׁים כָּל מִשְׁמָר
וְקָרָא זֶה אֶל זֶה וְאָמַר/ [קָדוֹשׁ קָדוֹשׁ קדוש] יְיָ.

יְיָ חֲיָילִים שִׁנְאַנִּים וְאֶרְאֶלִּים/ מֵהֶם מַיְמִינִים וּמֵהֶם מַשְׂמְאִילִים
חֲרֵדִים זָעִים חָלִים/ הֵמָּה יִרְאוּ כְבוֹד יְיָ.

יְיָ זָהֳרוֹ נִסְפַּר מֵרְאוּת כָּל יְצוּרִים/ מַלְאָכָיו רוּחוֹת חֲדָשִׁים לַבְּקָרִים
לְעוּמָּתָם מְשַׁבְּחִים וְאוֹמְרִים/ בָּרוּךְ כְּבוֹד יְיָ.

יְיָ קוֹרְאִים עַמְּךָ מִבּוֹר שָׁאוֹן וּמִשַּׁחַת/ [..................חת]
יִוָּשְׁעוּן בְּשׁוּבָה וָנַחַת/ וְהַלְלוּ אֶת יְיָ.

יְיָ אַמֵּץ רִפְיוֹן נֶהֱלָאִים/ צוֹלְעִים נִדָּחִים וּנְכָאִים
אֱזַי בְּשׁוּבְךָ שְׁבוּת נִדְכָּאִים/ נֵדְעָה נִרְדְּפָה לָדַעַת אֶת יְיָ.

1א, דבר' ג':כ"ד. 2ב, תהל' פ"ט:ו'. 3ב, יש' מ':י"ב. 4א, תהל' ל"ג:ט'. 4ב, שם ק"ד:כ"ד. 5א, שם ק"ד:ב'. 5ב, יש' מ':כ"ח. 6 ברוחו...שחקים,--איוב כ"ו: י"ג. שבעה,--הש' ס.יצירה ד'.ו': חקק שבעה רקיעים. 6ב, תהל' קט"ו:ט"ז. 7אב, תהל' ב':א'; דבר' ד':ל"ב. 8א, תהל' ק"ד:ג', פי' התקין תקרה במימי עליותיו, ודרשוהו חז"ל(בבר"ר ד'.א'): הקב"ה לא קרה את עולמו אלא במים(ולא באבנים, בעצים ובעפר כמלך בשר ודם). 8ב, תהל' קי"א:ב'. 9א, הש' לעיל שיר נ"ב, טו' 11: ה' הארץ יסדה להדומים ובלבה החביא תהומים. 9ב, תהל' ל"ג:ז'. 10א, הקפ-יא את האדמות והיו קשות יותר אפי' משלג. 10ב, תהל' מ':ו'. 11א, שם צ"ה:ה'. 11ב, דוגמת "דורך על במתי ארץ"(עמוס ד':י"ג), ממדיו, פי' מדות הארץ, ע"פ איוב ל"ח:ה': מי שם ממדיה(של ארץ)...או מי נטה עליה קו. 12א, שניהם עמדו,--שמים וארץ. קרבו יחדו,--יש' מ"ח:י"ג: קרא אני עליהם יעמדו יחד, ודרשו-הו חז"ל(בבר"ר א'.ט"ו): מלמד ששניהם שקולים זה כזה. 12ב, בר' ב':ד'. 13א,

יש' ה':כ"ו. 13ב, יחז' א':ד'. 14א, תהל' ק"ד:ג'. 14ב, שמ' כ"ד:י"ז. 15א, דוגמת "האמר לצולה חרבי"(יש' מ"ד:כ"ז). 15ב, כאבן למלאות, ומוסב על "יבשת", ועפ"פ שמ' ל"א:ה': ובחרושת(פי' באמנות, כתרגומו,שם)אבן למלאות. 16א, כמגורה הבתלית בתקרה(הש' משנה יומא,ג'.י'), והש' לעיל שיר נ"ב,שו' 25-26: ה' ידיר יצרו יבשת, שלישה בסוף בחבשת, והנשארת תלויה כגברשת. 16ב, יש' מ':כ"ח. 17א, תהל' ע"ד:י"ג, פוררת פי' גזרת לגזרים. 17ב, שם צ"ג:ג', דכים, פי' ראב"ע: הם המשברים. 18א, במד' כ"ד:ז'. 18ב, תהל' כ"ט:ג'. 19אב, ע"פ יש' ל"ד:י"א, ודו"ל הקב"ה ברא את הארץ את השמים(מסתרות, כבוי לשמים ע"פ תהל' צ"א:א': יושב בסתר עליון) מקו ומשקולת של תהו ובהו(ע' בר' א':ב'),ולא כמלך בשר ודם הנוטה קו ואבן העופרת כמשקולת. 20א, תהל' מ"ח:ו'. 20ב, שם מ"ו:ט'. 21א, אפריון,--רומז לכסא הכבוד, הש' שהש"ר ג'.ט': אפריון,--זה כסא הכבוד. 22א, קבוצות של מלאכי מרום, הש' ברכ' ל"ב,ב: אמר...הקב"ה...בראתי...לגיון...והטון...וקרטון. 22ב, תהל' ס"ח:י"ח. 23א, חבק' ג':ו'. 23ב, בתבונה,--תהל' קל"ו:ה'. ועדק,--השמים, ע"פ איוב ל"ז:י"ח. 24א, בר' א':כ'. 24ב, דבר' ח':ג': על כל מוצא פי ה' יחיה האדם. 25א, תהל' ק"ד:ג'. 25ב, (יהושע ט"ו:י"ט),הבדיל בין המים העליונים והתחתונים, ע"פ בר' א':ז'. 26א, הכרובה לכסא הרכבה, ע"פ יחז' א': ח'. 26ב, יש' ה':ט"ז. 27א, ע"פ ברכות השחר. 27ב, כל משמר של מלאכי רום (הש' ברכ' ג',א: איכא[יש]משמרות ברקיע)אומרים 'קדוש' שלוש פעמים(=משלשים). 28אב, יש' ו':ג'. 29א, שנאנים ואראלים,--מלאכי מרום,הש' תהל' ס"ח:י"ח ויש' ל"ג:ז'. 29ב, הש' פרק מפרקי היכלות,באוצר מדרשים,א',עמ' 112: אלפים ורבבות של מלאכי השרת עומדים לימין הכסא וכנגדם לשמאל הכסא. 30א, מלאכי מרום עומדים ברעדה ופחד(=חרדים)לפני הכסא, והש' "אדר יקר אלי" לר' משולם בן קלונימוס (ד.א' 1211): וסביביו שרפי אלים ומפחדו זעים וחלים. 30ב, יש' ל"ה:ב'. 31א, איוב כ"ח:כ"א. 31ב, מלאכיו רוחות,--תהל' ק"ד:ד'. חדשים לבקרים,--איכה ג': כ"ג, ודרשוהו חז"ל(בבר"ר ע"ח.א'): בכל יום בורא הקב"ה כת של מלאכים חדשה והם אומרים שירה חדשה והולכים להם. 32א, ע"פ נוסח קדושת העמידה במנהג רומניה, הש' י.מ.אלבוגן,התפלה בישראל,עמ' 50. 32ב, יחז' ג':י"ב. 33א, מבור וכו',--מגולה. 34א, יש' ל':ט"ו. 34ב, שם ס"ב:ט'. 35א, רפיון,--יר' מ"ז:ג', חולשה. נחלאים,--ישראל בגולה. 35ב, צולעים נדחים,--מיכה ד':ו'. ונכאים,--(יש' ט"ז:ז'),שבורים. 36א, (יר' ל':ג'),בשובך את שבות בני ישראל הנדכאים. 36ב, הושע ו':ג'.

פ"ד. "סליחה שנית" לר' ישעיה ברבי אליה (מטראני).

סליחה סטרופית בת כ"ט מחרוזות בנות ד' טורים כל אחת. כל טור רביעי הוא פסוק מן המקרא. מספר מלים רופף(3-7 בכל טור).החתימה:א"ב,ישעיה ברבי אליה חזק. המקורות:א. ג,עמ' שכ"ו. ד,ב'39(בגד בשתמרו רק ששת הבתים הראשונים).(ד.א' 2523; דוידזון שעקב אחרי ל.צונץ וש.פינסקר ייחסה את הסליחה בטעות לר' יהודה בר מנחם. הש' אוצר לדוידזון,שם,והש' צונץ ל.ג., עמ' 378).

אֲחַלֶּה פְּנֵי אֱלֹהַי וּמֵעַי אוֹחִילָה/ הוֹמֶה לְבָבִי וְהֶמְיָתִי אַגְדִּילָה
כִּי סַרְתִּי מִן הַדֶּרֶךְ וְנָטִיתִי מִן הַמְּסִלָּה/אִם הַשְּׂמֹאל וְאֵימִינָה וְאִם הַיָּמִין וְאַשְׂמְאִילָה.

בֹּשְׁתִּי וְנִכְלַמְתִּי מֵאֵלִים אֲשֶׁר חָמַדְתִּי/ רֶשַׁע חָרַשְׁתִּי וְעַוְלָתָה קְצַרְתִּי
פְּרִי כַחַשׁ אָכַלְתִּי וּמְרַק פִּגּוּלִים שָׂבַעְתִּי/ בַּתִּקְרֶאנָה אוֹתִי כָּאֵלֶּה וְאָכַלְתִּי.

גָּדוֹל עֲוֹנִי וּבַמֶּה אֶתְרַצֶּה/ וּמִי מִיַּד עֲוֹנִי אוֹתִי יְפַצֶּה
בַּעֲוֹנִי נֶגְדִּי תָּמִיד אֲנִי מוֹצֵא/ וָאַשְׁלִיכֵהוּ בָאֵשׁ וַיֵּצֵא.

דָּרוֹשׁ דָּרַשְׁתִּי הַחַטָּאת וְהָאַשְׁמָה/ הָלַכְתִּי אַחֲרֵי הַהֶבֶל וָאֶהְבַּלְתִּי וְהָיִיתִי לִכְלִמָּה
בִּשְׂפָתַי שֶׁקֶר וּמִרְמָה,אָהַבְתִּי רִיב וּמַשְׂטֵמָה/ לָרֹב עַל פְּנֵי הָאֲדָמָה.

הִרְהוּרֵי זְדוֹנִי בְּלִבִּי נִקְשָׁרוּ/ עֵינַי מֵרְאוֹת בְּרָע לֹא נֶעְדָּרוּ
וַיִּקְחוּ לָהֶם מִכֹּל אֲשֶׁר בָּחָרוּ/ הָאָרֶץ אֲשֶׁר תָּרוּ.

וְכָל יֵצֶר מַחְשְׁבוֹתַי אָוֶן וְעָקְבָה/ רַגְלַי עַל לְשׁוֹנִי וְרָעָתִי רַבָּה
בָּעֶרֶב הִיא בָאָה וּבַבֹּקֶר הִיא שָׁבָה/ וַאֲנִי אָנָה אֲנִי בָא.

זָדוֹן לִבִּי הִשִּׁיאַנִי,בְּרִית וְחֹק הֵפַרְתִּי/ חָטָאתִי עָוִיתִי פָּשַׁעְתִּי וְהִרְשַׁעְתִּי
בֶּגֶד בּוֹגְדִים בָּגַדְתִּי וּבְמֵזִיד הֵזַדְתִּי/ עָבַרְתִּי מִמִּצְוֹתֶיךָ וְלֹא שָׁכָחְתִּי.

חַטֹּאת נְעוּרַי וּמְשׁוּבוֹתַי רַבּוּ/ לְהַקַּת זְדוֹנַי מַיִם רַבִּים לֹא יְכַבּוּ
גְּדוֹלַי וּקְצִינַי נֶהְפְּכוּ נֶחְשָׁבוּ/ אַנְשֵׁי הָעִיר אַנְשֵׁי סְדוֹם נָסַבּוּ.

טוֹבוֹתַי כְּחֵדֶק שָׁמִיר וָשַׁיִת/ מִגָּדִישׁ וְעַד קָמָה וְעַד כֶּרֶם זָיִת
הַיּוֹשֶׁר וְהָאֱמוּנָה הִשְׁלַכְתִּי[...ית] / בִּעַרְתִּי הַקֹּדֶשׁ מִן הַבַּיִת.

יְדַעְתִּי רִשְׁעִי וְרָעָתִי רַבָּה/ שַׂמְתִּי זָהָב כִּסְלִי,[מִבְטָחִי]מַדְהֵבָה
בָּהֶם דָּבַק לִבִּי לְאַהֲבָה/ וַיִּרְדְּפֵם עַד חוֹבָה.

כָּאֵלֶּה וְכָאֵלֶּה עָשִׂיתִי וּפָעַלְתִּי עַוְלוֹת/ וְלֹא שָׁמַעְתִּי לְקוֹל מוֹרַי וְדִבַּרְתִּי נְבָלוֹת
הַעִידוֹתִי [..........רת] / וְכָל הָעָם רוֹאִים אֶת הַקּוֹלוֹת.

לְהִתְגּוֹלֵל בְּגֶלְלֵי גְלָלִים הָיְתָה לִי עֶדְנָה/יָשַׁבְתִּי עִם מְתֵי שָׁוְא וְעִמָּהֶם נַפְשִׁי סְפוּנָה
מָאַס לִבִּי טְהוֹרִים וְעִם עוֹרֵב וּמִינוֹ חָנָה/ וַיּוֹסֶף שַׁלַּח אֶת הַיּוֹנָה.

מַה-נְּדַבֵּר וּמַה-נִּצְטַדָּק בַּעֲוֹנֵינוּ עָנוּ בָנוּ/ עַל כֵּן בָּאנוּ וְהִתְנַפַּלְנוּ
בְּשֵׁם יְיָ קָרָאנוּ אוּלַי יְכַפֵּר לָנוּ/ אֲשֶׁר נוֹאַלְנוּ וַאֲשֶׁר חָטָאנוּ.

נֹכַח עֵינֵי יְיָ הָיוּ לְאֵין חֵקֶר/ מִבְטָא שְׂפָתַי הָיָה כְּחֶרֶב דּוֹקֵר
לְשׁוֹנִי הָגְתָה תָּמִיד לְשׁוֹן שֶׁקֶר/ וַיְהִי עֶרֶב וַיְהִי בֹקֶר.

סָמְרָה שַׂעֲרַת בְּשָׂרִי וְדוֹפִי וְשִׁמְצָה/אֲשֶׁר נִמְצְאוּ בִי וְכָל רִיב וּמַצָּה
וְגֵר אֱלֹהִים חוֹפֵשׂ בְּקִרְבִּי בַּיִת וְחוּצָה/ הוּא עָנָה אֲשֶׁר מָצָא.

עֲוֹנוֹתַי אִם רַבּוּ וְכַחֲשִׁי בְּפָנַי עָנָה/ רְאֵה יְיָ כִּי רַבּוּ צָרַי, עָלַי הָיוּ קָלָנָה
הַסְּאָה מְלֵאָה צְבָאָה וְהָאֵיפָה נִרְצָה עֲוֹנָה/ אֵיפָה וְאֵיפָה גְּדוֹלָה וּקְטַנָּה.

פִּשְׁעֵי יִשְׂרָאֵל בַּשֶּׂה וּרְאֵה עֲמָלָם וְעָנְיָם/ הָסֵר חַטָּאתָם בְּשׁוּמָם מַאֲבוֹת מְנוּפָּצוֹת וְזֶה פִּרְיָם
מַה בֶּצַע כִּי תְבַקֵּשׁ חֶטְאָם וּמַעֲלָם וְקִשְׁיָם/ בַּעֲן לָהֶם מִרְיָם.

צוּד חוּרְמִי הוּלְמִי מִפֶּשַׁע עַמִּי נֶגַע לָמוֹ/ כִּי עָלָה בְאַשּׁוֹ וְנָמַר רֵיחוֹ וְטַעְמוֹ
כִּי הִשְׁחִית כָּל בָּשָׂר דַּרְכּוֹ וְאֹרַח אִמּוֹ/ אַךְ בָּשָׂר בְּנַפְשׁוֹ דָמוֹ.

קִדַּמְתִּי פָּנֶיךָ אוּלַי אֶמְצָא חֵן בְּעֵינֶיךָ/ כִּי אֵיכָכָה אוּכַל אִם תְּבִיאֵנִי בְדִינֶךָ
אוֹ אִם יַעַבְרוּ עָלַי אַפְּךָ בַחֲרוֹנֶךָ/ לֹא אוּכַל לָקוּם מִפָּנֶיךָ.

רַחֲמֶיךָ רַבִּים יְיָ הֵמָּה יְנַחֲמוּנִי/ כִּי יָגֹרְתִּי מִפְּנֵי רוֹעַ מַעֲלָלַי אֲשֶׁר סְבָבוּנִי
פֶּן בְּחֶרֶב יֵצְאוּ לִקְרָאתִי וִיקַדְּמוּנִי/ וְנֶאֶסְפוּ עָלַי וְהִכּוּנִי.

שִׁמְךָ עָלֵינוּ נִקְרָא וְעַמְּךָ כֻּלָּנוּ/ עֲשֵׂה עִמָּנוּ וְאִם עֲוֹנֵינוּ עָנוּ בָנוּ
הֲלֹא כְּצֵל יָמֵינוּ גֵּרִים וְתוֹשָׁבִים אָנוּ/ לָגוּר בָּאָרֶץ בָּאנוּ.

תִּהְיֶינָה אָזְנֶיךָ קַשֻּׁבוֹת לְקוֹל עַמִּי וְתַחֲנוּנָיו/ דָּאַג מֵרֹב חַטֹּאתָיו וּפַחַד מֵרֹב יְגוֹנָיו
יֵבוֹשׁ וְיִכָּלֵם לְהַגִּיד חֲטָאָיו בִּרְנָנָיו/ וְלֹא יָכְלוּ לַעֲנוֹת אוֹתוֹ כִּי נִבְהֲלוּ מִפָּנָיו.

יֶשַׁע עַמְּךָ תְּצַוֶּה לְזָכְרָם וּלְפָקְדָם/ פִּשְׁעוֹ אַל תִּזְכּוֹר וְאַל תֵּרֶא כִּי יִתְאַדָּם
אֵלֶיךָ זָעֲקוּ עַל פִּשְׁעָם וּמִרְדָּם/ לְמַעַן הַצִּיל אוֹתוֹ מִיָּדָם.

יָהּ לְפָנֶיךָ יִשְׁפּוֹךְ שִׂיחוֹ וּמַאֲמָרָיו/ כִּי צְרָרוּהוּ צוֹרְרָיו וּסְבָבֻהוּ צִירָיו
מוֹכְרָיו אֲכָלוּהוּ אוֹיְבָיו וְצָרָיו/ חֵלֶק כְּחֵלֶק יֹאכֵלוּ לְבַד מִמְכָּרָיו.

בְּקֶצַח בְּעַצְמוֹתָיו יְחָרְפֵהוּ צוֹרְרוֹ/ אָכַל חֶלְבּוֹ וְדָמוֹ וְרֹאשׁוֹ וּפִדְרוֹ
יִשְׂחַק וְיִלְעַג עַל דָּמוֹ וּמְרֵרוֹ/ כִּי יִהְיֶה זָב מִבְּשָׂרוֹ.

בְּיוֹצְרִי אֶבְטַח מִיִּצְרִי הַבָּא עָלַי כְּהֵלֶךְ/ בִּיהִי לְאוֹרֵחַ וּלְאִישׁ בַּיִת וְגָבַר עָלַי כְּמֶלֶךְ
הִשָּׁמְרִי נַפְשִׁי וּדְעִי וּרְאִי וְהַשְׁמִיעִי קוֹלֵךְ/ מִי הָאִישׁ הַלָּזֶה הַהוֹלֵךְ.

אַל תְּשַׁלֶּט-בִּי אָוֶן וְאַל תַּמְשֵׁל בִּי רִשְׁעָה/ הַמְנַבֶּלֶת בְּנִבְלֶיהָ לְהָבִיא זוּעָה
רוּחַ נָכוֹן חַדֵּשׁ בְּקִרְבִּי וְהָסֵר מִמֶּנִּי רוּחַ תּוֹעָה/ שׁוּב מֵחֲרוֹן אַפֶּךָ וְהִנָּחֵם עַל הָרָעָה.

יִהְיוּ לְרָצוֹן אִמְרֵי פִי וְהֶגְיוֹן לִבִּי לְפָנֶיךָ/ הַאֲזִינָה תְּפִלָּתִי וְשַׁוְעָתִי תָבוֹא בְּאָזְנֶיךָ
לְבָרֵךְ אֶת נַחֲלָתְךָ הַשְׁקִיפָה מִמְּעוֹנֶיךָ/ יִוָּדַע אֵפוֹא כִּי מָצָאתִי חֵן בְּעֵינֶיךָ.

חַזְּקֵנִי אֵלִי כַּאֲשֶׁר אֶקְרַב הֲלוֹם/ אֶל פִּקּוּדֶיךָ הַנֶּחֱמָדִים מִזָּהָב וּמִפָּז וְיַהֲלוֹם
נְסָה עָלֵינוּ אוֹר פָּנֶיךָ כַּכָּתוּב אֵל עֵילוֹם/ יִשָּׂא יְיָ פָּנָיו אֵלֶיךָ וְיָשֵׂם לְךָ שָׁלוֹם. אל מלך

שו' 1 לבבי, גד: לי לבי. 3 מאלים, גד: מאלהים. 5 עורבי, גד: עורבי מבשרא.
רמי, א: חסר. 7 ונהבלתי, גד: נבהלתי.

1א, מלאכ' א':ט'; יר' ד':י"ט. 1ב, המירותי,--תפלתי. 2א, סרתי מן הדרך הטובה ומן המסלה הישרה. 2ב, בר' י"ט:ט'. 3א, מאלים,--מאלילים. 3ב, הושע י':י"ג. 4א, שם; יש' ס"ה:ד'. 4ב, ויק' י':י"ט ור"ל מפני חטאיבו גליבו מארצבו ועברו עליבו צרות רבות ורעות. 5א, בר' ד':י"ג; ש"א,כ"ט:ד'. 5ב, יפצה,--יציל(תהל' ב"א:ה'). 6א, שם ב"א:ה'. 6ב, ואשליכהו באש ויצא העגל הזה(שמ' ל"ב:כ"ד). 7א, זממתי לעשות את הרע. 7ב, ונהבלתי,--מלה מחודשת בבנין נפעל, מן הבל, ור"ל

ונדבקתי בהבל. 8ב, בר' ו':א' ודרשוהו חז"ל(בבר"ר כ"ו.ד'): מלמד שהיו...שטו-
פים בזנות. 9א, נקשרו,--נדבקו. 9ב, יש' ל"ג:ט"ו. 10א, בר' ו':ב', מוסב על
"עיני". 10ב, במד' י"ג:ל"ב, פי' הארץ אשר "עיני" תרו. 11א, ועקבה,--ומרמה.
11ב,תהל' ט"ו:ג',הלכתי רכיל ודברתי לשון הרע. 12א,אסתר ב':י"ד,מוסב על "רע-
תי". 12ב, בר' ל"ז:ל'. 13א, עובד' ג'; יחז' י"ז:י"ט. 13ב, חטאתי...פשעתי,--
ע"פ ודוי כה"ג ביוה"כ בנוסח המשנה יומא ג'.ח' כפי שהוא מתוקן בברייתא לפי
דעת חז"ל, הש' ירוש' יומא ג'.ז' ובבלי שם ל"ו,ב. והרשעתי,--תהל' ק"ו:ו'.
14א, בגד...בגדתי,--יש' כ"ד:ט"ז. הזדתי,--דבר' א':מ"ג. 14ב, שם כ"ו:י"ג.
15ב, להקת זדוני,--עוונותיהו הרבים. ינבו,--ע"פ יש' א':ט"ז: רחצו הזכו הסי-
רו רוע מעלליכם. 16א, אפילו גדולי וקציני בחשבו כבוגדים בברית ה', ע"פ תהל'
ע"ח:נ"ז. 16ב, בר' י"ט:ד',-במסגרת הוידוי על חטא--משווה הפייטן-הש"ץ את
אנשי העיר(=הצבור) לאנשי סדום. 17א הטובים שבנו הם כקוצים המכאיבים לכל הנוגע
בהם, ע"פ מיכה ז':ד'. 17ב, שופ' ט"ו:ה', ור"ל מראשון ועד לאחרון שבין אנשי
העיר. 18א, הטכסט מטשטש אחרי המלה "השלכתי". 18ב, דבר' כ"ו:י"ג. 19ב, ע"פ
איוב ל"א:כ"ד. מדהבה, פי' זהב ובהוראה כוללת יותר: עושר. 20ב, בר' י"ד:ט"ו,
וירדפם(את הזהב ואת ההון)עד שבא לידי עבירה(חובה). 21ב, נבלות,--נבול פה.
22א, העיזותי,--הייתי עז פנים. 22ב, שמ' כ':ט"ו,ר"ל כל העם,אפי' הדורות הע-
תידים להיות,קבלו את התורה במעמד הר סיני(הש' שמ"ר כ"ח.ד'), ובכל זאת חטא-
נו. 23א, בגללי גללים,--בתועבה. היתה וכו',--(בר' י"ח:י"ב), עדנה, פי' עונג.
23ב, מתי שוא,--איוב י"א:י"א ות"א: גברי שקרא. ספונה,--חובוה. 24א, ועם עורב
ומינו הטמאים(ע' ויק' י"א:ח',ט"ו). 24ב, בר' ח':י"א, ומפני חטאינו הוסיף
הקב"ה להגלות את כנסת ישראל(=היונה, ע"פ תהל' ס"ח:י"ד ושה"ש ה':ב'). 26ב,
במד' י"ב:י"א. 27א, משלי ה':כ"א: נוכח עיני ה' דרכי איש. 27ב, דברי שקר(=מב-
טא שפתי,וע' להלן שו' 28א)שדברתי היו לי כחרב דוקרת שבעבורם נענשתי. 28ב,
בר' א':ה' ועוד, ור"ל תמיד,בערב ובבוקר,דברתי שקר. 29א, סמרה וכו',--מפחד,
לקראת יום הדין,(איוב ד':ט"ו). ודופי וכו',--פורש את החטאים אשר נמצאו בו.
30א, ע"פ משלי כ':כ"ז: נר ה' נשמת אדם חופש כל חדרי בטן, ופי' רש"י: הנשמה
שבקרבו מעידה עליו בדין. 30ב בר' ל"ו:כ"ד, אל תקרי ענה אלא עונה. 31ב, רבו
צרי,--(תהל' ג':ב'),ובייסורים נמחלו לאדם עוונותיו, הש' ספרי דבר' ל"ב. 32א,
יש' מ':א',כלו' כנסת ישראל לקחה מיד ה' כפלים(הסאה...והאיפה)בכל חטאתיה.
32ב, דבר' כ"ה:י"ד, פי' כל מיני פורענויות. 33ב, יש' כ"ז:ט'. 34ב, (שמ' ט"ו:
כ"א),מרים במשמע' התמרדותם, הש' דבר' ל"א:כ"ז. 35א, צוד...הולמי,--(מיכה
ז':ב'),חורמי,הולמי, הכוונה לאויבי ישראל. מפשע עמי,--בעונשו ע"י האויב
מפני שחטאנו. נגע למו,--מוסב על "עמי". 35ב, ונמר,--(יר' מ"ח:י"א),השתנה
מטוב,בזמן שישב שאנן בארצו,--לרע,בזמן שגורש ממולדתו. 36א, בר' ו':י"ב.
36ב, שם ט':ד', דמו בראשו-(מתחייב בנפשו)ומוסב על אויב ישראל(=חורמי,הולמי).
37ב, אם תביאני בדינך,--אם תדינני במדת הדין. 38ב, בר' ל"א:ל"ה. 40א, הש'
רמב"ם,<u>משנה תורה</u>,הלכ' תשובה,ג'.ב': אדם שעוונותיו מרובין על זכיותיו--מיד

הוא מת ברשעו; בחרב, הכוונה לחרבו של מלאך המות. 40ב, בר' ל"ד:ל'. 41ב,
עשה עמנו,--ל' "עשה אתי למען שמך"(תהל' ק"ט:כ"א). 42ב, בר' מ"ז:ד'. 44א,
ברננו,--בתפלותיו. 44ב, בר' מ"ה:ג', ולא יכלו להצטדק כי אשמים היו, ובב-
הלו מפני דיין העולם. 45ב, כי יתאדם,--ע"פ יש' א':י"ח: אם יאדימו(חטאיכם)
כתולע וכו'. 46ב, בר' ל"ז:כ"ב. 47א, ומאמריו,--תפלותיו. 47ב, צררוהו צורר-
יו,--במד' י':ט'. צוריו,--יש' כ"א:ג'. 48א, מוכריו,--אויבי ישראל המוכרים
אותם לעבדים. אכלוהו,--תהל' ע"ט:ז'. 48ב, דבר' י"ח:ח'. 50א, אויב ישראל
התיחס בזלזול אל דמו וּמְרֵרוֹ של ישראל שנשפכו על ידו. 50ב, ויק' ט"ו:ב',
בשפך דמו ומרדו כמו בבעל זב. 51אב,ביוצרו,--הקב"ה. מיצרו...במלך,--מיצרו
הרע המתגבר עליו,ע"פ ש"ב,י"ב:ד': ויבא הלך לאיש וכו', שדרשוהו חז"ל(בסוכה
נ"ב,ב) על יצר הרע שבתחלה קראו הלך(בודד)ואחרי כן קראו אורח ולבסוף קראו
איש(איש בית). 52א, והשמיעו קולך,--גערו ביצר הרע. 52ב, בר' כ"ד:ס"ה,
האיש: יצר הרע. 53ב, המנכלת בנכליה,--(במד' כ"ה:י"ח),בכל פיו מזמת רשע.
זרעה,--זרועה, ל' התלמוד,הש' משנה ברכות ט'.א'. 54א, תהל' נ"א:י"ב; יש'
כ"ט:כ"ד. 54ב, שמ' ל"ב:י"ב. 55א, תהל' י"ט:ט"ו. 56ב, שמ' ל"ג:ט"ז. 57א,
כאשר אקרב וכו',--(שם ג':ה'),כאשר אקרב כשליח צבור. 57ב, אל פקודיך,--אל
התורה אשר בארון הקדש. הנחמדים וכו',--תהל' י"ט:י"א. 58א, נסה...פניך,--
שם ד':ז' ופי' רש"י: הרם עלינו לנס את אור פניך. עילום,--דבה"ב ל"ג:ז',
ופי' רש"י, לעילום: לעולם. והפייטן ר"ל אֵל עולם. 58ב, במד' ו':כ"ו.

פ"ה. מסתג'אב[ל]יוכ"פ, הש' ד.מ' 2286[לר'] משה בן נחמן(רמב"ן).
מסתג'אב בן ט"ז מחרוזות בנות ד' טורים כל אחת. כל טור רביעי--פסוק מן המקרא המסתיים במלת "מלך". החתימה: משה בן בחמן ירובדי חזק. המקור במ"ר: א.מקורות אחרים: ח.שירמן,<u>השירה</u>,ב',עמ'322. <u>כתבי רמב"ן</u>,מהד' ח.ד.שעוועל,עמ' שצ"ב.(ד.שם).

אוֹמֵר אֲנִי מַעֲשַׂי לְמֶלֶךְ (תהל' מ"ה:ב')

מֵרֹאשׁ מִקַּדְמֵי עוֹלָמִים
נִמְצֵאתִי בְּמִכְמַנֵּי הַחֲתוּמִים
מֵאַיִן הִמְצִיאַנִי, וּלְקֵץ יָמִים
נִשְׁאַלְתִּי מִן הַמֶּלֶךְ.

שַׁלְשֶׁלֶת חַיַּי מִיסוֹד הַמַּעֲרָכָה
לִמְשֹׁךְ תַּבְנִית בִּתְמוּנָה עֲרוּכָה
לִשְׁקֹל עַל יְדֵי עוֹשֵׂי הַמְּלָאכָה
לְהָבִיא אֶל גִּנְזֵי הַמֶּלֶךְ.

הוֹפִיעַ לְגַלּוֹת אֲשֶׁר הִטְמִין
הֵן מִשְּׂמֹאל הֶגְלָה וּמֵהַיָּמִין
מִמַּעֲלוֹת הַיּוֹרְדוֹת מִן
בְּרֵכַת הַשֶּׁלַח אֶל גַּן הַמֶּלֶךְ

בֶּעָפָר רִקַּמְתִּי וְאִם רוּחֲךָ בִּי נָשׁוּב
בַּנְתָּ לְהֵעִיר כְּגֵר בָּאָרֶץ אֶהְיֶה חָשׁוּב.
עַד מָתַי יִהְיֶה מַהֲלָכְךָ וּמָתַי תָּשׁוּב
בַּיּשֵׁב לִפְנֵי הַמֶּלֶךְ?

גֵּר לְרַגְלַי שַׂמְתָּ וְלִנְתִיבָתִי,
תְּחַפֵּשׂ כָּל חַדְרֵי בֶטֶן בְּרוּחַ נְדִיבָתִי,
וּבְצֵאתִי מִלְּפָנֶיךָ הִזְהַרְתָּ אוֹתִי:
יְרָא אֶת יְיָ בְּנִי, וָמֶלֶךְ.

נָתַתָּ בְּיָדִי לֵב מֹאזְנֵי מִשְׁפָּט וָפֶלֶס
אִם לְחֶסֶד יַמְצִיאֵנִי--בּוֹ אֶתְעַלֵּס
וְאִם לְרָעָה--יִהְיֶה לַעַג וָקֶלֶס
כִּי לֹא הָיְתָה מֵהַמֶּלֶךְ.

חֲגוֹר חֲרָדוֹת לְהוֹדוֹת פְּשָׁעַי אָחִישׁ
בְּטֶרֶם לְבֵית מוֹעֵד בְּבוֹדְדִי גָז חִישׁ.
שָׁם תָּנִי בְּפָנַי יַעֲנֶה--וּמִי יַכְחִישׁ
אֵת אִגְּרוֹת הַמֶּלֶךְ?

מֵעֲצַת נֶפֶשׁ אֶל אֶרֶץ תַּלְאוּבוֹת סַחַרְתִּי
וְכִמְעַט בְּקִבְרוֹת הַתַּאֲוָה נִקְבַּרְתִּי,
וְאַחֲרֵי שׁוּבִי נִחַמְתִּי,כִּי לֹא שָׁמַרְתִּי
אֲנִי פִּי מֶלֶךְ.

נָתַן בְּלִבִּי חֵשֶׁק הָעוֹלָם
לִרְדֹּף אַחֲרֵי יָמִים וְהֶבְלָם.
אָכֵן,בְּהִשָּׁפְטִי עַל כָּל נֶעְלָם
יִרְאֶה אֲנִי אֶת אֲדוֹנִי הַמֶּלֶךְ.

יוֹדֵעַ עֲוֹנוֹ וְחָרֵד לְחוֹבוֹ
יְצַפֶּה חַסְדְּךָ וְלֹא יָחִיל טוּבוֹ
נִבְעַת מִלְּפָנֶיךָ,כִּי אֵיךְ יָבוֹא
רָשָׁע לִפְנֵי מֶלֶךְ?

רַחֲמֶיךָ לְכַף זְכוּת שִׂימָה קָלְבּוֹן
בְּהִשָּׁקֵל עֲוֹן עֶבֶד מוֹדֶה לְרִבּוֹן
וְעַל כָּרְחוֹ יִתֵּן אֶת הַחֶשְׁבּוֹן
לִפְנֵי הַמֶּלֶךְ.

וּלְךָ יְיָ,הַחֶסֶד--וּבוֹ מַחְסֵהוּ
וּלְךָ יְיָ,הַצְּדָקָה--וְהִיא מְכַסֵּהוּ
וּלְךָ יְיָ,הַסְּלִיחָה כִּי תְשַׁלֵּם מַעֲשֵׂהוּ
לְמִדַּת הַמֶּלֶךְ.

נִסְמַכְתִּי עָלֶיךָ וְלֹא לְמַעֲשַׂי אֶפְנֶה,
כִּי אָמַרְתִּי: עוֹלָם חֶסֶד יִבָּנֶה!
בְּטֶרֶם אֶקְרָא הֲלֹא תַעֲנֶה
כִּי בִשְׁתִּי לִשְׁאֹל מִן הַמֶּלֶךְ.

דְּרָכֶיךָ יְנַחֲמוּנִי,כִּי שָׁמַעְתִּי עֲוֹנוֹת תִּכְבֹּשׁ
וּבְךָ חָסָיָה נַפְשִׁי וְלֹא תֵבוֹשׁ:
כִּי הַגּוּף בְּמַסְגֵּר תִּכְבֹּשׁ
וְהִיא--בְּהֵיכְלֵי מֶלֶךְ.

יוֹדַעַת אָז בְּשַׁחַת אוֹתִי תְטַבֵּל
הֲלֹא אִם שַׁלְמָתָהּ חָבוֹל תַּחְבֵּל--
תְּשִׁיבֶנּוּ לָהּ,אַחֲרֵי תִסְבֹּל
הַמִּשְׁפָּט אֲשֶׁר שָׁפַט הַמֶּלֶךְ.

חַזֵּק יַד חֲלוּשָׁה וְתֵשֵׁב לָהּ בְּאֵיתָן
וּבְעֵת יָשׁוּבוּ הַדְּבָרִים לְהֶוְיָתָן
תְּשַׁנֶּה לְטוֹב מִגִּנַּת הַבִּיתָן
הַפַּרְדֵּס אֲשֶׁר לַמֶּלֶךְ.

שינויי נוסח בא. א מתחיל: אני ה' אלהים אקרא וה' יושיעני/בידם קומו לעד בעת לדין יעמידוני אודה עלי פשעי וחטאתי ועוזרני/אומר אני מעשי למלך. שו' 3: ימים: הימים. 6 ערוכה: משוכה. 9 אשר הטמין: סוד אשר הטמין. 11: במעלות היורדות ירדתי מן. 17 ולנתיבתי: ואור לנתיבתי. 23 יהיה: רמה יהיה. 26 גז: גש. 37 לחובו: לפשעו ולחובו. 40: בחצר בית המלך. 41 רחמיך: רב חסדך. 47 תשלים: תְּשַׁלֵּם. 55: כי בעת הגוף תחבוש. 57 אז: מאד אז. 61 ותשב לה: יושבת לך.

1 משלי ח':כ"ג. 2, הכוונה לנשמתו של אדם הנמצאה באוצרותיו הנסתרים של הקב"ה. 3 מאין,--מאפס, והש' ס.יצירה,ב'.ו': יצר מתהו ממש ועשה את איננו ישנו. ולקץ ימים וכו',--(נחמ' י"ג:ו'),בסוף הימים יחזירני המלך למקומי הראשון. 5, מוצא חיי מן הכוחות הראשונים שבמערכת הבריאה. 6, הכוחות הנ"ל נתנו לי את צורתי הקבועה. "למשוך", רמז ליצירה בדרך האצלה. 8-7 אסתר ג':ט', כלו' קביעת צורת האדם באה לו על ידי הכוחות הראשונים הנ"ל; גנזי המלך: הכוונה לאוצרו של הקב"ה שם הנשמה נשמרת. 10-9 הופיע וכו',--הקב"ה. אשר הטמין,--בבית גנזיו. הגלה,--את הנשמה. 12-11, הנשמה יורדת מבית גנזיו של הקב"ה הנ"ל,דרך "בריכת השלח",אל העולם התחתון, גנו של הקב"ה(אל גן המלך)והש' נחמ' ג':ט"ו. 13, הוכנסתי לגוף עשוי עפר(רוקמתי,ע' תהל' קל"ט:ט"ו),אם כי רוחך נפוחה בי(נשוב). 14 בנת לרעי,--(תהל' קל"ט:ב'),תדע את מחשבותי. כגר וכו',--יר' י"ד:ח'. 16-15,(נחמ' ב':

ר'),פונה אדם לעצמו: כמה תחיה ומתי תשוב בעוד שמעשיך ייטבו בעיני הקב"ה? 18-17,(משלי כ':כ"ז),נשמת האדם היא נר המאיר את דרכו וגם הקב"ה חופש את מחשבות האדם בנשמה(רוח נדיבה, ע' תהלי' נ"א:י"ד),כמו בנר. 19 ובצאתי מלפניך ,--הנשמה, מאוצרו של הקב"ה הנ"ל. 20, (משלי כ"ד:כ"א),ירא את ה' שהוא המלך. 21, משלי ט"ז:י"א. 22 ימציאני,--(איוב ל"ז:י"ג),אם יביאני לידי מעשים טובים, (הנושא: הלב). אתעלס,--אתענג. 24, (ש"ב,ג':ל"ז),לא היתה מהקב"ה. 26 לבית מועד,--(איוב ל':כ"ג),לקבר. גז,--(תהלי' צ':א'),עבר ונעלם. 27 תור,--(איוב ל"א:ל"ה),רשימת חטאיי. 28, (נחמ' ב':ט'),הכוונה לרשימה הנ"ל(תור). 29, בני-גוד לעצת נפשי(=מעצת נפשי)נדדתי(=סחרתי,ע' בר' ל"ד:כ"א)למדבר(=ארץ תלאובות, ע' הושע י"ג:ה'), המסמל את העזובות. 30, וכמעט הייתי משעבד(=נקברתי)לחושבירת (=קברות התאוה,ע' במד' י"א:ל"ז). 32, קהלת ח':ב'. 33 חשק העולם,--(שם ג': י"א),התאוה. 35 נעלם,--(תהלי' צ':ח'),חטא נעלם. 38 ולא וכו',--(איוב כ': כ"א),לא יצליח טובו ועשרו להועיל לו. 40, משלי כ"ה:ה'. 41 קלבון,--ל' התל-מוד(משנה שקלים א'.ו-ז),פי' תוספת(היות ואצלו מכריעה כף חובה). 43 ע"פ אבות ד'.כ"ט: ועל כרחך אתה עתיד ליתן דין וחשבון לפני מלך וכו'. 44, נחמ' ב':ו'. 45 מחסהו,--של עבד ה'. 48, (נחמ' ה':ד'),שיתאים למידתך,שיעמוד לפניך במשפט. 50 עולם וכו',--(תהלי' פ"ט:ג'),אמרתי בלבי שחסד ה' יהיה בנוי(יעמוד) לעולם. 51, ישע' ס"ה:כ"ד. 52, עזרא ח':כ"ב. 53 תכבוש,--(מיכה ז':י"ט),ופי' רד"ק: כאדם שכובש דבר תחת רגליו שלא יראה. 54 חסיה,--(תהלי' נ"ז:ב'),ביקשה מחסה. 55 במסגר,--(שם קמ"ב:ח'),בקבר. תכבוש,--תכניס באונס. 56, משלי ל': כ"ח, והיא: הנשמה. 57, היא יודעת כשתכניסני לקבר(=בשחת,ע' איוב ט':ל"א). 58 שלמתה,--(שמ' כ"ב:כ"ה),גופה. 59 תשיבנו,--ל' זכור דוגמת שמ' כ"ב:כ"ה. 60, מ"א,ג':כ"ח. 61 ותשב,--בר' מ"ט:כ"ד,תהא חזקה. 62 להוריתן,--(ל' התלמוד), למצבם הראשון. 63-64, (אסתר ב':ט'),תטהרנה ותשפרנה בהביאך אותה במגע עם מקום מוצאה, המכונה כאן "גבה","פרדס",(נחמ' ב':ח').

פ"ו. תחנון לרי"ה.

תחנון בעל חמש מחרוזות וכתוב כעין שיר-איזור בעל מדריך בן ארבעה טורים וארבע מחרוזות בנות ארבעה טורים כל אחת וטור איזור. החריזה: אב,אב,אב, אב//גד,גד,גד,גד/ב//הו,הו,הו,הו/ב//וכו'. המשקל: י"ב תנועות בכל טור וההברות הקצרות אינן במנין. החתימה: יהודה. המקורות במ"ר: א. ב,עמ' 206. ג,עמ' רס"ז. ד,א' 37. (ד.י' 3566).

יִצְרִי רֵאשִׁית צָרָי/ הִתְעַנֵּי בַּשִּׁכּוֹר,
וּמַה-יִּתְרוֹן לִדְבָרַי/ דִּבְרֵי עֲוֹנוֹת לִזְכּוֹר,
יָהּ,אַל תָּגֵל מִסְפָּרַי/ וְחַטָּתִי אַל-תַּעֲבוֹר--
חַטֹּאות נְעוּרַי/וּפְשָׁעַי אַל-תִּזְכּוֹר.

הַלְבֵן-מָוֶת יִתְרוֹן/ בְּהַגִּישׁ מִנְחַת שְׂפָתָיו,
וְהִיא מִנְחַת זִכָּרוֹן/ מַזְכֶּרֶת עֲוֹנוֹתָיו,

וְאֵין אַהֲרוֹ וְאֵין אָרוֹן/לְכַפֵּר עַל-זְדוֹנוֹתָיו,
וּבַמֶּה יָשִׁיב חָרוֹן/ וְיֵרָצוּ קָרְבְּנוֹתָיו--
אֲשֶׁר שִׂכְלוֹ יְמֵי הֶבְלוֹ/ בְּיַד תַּאֲוָתוֹ יִמְכּוֹר.

וְנָקַל בְּעֵינֶיךָ לְכַפֵּר/ עַל-נֶפֶשׁ שׁוֹגֶגֶת,
דַּלָּה מִמְּצוֹא כֹּפֶר/ וְאֵין יָדָהּ מַשֶּׂגֶת,
חֻקֵּי מְגִלַּת סֵפֶר/ זָכְרָה וּמִתְמוֹגֶגֶת,
וְנִחוּם אִמְרֵי שֶׁפֶר/ הֹגָה וּמִתְעַנֶּגֶת--
פַּעַם בְּפֶתַח תִּקְוָה/ וּפַעַם בְּעֵמֶק עָכוֹר.

דָּבְקָה נַפְשִׁי בְּעָצְבִּי/ בַּהֲלֹךְ שׁוֹבֵבָה,
וְעוֹלָם נָתְנָה בְלִבִּי/ הֲקִימוֹתִיו מַצֵּבָה,
וְלֹא אֶזְכּוֹר בְּיוֹם טוּבִי/ יוֹם אֶשְׁכַּב לְמַעֲצֵבָה,
יוֹם רוּחַ תַּעֲבָר-בִּי/ וְאֵין אַהֲבָה וְאֵין אֵיבָה--
וְהֵן זָרְקָה בִּי שֵׂיבָה/ וּרְאִיתִיהָ לִזְכּוֹר.

הִפְחִידוּנִי עֲוֹנַי/ וְחַסְדְּךָ יַבְטִיחֵנִי,
וְנֶחָמַת חֶזְיוֹנַי/ בַּהֲקִיצִי תְּשִׂיחֵנִי,
וְהֶאֱמַנוּ בְעִוֹנַי/ כִּי רוּחֲךָ תְּנִיחֵנִי,
שִׂים-נָא לִבִּי וְעֵינַי/בְּדֶרֶךְ אֱמֶת וּנְחֵנִי--
וּבְיוֹם תּוֹכִיחֵנִי/ בְּרֹגֶז רַחֵם תִּזְכּוֹר.

שו' 6 והיא מנחת, אב: והם דברי. מזכרת, אב: מזכירים. 8 וירצו קרבנותיו, א: וישמטו תלונותיו. ב: וישמע את תלונותיו.

1 יצרי,--יצר הרע. התעני,--התעה אותי. 3 מסתרי,--העבירות שעבר בסתר. אל תעבור,--בר' ל"ד:ל'. 4, תהל' כ"ה:ז'. 5 יתרון,--(קהל' א':ג'),תועלת. בהגיש וכו',--פי' בתפלותיו. 7 ואין אהרן,--אין כהן גדול במקדש להתפלל בעד עמו ביום הכפורים, הש' משנה יומא ג'.ח'. 9, אשר בימי הבלו(כלו' בימי חייו על האדמה) ימכור שכלו ביד תאותו. 11ב, (ויק' ה':י"א),לא עלה בידו למצוא כפרה כיון שהוא דל במעשים טובים. 12א, תורתך. 12ב, ומתמוגגת,--(יהושע ב':ט'),מאימת יום הדין. 13 אמרי שפר,--הכוונה לתורה. הוגה,--ל' "והגית בו יומם ולילה" (יהוש' א':ח'). 14,הושע ב':י"ז,ורומז למלחמה הפנימית בין התקוה והיאוש שמת-חוללת בקרבו. 15 בעצבי,--יש' י"ד:ג'. 16,הייתי משֻעבד לתשוקות העולם ולתענוגי העולם הזה, ועשיתי מעולמי מצבה והשתחויתי לפניה(ע"פ דבר' ט"ז:כ"ב). 17 יום אשכב,--בקבר. 19,(בר' ט':ט"ז),כשם שברית ענן הקשת מזכירה להקב"ה את הבטחתו לא להביא עוד מבול מים לשחת כל בשר כן מזכירה שֵיבתו של המשורר שיום מותו הולך וקרֵב,-("יום...ואין אהבה ואין איבה"). 24ב, חבק' ג':ב'.

פ"ז. "סליחה רביעית" לר' משה (בר חייה?).

סליחה סטרופית בת ד' מחרוזות בנות ד' טורים כל אחת. כל טור רביעי הוא שבר-

פסוק. טורים א' וד' פותחים במלת "יברך". מספר מלים רופף(3-9 בכל טור). החתימה: א"ב(עד אות י'),משה. המקור: א. (אין בד.).

יְבָרֵךְ אַדִּיר וְנוֹרָא נֶאְזָר בִּגְבוּרָה עוֹטֶה אוֹרָה עַמּוֹ בְּהוֹאֵל
בְּרֹב חַסְדּוֹ וְהוֹדוֹ יְפַדֵּהוּ מִיַּד שׂוֹסֶה וּמִתְגָּאֵל
גּוֹדֶל מַעֲשָׂיו יַרְאֶה לַעֲמוּסָיו צוּר פּוֹדֶה וְגוֹאֵל
יְבָרֵךְ אֶת יִשְׂרָאֵל.

יְבָרֵךְ דּוֹבֵר מֵישָׁרִים חוֹסָיו וּמֵבִין שׂוֹסֵיהֶם יְגָאֲלֵם דָּר מְעוֹנָי
הָאֵל רַב יוֹשִׁיעַ עֲמוּסָיו בְּעוֹצֶם נִסָּיו, זֶרַע יְיָ
וַיִּירְאוּ הָעָם מְאֹד מְאֹד וַיַּאֲמִינוּ בַּיְיָ
יְבָרֵךְ יִרְאֵי יְיָ.

יְבָרֵךְ זַךְ וְיָשָׁר לְעַמּוֹ וּבְחִירָיו וְיַרְאֶה נוֹרְאוֹתָיו לַחֲבַצֶּלֶת הַשָּׁרוֹן
חֲסִין יָהּ יְהוֹשִׁיעַ אָהֳלִיבָה--אֲסִירֵי הַתִּקְוָה יָשׁוּבוּ לְבִצָּרוֹן
טְהוֹרִים וּבָרִים יָשִׁיב לְנִרְתָּם וּלְשׁוֹנֵי תָּרוֹן
יְבָרֵךְ אֶת בֵּית אַהֲרֹן.

יְבָרֵךְ מָרוֹם זְבוּלוֹ נַחֲלָתוֹ וְחֶבְלוֹ וּפָעֳלוֹ יִרְצֶה אֵל עֵילוֹם
שְׁאֵלַת עַמּוֹ בְּרֹב עָצְמוֹ יִתֵּן וְאוֹיְבָיו יִמְחַץ וְיַבְהִלוֹם
הֲדַר טַעְמוֹ צוּר מְרוֹמוֹ וּשְׁלוֹמוֹ לְעַמּוֹ יִפְדֶּה בְּלִי מְכְלוֹם
יְבָרֵךְ אֶת עַמּוֹ בַּשָּׁלוֹם. אל מלך

1 נאזר וכו',--תהלי ס"ה:ז'. עוטה וכו',--(תהלי ק"ד:ב'),עוטה עמו ישראל אורה, והכוונה לתורה, השו' מגילי ט"ז,א: אורה זו תורה. בהואל,--בטובו, והשו' צונץ,ס.פ.,עמ' 384. 2 שוסה ומתגאל,--כנויים לבני ישמעאל(פרא אדם ושוסה אשר ידו בכל,השו' ברי ט"ז י"ב,והשו' צונץ,שם,עמ' 465)ובני עֵשו(המתגאלים במאכלים אסורים, השו' דברי א':ח',והשו' צונץ,שם). 3 לעמוסיו,--לבני ישראל "העמוסים מני בטן"(יש' מ"ו:ג'). 4, תהלי קט"ו:י"ב. 5 דובר וכו',--הקב"ה,דובר מישרים (יש' ל"ג:ט"ו)לחוסיו(=לבני ישראל החוסים בו, ש"ב,כ"ב:ל"א). דר מעוני,--(תהלי צ"א:ט'),הקב"ה היושב בשמים. 6 רב יושיע,--יש' ס"ג:א'. בעוצם נסיו,--בכוח הנסים שבקב"ה עושה. זרע יי,--(יש' ס"א:י'),מוסב על "יושיע". 7, שמ' י"ד:ל"א. 8, תהלי קט"ו:י"ג. 9 זך וישר,--(משלי כ"א:ח'),הקב"ה. ובחיריו,--יש' מ"ג:כ'. לחבצלת השרון,--כנסת ישראל,ע"פ שה"ש ב':א' שדרשוהו חז"ל(בשהש"ר,שם): אמרה כנסת ישראל: אני היא וחביבה אני. 10 חסין יה,--תהלי פ"ט:ט'. אהליבה,--(יחזי כ"ג:ד'),ירושלים. אסירי וכו',-- זכרי ט':י"ב, ופי' רד"ק: שובו לאל יתברך שהוא מבצר ומגדל עוז. 11 וברים,--(תהלי כ"ד:ד'),בר לבב. לנרתם,--(שמ' ט"ו:י"ג),הכוונה למקדש. ולשוני תרון,--בשירת הלויים על דוכנם. 12, תהלי קט"ו:ב'. 13 מרום זבולו,--משמים, השו' ירוש' ברכ' ט'.ב',והשו' "בטל אזור" לרשב"ג(ד.ב' 407): בטל עבי רום זבולך. נחלתו וחבלו,--(דברי ל"ב:ט'),ישראל. ופעלו ירצה,--ע' "ברך ה' חילו ופועל ידיו תרצה"(דברי ל"ג:י"א). אל עילום,--(דבה"ב ל"ג:ז'),אל עולם. 14 שאלת עמו,--(אסתר ה':ו'),בקשת עמו. יתן,--ימלא.

ואוריביר ימחץ,--תהל' ס"ח:כ"ב. ויהלום,--ויכה. 15 הדר שעמר,--ל' "טוב טעם ודעת למדני"(תהל' קי"ט:ס"ו). צור ממרומר,--הקב"ה מן השמים, ומוסב על "יתן" לעיל שו' 14. ושלומר לעמר,--יתן, ע"פ תהל' כ"ט:י"א. יפדה,--את עמו. מכלום,--כלימה,בזיון. מלה מחודשת על משקל "מפעול",דוגמת "מכשול","מכלול","משקול".
16, תהל' כ"ט:י"א.

פ"ח. תחנון לרי"ה.

תחנון כעין שיר-איזור בעל מדריך בן ארבעה טורים וארבע מחרוזות בנות ארבעה טורים כל אחת וטור איזור. הצלעית האחרונה במדריך ובטורי האיזור שבר-פסוק המסתיימת במלת "בך". המשקל: י"ב תנועות בכל טור וההברות הקצרות אינן במנין. החתימה: יהודה. המקורות במ"ר: א. ג, עמ' רס"ו. ד, א' 36. (ד.י' 1812).

יוֹם לְהָשִׁיב תִּקְרָא/מִי זֶה יִכְלֶה טוּבָךְ,
וְיוֹם לְנָקֵם תֵּעָרֶה/מִי יָכִיל אֶת-חַרְבָּךְ?
וּלְמַעַן תִּוָּרֵא/סְלִיחוֹת וְרַחֲמִים סְבִיבָךְ,
יְיָ צְבָאוֹת, אַשְׁרֵי/אָדָם בֹּטֵחַ בָּךְ.

הִנֵּה בְּאֶרֶץ עָנְיִי/תּוֹרָתְךָ שַׁעֲשֻׁעַי,
הִיא הַמַּרְפֵּא לְחָלְיִי/וְתַחְבֹּשֶׁת לְנִגְעִי,
וְתִפְאַרְתִּי בְּבֵית שִׁבְיִי/כִּי נֶאֱמָנִים פְּצָעַי,
שִׁמְךָ פְּאֵרִי וְעֶדְיִי/וְחוֹתָם עַל אֶזְרֹעִי,
זְכַרְתִּיךָ עַל יְצוּעַי/בְּאַשְׁמֻרוֹת אֶהְגֶּה-בָּךְ.

בַּאֲבִיחָלָה בְּגָלוּתִי/נְעִמוֹת בִּימִינֶךָ,
וּבְצֵאתִי מֵעֲבֹדָתִי/אֶל עֲבֹדַת רְצוֹנֶךָ,
וּמְסִלּוֹת פִּנִּיתִי/בִּלְבָבִי לְמַעֲנֶךָ,
וְאֶל מְעוֹנְךָ פָּנִיתִי/לֵאוֹר בְּאוֹר פָּנֶיךָ,
וְלִמְצֹא-חֵן בְּעֵינֶיךָ/כֹּל מַעְיָנַי בָּךְ.

דָּבְקָה נַפְשִׁי אַחֲרֵי/שֵׁם רָם לְהַחֲזִיק בְּשׁוּלָיו,
מִגְדַּל-עֹז אֲשֶׁר מֵיתְרֵי/עוֹלָם תְּלוּיִם עָלָיו
וְאֵין פֶּגַע וְאֵין מִקְרֶה/לַשֹּׁכְנִים בִּצְלָלָיו,
וְלֶחָרֵד וְלַיָּרֵא/מַה-טֹּבוּ אֹהָלָיו--
עֶזְרָה בְּצָרוֹת,אַשְׁרֵי/אָדָם עֹז-לוֹ בָּךְ.

הֵטַבְתָּ לִי חֲסָדִים/וְהֵטַבְתִּי לְךָ הוֹדוֹת,
וּבַעֲוֹנַי לְךָ חֲרֵדִים/וּלְךָ פָּנַי מֻעָדוֹת,
וְכָל-גּוֹיִם לְךָ מוֹדִים/וְלִי בְךָ עֹשֶׁר יָדוֹת
וּמֵאָז מִבֵּית עֲבָדִים/בֵּינִי וּבֵינְךָ יְדִידוֹת
בֵּן מְשִׁירֵי נְגִידִים/נִכְבָּדוֹת מְדֻבָּר בָּךְ.

שיבודיי בנוסח בא. שו' 2, יכיל: ישיב. 12, למעבד: למחביך. 16 תלוים: תלוי.

2 תערה וכו',--ל' "עד יערה עלינו רוח ממרום"(יש' ל"ב:ט"ו). יכיל,--יסבול. 4, תהל' פ"ד:י"ג. 5 בארץ עניו,--בגולה. 7, כלו' סבלותי בגולה היו לי לכבוד ולתפארת מפני שבאו מידיך ובסוף תגאלני, והש' רי"ה הכוזרי,א'.קי"ב-קט"ו,שם מובע רעיון זה. 8ב, שה"ש ח':ו'; יר' ל"ב:כ"א. 9, תהל' ס"ג:ז'. 10ב, שם ט"ז: י"א. 11,ברחתי מעבודות האנשים אל עבודת האלהים. 14ב, תהל' פ"ז:ז',ופי' רש"י: כל מעיני: כל קרבי; בך: בישועתך. 15 שם רם,--משלי י"ח:י'. להחזיק בשוליו,--תמונה דומה ירו' י"ג:כ"ב; נחום ג':ה', והש' "ציון,הלא תשאלי" לרי"ה(ד.צ' 292): המחזיקים בשוליך ומתאמצים לעלות ולאחוז בסנסיני תמריך. 16 מגדל עוז,--(משלי י"ח:י'),הקב"ה הוא מגדל-עוז השומר על השוכבים בצלו(לשוכבים בצלליו,להלן שו'

17). מיתרי וכו', --הקב"ה סובל את כל העולם, הש' ירוש' חגיג' ב'.א', והש' צונץ, 509 ואילך. 17, הצדיקים(השוכבים בצלליו)בשמרים מכל פגע ומקרה רע. 18 ולחדר ולירא, --הקב"ה הוא מגדל העוז ליראיו ולחרדים אל דברו. 19 אשרי וכו', --תהל' פ"ד:ו'. 21 מעודדות, --(יחז' כ"א:כ"א), מזומנות. 22, ישראל מרבה להלל פי עשרה(עשר ידות, הש' ש"ב, י"ט:מ"ד)מכל אומות העולם. 23 ומאז וכו', --בזמן יציאת מצרים. 24ב, תהל' פ"ז:ג'.

פ"ט. "חטאנו" לרבנו יעקב בר מאיר(תם).

"חטאנו" בן כ"ו בתים משורשרים בני ד' טורים כל אחד. כל טור רביעי הוא שבר-פסוק. מספר מלים: 3 בכל טור. החתימה: א"ב(מרובע), יעקב ברבי מאיר יחיה. המקור: במ"ר: א. (ד. ח' 1821).

אשמרה אליך עזי/אלם לפני גוזזי
אליך לשוב גוזי/אני אמרתי בחפזי.

בחפזי בבאי כלאים/בחסדך עשה פלאים
בזעם תשפיל גאים/בקרנך תרים גועים.

גועים ביראתך לטעת/גזוזה רזה וצלעת
גלמודה עדה מודעת/גם בלא דעת.

דעת מערימי סודם/דגול שכל לאבדם
דבקיך מגור להכחידם/דבת בני האדם.

האדם השחית דרכו/הדבק לשונו לחכו
התחנן פני מלכו/הלוך ילך ובכה.

ובכה אבכה בחזות/ועודיך למשסה ובזות
ורשע יענה עזות/ואחשבה לדעת זאת.

זאת הנשקפה הובישו/זדים חברתם הבאישו
זבים לעבדים הכבישו/זורו ולא חבשו.

חבשו בבור תחתיה/חדלו ארך ורטיה
חנם פצעים וכריה/חבורה ומכה טריה.

טריה ואין רפוא/טמא עמי נגפו
טהור בשנאה הדפו/טוב אויב ירדפו.

ירדפו בחרב להאבידו/יחד הכחד בבודדו
ישוב עמלו בקדקדו/יראו עיניו כידו.

כידו דכאו החלי/כלה בחמה לרגלי
כיום מועד להגילי/כאשר עשו לי.

לי אין מנחם/לבי בקרבי יחם
לגוע תמנו, מרחם/למה לא מרחם.

מרחם לעמל נדפנו/משמים ארץ נהדפנו
מחשבותינו אשר הקצפנו/משדי לא נצפנו.

נצפנו עתים מלהתגלע/נכון איד לצלע
נדיבי שאונם בלע/נשמטו בידי סלע.

סלע ומצודתי קרבנו/סגור לקבאת מארבנו
סלחה וענותך תרבנו/שימה נא ערבנו.

ערבנו לטוב ממעונך/עשה עמנו למענך
עונותינו שתה לנגדך/עלמנו למאור פניך.

פניך לנו האירה/פזורנו תכנס מהרה
פנה להחיש עזרה/פיך ביום צרה.

צרה למשים לעקול/צדקה שים למשקול
ציון תשמיע קול/צפירך נשאו קול.

קול תחנוני תשע/קודרים לשגב ישע
קלוע חמס ופשע/קם למשה רשע.

רשע העבר והשבת/רחום אזנך קשבת
רחק מכפים נושבת/רהב הם שבת.

שבת בעירך תערוך/שם רשעים לפרוך
שביה מכתה לארוך/שחל ופתן תדרוך.

תְּדְרֹךְ רְשָׁעִים וְיִגָּמְרוּ/תְּמִימִים לְעוֹלָם נִשְׁמָרוּ

תּוֹעַ מַעַלְלֵיהֶם יָסִירוּ/תְּהִלּוֹת יְיָ יְבַשֵּׂרוּ.

יְבַשְּׂרוּ רְחוֹקִים פְּלָאִים/עָלוֹת בְּקַבֶּצְךָ וּשְׁלָאִים

קוֹל יִתְּנוּ נִכְלָאִים/בְּחַר עוֹד בִּירוּשָׁלָיִם.

בִּירוּשָׁלַיִם שָׁלוֹם תַּשְׁפִּיעַ/רוּחַ יִרְאָתְךָ תּוֹפִיעַ

בּוֹזְזֵי תָּנִיעַ וְתַרְשִׁיעַ/יְשַׁוְּעוּ וְאֵין מוֹשִׁיעַ.

מוֹשִׁיעַ עַמְּךָ תַּלְמוּד/אוֹתָם לְתוֹרָתְךָ לִצְמוֹד

יֵאָמֵן דְּבָרְךָ לְתָמוֹד/רֶוַח וְהַצָּלָה יַעֲמוֹד.

יַעֲמוֹד לַיְּהוּדִים יְשׁוּעָה/חַיִּים וְכָבוֹד וְיִפְעָה

יוֹשֵׁב הַכְּרוּבִים הוֹפִיעָה/הָאֵר פָּנֶיךָ וְנִוָּשֵׁעָה.

שיבויי בוסח בא. שו' 4ב: באף תדוש גוים. 5א: גוים תגרש לטעת. 9-12: חסר. 19ב: יחיד הכחיד כבודו. 33-36: חסר. 49 תלמוד: תצמוד. לצמוד: ללמוד.

1א, תהל' ב"ט:י', פי' אצפה לעזרתך. 1ב, יש' ב"ג:ז'. 2א, גוזי,--(תהל' ע"א:ו'),הקב"ה. 2ב, שם ל"א:כ"ג, פי' החלטתי בלי ספקות ופקפוקים לשוב אליך. 3א בחפזי,--(שם מ"ח:ג'),בחרדה במהומה ובמבוכה. בבתי וכו',--(יש' מ"ב:ז'),בגולה. 4ב, בישעך(בקרבך,ע"פ ש"ב,כ"ב:ג')תרים את בני ישראל הגועים כצאן. 5א, גועים ,--ישראל. ביראתך,--הבאים להתפלל בהיכל קדשך ביראתך(תהל' ה':ח'). לטעת,-- בארצם(יר' ל"ב:מ"א). 5ב, גזוזה,--יש' ב"ג:ז'. רזה,--שם י"ז:ד'. וצולעת,-- מיכה ד':ו'. 6א, איכה היתה כנסת ישראל המפורסמת(=עדה מודעת)לשכולה וגלמודה (יש' מ"ט:כ"א). 6ב, (משלי י"ט:ב'), כנסת ישראל שכולה גם מבני תורה(הש' פי' רש"י למשלי שם: בלא דעת--בלא תורה), ור"ל בטלו האשכולות, ע' משנה סוטה ט'. ט'. 7א, ל' "על עמך יערימו סוד"(תהל' פ"ג:ד'),ורומז לרשעים שהתנהגו עם ישראל בערמה ובכוונה(=דעת)להשמידם. 7ב דגול,--אויב ישראל הנשא והגאותן. שכל לאבדם ,--יר' ט"ו:ז'. 8א דבקיך,--(דבר' ד':ד'),ישראל. מגור וכו',--תהל' פ"ג:ה'. 8ב, קהלת ג':י"ח: על דברת בני אדם לברם האלהים ולראות שהם בהמה. 9ב, תהל' קל"ז:ו'. 10, התחנן לפני הקב"ה,מלכו. 10ב, תהל' קכ"ו:ו'. 11ב, ועודיך,--בני ישראל הנועדים והנאספים בבית התפלה. 12א, שונאי ישראל מחרפים ומגדפים את ה' ואת עמו. 12ב, תהל' ע"ג:ט"ז ופי' ראב"ע: כאשר חשבתי לדעת זה הסוד לא יכולתי כי זה הוא עמל בעיני. ומתכוון לבעית צדיק ורע לו, רשע וטוב לו. 13א זאת הנשקפה,--בתוכחה---בפרשת הקללות והענשים שיבואו על ישראל אם לא ישמעו בקול ה',--הש' ויק' כ"ו:י"ד ואילך ודבר' כ"ח:ט"ו ואילך. וי"ג "זאת הנשקפה", ר"ל כנסת ישראל ע"פ שה"ש ו':י' והש' שהש"ר שם ושמ"ר ט"ו.ו'. הובישו זדים,--יש' מ"ב:ט"ו. חברתם הבאישו,--(תהל' ל"ח:ו'),מכות קשות שהוכו ישראל ע"י ה"זדים". 14א ה"זדים" תפשו את ישראל(=זכים)והיו להם לעבדים,(יר' ל"ד:י"א). 14ב, (יש' א':ו'),ור"ל פוזרו בגולה(זורו,ע' איוב י"ח:ט"ו),ועדיין לא נגאלו(ולא חובשו). 15א, באסרו(=חובשו)בגולה(=בבור וכו'). 15ב, ארך,--ארוכה---מלה מחודשת על משקל הסגוליים. 16א, בשנאת חנם(חנם) הוכו ישראל במכות קשות(=פצעים וכו')ע"י האויב. 16ב, יש' א':ו'. 17ב טמא,--(יש' נ"ב:א':ערל וטמא),כנוי לאויב, הש' צונץ, <u>ס.פ.</u>,עמ' 460. 18ב, הרשע ח':ג', האויב רודף את ישראל הטוב. 19ב, להכחיד את

כבודו של ישראל, וז"ל לא רק להאבידו אלא גם(יחד)להכחידו מגוי, ע"פ תהל' פ"ג: ה': לכו ונכחידם מגוי ולא יִזָּכר שם ישראל עוד. 20א, דוגמת "ישוב עמלו בראשו" (תהל' ז':י"ז). 20ב, איוב כ"א:כ',פי' יראו עיניו אידו(כידו)של האויב. 21א, יש' נ"ג:י'. 21ב, תהל' נ"ט:י"ד. 22א, ר"ל שמחנו(להגילי)כימות עניתנו(כיום מועד,הש' איכה ב':כ"ב),ע"פ תהל' צ':ט"ו. 22ב, שופ' ט"ו:י"א: כאשר עשו לי כן עשיתי להם. 23א, איכה א':כ"א. 23ב, תהל' ל"ט:ג'. 24א, (במד' י"ז:כ"ח),מי יתן ותמנו לגווע, והש' פי' ראב"ע שם. מרחם--כנוי להקב"ה. 24ב, איוב ג':י"א: למה לא מרחם אמות. 25א, שם ה':ז'. 25ב, מאוצר הנשמות בשמים(הש' שבת קנ"ב,ב)ירד-נו ונכנסנו לתוך גופי בני אדם בארץ. 26א, בענשנו(=הוקצפנו,כלו' הקב"ה קצף עלינו) בשל מחשבותינו הרעות. 26ב, (איוב כ"ד:א'),אשר לא נסתרו מהקב"ה. 27א נצפנו עתים,--נסתרה עת קץ וביאת משיח הגואל(ע"פ דני' י"ב:ט'). מלהתגלע,-- (משלי י"ז:י"ד),מלהתלהב ביום נקם לאויבי ישראל. 27ב, (איוב י"ח:י"ב),ביום הנקם הנ"ל. 28א, דוגמת "שאון זרים תכניע"(יש' כ"ה:ה'). 28ב, תהל' קמ"א:ו'. 29א סלע ומצודתי,--(ש"ב,כ"ב:ב' ועוד),הקב"ה. 29ב סגור,--תהל' ל"ה:ג' ופי' רש"י: הגן ביני וביניהם כמחיצה. 30א וענותך תרבני,--תהל' י"ח:ל"ו ופי' רש"י: הרביתה מדת ענותך להתנהג בה עמי. 30ב, איוב י"ז:ג'. 32אב, תהל' צ':ח'. 34ב, עובד' י"ב. 35א, הקב"ה מעניש בצרה את הרשעים(=למטים לעקול,ע"פ תהל' קכ"ה:ה'). 35ב, דוגמת "ישקלני במאזני צדק"(איוב ל"א:ו'),צדקה במשמע' גמילות חסדים והפייטן פונה בתפלה להקב"ה שימעט את משקל העוונות ע"י העברת הראשון שבהם הבא להשקל במאזנים, הש' ר"ה י"ז,א ופי' רש"י ד"ה "מעביר ראשון ראשון". 36ב, יש' נ"ב:ח'. 37א תשע,--בר' ד':ה'. 37ב, איוב ה':י"א, קודרים, כנוי לישראל, הש' "שלישית שוקדת" לרשב"ג(ד.ש'1363): קול קריאת קודרת ושחה. 38א קלוע,-- יריה באבן או בחץ על הזולת. 38ב, יחז' ז':י"א: החמס קם למטה רשע. 40א,(יחז' כ"ו:י"ז),הוא מבקש מהקב"ה להרחיק את מלכות הרשעה(=מימים נושבת) ממעונתה ולהוליכה בשבי. 40ב, יש' ל':ז'. 41א, שבת,--שבתה של כנסת ישראל. 41ב, לפורר ,--לשבור ולפורר,ל' התלמוד,הש' ברכ' ל"ז.ב. 42א, להמציא ארוכה ומרפא לכנסת ישראל היושבת בגולה(=שביה). 42ב, תהל' צ"א:י"ג. 44א תוע,--תהפוכות,הש' צונץ <u>ס.פ.</u>,עמ' 468. 44ב, יש' ס':ו'. 45א רחוקים,--ישראל בארצות פזוריהם. 45ב, עלות וטלאים כנויים לישראל ע"פ ש"א,ו':ז' ויר' נ':י"ז. 46א נכלאים,--ישראל הנאסר בגולה. 46ב, זכר' א':י"ז ועוד. 48א תניע,--תוליך בשבי. 48ב, תהל' י"ח: מ"ב. 50א יאמן דברך,--מ"א,ח':כ"ו ועוד. לתמוד,--בלתי נפסק,לעולם. 50ב, אסתר ד':י"ד. 51א ויפעה,--(יחז' כ"ח:ח'),וזיו של יופי. 52א, תהל' פ':ב'. 52ב, שם, פ':ד' ועוד.

צ'. וידוי לר' מרדכי בר ינון.

וידוי בעל י"ז מחרוזות בנות שלושה טורים כל אחת. כל טור שלישי הוא פסוק מן המקרא. מספר מלים רופף(2–5 בכל טור). החתימה: אני מרדכי בן ינון חזק. המקור: א. (אין בד.).

אֶתְוַדֶּה לְךָ קוֹנִי
חַטָּאתִי אוֹדִיעֲךָ בַּעֲוֹנִי
[.............נו]

נוֹאַלְתִּי חַטָּאתִי
וְיָשָׁר הֶעֱוֵיתִי
וְהָרַע בְּעֵינֶיךָ עָשִׂיתִי.

יָעַצְתִּי רָעָה
וְהֵפַרְתִּי בְּרִשְׁעָה
הָאָלָה וְהַשְּׁבוּעָה.

מִגֵּי-דֶרֶךְ תָּעִיתִי
מִגֵּי-אֹרַח נָטִיתִי
לְךָ לְבַדְּךָ חָטָאתִי.

רָשַׁעְתִּי נִאַצְתִּי
וְלַשָּׁוְא אָלִיתִי
וְבָזֹאת וְבָזֹאת עָשִׂיתִי.

דִּבַּרְתִּי סָרָה
וְהֵמַרְתִּי בְזָרָה
מִצְוָה וְתוֹרָה.

כִּי יָדַעְתִּי כִּי אָשַׁמְתִּי
וְעַתָּה שַׁבְתִּי וְנִחָמְתִּי
בֹּשְׁתִּי וְגַם נִכְלַמְתִּי.

יִכְשַׁל אוֹנִי
מֵרֹב זְדוֹנִי
גָּדוֹל עֲוֹנִי.

בְּעוּתֶיךָ דָּהִיתִי
וּמִפַּחְדְּךָ חָלִיתִי
וּמִמִּשְׁפָּטֶיךָ יָרֵאתִי.

נִשְׁעַנְתִּי בְּלִמּוּדֶיךָ
וּבְדִבְרֵי עֲבָדֶיךָ
אַתָּה צִוִּיתָ פִּקֻּדֶיךָ.

יָשׁוּב וְנִחָם
רָשָׁע בְּיַגְּהָם
וּמוֹדֶה וְעֹזֵב יְרֻחָם.

בַּקֵּנִי מֵעֲוֹנַי
וְבַלֵּה זְדוֹנַי
רְפָאֵנִי אֲדֹנָי.

וְהֵן שַׁבְתִּי עָדֶיךָ
מְבַקֵּשׁ סְלִיחוֹתֶיךָ
תְּשׁוּעָתְךָ בְּאִמְרָתֶיךָ.

נִצְחִי וּקְדוֹשִׁי
מֵאַשְׁמוֹתַי נַפְּשִׁי
אַל תֶּאֱסֹף עִם חַטָּאִים נַפְשִׁי.

חוּסָה עַל עַמֶּךָ
וְרַחֵם לְאֻמֶּךָ
וְכַפֵּר עַל חַטֹּאתֵינוּ לְמַעַן שְׁמֶךָ.

זַךְ אִם סָרַחְנוּ
עוֹרֶף עַתָּה הִשְׁחַנוּ
זָכוּר כִּי עָפָר אֲנָחְנוּ.

קָדוֹשׁ אַתָּה אֲדֹנֵי הָאֲדֹנִים
וּבְיָדְךָ כֹּחַ וְאוֹנִים
וְלָנוּ בֹּשֶׁת הַפָּנִים.

מה בדבר וכו,

1 אתודה לך,--בחמ' א':ד'. קוני,--הקב"ה. 4, במד' י"ב:י"א. 6, תהל' נ"א:ו'.
8, הפרתי את ברית ה'. 9, דבי' ט':י"א. 10-11, יש' ל':י"א. 12, תהל' נ"א:ו'.
14, בשבעתי לשוא. 15, יהוש' ז':כ' ועוד. 17-18, (משלי ו':כ"ג),המרתי את עשיית
המצוות ותלמוד תורה בעבודה זרה. 21, יר' ל"א:י"ח. 22, (תהל' ק"ט:כ"ד),בחלש
כחי. 24, בר' ד':י"ג: גדול עוובי מנשוא. 25, תהל' פ"ח:י"ז; יש' מ"ד:ח'. 27,
תהל' קי"ט:ק"כ. 29, ובדברי עבדיך הנביאים. 30, שם קי"ט:ד'. 31-32, אפי' רשע
בצל מיגונו ומעונשו(יגוהם, השו' יש' ס"ו:י"ג)אם הוא שב בתשובה. 33, משלי כ"ח:
י"ג. 36, יר' י"ז:י"ד ועוד. 39, תהל' קי"ט:מ"א. 41 נפשי,--תן לי רווח ומנוחה,
בסיומת -י במקום -ני(במקום נפשני). 42, תהל' כ"ו:ט'. 45, שם ע"ט:ט'. 46 זך,--
הקב"ה. אם סרחנו,--אם חטאנו, השו' ספרי דבר' כ"ז: סרחנו במעשה העגל. 47, הננו
משתחווים לפניך וחוזרים בתשובה. 48, תהל' ק"ג:י"ד. 51, דני' ט':ז'.

הוספות ותיקונים:

הוספות למסגרת הסליחות במנהג הרומניוטים(מנהג יוון)

עמ' 5: פתיחה: ה'/אלהי הצבאות. חלופי-הנוסחאות: שו' 3: הלא דבריך לעולם נצבים: מחזור; 4 חנגו כחסדיך המרובים: כנ"ל; 6 במיתת: כנ"ל; 8 פשעינו רבים: כנ"ל. צורים החצובים: כנ"ל; 11 שנגו אליך: כנ"ל.

שם: הקדמה ראשונה וכו': כי על רחמיך. חלופי-הנוסחאות: שו' 2: אנו מקוים: מחזור. אנו מצפים: כנ"ל; 4 יראיו: כנ"ל.

הוספות לביבליוגראפיה

עמ' 26 ואילך: אגרות שד"ל, וכו'; מהד' מצולמת,(ירושלים,תשכ"ז).
ד.--דוידזון,י.,אוצר השירה והפיוט,וכו'; מהד' שניה מצולמת,1970.
היינמן,י.,התפילה בתקופת התנאים והאמוראים,(ירושלים,תשכ"ו).
יונה אבן ג'נאח,ספר השרשים,וכו'; מהד' שניה מצולמת(ירושלים, תשכ"ו).
ילינק,א.,בית המדרש,ו' כרכים,מהד' שניה,(ירושלים,תרצ"ח).
לנדסהוטא,א.ל.,עמודי העבודה,וכו'; מהד' שניה מצולמת,(ניו-יורק,תשכ"ה).
סדר אליהו רבה וכו'; מהד' שניה,(ירושלים,תש"ך).
סרס"ג--סידור רב סעדיה גאון, וכו'; הדפסה ג' 1970.
סר"ע--סדר רב עמרם גאון,וכו'; מהד' מצולמת,(ירושלים,תשכ"ה).
על שירה וסיפורת,אוניברסיטת תל-אביב,(תשל"ז).
שירי הקדש לרי"ה,מהד' ד.ירדן,א',(ירושלים,תשל"ח).
שלום,גרשם,הקבלה בגירונה,בעריכתו של י.בן שלמה,(ירושלים, מפעל השכפול,תשכ"ד).

הוספות להערות המבוא

א. מסגרת הסליחות וכו'

2 (עמ' 5) "ה'/אלהי **הצבאות**",שו' 1ב: נטית וכו',--נוסח זה אינו עיקר שכן הפיוט מיוסד על 4 מלים בטור. השורה הנוסח העיקרי במחזור לימים נוראים,יוה"כ,עמ' 17: נטית שונו בנים שובבים. 3 שם, שורה 8ב, גם זה אינו עיקר. והשורה הנוסח בספר ערוגת הבושם,ח"ג,עמ' 312: /עננו/ למען צורים החצובים. והוא הנוסח העיקרי. 4 (עמ' 9)"רצית ה' ארצך שבת שבית(סרע"ג:שבות)", ע"פ תהל' פ"ה:ב': "שבת שבות(שבית,קרי)יעקב". סרע"ג כתב לפי הכתיב ומהדיר מחזור רומניה כתב לפי הקרי. 5 (עמ' 16) תחנון: "תורתא דמרביא בטלא ורגגי", השורה הנוסח בי.דוידזון (ד.ת' 203) הגורס "ורברבי" במקום "ורגגי" וצונץ תרגם(בס.פ.,עמ' 154): Im lieblichen Schatten . היתה לו כנראה גירסא אחרת, אולי: דמרגגי.

ב. הסליחות במנהג ירוץ וכו'

10 (עמ' 21) השווה המאמר לחיים חמיאל על "מסכת חבוט הקבר" בסיני, כ"ה(י"ג),304-319; כ"ו,101-112, תש"ט/תש"י.

הוספות לסליחות עשרת ימי תשובה

שיר ח(עמ' 39): שיבויי נוסח: שו' 6א: כי הן זבחת; 9א: אשר אז בגהר; 11ב: קץ הבשמר; 14ב: ואמר לא הוא; 18: איה גבורתך וקנאתך.

שיר י"ג(עמ'48):תוספת לכותרת: כל טור ראשון מכל המחרוזות שבשיר מופנה אל הנשמה. שיבויי נוסח: שו' 80: רמים יהודוהו ויעידו גבוהים. תוספות להערות: שו' 10: וע' ויקרא רבה ד'.ח'. 58: סובלת אברים: ע' ויק"ר,שם: הנפש הזאת סובלת את הגוף והקב"ה סובל את עולמו שנאמר(ביש' מ"ו:ד'):"אני עשיתי ואני אשא ואני אסבל",--תבוא הנפש שסובלת את הגוף ותקלס להקב"ה שהוא סובל את עולמו. אברים: מלשון מאתים וארבעים ושמונה אברים באדם,ע' אהלות א'.ח'. 60: סוד וכו': ע' משלי י':כ"ה, וחגיגה י"ב,ב'. 64: כל נעצר: ע"פ תהל' כ"ח:ז'. 66: פנינה: כנוי לנשמה ע"פ ירוש' כלאים,ט' דף ל"ב,ג. 68: לחלות וכו': ע"פ זכריה ח':כ"א.

שיר כ"ב(עמ'64):פרופ. ירבה דוד העירני: בטור 43/תם אזנך לשמוע דעינך פקח/ יש חתימה: אלוף?

שיר נ"ג(עמ'120): תוספת לשיר:

אא"א אלי וצור ישועתי
אליך קראתי מבור בנעתי
בע"ר אשפך לפניך לבבי ודמעתי
אל תעלם אזנך לרוחתי לשועתי
אא"א בוחן לבבי ורעיוני
בנוה לרעי ממרום עליוני
בע"ר ברותי חבורת מצפוני
בידך אפקיד רוחי פדיתה אותי
אדני

אא"א נסמכתי עליך עודני
נבהל זכרתיך זכרני ופקדני
בע"ר נסתרתי בצלך הגן בעדני
נדבות פי רצה נא יי ומשפטיך
למדני
אא"א גדודיך בעצרת ישבו
גועים כצאן היום יקשבו
בע"ר גאוליך נקיים יחשבו
גלמו ראו עיניך ועל ספרך
כלם יכתבו

אא"א בשפכי שיחי עליך יערב
  בערכי רנתי לפניך תקרב
בע"ר בערתי שרירות לב סבב
  בשרתי צדק בקהל רב

אא"א יודע מסתרי מליצות
  יגוני הסר והמר בעליצות
בע"ר יגורתי פקדת הלצות
  יראה ורעד יבוא בי באבסני
  פלצות

אא"א רפא משובת לב עקב
  ראה עצם עשש וגם נרקב רקוב
בע"ר רחש מליצי תקב
  רצית יי ארצך שבת שבות יעקב

אא"א ועליך גלותי ארחי
  ואערך מלקוחי תמובת מרקחי
בע"ר ואביא שבחי תחת זבחי
  ואל תבוא במשפט את עבדך כי לא
  יצדק לפניך כל חי

אא"א לבש היום צדק מעטך
  לרעות שארית שבטיך בשבטך
בע"ר להפגיעם צדקך וקשטך
  למען תצדק בדברך תזכה בשפטך

אא"א חנון הנערץ בסוד שרפי מעוני
  זכרני ופקדני לטובה בהתחנני
  בהגיוני
בע"ר קרא אקרא במקהלות אמוני
  נשמת כל חי תברך את שמך אדני.

81, תהל' פ"ט:כ"ז. 82, איכה ג':נ"ה; יר' י':י"ז ופי' רש"י: מנחם פירש כנעתך לשון הכנעה ושפלות. 83, תהל' ס"ב:ט'. 84, איכה ג':נ"ו, לרוחתי, פי' לרוח פי, לדבורי. 85, תהל' ז':י'. 86, שם קל"ט:ב'. 87, פי' טהרתי את נפשי הנסתרת במסתרי הגוף. 88, תהל' ל"א:ו'. 89, שם ע"א:ו'. 90 זכרני וכו',--יר' ט"ו:ט"ו. 91, יש' מ"ט:ב'; זכר' י"ב:ח'. 92, תהל' קי"ט:ק"ח. 93, פי' המונני עמך(גדודיך)ירשבים בתעבית(ע"פ יואל א':י"ד:"קדשו צום קראו עצרה" ועירובין י"ח,ב:"ישב בתענית"). 94 יקשבו,--יהיו בקשבים ובשמעים. 96, תהל' קל"ט:ט"ז, גלמי,פי' גופי. 97, שם קמ"ב"ג'; שם ק"ד:ל"ד. 98, שם קי"ט:קס"ט. 99, פניתי והרחקתי את קשי לבי הסרבן,ע"פ יר' ט"ז:י"ב. 100, תהל' מ':י'. 101 מסתרי מליצות,--סתרי ההמלצה,פי' הכוונות הנסתרות של דברי הסנגוריה שלי על ישראל. 102 בעליצות,--(חבק' ג':י"ד)בשמחה. 103, יראתי את ענש ההתלוצצות. 104, תהל' נ"ה:ו'. 105, הושע י"ד:ה'; יר' י"ז:ט'. 106, תהל' ל"א:י"א; חבק' ג':ט"ז. 107, תקבל את תפלת שליחי הצבור מליצי הישר. 108, תהל' פ"ה:ב'. 109, שם ל"ז:ה'; שם נ"ה:כ"ג. 110, ואסדר תפלתי(מלקוחי,--חכי,כלו' דברי חכי,דבורי)במקום קטרת. 111, הושע י"ד:ג'. 112, תהל' קמ"ג:ב'. 113, יש' נ"ט:י"ז; תהל' קל"ב:ט'. 114, מיכה ז':י"ד. 115, להפגישם בצדקך ובאמתך,כלו' לשפטם במשפט צדק. 116, תהל' נ"א:ו'. 117, ע"פ קדשת "נקדישך",-שרפי מעוני(דבר' ל"ג:כ"ז),מלאכי השמים. 118, ע"פ יר' ט"ו:ט"ו וע"פ תפלת "יעלה ויבוא",-בהגיוני,פי' בדבורי. 119 אמוני,--כנוי לבני ישראל הנאמנים. 120, תפלת "נשמת".